진실의
언어

진실의
언어

살만 루슈디 지음

Salman Rushdie

유정완 옮김

문학동네

일러두기

1. 옮긴이 주는 •, 원서의 부연설명은 •로 구분했다.
2. 본문 중 고딕체는 원서에서 이탤릭체 등으로 강조한 부분이다.
3. 장편 문학작품 및 기타 단행본은 『 』, 단편 문학작품 및 시는 「 」, 영화·연극·음
   악·TV 방송명·연속간행물 등은 〈 〉로 구분했다.

다음 세대인

나빌라

그리고

로즈에게

차례

1부
마법 이야기   11
프로테우스   57
헤라클레이토스   87
또다른 작가의 시작   112

2부
필립 로스   151
커트 보니것과 『제5도살장』   179
사뮈엘 베케트의 소설들   195
세르반테스와 셰익스피어   205
마르케스와 나   210
해럴드 핀터(1930~2008)   233
『파리 리뷰 인터뷰』 제4권 서문   249
자서전과 소설   257
각색   288
나태에 관한 소고: 살리지아에서 오블로모프까지   317
한스 크리스티안 안데르센   337
데이비드 렘닉의 『세계의 왕 무하마드 알리』   343
그렇다면 나 스스로 모순되게 하리라   354

3부
진실   363
용기   370
PEN 관련 글들   378
   1. 펜과 칼: 1986년 국제 PEN 총회   378
   2. PEN 월드 보이스의 탄생   385

3. 아서 밀러 렉처, 2012년 PEN 월드 보이스 페스티벌에서   388

4. PEN 월드 보이스 페스티벌 2014 오프닝 나이트   396

5. PEN 월드 보이스 페스티벌 2017 오프닝 나이트   404

크리스토퍼 히친스(1949~2011)   408

자유 본능   417

오사마 빈라덴   442

아이웨이웨이와 다른 작가들: 2011년 중국의 탄압   448

절반의 여성 신   453

2006년 노바 사우스이스턴 대학교 졸업식 축사   468

2015년 에머리대학교 졸업식 축사   475

4부   복합 예술가: 아크바르 대제와 〈함자나마〉의 탄생   485

암리타 셔길의 편지들   513

부펜 카카르(1934~2003)   524

프란체스코 클레멘테 되기: 자화상들   529

태린 사이먼: 미국의 숨겨진 것들과 낯선 것들의 목록   541

카라 워커, 로스앤젤레스 해머미술관에서, 2009년   550

세바스치앙 살가두   554

비신앙인의 크리스마스   558

캐리 피셔   564

팬데믹   571

프루스트 설문: 〈배너티 페어〉   590

이 책에 실린 텍스트에 관해   593

1부

마법 이야기

1

책이 있기 전에 이야기가 있었습니다. 처음에는 이야기가 기록되지 않았습니다. 때로는 노래로 불리기도 했습니다. 아이들이 태어나면 말을 할 수 있기 전에 부모들이 노래를 불러 줬습니다. 담벼락에서 떨어지는 달걀에 관한 노래나, 어쩌면 언덕에 올라갔다 굴러 내려오는 소년과 소녀에 관한 노래를 불렀을 겁니다. 아이들은 자라면서 먹을 것을 찾듯이 자주 이 야기를 해달라고 졸라댔습니다. 이제 황금알을 낳는 거위, 마술 콩 한 줌에 집안의 암소를 판 소년, 위험한 농부의 밭에 들어가는 개구쟁이 토끼 이야기가 생겨났습니다. 아이들은 이런 이야기와 사랑에 빠졌고, 계속해서 듣고 싶어했습니다. 아이 들이 더 자라서는 그런 이야기를 책에서 보게 되었습니다. 전에 들어본 적 없는 다른 이야기들도 있었지요. 토끼굴에 빠지는 소녀, 어리석은 늙은 곰과 쉽게 겁을 먹는 아기 돼지와 울적한 당나귀, 또는 환상의 통행요금소*나 으스스한 것들이 사는 곳에 관한 이야기 말입니다. 아이들은 이야기를 듣고 읽으며 이야기와 사랑에 빠졌습니다. 하나같이 올리버 하디를 빼닮은 마법의 제빵사들과 밤에 부엌에 함께 있는 미키**, 죽음이 무시무시하게 거대한 모험일 거라고 생각하는 피터 팬, 고귀한 것을 잃어버린 이상한 생명체와 산 아래에서 수수께끼 대결을 해서 이기는 빌보 배긴스 이야기에 말입니다. 이렇게 이야기와 사랑에 빠지는 일은 아이들에게 평생 자양분이 될 무언가를 일깨워줬습니다. 바로 상상력입니다.

아이들은 쉽게 이야기와 사랑에 빠지고, 또 이야기 속에서 살기도 했습니다. 아이들은 날마다 소꿉놀이 이야기를 지어냈습니다. 성채를 공격하고, 나라를 정복하고, 푸른 대양을 항해했으며, 밤이 되면 아이들의 꿈속에는 용이 뛰어놀았습니다. 아이들은 모두 이야기꾼이 되어 이야기를 듣는 것에 그치지 않고 직접 만들어내기도 했지요. 하지만 아이들은 계속 자랐고, 이야기는 아이들에게서 점점 멀어져 다락방의 상자로 보내졌습니다. 한때는 어린이였던 이들은 이제 이야기를 하거나 듣는 게 점점 더 어려워졌고, 애석하게도 이야기와 사랑에 빠지기는 더욱 어려워졌습니다. 그들 중 어떤 이들에게는 이야

---

* 노턴 저스터의 『팬텀 톨부스』에서 주인공 마일로에게 미지의 세계를 여행하게 해주는 신비한 수단을 뜻한다.
** 모리스 샌닥의 그림책 『깊은 밤 부엌에서』의 주인공.

기가 부적절하고 불필요한 것이 되어버립니다. 애들 짓거리라는 것이지요. 이들은 불행한 사람들이니 우리는 이들을 불쌍히 여겨야지 멍청하고 따분한 속물적 패배자라고 여기지 않도록 노력해야 합니다.

나는 우리가 사랑에 빠지는 책과 이야기들이 오늘의 우리를 만들어낸다고 믿습니다. 책이나 이야기와 사랑에 빠지는 일은 우리를 어떻게든 변화시키며, 우리가 사랑하는 이야기는 우리가 그리는 세상의 일부가 되고, 우리가 하루하루를 살면서 세상사를 이해하고 판단하고 선택하는 방식의 일부가 된다고 주장해도 그리 지나친 말은 아니라고 생각합니다. 사랑에 빠지는 게 쉽지 않은 어른이 되면, 우리가 정말 사랑한다고 말할 수 있는 책은 불과 몇 권에 그치고 말 것입니다. 아마도 이것이 우리가 그토록 잘못된 판단을 많이 내리는 이유일 겁니다.

이런 사랑이 무조건적이거나 영원하지도 않습니다. 나이를 먹으면 책이 더이상 우리에게 말을 걸지 않을 수도 있고, 책에 대한 우리의 사랑도 흐려집니다. 우리의 인생이 틀을 잡아가고, 또 희망컨대 이해력도 높아지면 과거에 무시했던 책의 가치를 알아보게 되어 갑자기 그 책의 음악을 들을 수 있게 되고, 그 책의 노래에 심취할 수도 있을 것입니다. 대학생 시절, 귄터 그라스의 위대한 소설 『양철북』을 처음 읽었을 때 나는 끝까지 읽지 못했습니다. 십 년은 족히 책장에서 나뒹군 후에야 다시 이 소설을 집어들게 되었고, 그 결과 『양철북』은 내

평생 가장 좋아하는 소설 중 하나가 되었습니다. 내가 사랑한다고 말할 수 있는 책이 된 것이지요. 우리가 스스로에게 물어볼 수 있는 흥미로운 질문은 이런 것입니다. 내가 진정으로 사랑하는 책은 무엇인가? 한번 물어보세요. 그 대답이 지금 당신이 어떤 사람인지에 대해 많은 걸 말해줄 것입니다.

나는 인도의 봄베이에서 자랐습니다. 봄베이는 이제 과거의 모습을 더이상 가지고 있지 않을뿐더러, 이름마저 훨씬 덜 낭랑한 뭄바이로 바뀌어버렸습니다. 봄베이는 내가 자랄 때와는 모든 것이 너무 달라져서 다가갈 수 없을 만큼 멀어져버렸고, 심지어 환상적이기까지 합니다. 신화적 황금시대의 실제 - 현실 버전입니다. A. E. 하우스먼이 「잃어버린 것들의 나라」에서 말해주듯이, 흔히 '기억 속의 푸른 언덕'이라고도 불리는 어린 시절은 우리 모두가 한때는 살았지만 결국은 잃게 되는 나라입니다.

내 가슴속으로 죽음의 바람이
저 먼 나라에서 불어온다:
기억 속의 저 많은 푸른 언덕은 무엇이며,
저것들은 무슨 첨탑이고 무슨 농장인가?

그것은 잃어버린 대륙의 나라,
내게는 빛나는 들판처럼 보이는,
내가 떠나온, 그리고 다시는 돌아갈 수 없는

그 행복한 길들.*

　저 먼 봄베이에서는 서양에서 내게 다가온 이야기와 책들이 진짜 마법 이야기 같았습니다. 한스 크리스티안 안데르센의 「눈의 여왕」에서는 마법 거울의 깨진 조각들이 사람의 혈류를 타고 들어가서 심장을 얼음으로 만들어버리는데, 얼음이라고는 냉장고에서만 보던 열대지방의 소년에게는 더욱 무섭게 느껴졌습니다. 대영제국 시기 직후에 자란 소년에게 「벌거벗은 임금님」은 특히 재미있었습니다. 『허클베리 핀』도 있습니다. 주인공의 자유분방한 행동이 봄베이의 소년에게는 뿌리칠 수 없을 만큼 매혹적이었습니다. 만약 도망 노예 짐이 노예 세계에서 탈출해서 노예제도가 없는 북부로 가려고 했다면, 왜 남쪽으로 흘러가는 미시시피강의 뗏목을 탔는지는 이해할 수 없지만 말입니다.

　아마도 다른 곳의 이야기는 언제나 동화 같은 느낌을 주는 것 같습니다. 그리고 인어공주의 바다 세계로부터 도로시의 오즈에 이르까지, 우리에게 '다른 곳'을 열어주며 그 세상을 우리의 것으로 만들어준다는 점이 바로 문학의 위대한 마법 중 하나입니다. 하지만 내게 진짜 마법 이야기는 집 가까이에 있었습니다. 그리고 나는 그 마법 이야기에 심취해서 자랐다

---

*A. E. 하우스먼(1859~1936)의 장시 「슈롭셔의 한 젊은이A Shropshire Lad」의 마흔번째 시.

는 사실이 작가로서 엄청나게 큰 행운이라고 항상 생각해왔습니다.

종교적인 기원에서 출발한 이야기도 있었지만, 나는 비종교적인 가정에서 자랐기 때문에 종교적인 이야기들도 그저 아름다운 이야기로 받아들일 수 있었습니다. 내가 그런 이야기를 믿지 않았다는 뜻은 아닙니다. 위대한 신 인드라가 하늘의 거대한 우유바다가 불멸의 넥타를 뿜어내게 만들기 위해 전설의 만다라산을 막대기 삼아 은하수를 휘저은 '우유바다 휘젓기 신화samudra manthan' 이야기를 들었을 때, 나는 하늘의 별들을 새로운 방식으로 바라보기 시작했습니다. 도달할 수 없는 먼 옛날, 그러니까 나의 어린 시절은 빛 공해로 인해 도시인들에게 별이 대부분 보이지 않게 되기 이전 시대였습니다. 봄베이의 정원에서 소년은 밤하늘을 쳐다보면서 천체들의 음악소리를 들을 수 있었고, 경건한 기쁨으로 은하의 두꺼운 띠를 하늘에서 볼 수 있었습니다. 나는 은하에 마법 넥타가 가득할 거라고 상상했습니다. 입을 벌리면 넥타 한 방울이 입속으로 떨어져 나도 불멸의 존재가 되었을지도 모르지요.

마법 이야기와 그 후예인 소설의 아름다움은 바로 이런 것입니다. 이야기는 상상력의 산물이기에 비진실untrue이라는 사실을 알면서도, 우리는 그것이 심오한 진실을 담고 있다고 생각합니다. 바로 그런 순간에 마법과 현실의 경계는 사라집니다.

우리 가족은 힌두교도는 아니었지만, 힌두교의 위대한 이야기들이 우리에게도 유용하다고 생각했습니다. 매년 열리는 간 파티 축제 날*이면 엄청난 군중이 코끼리 머리 형상의 가네샤 신상을 초파티 해변의 물가로 모셔가서 바닷물에 담갔는데, 그때 가네샤는 내게도 속하는 신이라고 느꼈습니다. 가네샤는 '경쟁적' 신앙의 만신전에 속하는 유일한 신이 아니라 집단적 기쁨, 말하자면 도시 전체의 유대를 상징하는 것처럼 느껴졌 습니다. 가네샤께서 문학을 너무도 사랑하셔서 인도의 호메로 스 격인 성자 브야사**의 문하생으로 들어가 필경사가 되어 위대한 『마하바라타』 대서사시를 받아적었다는 사실을 알았 을 때 가네샤는 더욱 깊이 나의 신이 되었습니다. 나는 어른이 되어서 유독 코가 큰 살림이라는 이름의 소년을 주인공으로 한 소설을 썼습니다. 살림은 무슬림 가정에 태어났지만 『한밤 의 아이들』의 화자를 가장 문학적인 신이자 우연히도 큰 코끼 리 코를 가진 신 가네샤와 연결하는 것이 자연스러워 보였습 니다. 그 옛날 진정으로 세속적이었던 봄베이에서는 여러 종 교 간의 경계가 느슨했다는 사실은 과거와 고통스럽고, 숨이 막히며, 검열을 자행하고, 종파주의적인 현재를 구별해주는 또하나의 지점 같습니다.

그리스와 로마의 신들이 한때 서양의 상상력 속에 살아 있

---

* 힌두교 음력에 따라 매년 8, 9월에 코끼리 머리 형상을 한 가네샤의 부활을 기념하는 힌두교 축제일이자 공휴일. 가네샤는 부와 행운과 지혜의 신이다.
** 힌두교 성전인 『베다』와 산스크리트어로 된 대서사시 『마하바라타』를 편찬 한 인도의 성인.

었듯이, 세상에서 가장 긴 두 가지 마법 이야기인 『마하바라타』와 그것의 단짝 격인 『라마야나』는 인도에서 여전히 살아 있고, 인도인들의 마음속에도 살아 있으며, 그들의 일상과도 연관을 맺고 있습니다. 그리 멀지 않은 과거의 한때 서양의 여러 나라에서는 네소스의 셔츠 이야기를 암시적으로 인용하는 것이 가능했습니다. 그 당시 사람들은 죽어가는 켄타우로스 네소스가 독이 묻은 자신의 셔츠가 헤라클레스를 죽게 만들 것을 알고 헤라클레스의 아내 데이아네이라를 속여 그에게 입히게 했다는 이야기를 알고 있었을 것이기 때문입니다. 한때는 누구나 가장 훌륭한 시인이자 가수인 오르페우스가 죽은 후에도 그의 잘린 머리는 계속 노래를 부르고 있었다는 사실을 알았습니다. 이런 이미지들은 은유로서 사람들이 세상을 이해하는 데 도움을 주었습니다. 예술가가 죽는다고 예술이 죽는 건 아니라고 오르페우스의 머리는 말했습니다. 노래는 가수보다 오래 살아남습니다. 또 네소스의 셔츠는 우리에게 아주 특별한 선물마저도 위험할 수 있다고 경고합니다. 그런 선물이 또하나 있는데, 바로 트로이의 목마입니다. 트로이의 목마는 우리 모두에게 그리스인들을, 그들이 선물을 가져올 때마저도 두려워하라는 교훈을 주었습니다. 서양의 마법 이야기가 지닌 어떤 은유들은 지금껏 살아남았습니다.

하지만 내가 자랄 때 인도에는 마법 이야기가 모두 살아 있었고, 지금도 여전히 살아 있습니다. 심지어 요즘은 『라마야나』나 『마하바라타』를 읽을 필요도 없습니다. 『마하바라타』는 세계문학에서 가장 긴 시이기 때문에 이 소식을 듣고 다행이라고 여길 사람도 있을 것입니다. 이십만 행이 넘는 길이인데, 『일리아스』와 『오디세이아』를 합친 것보다 열 배나 긴 분량입니다. 한편 『라마야나』는 오만 행 정도로, 호메로스의 두 작품을 합친 것보다 겨우 2.5배 긴 정도이지요. 어린 독자들에게는 다행스럽게도, 엄청나게 인기 있는 만화책 시리즈 아마르 치트라 카타Amar Chitra Katha의 '불멸의 그림 이야기'에 『라마야나』와 『마하바라타』 두 서사시 이야기를 적절하게 제공해줍니다. 그리고 어른들에게는, 1990년대에 처음 방영되었을 때 매주 나라 전체를 마비시켰고, 수억 명의 시청자를 끌어모았던 94화짜리 TV 버전 〈마하바라타〉가 있습니다.

이런 이야기들의 영향이 항상 긍정적이지만은 않다는 사실은 인정해야 합니다. 인도인민당BJP 같은 힌두교 민족주의 정당의 종파주의 정치는 과거의 수사학을 이용해 '라마 라지야Ram Rajya', 타 종교의 구성원들이 문제를 복잡하게 만드는 불편함이 없었다고 여겨지는 힌두교의 황금기 '라마 왕자 통치기'로의 회귀를 꿈꿉니다. 『라마야나』와 힌두교 전반의 정치화는 파렴치한 종파주의 지도자들의 손에서 위험 요소가 되어버렸습니다. 『힌두교도The Hindus』—세계에서 가장 훌륭한 산스크리트어 학자 중 한 명인 웬디 도니거의 완벽한 학술 서적—에 대한 공격과 근본주의자들의 비판이 일자 이 책을 회수해서 파쇄해버린 펭귄 인디아의 개탄스러운 결정이 분명한 예시입니다.

이런 문제는 정치 너머의 영역까지 확대될 수 있습니다. 『라마야나』의 몇몇 후기 버전에 따르면 추방당한 라마 왕자와 동생 락슈마나는 어느 날 자신들이 머물고 있던 숲속에 시타를 홀로 남겨두고 황금 사슴을 사냥하기 위해 떠납니다. 라마 형제는 알지 못했지만, 사실 그 사슴은 악귀 락샤사가 변신한 것이었습니다. 자신들이 없는 동안 시타를 보호하기 위해 락슈마나는 레카, 곧 마법의 금선禁線을 집을 둘러싸도록 그어둡니다. 라마, 락슈마나, 시타를 제외한 누구든 그 금선을 넘으면 거기서 뿜어져 나오는 화염에 타 죽도록 말이지요. 그러나 마왕 라바나가 거지로 변장해 시타의 문간에 와서 동냥을 구하자, 시타는 그가 원하는 것을 주기 위해 금선을 넘어버립니다. 이렇게 해서 라바나는 시타를 사로잡아 자신의 왕국으로 납치하고, 라마와 락슈마나는 그녀를 데려오기 위해 전쟁을 벌여야 했습니다. '락슈마나 레카를 넘는다'는 말은 허용된 것 혹은 올바른 것의 경계선을 넘어서는 것, 도를 넘는 것, 어리석게도 우상숭배에 굴복하는 것, 그래서 결국 자신에게 비참한 결과를 초래하는 것의 은유적 표현이 되었습니다.

몇 년 전 델리에서는 지금은 악명 높아진 사건 하나가 발생했습니다. 스물세 살 학생이 폭행 및 집단 강간을 당했고, 그 학생은 심각한 부상으로 인해 결국 죽었습니다. 이 잔혹한 사건이 벌어진 지 며칠 지나지 않아서 주 장관은 피해자인 그 젊은 여성이 "락슈마나 금선을 넘지" 않았다면—다시 말해 남자인 친구와 함께 저녁에 버스를 타고 나가지 않고 얌전하게 집에 머물렀다면—공격을 받지 않았을 거라는 발언을 했습니다. 대중의 항의를 받아 이후에 이 발언을 철회하긴 했지만, 그가 이 은유를 사용함으로써 인도에서는 아직도 너무나 많은 남자들이 여성들이 넘지 말아야 할 한계와 경계가 있다고 생각한다는 사실이 드러났습니다. 시인 발미키의 원본을 포함한 대부분의 『라마야나』 전통 버전에서는 락슈마나 금선에 대한 이야기가 발견되지 않습니다. 하지만 때로는 출처가 불분명한 마법 이야기가 정전 속의 이야기 못지않은 힘을 발휘합니다.

그럼에도 나는 명확하고 유일한 목적을 마법으로 삼는 이야기들에 매료되었던 어린 시절의 나로 돌아가고 싶습니다. 나는 거대한 종교 대서사시에서 벗어나 동양의 보물창고에 들어 있는 상스럽고, 음모적이며, 신비롭고, 흥미롭고, 우스꽝스럽고, 괴기스럽고, 초현실적이며, 게다가 때로는 극도로 섹시한 서사의 거대한 보고로 가고 싶습니다. 왜냐하면—꼭 이 이유 때문만은 아니지만, 아니, 이 이유 때문입니다—전체 그림에서 신을 빼고 나면 문학이 얼마나 큰 즐거움을 주는지 잘 보여주는 이야기들이기 때문입니다. 예시를 하나만 들면, 지금은 지면에 모아진 『천일야화』 이야기들의 가장 두드러진 특징 한 가지는 거의 완전한 종교의 부재입니다. 수많은 섹스, 엄청난 해악, 넘쳐나는 일탈이 있고, 괴물과 정령과 로크*도

---

* 아라비아의 전설에 등장하는 큰 괴물 새.

있으며, 피와 선혈이 낭자할 때도 있지만 신은 없습니다. 이것이 바로 검열을 좋아하는 이슬람 원리주의자들이 『천일야화』를 그토록 싫어하는 이유입니다.

2010년 5월, 호스니 무바라크 대통령에 맞선 저항이 발생하기 불과 7개월 전에 이집트에서는 일군의 이슬람 원리주의 변호사들이 『알프 레일라 와 레일라*Alf Laylah wa Laylah*』(『천일야화』의 아랍어 원제)의 새 버전이 나온다는 소식을 듣고는 새 버전의 철회와 책의 판매 금지를 요구하는 소송을 제기했습니다. 그 책이 섹스에 관한 몇 가지 언급을 담은 '타락과 죄악에의 초대'라는 이유였습니다. 다행히 그들은 성공하지 못했고, 곧 더 큰 문제들이 이집트인들의 마음을 빼앗았습니다. 하지만 중요한 사실은 그들이 일리가 있었다는 점입니다. 실제로 그 책에는 섹스에 관한 몇 가지 언급이 있고, 등장인물들도 경건해지는 것보다는 섹스에 훨씬 더 몰두해 있기 때문에 당신이 왜곡된 청교도적 방식으로 세상을 바라본다면, 그 변호사들의 주장처럼 그 책은 타락에의 초대가 될 수도 있습니다. 나는 이 초대가 훌륭하고 반응할 가치가 충분히 있다고 생각하지만, 우리는 음악과 농담과 즐거움을 싫어하는 사람들이 이 책을 얼마나 불편하게 여길지 알 수 있습니다. 세상에 나온 지 천이백 년이 더 지난 뒤에도 고전 텍스트가, 이 경이로운 마법 이야기들이 세상의 광신도들을 불편하게 만드는 힘을 가지고 있다는 사실이 오히려 더 경이롭습니다.

우리가 오늘날 흔히 『아라비안나이트』라고 부르는 이 책은 아랍 세계에서 기원한 게 아닙니다. 인도에서 기원했을 가능성이 높습니다. 인도의 이야기집도 러시아 인형처럼 이야기 속에 이야기가 있는 액자식 이야기, 그리고 동물 우화를 애호합니다. 8세기 언젠가 인도의 이야기들은 페르시아 언어를 만나게 되었고, 단편적으로 남아 있는 정보에 따르면 이 이야기 모음집은 『하자르 아프사나』, 곧 '천 가지 이야기'로 알려져 있었습니다. 바그다드에서 발견된 10세기의 어떤 문서는 『하자르 아프사나』와 그 액자식 이야기를 기술하고 있습니다. 사악한 왕이 자신에게 이야기를 들려주는 아내를 만날 때까지 매일 밤 후궁을 한 명씩 죽였다는 이야기 말입니다. 이것이 우리가 '셰에라자드'라는 이름을 처음 만나는 곳입니다. 불행히도 『하자르 아프사나』 자체는 단 한 권도 남아 있지 않습니다. 세계문학의 위대한 '미싱 링크'인 이 책은 인도의 마법 이야기가 서쪽으로 들어가게 되면서 마침내 아랍 언어를 만나 『천일야화』로 변신합니다. 수많은 버전을 가지고 있으며, 정전이 무엇인지 아직도 합의되지 않은 『천일야화』는 더 먼 서쪽으로 건너갔고, 처음에는 앙투안 갈랑이 번역한 프랑스어로 18세기 버전이 되었습니다. 갈랑은 「알라딘과 요술램프」「알리바바와 사십 명의 도둑」 등 아랍어판에 없던 이야기를 많이 추가했습니다. 그후 이 이야기들은 프랑스어에서 영어권으로, 다시 할리우드로 여행을 계속했습니다. 할리우드는 그 자체가 하나의 언어였으며, 그후 하늘을 나는 양탄자와 로빈 윌리엄스를 지니로 탄생시켰습니다. (말이 나온 김에 『아라비안나이트』에는 하늘을 나는 양탄자가 없다는 사실을 언급해두겠습니다. 동양 전통의 다른 곳에는 하늘을 나는 양탄자가 있습니다. 전설에 따르면, 솔로몬왕은 크기가 자유자재로 변해서 한 부대를 이동시킬 만큼 커질 수도 있는 양탄자를 가지고 있었다고 합니다. 세계 최초의 공군인 셈이지요. 그러나 『아라비안나이트』의 양탄자는 전부 피동적인 상태이며, 움직이지 않습니다.)

서사의 대이주는 많은 세계문학, 심지어 저멀리 남아메리카 이야기꾼의 마술적 사실주의에까지 영감을 주었습니다. 마침내 내 차례가 되어 이 서사의 몇 가지 장치를 사용하게 되었을 때는 원을 다 그리고 이야기 전통을 처음 그것이 시작된 나라로 가져온 듯한 느낌이 들었습니다. 하지만 나는 『하자르 아프사나』가 소실된 것을 애석하게 생각합니다. 다시 발견된다면, 이야기들에 관한 이야기가 완성될 테니 엄청난 발견이 되겠지요. 아마도 이 액자식 이야기의 핵심, 또는 오히려 그 끝에 있는 신비를 풀어줄 것이고, 여러 해 동안 내가 품어왔던 다음 질문에 답을 줄 것입니다. 셰에라자드와 동생 둔야자드는 천일 밤과 하룻밤을 넘긴 후에 살인자가 되어 피에 굶주린 남편들을 죽였을까요?

고백하건대, 『아라비안나이트』가 처음 나를 매료시킨 것은 이 액자식 이야기의 잔혹한 측면이었습니다. 계산을 좀 해봅시다.

실제로 그들은 얼마나 많은 여성을 살해했을까요? 바로 이 샤리야르왕이라는 자, 곧 '인도와 중국의 섬 또는 반도'에 있는 사산왕조의 군주와 그의 동생 샤자만왕, 그러니까 사마르칸트의 야만적인 절대 군주가 말입니다. 샤자만왕이 궁중 요리사의 품에 안겨 있는 자신의 부인을 발견하면서 이 살인이 시작되었습니다. 최소한 이야기에 따르면 그렇습니다. 그 궁중 요리사는 (a)흑인이었고, (b)몸집이 거대했으며, (c)요리용 기름으로 뒤덮여 있는 특징이 있었습니다. 이런 특징에도 불구하고, 또는 오히려 이런 특징 때문에 사마르칸트의 왕비는 분명 과도한 쾌락을 누리고 있었고, 그래서 샤자만은 왕비와 그녀의 연인을 여러 조각으로 난도질해 그들의 쾌락의 침대에 내버려두고는 형의 집으로 향했습니다. 형의 집에 도착한 지 얼마 지나지 않아 샤자만은 정원의 분수 옆에서 열 명의 시녀에다 열 명의 백인 노예와 함께 있는 형수, 즉 샤리야르의 왕비를 우연히 보게 됩니다. 열 명의 시녀와 열 명의 백인 노예는 서로를 만족시키느라 정신이 없었고, 왕비는 가까운 나무 아래에서 자신의 연인을 불렀습니다. 그 흉측한 친구는 (a)흑인이었고, (b)몸집이 거대했으며, (c)침을 질질 흘리고 있었습니다! 열 명의 시녀와 열 명의 백인 노예와 왕비와 그녀의 '검둥이'는 얼마나 재미를 보고 있었던지요! 아, 여인의 악행과 배신이란, 몸집이 크고, 추하고, 침을 흘리는 흑인의 알 수 없는 매력이란! 샤자만은 형에게 자신이 본 것을 일렀고, 곧 시녀들과 백인 노예들과 왕비는 모두 샤리야르의 고관인 재상의 손에 직접 사형당하는 운명을 맞이했습니다. 죽임을 당한 샤리야르 왕비의 '침을 질질 흘리던' 흑인 연인은 도망친 것 같습니다. 그렇지 않다면 죽임을 당한 자들 명단에 그가 없는 이유를 어떻게 설명하겠습니까?

샤리야르왕과 샤자만왕이 부정한 여인들에게 복수한 것은 응당한 일이었습니다. 삼 년 동안 두 왕은 각각 밤마다 어린 처녀와 결혼해서 범한 다음에는 사형을 명했습니다. 사마르칸트의 샤자만이 어떻게 유혈극을 벌였는지는 명확하지 않지만, 샤리야르의 방식에 대해서는 알려진 얘기들이 있습니다. 예컨대, 고관—세에라자드의 아버지이자 샤리야르의 현명한 재상—은 직접 사형을 집행해야만 했습니다. 머리가 잘려나간 아름다운 젊은 육체들, 나뒹구는 머리들과 피가 용솟음치는 모가지들. 재상은 교양이 있는 신사였습니다. 그는 권력자일 뿐 아니라 통찰력과 섬세한 감수성까지 지닌 사람이었습니다—그는 틀림없이 그런 사람이었을 겁니다. 그렇지 않았다면 어떻게 그토록 모범적이고, 경이로운 재능을 지녔으며, 여러 가지 업적을 이루었고, 영웅적인 용기를 지닌데다 사심도 없는 딸 세에라자드를 키웠겠습니까? 둔야자드도 훌륭했습니다. 여동생 둔야자드도 잊지 말아야 합니다. 그녀 또한 착하고, 똑똑하고, 의젓한 소녀였습니다. 강압에 의해 수백 명의 젊은 여인들을 사형시키는 일, 그 여인들의 모가지를 따며 생명의 피가 흘러내리는 걸 직접 바라보는 일이 그토록 훌륭한 딸들을 가진 아버지의 영혼에 얼마나 큰 영향을 미쳤겠습니까? 그 아버지의 섬세한 가슴에 얼마나 은밀한 분노가 꿈틀댔을까요? 이에 대해 전해지는 얘기는 없습니다. 하지만 우리는 샤리야르의 백성들이 그에게 맹렬히 분개하기 시작했고, 여인들을 데리고 수도를 떠나버려서 삼 년이 지나자 그 도시에는 처녀가 한 명도 남아 있지 않게 되었다는 사실을 알고 있습니다.

처녀는 셰에라자드와 둔야자드만 남았지요.

이미 삼 년이 지났습니다. 천일 하고도 아흔다섯 밤이 지났고 샤리야르에게 죽은 왕비가 천 아흔다섯 명이었고, 샤자만에게 죽은 왕비도 천 아흔다섯 명이었습니다. 윤년의 2월 29일까지 고려하면 각각 천 아흔여섯 명일 수도 있습니다. 안전하게 더 작은 숫자를 택하도록 하지요. 각각 천 아흔다섯 명이라고 칩시다. 그리고 처음의 스물세 명도 잊으면 안 됩니다. 셰에라자드가 이야기에 등장하는 때, 그러니까 그녀가 샤리야르 왕과 결혼하고 동생 둔야자드를 시켜서 자신의 신혼방 침대 머리맡에 앉아 있다가 초야의 일이 완전히 끝나면 잠자리 동화를 들려달라고 조르게 하는 순간 . . . 샤리야르와 샤자만은 이미 이천 이백 열세 명을 죽인 뒤였습니다. 죽은 사람 중에서 남자는 열한 명에 불과했습니다.

샤리야르는 셰에라자드와 결혼하고 그녀의 이야기에 매료되면서 여인 죽이기를 멈췄습니다. 문학을 통해 수양이 되지 못한 샤자만은 곧바로 복수를 시작해 매일 아침 바로 전날 밤 자신이 범한 처녀를 살해했습니다. 그렇게 샤자만은 여성들에게 여성에 대한 남성의 지배력, 성행위와 사랑을 분리할 수 있는 남성의 능력, 그리고 여성에 관한 한 성생활과 죽음의 불가피한 일치를 보여줬습니다. 사마르칸트에서 살육은 적어도 천일 밤과 하룻밤은 더 계속되었는데, 왜냐하면 셰에라자드의 이야기 순환이 완결되는 순간—이 가장 위대한 이야기꾼은 이야기를 끝내고 나서 자신의 천재성에 대한 대가가 아닌 이야기를 들려준 삼 년 동안 자신이 샤리야르에게 낳아준 세 아들을 위해 자기 목숨을 살려달라고 부탁했을 때, 그리고 샤리야르가 천 아흔일곱 명의 부인 중 마지막인 셰에라자드에게 사랑을 고백하며 모든 살인적인 의도를 포기했을 때—이 되어서야 샤자만의 복수극도 끝이 났기 때문입니다. 그는 마침내 살육을 청산하고, 사랑스러운 둔야자드에게 청혼해 승낙을 받았습니다.

내 계산에 따르면 이 순간까지 살해당한 사람들은 최소한 총 삼천이백열네 명입니다. 그중에서 남자는 열한 명에 불과합니다.

셰에라자드를 한번 생각해봅시다. '도시 태생'이라는 뜻의 이름을 가진 그녀는 의심의 여지 없는 대도시 여성으로, 꾀가 많고, 말재주도 있고, 감상적인 듯하다가도 냉소적이었을 것입니다. 우리가 만나기를 원하는 대도시의 화자만큼이나 현대적이었을 테지요. 끝나지 않는 이야기로 군주를 유혹한 셰에라자드. 자기 목숨을 지키기 위해 이야기를 하는 셰에라자드, 픽션으로 죽음에 맞서는 셰에라자드, 금속이 아니라 언어로 만들어진 자유의 여신상. 아버지의 뜻에 맞서 왕의 죽음의 침실로 들어가는 행렬 속에 스스로 서 있기를 고집한 셰에라자드. 왕을 길들여 자매들을 구해내는 영웅적 과업에 자신을 내던진 셰에라자드. 잔혹한 괴물 아래에 감추어진 사내에 대해, 그리고 그 사내에게 이야기를 들려줌으로써 그가 진정한 인간성을 되찾게 할 수 있다는 자신의 능력에 대해 믿음을 가졌고, 또 믿음을 가져야만 했던 셰에라자드.

얼마나 멋진 여인입니까! 샤리야르왕이 어떻게, 왜 셰에라자드와 사랑에 빠졌는지 쉽게 이해할 수 있습니다. 그는 사랑에 빠져서 셰에라자드가 낳은 자녀들의 아버지가 되었고, 여러 밤을 지나면서 자신의 사형 명령이 공허해졌으며 셰에라자드의 아버지인 재상에게 더이상 사형을 집행하라 명할 수 없다는 걸 깨달은 것이 분명합니다. 샤리야르의 야만성은 이여인의 천재성 때문에 무뎌졌습니다. 천일 밤과 하룻밤 동안다른 사람들의 목숨을 구하기 위해 자신의 목숨을 걸었고, 자신의 상상력을 믿고 잔혹성에 맞섰으며, 놀랍게도 힘이 아닌 문명화를 통해 그 잔혹성을 마침내 이겨낸 여인 때문에 말입니다.

운좋은 왕이지요! 그러나 (이것은 『아라비안나이트』에서 답을 주지 않는 가장 큰 질문이기도 합니다) 셰에라자드는 이왕을 도대체 왜 사랑하게 되었을까요? 그리고 천일 밤과 하룻밤을 언니의 신혼방 침대 머리맡에 앉아서 잔혹한 왕에게 언니가 범해지는 걸 지켜보고, 또 언니가 하는 이야기를 듣는 여동생 둔야자드—영원한 청취자이자 관음자—는 왜 그랬을까요? 그녀는 왜 샤자만, 이야기에 매료된 형보다 훨씬 더 잔혹한 그 사내와 결혼하는 데 동의했을까요?

우리는 이 여인들을 어떻게 이해해야 할까요? 이 이야기 속에는 이야기되고자 아우성치는 침묵이 있습니다. 우리는 이렇게 전해들을 따름입니다. 이야기가 끝나고 나서 샤자만과 둔야자드는 결혼하지만, 셰에라자드가 조건을 하나 내걸었습니다―두 자매가 이별하지 않아도 되도록 샤자만이 자기 왕국을 떠나 형과 함께 살라는 것이었습니다. 샤자만은 기꺼이 이것을 받아들였고, 샤리야르는 이제는 자신의 장인이기도 한 바로 그 재상에게 동생 대신 사마르칸트를 통치하도록 했습니다. 재상이 사마르칸트에 도착하자 그곳 사람들은 열렬히 환영했고, 고관들은 그가 오랜 세월 통치해주기를 기원했습니다. 재상은 그렇게 했고요.

이 옛이야기에 내가 제기하고 싶은 질문은 이것입니다. 이 딸과 아버지 사이에 어떤 음모가 있었을까? 셰에라자드와 재상이 비밀 계획을 세웠을 가능성은? 셰에라자드 때문에 샤자만은 더이상 사마르칸트의 왕이 아니게 되었으니까요. 셰에라자드의 계책 덕분에 그녀의 아버지는 더이상 신하나 내키지 않는 사형 집행인이 아니라, 스스로가 왕이 되었습니다. 그것도 크게 사랑받는 왕에다가, 잔혹한 야만인을 대체한 현자이자 평화의 왕이 되었지요. 그러고는 아무런 설명도 없이 샤리야르와 샤자만에게 똑같이 죽음의 신이 찾아옵니다. "기쁨의 파괴자이자 사회의 분열자, 이승의 어두운 그림자이자 묘지의 수확자"인 죽음의 신이 그들을 찾아오자 왕궁은 폐허가 되고,

현명한 통치자가 그들을 대신하게 되지만, 그들이 누구인지는 전해지지 않습니다.

그런데 '기쁨의 파괴자'는 어떻게, 왜 찾아왔을까요? 이야기에서 명확히 암시하듯 두 형제가 동시에 죽음을 맞이하고, 그 후 그들의 왕궁이 폐허가 된 것은 무슨 이유 때문이었을까요? 그리고 그들을 계승한 '무명의 현자'는 누구였을까요?

우리에게 알려진 것은 없습니다. 하지만 그토록 오랜 세월 동안 무고한 피를 흘리도록 종용당했던 재상의 누적된 분노를 다시 한번 상상해봅시다. 그 재상의 공포의 세월, 살 중의 살이요 피 중의 피인 자신의 두 딸이 한 자락의 이야기에 목숨이 걸린 채 샤리야르의 침실에 갇혀 있는 그 공포의 천일 밤과 하룻밤을 상상해봅시다.

인간은 복수를 위해 얼마나 오래 기다릴 수 있을까요? 천일하고도 하룻밤보다 더 오래 기다릴 수 있을까요?

내 가설은 이렇습니다. 사마르칸트의 새 통치자가 된 그 재상이 바로 샤리야르의 왕국을 통치하러 온 현명한 왕일 겁니다. 그리고 두 왕은 두 왕비나 재상의 손에 동시에 죽임을 당한 것이지요. 그저 추측일 뿐입니다. 어쩌면 소실된 그 위대한 책 안에 해답이 있을지도 모릅니다. 없을 수도 있고요. 우리는 그저... 궁금하게 여길 뿐입니다.

어쨌거나 죽은 사람들의 최종 숫자는 삼천 하고도, 이백 그리고 열여섯입니다. 죽은 사람 중 열세 명은 남자입니다.

나는 회고록 『조지프 앤턴』을 끝냈을 때 픽션에 대한 극심한 갈증을 느꼈습니다. 단순히 오래된 픽션이 아니라, 회고록이 확실히 사실적이었던 만큼 격렬히 환상적인 픽션 말입니다. 내 기분은 문학 진자의 원호 한쪽 끝에서 다른 쪽 극단을 왔다갔다했습니다. 그리고 나는 처음으로 문학을 사랑하게 만든 이야기들, 아름다운 불가능성으로 가득찬 이야기들, 진실은 아니지만 진실이 아니기 때문에 진실을 말하는 그런 이야기들, 때로는 진실됨에 의존하는 이야기보다 더 아름답고 인상적인 방식으로 진실을 말하는 이야기들이 기억나기 시작했습니다. 옛날 옛적에 일어난 이야기일 필요도 없었습니다. 그런 이야기는 지금도 일어날 수 있습니다. 어제도, 오늘도, 혹은 모레에도 일어날 수 있지요.

이런 마법 이야기 가운데 하나는 카슈미르 산스크리트어 이야기 모음집인 『카타사리트사가라』 또는 '이야기 물길의 대양'에서 유래한 것입니다. 이 제목이 나의 어린이책 『하룬과 이야기 바다』에 영감을 주었습니다. 이 이야기를 훔쳐서 내 소설 속으로 옮겼다는 걸 고백합니다. 대략 다음과 같은 이야기입니다.

"옛날 옛적 어느 먼 곳에 어떤 상인이 살았는데, 그 상인은 그 지역의 한 귀족에게 돈을 꿔주었고, 상당히 큰돈이었습니다. 어느 날 갑자기 그 귀족이 죽자 상인은 생각했습니다. 큰일났군, 돈을 돌려받지 못하겠어. 하지만 과거에 한 신이 이 상인에게 영혼을 여행할 수 있는 재주를 주었습니다—이 이야기 속 세상은 신이 하나만 존재하는 곳이 아니라, 여럿이 존재하는 곳이었습니다—그래서 이 상인은 자신의 영혼을 죽은 귀족의 몸속으로 옮겨 그 귀족이 죽음의 침상에서 일어나 빚을 갚도록 해야겠다고 생각했습니다. 상인의 영혼은 안전한 곳, 아니면 안전하다고 여겨지는 곳에서 자신의 몸을 떠난 뒤 죽은 귀족의 거죽 속으로 뛰어들어갔습니다. 하지만 이 상인의 영혼이 죽은 귀족의 몸을 걸려 은행까지 가려면 수산시장을 지나가야만 했고, 죽어서 생선 좌판에 누워 있던 거대한 대구 한 마리가 그를 보고는 웃음을 터뜨리기 시작했습니다. 죽은 생선이 웃는 소리를 듣고서 사람들은 이 걸어가는 죽은 자에게 뭔가 수상쩍은 구석이 있다는 걸 알아차리고 마귀에 씌었다며 그를 공격했습니다. 곧 죽은 귀족의 몸은 머물 수 없는 곳이 되었고, 상인의 영혼은 귀족의 몸을 버리고 자신의 버려둔 형체로 돌아가야 했습니다. 하지만 이 상인의 비어 있는 육체를 발견하고는 죽은 사람의 몸이라 여긴 사람들이 그쪽 세상의 관습에 따라 그의 몸을 불태워버린 뒤였습니다. 그래서 이 상인은 육체도 잃고 내준 빚도 받지 못했습니다. 그의 영혼은 지금도 시장 어느 모퉁이를 헤매고 있을 것입니다. 아니면 죽은 생선의 몸속으로 들어가 이야기 물길의 대양으로 헤엄쳐 갔을지도 모르지요. 이 이야기의 교훈은 지독한 행운만 믿고 까불지 말라는 겁니다."

동물 우화—말을 하는 죽은 생선 이야기를 포함해서—는 동양 정전에서도 가장 오래된 이야기에 속합니다. 그리고 그

중 가장 훌륭한 것들은 이솝 우화 같은 이야기와는 달리 도덕적 관념과 아무런 관계가 없습니다. 겸손이나 겸양이나 중용이나 정직이나 절제에 대해 설교하려 들지 않습니다. 또한 미덕의 승리를 보장하지도 않지요. 그 결과 동양의 이야기들은 현저히 현대적으로 보입니다. 나쁜 놈들이 때로는 이기는 법이니까요.

인도에서 '판차탄트라'라고 알려진 이야기 모음집에는 말을 하는 자칼 한 쌍이 등장합니다. 둘 중에서 착하거나 좀더 나은 녀석이 카라타카이고, 사악한 책략가가 다마나카입니다. 이야기의 도입부에서 두 자칼은 사자 왕을 섬기고 있습니다. 하지만 다마나카는 사자가 또다른 신하인 황소와 친하게 지내는 것이 못마땅했고, 사자를 속여 황소를 적이라고 믿게 만듭니다. 사자는 자칼들이 지켜보는 가운데 무고한 황소를 살해합니다.

이야기 끝.

카라타카와 다마나카의 이야기에서 우리는 까마귀와 올빼미의 전쟁 이야기도 읽을 수 있습니다. 까마귀 한 마리가 배신자인 척하며 올빼미들과 합류해 올빼미들이 사는 동굴의 위치를 알아냅니다. 그후 까마귀들은 모든 동굴 입구에 불을 지르고, 올빼미들은 모두 질식해서 죽습니다.

이야기 끝.

세번째 이야기에서는 어떤 남자가 자기 아이를 친구인 몽구스에게 맡기는데, 돌아와보니 몽구스의 입에 피가 묻어 있는 걸 발견하고는 자기 아이를 해쳤다고 생각해 몽구스를 죽여버립니다. 그러나 사실 몽구스가 뱀을 죽여서 자기 아이를 구했다는 걸 알게 되지요. 하지만 불행히도 이제 몽구스는 죽고 없습니다.

이야기 끝.

오만한 속도광(토끼)을 이긴 끈질긴 느림보(거북이)의 승리, 늑대가 없는데도 "늑대다" 하고 소리치는 자의 어리석음, 또는 황금알을 낳는 거위를 죽이는 데 대한 이솝의 조그마한 교훈 이야기들 대부분은 쿠엔틴 타란티노식 무자비함에 견주어보면 명백히 감상적입니다. 동양이 평화롭고 신비롭다는 클리셰에 대해서는 이 정도만 하겠습니다.

나 자신이 이주민이기 때문에 나는 항상 이야기의 이주에 매료되어왔습니다. 이 자칼 이야기도 거의 『아라비안나이트』만큼이나 멀리 여행을 해서 아랍어와 페르시아어 버전에까지 이르게 되고, 자칼의 이름은 칼릴라와 딤나로 바뀌었습니다. 이 이야기들은 히브리어와 라틴어에도 이르렀으며, 종국에는 영어와 프랑스어로 『비드파이 우화』라고 부르는 이야기로 변신하게 됩니다. 그러나 『아라비안나이트』 이야기들과 달리 이 이야기들은 현대 독자들의 의식에서 희미해져버렸는데, 아마도 해피 엔딩으로 끝내는 주의를 주지 않아 월트 디즈니 회사가 매력을 느끼지 못했기 때문일 것입니다.

그럼에도 이 이야기들의 힘은 여전합니다. 그 많은 괴물과 마법 더미에도 불구하고, 이 이야기들이 (심지어 의인화된 동물의 형식을 띠고 있음에도) 인간의 본성에 관해 전적으로 진실하기 때문이라고 나는 생각합니다. 용감하거나 비겁하거나, 명예롭거나 수치스럽거나, 직설적이거나 암묵적인 모든 인간의 삶이 여기에 들어 있습니다. 그리고 이 이야기들은 문학의 가장 위대하고 가장 영속적인 질문을 던집니다. 평범한 사람들은 자신들의 삶에 평범하지 않은 일이 찾아오면 어떻게 반응하는가? 이 이야기들은 이렇게 답합니다. 때로 우리는 썩 잘해내지 못하지만, 또 어떤 때는 우리가 가지고 있다고 스스로도 알지 못했던 우리 안의 소질을 발견하고, 일어나 도전에 맞서며, 괴물을 퇴치한다고 말입니다. 베어울프*는 그렌델과 그렌델보다 더 무시무시한 그의 어머니를 죽이고, 빨간 망토 소녀는 늑대를 죽이고, 미녀는 야수에게서 사랑을 발견해 야수는 더이상 야수가 아니게 됩니다. 그리고 이런 것이 평범한 마법, 인간적 마법, 마법 이야기의 진정한 마법입니다.

나는 상당히 유행에 뒤떨어진 어떤 것을 옹호하는 주장을 펼치려 합니다. 일반적으로 합의된 인식에 따르면 우리는 논픽션의 시대에 살고 있습니다. 어떤 출판사건, 어떤 서점인이건 그렇게 말할 것입니다. 게다가 픽션 그 자체도 허구로부터 등을 돌려버린 듯합니다. 지금 나는 진지한 픽션을 말하는 것이지, 다른 종류의 픽션을 말하는 게 아닙니다. 다른 종류의

---

* 고대 영국의 서사시 「베어울프」의 영웅적 주인공.

픽션에는 허구성이 잘 살아 있습니다. 거기는 언제나 트와일라잇이고, 사람들은 헝거 게임을 하고 있으며, 레오나르도 다 빈치는 코드입니다.* 진지한 픽션은 엘레나 페란테나 칼 오베 크나우스고르 유의 사실주의로 방향을 선회했습니다. 작가의 개인적 경험과 완전히 동일하지는 않더라도 아주 가까운 곳에서 온 것처럼 믿도록 하는, 말하자면 마법과는 거리를 두는 쪽으로 말입니다. 체코 작가 밀란 쿤데라는 소설에는 트리스트럼 샌디와 클래리사 할로라는 두 명의 부모가 있다고 주장했습니다. 새뮤얼 리처드슨의 『클래리사』는 사실주의 소설이라는 위대한 후손을 낳았고, 다른 한편 로런스 스턴의 『신사 트리스트럼 샌디의 인생과 생각 이야기』는, 그렇습니다, 더 기묘한 책들의 비교적 작은 물줄기가 되었습니다. 문학세계를 채워온 것은 『클래리사』의 자손들이라고 쿤데라는 말합니다. 하지만, 쿤데라의 입장에 따르면 가장 새롭고 독창적인 작품이 창작될 여지가 남은 곳은 샌디 쪽—즉 괴상하고, 놀이를 좋아하고, 우스꽝스럽고, 별난 쪽—입니다. (어니스트 헤밍웨이가 또다른 문학적 부모를 선택한 것은 유명합니다. "모든 현대 미국문학은 마크 트웨인이 쓴 『허클베리 핀의 모험』이라 불리는 한 권의 책에서 유래한다." 『허클베리 핀의 모험』은 『클래리사』보다 더 자유롭고 더 신화적이지만, 넓게 보면 사

---

* 당시에 유행한 소설의 제목들을 패러디한 것이다. '트와일라잇'은 해질녘을 의미한다.

실주의적인 작품입니다. 또한 『신사 트리스트럼 샌디의 인생과 생각 이야기』를 선택하면서 쿤데라는 이 소설이 크게 빚지고 있는 작품을 간과했습니다. 세르반테스의 『돈키호테』지요. 스턴의 토비 삼촌과 트림 대령은 명백히 돈키호테와 산초를 모델로 한 것입니다.)

쿤데라는 사실주의 소설은 너무 많은 작가들에 의해 그 가능성이 너무도 철저히 탐구되어서 이제는 새로 발견될 만한 것이 아주 적다는 사실을 시사했습니다. 만약 그가 옳다면, 사실주의 전통은 끝없는 반복이 되어버릴 운명에 처한 것입니다. 혁신과 새로움newness을 위해 ─ '소설novel'이라는 말은 새로움이라는 개념을 포함하고 있다는 사실을 기억하십시오 ─ 우리는 비사실주의로 눈길을 돌려서 거짓을 통해 진실에 접근하는 새로운 방법을 찾아내야 합니다. 내 어린 시절 마법 이야기들은 그런 접근이 가능할 뿐 아니라, 그 방식이 거의 무한할 만큼 다양하다는 사실, 그리고 그것이 매우 즐겁다는 걸 내게 가르쳐주었습니다. 내가 말했듯이 책과 영화로 저속한 픽션을 납품하는 사람들 또한 환상의 힘을 알고 있습니다. 그러나 그들이 납품할 수 있었던 것이라곤 모두 이차원으로 축소된 연재만화의 환상뿐입니다. 내게 있어 환상은 현실세계에 여러 차원을 더해주는 방법, 보통의 삼차원에다 4차원, 5차원, 6차원, 7차원을 더해주는 방법입니다. 삼차원 세계에서 도망쳐 슈퍼히어로 뱀파이어의 환상세계로 들어가는 것이 아니라 현실세계의 경험을 풍요롭게 하고 강화해주는 그런 방법이었습니다.

내가 가장 존경해온 서양 작가들, 예컨대 이탈로 칼비노, 귄터 그라스, 미하일 불가코프, 그리고 아이작 바셰비스 싱어 같은 작가들은 모두 자신들의 다양한 마법 이야기 전통을 충분히 탐닉하면서도 현실세계에 우화적인 요소들을 주입해서 세상을 더 생생하게, 그리고 이상하게도 더 진실되게 만드는 방법들을 찾아냈습니다. 그라스가 동물 우화를 끌어들이는 방식, 말을 하는 넙치와 쥐와 두꺼비의 광범한 차용은 그림 형제가 수집한 독일의 마법 이야기에 대한 그라스의 몰입에서 탄생했습니다. 칼비노는 자신의 고전적인 작품 『이탈리아 민담』에서 직접 이탈리아의 마법 이야기들을 수집했고, 아마 일부는 창작하기도 했을 것입니다. 또한 그의 작품은 전부 이탈리아의 우화의 언어에 크게 경도되어 있습니다. 모스크바로 오는 악마에 관한 불가코프의 불멸의 이야기 『거장과 마르가리타』와 아이작 싱어의 향기로운 이디시어 이야기에는 골렘과 악령, 그리고 그것들의 빙의나 출몰이 묘사됩니다. 이런 이야기에서 우리는 샤갈의 그림에서와 마찬가지로 러시아, 유대, 슬라브 세계의 마법 이야기에서 비롯된 깊은 매력과 영감을 볼 수 있습니다. 한스 크리스티안 안데르센의 동화에서부터 어슐러 르 귄의 작품까지, 그리고 프란츠 카프카의 칠흑 같은 한밤의 악몽에 이르기까지, 지난 백년가량의 가장 위대한 작품은 대부분 현실과 초현실, 자연과 초자연을 결합한 데서 나왔습니다.

오늘날 많은 젊은 작가들은 '당신이 아는 것을 써라'라는 주문을 책상 앞에 붙여놓고 시작하는 것 같습니다. 그 결과, 창작 글쓰기 수업을 경험한 사람은 누구나 증언할 수 있듯이 도심 변두리의 사춘기적 불안에 관한 글이 너무 많아졌지요. 내 권고는 약간 다릅니다. 여러분이 아는 것이 정말로 흥미로울 때만 아는 것을 쓰십시오. 만약 하퍼 리나 윌리엄 포크너의 동네에 살고 있다면 개인적 요크나파토파*의 격정적인 이야기들을 마음껏 하세요. 그러면 고향을 떠날 필요를 전혀 느끼지 못할 것입니다. 하지만 여러분이 아는 것이 정말로 흥미롭지 않다면, 그런 건 쓰지 마세요. 여러분이 모르는 것을 쓰세요. 두 가지 방법이 있습니다. 하나는 고향을 떠나 다른 어떤 곳으로 가서 좋은 이야기를 찾는 것입니다. 멜빌과 콘래드는 바다와 먼 이국에서 자기들의 이야기를 찾아냈고, 헤밍웨이와 피츠제럴드도 고향을 떠나 스페인이나 리비에라나 이스트에그와 웨스트에그에서 자신들의 목소리를 찾았습니다. 또다른 해결책은 픽션은 허구라는 걸 기억하고, 이야기를 지어내려 애써보는 것입니다. 우리는 모두 꿈을 꾸는 존재들입니다. 종이 위에 꿈을 꾸세요. 그 결과가 『트와일라잇』이나 『헝거 게임』이 되면 찢어버리고 더 좋은 꿈을 꾸기 위해 애써보세요.

---

* 요크나파토파 카운티(Yoknapatawpha County)는 노벨문학상 수상 작가인 윌리엄 포크너(1897~1962)가 대부분의 장편소설과 단편소설의 배경으로 설정한 가상의 지역 이름으로, 자신이 거주한 미시시피주 라피엣 카운티를 모델로 한 것이다.

마담 보바리와 하늘을 나는 양탄자는 둘 다 진실이 아닙니다. 게다가 이 둘은 똑같은 방식으로 진실이 아닙니다. 누군가가 지어낸 이야기입니다. 나는 이야기를 계속해서 지어내는 것을 좋아합니다. 픽션의 허구성fictionality을, 상상력의 상상성을, 우리 꿈 속의 꿈의 노래를 해방시킴으로써 우리는 새로운 것에 다가가기를, 사실보다 흥미로운 픽션을 다시 한번 창조할 수 있기를 희망할 수 있습니다.

2

내가 열 살짜리 아들을 위해서 썼던 소설 『하룬과 이야기 바다』에서 짜증 가득한 열 살짜리 소년은 이야기꾼 아버지에게 소리칩니다. "진실도 아닌 이야기가 무슨 소용이 있나요?" 그렇게 태어난 책은 이 질문에 답하고, 설혹 지어낸 이야기라는 사실을 알지라도 우리에게 그런 이야기가 왜 필요하고 또 그런 이야기가 우리를 어떻게 충족시켜주는지를 살펴보기 위함이었습니다. 이것은 내 글쓰기 인생 전반에 걸쳐 고민해온 듯한 주제입니다. 상상력의 세계와 이른바 현실세계 사이의 관계, 그리고 그 두 세계 사이를 우리가 어떻게 여행하는가 하는 문제 말입니다. 『하룬』을 쓰기 오 년 전에 나는 영국의 유능한 극소수 부조리극* 작가 중 한 명인 N. F. 심슨의 『한쪽으로만 움직이는 진자One Way Pendulum』에 관한 글을 썼습니다. 극중에서 한 남자가 올드 베일리라고 알려진 런던 중앙형사

재판소의 실치수 복제품 자가조립 키트를 우편으로 주문해 배달받습니다. 이 남자는 자기 집 거실에서 조립을 마친 뒤 그 안에서 재판을 받게 됩니다. 어떤 직원이 특정 날짜에 우리의 주인공인 피고가 "이 세상에 없었다"고 진술합니다. 그러자 판사가 "그럼 피고인이 어떤 세상에 있었다는 말이지요?"라고 다그치자 이런 대답이 돌아옵니다. "자기만의 세상을 가지고 있었던 것 같습니다."

(추가적으로 말씀드리면, 『하룬과 이야기 바다』를 읽지 않은 분은 이 작품이 TV 시리즈 〈로스트〉에 등장한다는 사실을 알면 필시 감명받을 것입니다. 〈로스트〉에서 오세아닉항공 815편에 탑승한 데즈먼드가 '플래시 사이드웨이'**에서 읽고 있는 책으로 이 작품이 등장합니다. 나는 이 문장이 무슨 뜻인지 이해하는 독자가 있기를 진심으로 희망합니다. 나 자신은 분명 이해하지 못하기 때문이지요. "진실도 아닌 이야기가 무슨 소용이 있나요?"라는 질문은 반드시 〈로스트〉에 관한 흥미로운 강연의 토대가 되어줄 것입니다.)

---

* 제2차세계대전 이후 1950년대 프랑스를 중심으로 퍼져나간 연극 사조. 인생의 무상함, 목적의 부재, 충동성 등 불안하고 부조리한 정서를 담은 형식이다. 해럴드 핀터, 사뮈엘 베케트 등이 대표적인 작가로 꼽힌다.
** '플래시 사이드웨이'는 플래시백, 플래시 포워드, 또는 데자뷔처럼 에피소드의 주된 흐름을 끊고 들어오는 새로운 서사로, 등장인물의 다른 세계, 다른 차원, 다른 시간대의 서사 전개를 보여준다. 〈로스트〉 시리즈 시즌 6에서 도입되어 유명해졌으며, 오세아닉항공 815편이 추락하지 않은 시간대의 이야기를 다룬다.

우리가 비록 전적으로 상상 속에 살고 있지는 않을지라도, 상상 속으로 여행하는 것은 우리 모두가 좋아합니다. 장뤼크 고다르의 영화 〈알파빌〉에서 사립탐정인 주인공 레미 코숑은 포드 갤럭시를 타고 행성 사이의 우주를 가로질러 여행합니다. 도로시 게일은 돌풍을 타고 오즈에 도착하지요. 이들 말고 우리는 어떻게, 왜 여행을 할까요?

우리는 음식과 거처와 사랑과 노래와 이야기를 원하도록 태어났습니다. 마지막 두 가지에 대한 우리의 욕구는 처음 세 가지에 대한 욕구 못지않습니다. 내 친구 하나는 루마니아의 차우셰스쿠가 고아들을 얼마나 끔찍하게 대했는지 연구하면서, 음식과 거처 외에는 아무것도 받지 못한 이 고아들이 정상적으로 성장하지 못했다는 사실을 발견했습니다. 그들의 두뇌는 적절히 형성되지 못했습니다. 언어를 사용하는 동물인 우리는 아마 노래와 이야기에 대한 본능을 소유하고 있을 것입니다. 우리가 이야기와 노래를 필요로 하고, 또 그것들을 지향하는 것은 그렇게 배워서가 아니라 그렇게 타고났기 때문입니다. 지구상에는 노래를 한다고 묘사될 수 있는 다른 동물들—예컨대 명금류의 지저귐이나 늑대의 울부짖음, 심해 고래의 길고 느린 노래 같은 것을 말하는 겁니다—이 있지만, 헤엄을 치거나 기어다니거나 걸어다니거나 날아다니는 존재 중에서 이야기하는 존재는 없습니다. 인간만이 이야기하는 동물입니다.

노래는 비자연적 방식으로 인간의 목소리를 사용합니다—

나를 포함한 인간이 전부 이 방식을 사용할 수 있는 것은 아닙니다—그렇게 아름다움이 자아내는 의미를 창조해냅니다. 이야기는 우리가 인간의 삶에 대해 말하기 위해 사용하는 비자연적인 수단, 말하자면 이야기를 지어냄으로써 진실에 도달하는 우리의 방식입니다. 그리고 우리는 스스로에게 자신을 설명하기 위해 애초부터 이야기를 활용한 유일한 종입니다. 플라톤의 동굴 안에 앉아 있던 인간은 바깥세상을 추측하기 위해 동굴 벽에 비치는 그림자들에 대해 이야기했습니다. 자신들의 기원을 이해할 수 없었던 인간은 우리의 기원이라는 거대한 문제를 설명해주며 동시에 도덕이라는 동일하게 거대한 문제에 지침을 주는 하늘의 신과 태양신, 조상신과 구원의 신, 보이지 않는 아버지와 어머니들에 관한 이야기를 했습니다. 신화와 전설 속에서 우리는 우리의 가장 오래된 원더랜드, 아스가르드와 발할라, 올림포스와 카일라스산을 창조하고 그곳에 우리의 본성에 관한 가장 심오한 사상들과 우리의 의심 그리고 두려움을 깊이 새겨넣었습니다.

『하룬과 이야기 바다』는 언어와 침묵에 관한 우화이자 이야기와 반反이야기에 관한 우화입니다. 부분적으로는 나의 어린 아들이었던 아이에게 아버지가 쓴 또다른 소설 『악마의 시』를 둘러싼 당시의 싸움을 설명해주기 위해 쓴 것입니다. 『하룬』 이후 이십 년이 지나서 다른 아들은 "내 책은 어디 있어요?"라며 나를 다그쳤습니다. 이 질문에는 두 가지 대답이 있습니다. 첫번째 대답은 "얘야, 인생은 공평하지 않단다"입니다. 나도 동의합니다, 이건 좋은 대답이 아니지요. 다른 대답은 그 아이를 위한 책을 쓰는 것입니다. 그래서 나는 『루카와 생명의 불』을 썼고, 덕분에 다시 한번 원더랜드를 돌아다니는 데 많은 시간을 보냈습니다. 우리가 어린아이일 때나 어른이 되어서나 머물고 싶어하는 상상의 세계에서 말입니다.

『하룬』을 쓴 지 이십 년 만에 『루카와 생명의 불』을 쓰기 시작했을 때 나는 찰스 럿위지 도지슨 목사님, 즉 원더랜드의 창조자 '루이스 캐럴'에 대해 많은 생각을 했고, 그에게서 이런 걸 배웠습니다. 앨리스에 관한 그의 두번째 책 『거울 나라의 앨리스』에서 가장 훌륭한 사실은 '원더랜드로 돌아가기'가 아니었다는 점입니다. 『이상한 나라의 앨리스』를 출판하고 육 년 뒤에 캐럴은 그 자체의 내적 논리를 갖춘 완전히 다른 상상의 세계를 창조한다는 대단히 큰 도전 과제를 스스로에게 부과했습니다.

이전에 가본 곳으로 돌아가지 마라. 다른 곳으로 가기 위한 다른 이유를 찾아내라.

나도 똑같은 도전을 하기로 결심했습니다. 상업적으로는 가장 현명한 행동이 아니었을 수도 있습니다. 내 아들 밀란이 열두 살 때 해준 충고처럼 말입니다. "아빠, 단행본을 쓰지 말고 시리즈를 쓰세요." 『해리 포터』와 『트와일라잇』의 시대에는 내 아들이 전적으로 옳습니다.

『거울 나라의 앨리스』에 관해 몇 마디만 더 보태겠습니다. 이 책이 출판되었을 때는 첫번째 『앨리스』 책이 이미 굉장히 유명해져서 후속편을 출간하면 이전 작품의 열혈 독자들을 실망시킬 위험이 엄청나게 컸습니다. 게다가 앨리스 자신—앨리스 플레전스 리델—도 다 커서 더이상 1862년 7월 4일 다른 두 자매와 도지슨 목사와 함께 뱃놀이를 가서 이야기를 해달라고 조르던 어린아이가 아니었지요. 그때 들려준 이야기 『앨리스의 지하 세계 모험』을 확장해서 삼 년 후에 출판한 것이 우리가 지금 일상적으로『이상한 나라의 앨리스』라고 부르는 책이 되었습니다. 아동문학의 가장 위대한 작품들은 특정한 아이들을 염두에 두고 창작되었습니다. J. M. 배리는 루엘린 데이비스의 아이들을 즐겁게 해주려고『피터 팬』을 썼고, A. A. 밀른은 아들 크리스토퍼 로빈 밀른이 가장 좋아하는 장난감을 소재로 삼아『곰돌이 푸』를 썼으며, 루이스 캐럴은 앨리스를 위해『앨리스』를 썼습니다. 그러나『거울 나라의 앨리스』를 쓸 때는 앨리스에 대한 기억을 위해 글을 써야 했습니다. 기억 속의 앨리스는 항상 사람들을 꾸짖는 듯한 당당한 꼬마 아가씨였으며, 자신이 이해할 수 없는 규칙이 존재하는 세상에서도 항상 삶의 규칙과 적절한 행동에 대해 확신하는 아이였습니다.

그러나 캐럴이 자신을 위해 쓴 앨리스는 캐럴 자신의 꿈을 계속 충족시켜줬습니다. 캐럴은 이렇게 썼습니다. "지금도 앨리스는 내 곁을 떠나지 않네, 유령처럼. 하늘 아래 움직이는 앨리스는/ 깨어 있는 눈에는 결코 보이지 않는다네."*

『루카와 생명의 불』을 쓸 때 내 임무는 그것보다는 쉬웠습니다. 내게는 글을 선물해줄 아이이자 내게 지침이 되어줄 아이가 있었습니다. 그리고 다행스럽게도 나는 성장하는 동안 마법 이야기 전통에 깊숙이 빠져 있었습니다. 그 마법 이야기 속에는 전사 함자와 모험가 하팀 타이의 영웅적 신화도 있었는데, 함자와 하팀 타이는 요정들과 결혼하고, 요괴들과 싸우고, 용을 퇴치하고, 때로는 거대한 마술 단지를 타고 하늘을 날아다니는 적들과 싸운 방랑자들이었습니다. 나는 아주 어릴 때부터—그리고 지금도 여전히—원더랜드의 여행자입니다.

사실주의 전통이 우세했다 할지라도, 또다른 위대한 전통을 옹호하는 데 잠시나마 시간을 들여볼 만합니다. 환상은 변덕이 아니라고 말할 만한 가치가 있습니다. 환상적인 것은 철이 없거나 도피주의적인 것이 아닙니다. 원더랜드는 피난처가 아니며, 반드시 매력적이거나 좋아할 만한 곳이 아니어도 됩니다. 원더랜드는 살육과 착취와 잔혹과 공포의 장소가 될 수도—사실은 대체로—있습니다. 카프카의 「변신」은 비극입니다. 후크 선장은 피터 팬을 죽이고 싶어합니다. 어둠의 숲속에 사는 마녀는 헨젤과 그레텔을 요리해 먹길 원합니다. 늑대는 실제로 빨간 모자의 할머니를 잡아먹습니다. 알버스 덤블도어는 살해당하고, 반지의 제왕은 가운데땅 전체를 노예로 삼을 계획을 세웁니다. 이야기에 따르면 가로세로가 백 킬로미터인 솔로몬왕의 하늘을 나는 양탄자가 이 위대한 왕의 오만의 죄

---

* 루이스 캐럴의 시 「삶은 단지 꿈이라네Life is But A Dream」의 4연.

를 벌하기 위해 흔들어대기 시작하는 바람에 그 위에 타고 있던 사람 사만 명이 굴러떨어져 죽었습니다. (평범한 사람들이 통치자의 죄로 인해 고통받는 게 이번이 처음도 아닙니다. 원더랜드는 지구만큼이나 흠이 있는 장소일 수 있습니다.)

양탄자는 하늘을 날 수 없고, 과자로 만든 집에 사는 마녀도 존재하지 않기에 우리는 이런 이야기를 들어도 '진실'일 리 없다는 것을 알지만, 이런 이야기는 '진실'에 관한 것이기도 합니다. 바로 사랑과 증오, 두려움과 권력, 용기와 비겁과 죽음과 같은 것들이지요. 이런 이야기는 다른 통로를 통해 진실에 도달할 뿐입니다. 우리가 이런 이야기들이 진실이 아니라는 것을 알지라도, 이 이야기들은 진실합니다.

현대의 환상문학이 있기 전에, 원더랜드와 동화와 민담이 있기 전에 신화가 있었습니다. 애초에 신화는 종교적인 텍스트였습니다. 그리스신화는 원래 그리스 종교였지요. 그러나 사람들이 신화의 문자대로 적힌 진실을 믿지 않게 되었을 때, 실제 벼락을 내리치는 진짜 제우스의 존재를 믿지 않게 되었을 때, 아마 그리스 사람들과 우리는 문학을 믿는 방식으로 신화를 믿기 시작할 수 있었을 겁니다—말하자면, 우리가 허구에 접근할 때 '그렇고도 그렇지 않다'고 생각하는 신뢰/불신이라는 이중적인 방식으로요. 그리고 동시에 신화는 그 이야기에 담긴 가장 심오한 의미를 포기했을 겁니다. 그전에는 믿음에 가려져서 희미했던 의미를 말입니다.

그리스나 로마나 북유럽의 위대한 신화들은 이를 지탱해주던 종교들이 종말을 고한 뒤에도 살아남았는데, 이는 신화 이야기에 담겨 있는 놀랍도록 함축적인 의미 덕분입니다. 소설 『그녀가 밟은 땅』을 쓰는 동안 나는 오르페우스 신화에 심취하게 되었습니다. 가장 위대한 시인이자 가장 위대한 가수였으며, 그 안에서 노래와 이야기가 하나되도록 하는 바로 그 오르페우스 말입니다. 우리는 오르페우스 신화를 백여 단어 정도로 압축할 수 있습니다. 요정 에우리디케에 대한 그의 사랑, 양봉의 신 아리스타이오스의 에우리디케 추격, 에우리디케를 죽게 만든 뱀에 물린 상처, 에우리디케의 지옥행, 죽음의 문턱을 넘어 그녀를 찾아가는 오르페우스, 그녀를 구출하려는 오르페우스, 오르페우스가 받아낸 지하세계 신의 허가—천재적인 노래에 대한 대가로—그래서 뒤를 돌아보지만 않으면 에우리디케를 다시 살려낼 수 있게 된 가능성, 그리고 오르페우스의 치명적인 뒤돌아보기. 그러나 이 이야기를 깊이 파고들어가면 무궁무진하게 풍부한데, 그 핵심에는 인생의 가장 거대한 문제들이 삼각의 긴장 관계로 놓여 있기 때문입니다. 사랑과 예술과 죽음이라는 문제지요. 이 이야기를 계속해서 곱씹을 때마다 이 삼각형은 다른 이야기를 들려줍니다. 이 이야기는 사랑의 영감을 받은 예술은 죽음보다 큰 힘을 가질 수 있다고 말합니다. 이와 반대로, 예술에도 불구하고 죽음은 사랑의 힘을 이길 수 있다고도 말합니다. 또, 오직 예술만이 모든 인간 삶의 중심에 있는 사랑과 죽음 사이의 거래를 가능하게 만든다고도 합니다.

여러 신화에서 공통으로 드러나는 이야기가 하나 있습니다. 인간이 신들의 도움 없이 스스로 살아가는 법을 배워야 하는 순간에 관한 이야기입니다. 그리스와 로마 신화에 관한 위대한 연구서 『카드모스와 하르모니아의 결혼』에서 로베르토 칼라소는 알파벳의 창시자인 카드모스와 하르모니아의 혼례의 순간이 바로 그런 순간, 즉 신들이 올림포스산에서 내려와 인간의 삶에 마지막으로 합류한 순간이라고 말합니다. 그때 이후로 우리에게는 우리뿐이었습니다. 북유럽신화에서 우주수 World Tree인 거대한 물푸레나무 위그드라실이 쓰러질 때 신들은 지정된 적들과 싸우고, 적들을 죽이고, 자신들도 죽은 뒤에 사라져버립니다. 신들의 죽음은 영웅들, 즉 인간이 전면에 나와 신들의 자리를 대신할 것을 요구합니다. 여기, 고대 그리스와 고대 북유럽에는 성장에 관한 우리의 가장 오래된 우화가 있습니다. 즉 부모님과 선생님과 보호자가 우리를 더이상 통솔하고 보호해줄 수 없는 때가 반드시 온다는 사실을 우리가 깨닫게 된다는 우화인 것이지요. 원더랜드를 떠나서 성장해야 하는 순간이 있는 겁니다.

쿤데라의 용어를 사용하자면 트리스트럼 샌디의 아이들— 또는 돈키호테나 셰에라자드의 자손들—은 클래리사 할로의 자손들만큼 많지 않을 수도 있습니다. 하지만 그들은 모든 문학, 모든 장소, 모든 시대에서 발견됩니다. 불가코프의 『거장과 마르가리타』 속 악마에 쒼 모스크바에서부터 아이작 바셰비스 싱어의 악령에 사로잡힌 마을까지. 프랑스 초현실주의자들로부터 미국의 환상문학 작가들까지. 그리고 조너선 스위프트에서 카먼 마리아 마차도, 캐런 러셀, 헬렌 오이예미에 이르기까지 그들은 도처에 있으며, 사실주의 전통 옆에 나란히 대안적이고, 유쾌하고, 카니발적인 '위대한 전통'을 형성합니다. 최근 문학사에서 가장 잘 알려진 그런 작가들은 남아메리카의 이른바 마술적 사실주의의 실천가들이었습니다. '마술적 사실주의'라는 용어는 라틴아메리카 문예부흥기 작가들을 설명할 때 가치가 있습니다. 훌리오 코르타사르, 알레호 카르펜티에르, 마누엘 푸익, 카를로스 푸엔테스, 이사벨 아옌데, 그리고 당연히 가브리엘 가르시아 마르케스, 그리고 이들의 선조격이라고 할 수 있는 후안 룰포, 호르헤 루이스 보르헤스, 그리고 마샤두 지 아시스 말입니다. 그러나 '마술적 사실주의'는 문제가 있는 용어인데, 대부분의 사람들은 이 용어를 판타지 소설 장르와 동일시하기 때문입니다. 그리고 내가 주장하고 있듯이, 환상문학은 장르 소설이 아니라 그 나름의 방식대로 사실주의적이고 자연주의적인 소설입니다. 그저 다른 문을 통해서 진실로 들어올 뿐입니다. 자연주의 소설도 전적으로 도피주의적일 수 있습니다. 칙 릿chick lit*을 조금만 읽어보면 이 말을 이해할 것입니다.

진실은 순전히 모방적인 수단을 통해서만 도달되는 것이

---

* 젊은 여성을 대상으로 하는 대중소설.

아닙니다. 이미지는 카메라나 붓에 의해 포착될 수 있습니다. 별이 빛나는 밤을 그린 그림은 밤하늘을 찍은 사진 못지않게 진실할 수 있습니다. 만약 화가가 반 고흐라면 그 그림이 훨씬 덜 사실적일지라도 훨씬 더 진실하다고 주장할 수도 있습니다. (나는 그의 이름을 '반 고흐'라 부르고, 여러분은 그가 유홀U-Haul의 경쟁업체인 듯 '밴고VanGo'라 부르지만, 네덜란드 사람들은 그를 '반 호흐'라고 발음한다는 사실을 아셔야 합니다. '반 호흐'는 마치 봄베이의 하수구에 베텔 주스 한 바가지를 토해내는 사람 소리처럼 들립니다. 한번 해보세요.) 환상문학—마법 이야기, 우화, 민담, 마술적 사실주의 소설—은 언제나 인간 존재에 대한 심오한 진실, 인간의 가장 훌륭한 자질과 가장 뿌리깊은 편견까지 구현했습니다. 하나의 예만 들자면, 여성에 관해서 말입니다.

현대적 마법 이야기의 가장 현명한 작가들과 비평가들, 소설가이자 이야기 작가인 앤절라 카터나 영국의 비평가이자 소설가인 마리나 워너 같은 사람들은 원더랜드에서의 여성들의 위치를 웅변적으로 탐구해왔습니다. 원더랜드에서 여성들은 궁극의 미덕(성에 갇힌 공주) 아니면 궁극의 악덕(마녀)의 담지자입니다. 개인적으로 나는 구출해야 할 공주에게 쏟을 시간이 많지 않기에 여기서는 마녀들에게 집중하고자 합니다. 워너는 마녀의 초상이 언제나 전적으로 가정에 있었다고 지적합니다. 마녀의 뾰족한 모자는 중세의 흔한 쓸 것이었으며, 빗자루는 모든 가정에 있었고, 심지어 마녀가 부리는 '귀신 들린' 영혼은 주로 고양이였습니다. 마녀의 표식—악마가 젖을 빤다고 하는 마녀의 세번째 젖꼭지 또는 '마녀 젖꼭지'—은 사마귀나 혹이 흔했던 시기에 많은 여성의 몸에서 쉽게 볼 수 있었습니다. 사실상 필요한 것은 고발뿐이었습니다. 어떤 여성을 가리키며 마녀라고 부르기만 하면 거의 모든 집에 그 증거가 있었습니다.

마녀의 전통적 이미지는 허리가 굽고 몸이 기형인 노파나 쪼그랑할멈처럼 못생긴 여성이었습니다. 그림 형제의 이야기에서 볼 수 있는 마녀지요. 그러나 그림 형제의 이야기 중에서 적어도 하나—사악한 왕비가 벽에 걸린 마법의 거울을 들여다보며 "세상에서 가장 아름다운 이가 누구지?"라는 치명적인 질문을 하는 「백설공주」—에서 우리는 훗날 르네상스 예술과 문학에서 좀더 보편화되는 모티프, 즉 아름다운 마녀를 보게 됩니다. (사실 아름다운 마녀는 훨씬 이전, 그리스신화에서도 발견됩니다. 마법사 키르케가 오디세우스와 그의 부하들에게 주술을 걸어서 선원들을 돼지로 만들어버리는 것을 예로 들 수 있지요. 키르케는 인도로 여행해서 소마데바의 『카타사리트사가라』에도 등장합니다. 『카타사리트사가라』는 앞에서 언급했던 이야기 모음집인데, 카슈미르어로 '이야기 물길의 대양'이라는 뜻입니다. 여기서 키르케는 마술 피리로 사내들을 짐승으로 변화시키는 마귀가 됩니다.)

이렇게 여성의 두 가지 힘, 즉 성적인 힘과 마술적인 힘을 아름다운 마녀의 이미지 속으로 융합하는 것—매혹적인 여자가 노파를 대체하는 현상—은 르네상스 전성기, 즉 아리오스토가 「광란의 오를란도」라는 긴 서사시를 그런 여성들로 채웠을 때 최고조에 달했습니다. 당대의 예술가들은—도소 도시의 〈키르케〉라는 그림이 떠오릅니다—거의 강박적이었다고 말할 수 있을 정도로 이 주제를 반복적으로 다루었습니다. 나는 소설 『피렌체의 여마법사』를 쓸 때, 마법사의 섹스가 마법으로 연결되는 이중 마법을 구사하는 능력이 실제 여성들에게 어떤 의미를 가지는지 살펴보려 노력했습니다. 한편으로, 그런 결합 능력이 이 여성들의 힘을 표면적으로 증가시켜주는 것은 명백했습니다. 내 소설 속의 '여마법사'는 기적을 행할 수 있다고 믿어져서 성자에 가까워지고, 로마의 메디치 가문 출신의 교황마저도 그녀의 성스러움에 대해 반쯤 설득당합니다. 그녀는 또 독보적인 육체적 아름다움으로 남성들을 욕망에 다리가 후들거리도록 만들 수도 있습니다. 그러나 내가 암시했듯이, 마법을 부린다는 의심은 역사적으로 여성들에게 매우 위험했습니다. 바람의 방향이 바뀌면, 대중의 분위기가 변하면 어제까지 당신을 성자로 숭배했던 바로 그 사람들이 내일은 당신을 화형에 처하러 올 수도 있습니다. 성녀 잔다르크가 이를 보여주는 예시입니다. 나 또한 이토록 취약한 권력의 작두 위를 걷다가 결국은 살기 위해 도망쳐야 하는 한 여성에 관해 쓰고 있었습니다. 그러면서 나는 환상문학이 여성에 대한 두려움과 그 가공의 이면인 숭배를 얼마나 많이 다루는지 알고서 충격을 받았습니다.

『마녀는 죽어야만 한다*The Witch Must Die*』라는 연구서에서 셸던 캐시던은 민담 속의 여성 인물들이 7대 죄악*의 본보기로 쓰인다고 주장합니다.「백설공주」속 왕비의 허영("거울아, 벽에 걸린 거울아"), 신데렐라에 대한 못생긴 두 자매의 질투 그리고 그림 형제 이야기 속 어부의 아내가 가진 탐욕 같은 것 말입니다. 말하는 넙치는 어부가 자신의 목숨을 살려준 대가로 기적을 일으켜서 말로 다할 수 없는 부를 가져다주지만, 아내가 교황이 되게 해달라고 요구하자 그 기적이 모두 사라져버리는 것으로 끝납니다. 그 모든 것 — 왕궁, 보석, 황금—은 사라지고, 어부와 그의 아내는 이전에 살던 헛간(사실 그림 형제 이야기에서 쓰인 단어는 '요강'입니다)으로 되돌아갑니다.

마법 이야기는 우리가 종종 불쾌하게 느끼는 우리의 진실에 대해 말해줍니다. 우리의 완고함을 폭로하고, 우리의 리비도를 탐구하며, 우리의 가장 큰 두려움을 백일하에 드러냅니다. 이런 이야기는 아이들에게 즐거움을 주기 위함만이 아니며, 그중 다수는 애초부터 아이들을 위한 것도 아니었습니다. 선원 신드바드와 알라딘이 여행을 시작할 때는 디즈니의 인물들이 아니었습니다.

---

* 7대 죄악 'Seven Deadly Sins'는 가톨릭에서 칠죄종이라 불리는데, 교만, 인색, 질투, 분노, 색정, 탐식, 나태를 일컫는다.

하지만 지금은 아이들과 마음이 젊은 어른들이 넘쳐나는 시대입니다. 모리스 샌닥의 『괴물들이 사는 나라』에서 필립 풀먼*의 종교 이후의 다중 우주까지, 우리가 옷장을 통해 도달하는 나니아에서부터 환상의 요금통행소를 통해 도착하게 되는 이상한 세계에까지, 호그와트에서 가운데땅까지, 원더랜드는 잘 살아 있습니다. 내가 쓴 두 권의 이야기를 포함한 이 많은 모험 이야기에서 영웅으로 자라나는 것도, 어른의 세계를 구원하러 종종 오는 것도 아이들입니다. 그 아이들은 한때 우리였으며, 우리 안에 여전히 남아 있고, 원더랜드를 이해하고 이야기의 진실을 알고 있으며, 그런 진실을 망각해버린 어른들을 구원합니다.

---

* 영국의 소설가. 판타지 소설의 고전인 『황금나침반』을 썼다.

프로테우스

에드워드 본드와
셰익스피어의 침묵

이제 나도 나이가 조금 드니 가끔씩 일본의 시인이자 철학자 바쇼가 된 것 같은 느낌이 듭니다. 지혜를 얻고자 에드워드 본드의 희곡 〈최북단으로 가는 좁은 길〉의 좁은 길을 따라서 여러 해를 여행한 뒤 무엇을 배웠는지 묻자 바쇼는 이렇게 대답하지요. "최북단에서는 배울 게 없다는 걸 배웠습니다." 여행에서 배울 게 없다는 것이 여행의 지혜이며, 지혜 자체가 거대한 환상입니다.

에드워드 본드는 영국 희곡의 황금기인 1970년대의 위대한 인물 중 하나이며, 그의 비전은 암울하고 단호하지만 그의 드라마는 늘 극적인 사건으로 가득합니다. 요즘 사람들이 에드워드 본드에 대해 기억하는 것은 그가 〈구원〉이라는 희곡을 썼다는 사실입니다. 이 극에서는 한 아기가 무대 위에서 돌에 맞아 죽습니다. 좀더 정확히 말하면, 관객들에게는 아기가 유아차 안에 누워 있다고 알린 상태에서 배우들이 유아차에 돌을 던집니다. 유아차 안에는 아기가 없고, 모든 것이 결국은 소품이었기 때문에 심지어 돌이 정말 돌인지도 의심스러우며, 그리고 이 장면의 허구성은 이 모든 일이 무대 위에서 벌어졌다는 사실에 의해 명백히 확립되었습니다. 당시의 런던 연극 관객은 이렇게건 저렇게건 할 수 있었기 때문에 더러는 옷을 잘 차려입고, 더러는 그렇지 않은 채로 이 일이 벌어지는 것을 보기 위해 값싸거나 값비싼 관객석에 앉아 있었습니다. 검투사들의 로마 시절도 아니었고, 지금은 마블 아치인 타이번 트리에서 벌어지는 교수형을 보고 환성을 지르기 위해 군중이 몰려들던 그 옛날의 런던도 아니었지요. 그곳은 슬론스퀘어의 로열코트극장이었고, 극장 밖은 첨단의 유행으로 '진동하던 런던swinging London'이었습니다. 당시 런던은 노래에 나오듯이 진자처럼 활기차게 진동했습니다. 오늘날 픽션의 허구성은 중요한 문제입니다. 그것은 공연과 관객 사이의 거래, 즉 계약 관계의 핵심에 놓여 있습니다. 공연은 진실을 폭로하겠다고 약속하는 한편 공연이 비진실임을 고백하고, 관객은 믿어서는 안 된다고 알고 있는 것에 대한 불신을 중단하고, 그렇게 해서 믿을 만한 가치가 있는 것을 발견합니다. 이것이 사람들이 무대나 책에서 문학을 경험할 때 하는 일이지만, 자신들이 그렇게 하고 있다는 사실은 잊어버립니다. 혹은 기억한다 해도 이 사실을 중요하게 여기지 않고 자연스럽다natural고 생각합니다.

정반대로 자연스럽지 않고unnatural, 고안된 것artifice이며 인위적인artificial 것임에도 불구하고 말입니다. 책을 읽거나 연극을 보는 행위도 창조적인 행위이고, 허구에의 참여이며, 요정의 존재를 믿으면 박수를 치는 것*입니다. 그렇게 하지 않으면 마법은 작동하지 않으며, 팅커벨은 죽어버립니다. 아이들은 이것을 알지만 나이가 들면서 이 사실을 잊어버립니다. 달링네 아이들이 피터 팬을 잊어버리듯이 말이지요.

사람들은 논란은 기억합니다, 그렇지 않은가요. 그래서 그들은 돌에 맞아 죽은 에드워드 본드의 아기는 기억합니다. 사람들은 예컨대 본드의 훌륭한 희곡 〈리어〉는 썩 잘 기억하지 못합니다. 〈리어〉는 헤비급 권투 경기에서 셰익스피어와 맞붙어 마지막 회까지 버틴 덕에 완패당하지 않고, 영국에서는 드로draw라고 부르고 미국에서는 기이하게 풍자적인 이미지로 타이tie라고 부르는 무승부로 살아남았습니다. 사람들은 에드워드 본드의 희곡 〈빙고〉는 기억하지 못하거나, 어쩌면 기억할 수도 있겠지요, 어쩌면 몇몇 사람만 기억합니다. 〈빙고〉에는 셰익스피어 자신이 등장하는데, 작가들이 이 양반을 피할 도리가 없기 때문입니다. (내 서재의 문에는 셰익스피어 흉상 모양의 황동 고리쇠가 있습니다. 그래서 작업을 하러 서재에 들어갈 때마다 나는 매일같이 노커로 서재 문을 두드려서 나 자신에게 들어오라고 말하며, 내가 나의 영역이 아니라 셰익

---

* 믿음을 통해 원하는 것을 실현시킬 수 있다는 표현.

스피어의 영역으로 들어가고 있음을 알게 됩니다. 어떤 노커도 셰익스피어를 막거나 가둘 수는 없는데, 셰익스피어는 가난하고 부유한 문학의 모든 방을 통치하기 때문에 노커를 뛰어넘어 문 뒤의 방을 차지해버립니다.)

사람들이 기억할 수도 있고 기억하지 못할 수도 있는데, 〈빙고〉에서 에드워드 본드의 셰익스피어는 벤 존슨, 즉 에드워드 본드의 벤 존슨과 함께 술에 취합니다. 에드워드 본드의 벤 존슨은 셰익스피어의 천재성만큼이나 미스터리인 그의 심오한 비밀을 알아내기 위해 셰익스피어가 은퇴 생활을 하고 있는 미스터리한 스트랫퍼드에 찾아온 것이었습니다—침묵의 비밀 말입니다.

(사람들은 잘못된 미스터리, 즉 셰익스피어의 희곡들을 누가 썼는가 하는 미스터리도 아닌 미스터리에 많은 시간을 허비했습니다. 프랜시스 베이컨인가 크리스토퍼 말로인가 하면서 말입니다. 나는 개인적으로 윌리엄 셰익스피어가 아니라 동명이인의 셰익스피어가 그의 작품들을 썼다는 뜬소문을 가장 좋아합니다. 하지만 엄연한 진실은 셰익스피어는 분명 셰익스피어라는 사실입니다. 자기 이름의 철자도 제대로 못 쓰는 독학자 촌뜨기 배우 출신 엉터리 글쟁이가 셰익스피어라는 사실을 못 견딜 수도 있겠지만, 그 셰익스피어는 바로 그런 사람이었습니다.)

에드워드 본드는 셰익스피어의 침묵이, 말하자면 영국문학사에서 가장 위대한 이 천재가 최고의 전성기에 자기의 천재성을 떠나서 글쓰기와 연기와 극장 관리와 서더크를 포기하기로 한 결정이야말로 흥미로운 미스터리라는 사실을 알았습니다. 서더크는 극장과 도박장과 매음굴과 닭싸움이 난무하던 하층민 거주 지역이었고, 셰익스피어는 필시 서더크를 사랑했을 것입니다. 당대 가장 성공한 극작가가 된 후에도 그는 결코 이 지역을 떠나 좀더 살기 좋은 동네로 이사한 적이 없고, 이사를 하더라도 멀리 가지 않았으니 말입니다. 그런데 1613년*어느 날, 그는 돌연 자신의 일이 끝났다고 결심하고 모든 걸 버린 채 뒤도 한번 돌아보지 않고 스트랫퍼드로 돌아갔습니다. 거기서 셰익스피어는 소박하지만 만족스러워 보이는 중산층의 시골 생활을 삼 년 이어가며 앤 해서웨이와 생활하고, 그녀와 삶과 죽음을 함께했습니다. 그러고는 유언장에서 두번째로 좋은 침대를 그녀에게 남겼습니다. 두번째 침대를 유산으로 남겨준 게 그리 모욕적인 건 아니었는데, 몇몇 학자들에 따르면 셰익스피어와 앤과 같은 엘리자베스시대의 중산층 가정에서 가장 좋은 침대는 고귀한 방문객이 와서 머물 경우를 대비해서 따로 보관해뒀기 때문입니다. 백작이나 심지어 여왕이나 왕께서 예고도 없이 친히 납실 경우를 대비해 사용하지 않은 청결한 상태로 두었던 것이지요. 그 대신 두번째로 좋은 침대는 부부용 침대였습니다. 해서웨이 부인과 자기 이름 철자

---

* 1611년 혹은 1612년으로 추정하는 연구도 있으나 본문은 루슈디의 표현을 따른다.

마저도 제대로 쓰지 못하던 이 천재 극작가가, 공식 철자법이 제정되지 않았고 철자 맞히기 시합이 없었던 당시에 자신의 이름을 '착스포Chackspaw'라고 쓰던 셰익스피어가 사랑을 나누던 침대였습니다.

셰익스피어의 침묵. 달콤한 윌의 노래는 가정 안에서 조용해졌고, 윌은 자신이 창조한 마법사 프로스페로*처럼 소음으로 가득찬 자신의 섬을 떠나며 지팡이를 꺾고 자신의 예술에 절필을 선언해버렸습니다. 그런데 왜 그랬을까요? 우리는 모릅니다. 그는 우리에게 이유를 남기지 않았습니다. 하지만 우리가 셰익스피어의 천재성을 믿는다면, 이제 자신의 일이 끝났고 그만둘 때가 되었다는 깨달음이 이 천재의 마지막 통찰이었다고 추측해볼 수 있습니다. 그렇게 셰익스피어는 달콤하지는 않지만 훌륭한 의지**의 행위를 통해 그만둔 것이지요.

셰익스피어는 우리에게 작품, 그러니까 소진되지 않는 작품들을 제외하고는 편지, 일기, 초고, 회고록, 자서전 그 어떤 것도 남기지 않았습니다. 자신의 실수, 습작, 망설임, 설명을 모두 파기해버림으로써 자신이 죽고 난 뒤에는 침묵만 남도록

---

* 셰익스피어의 마지막 작품 『템페스트』의 주인공 프로스페로는 딸 미란다와 함께 외딴섬에 도피한 후 토착 괴물 캘리번과 정령 에어리얼을 거느리고 사는 마법사로. 그가 마법을 버리는 행위는 전통적으로 셰익스피어의 절필에 비유된다.

** 윌리엄 셰익스피어를 친근하게 '윌'이라고 부르며 '달콤한 윌(sweet Will)'이라고 표현한 데 이어 '윌'과 발음이 같은 '의지(will)'를 사용해 운을 맞춘 언어유희다.

한 것 또한 셰익스피어다운 천재성의 한 단면입니다. 셰익스피어는 분명 자기 손으로 그렇게 했을 것입니다. 왜냐하면 그런 자료를 파기하려면 직접 해야 하기 때문이지요. 그 누구에게도 우리가 떠난 뒤에 자료를 파기해달라고 부탁하지 말아야 합니다. 그들은 그렇게 하지 않을 것이기 때문이지요. 막스 브로트가 카프카에게, 또는 카프카를 위해서 한 것처럼 우리가 태워버리기를 원했던 걸 그들은 출판해버릴 것입니다. 막스 브로트는 카프카의 명백한 소원에도 불구하고 『소송』과 『성』과 『실종자』와 『펠리체에게 쓴 편지』를 출판해버렸고, 게다가 또다른 여인에게 쓴 편지도 출판해버렸습니다―그것이 바로 『밀레나에게 보낸 편지』입니다.

하지만 카프카는 이런 일이 벌어질 걸 알았을 수도 있습니다. 카프카와 막스는 이 문제에 관해 이야기를 나누었기 때문이지요. 막스 브로트는 유언 집행인으로 지명될 경우 아직 출판되지 않은 작품을 파기하지 않을 거라고 말했고, 그럼에도 불구하고 카프카는 막스 브로트를 유언 집행인으로 지명하며 그에게 "모든 걸 태워버리라"고 부탁했습니다. 『소송』과 『성』과 『실종자』뿐 아니라 밀레나와 펠리체에게 보낸 편지를 모두 태워버리라고, 막스 브로트가 그렇게 하지 않을 걸 충분히 알면서도 그렇게 해달라고 부탁했던 것입니다.

하지만 셰익스피어는 달랐습니다. 그는 카프카 같지 않았지요. 카프카의 걸작 대부분은 그가 죽은 뒤에도 출판되지 않은 채 남아 있었습니다. 셰익스피어는 해야 할 말을 모두 했고,

써야 할 시는 모두 썼으며, 연극도 전부 무대에 올렸습니다. 그리고 침묵을 선택한 후로는 한 마디도 하지 않기로 결심했습니다. 심지어 죽은 후에도 말입니다. 셰익스피어는 불완전한 작품이나 잘못된 작품이 읽히기를 원치 않았습니다. 또한 자신의 정신 작용 연구를 통해서가 아니라 오로지 작품 자체, 말하자면 소진될 수 없고 해설될 수 없는 작품을 통해서만 해석되고 해설되길 원했습니다. 셰익스피어는 할말이 없었기 때문에 침묵을 택했습니다. 그는 자신에게 남아 있는 세월을 원고인 듯이 태워버렸고, 신경을 쓴다는 어떤 흔적도 남기지 않았습니다. 저 위쪽 스트랫퍼드에서 셰익스피어는 상당히 만족한 듯 런던으로 다시는 돌아오지 않았으며, 우리가 아는 한 심지어 연극을 보러 가지도 않았습니다. 그때까지의 자신이기를 멈추고 관심도 거두었으며, 그 대신 앤과 함께 지냈습니다. 에드워드 본드의 〈빙고〉에서 벤 존슨이 셰익스피어를 방문하고, 그들은 함께 밖으로 나가 술을 마신 뒤 완전히 취해서 셰익스피어는 돌아오는 길에 오한이 들어서 죽습니다. 그러나 죽기전에 셰익스피어는 벤 존슨에게 그의 평론을 얼마나 부러워하는지 말하고, 벤 존슨은 셰익스피어의 명성이 얼마나 부러운지 말합니다. 왜냐하면 두 사람은 모두 문학이라는 저주에 빠져서 이미 가진 것으로는 만족할 수 없었기 때문입니다. 『볼포네』와 『연금술사』, 『햄릿』과 『리어왕』의 저자인 바로 그 벤 존슨과 윌리엄 셰익스피어인데도 말입니다.

에드워드 본드와 그의 셰익스피어는 카프카처럼 오래전에

나의 전통 속으로 들어온 작가들입니다. 그 전통이란 글을 쓰는 작가가 자신만을 위해 만드는 것으로 작가 자신에게나 빌어먹을 쓸모가 있는 것이지요. 문학의 고위 성직자들이 세워놓은 전통도 아니고, 시나이산에서 모세가 가지고 내려온 돌판에 새긴 계율도 아니고, 모세와도 같은 리비스* 무리에 의해 조직된 케임브리지대학의 영문과 교육과정도 아니고, 그저 이교도적인 것, 녹아내리는 보물, 황금 송아지에 불과합니다. 또는 단어의 들판에서 살아온 한 인생에게서 태어난 우연의 산물, 말하자면 다른 작가들에 의한 즐거운—더 좋게는—유용한 오염으로 인해 탄생한 한 작가의 독서 세계라고 할 수 있겠지요.

나는 벤 존슨의 극을 연기한 적이 있습니다. 대학 시절 나는 〈연금술사〉의 퍼티넉스 설리를 연기했는데, 약 사백 년 전에 이 연극이 최초로 공연된 정확히 바로 그 장소, 또는 내가 그 장소라고 들은 곳, 즉 케임브리지대학의 지저스 칼리지 회랑에서였습니다. 존슨의 극을 연기했지만 존슨은 내게 유용한 작가로 남아 있지는 않은 반면, 셰익스피어는 내 서재의 노커이자 그 노커가 나를 들여보내주는 영역의 소유주입니다. 셰익스피어는 내게 지옥과 천국, 악마와 신의 문을 열어주는 베르길리우스이기도 합니다. 나는 악마도 신도 믿지 않고 베르

---

* 프랭크 리비스(1895~1978)는 『영국 소설의 위대한 전통』 등의 저술을 통해 영문학의 전통과 정전을 확립한 문학평론가다.

길리우스만 믿는 사람으로서 이 말을 할 뿐입니다. 그러나 나는 픽션의 계약의 본질을 이해하기 때문에 내가 믿어선 안 된다고 알고 있는 것에 대한 불신을 중단하는 데 대해 동의할 수 있고, 그렇게 함으로써 나는 의지하고 믿음을 가질 수 있는 모종의 진실을 발견하기를 희망합니다.

하워드 브렌턴, 그리고
프로테우스로서의 셰익스피어

사실 셰익스피어는 에드워드 본드만의 셰익스피어가 아닙니다. 그는 부분적으로 또다른 극작가 하워드 브렌턴에게 속하기도 합니다. 나는 옥스퍼드대학교 뉴 칼리지의 어떤 방에서 오래전에 브렌턴이 한 말을 기억합니다. 브렌턴은 이렇게 말했습니다―또는 이게 내가 기억하는 방식이고, 브렌턴의 입에서 실제로 나온 말이 무엇이건 그 말을 가지고 내가 만들어낸 황금 송아지입니다―영어로 글을 쓰는 작가들에게 셰익스피어가 준 가장 위대한 선물 하나는 그가 보여준 어마어마한 형식의 자유라는 겁니다. 그 자유는 예컨대 라신, 위대한 극작가였을 수 있지만 작품의 형식은 자유롭지 않았으며 고전주의적이고 구속복처럼 옥죄는 것이었던 그 라신에 의해 프랑스 작가들에게 주어지는 자유가 아닙니다. 라신이 격식 있는 정장을 입고 가발을 쓴 채 고급 와인을 음미하는 예술가였다면, 셰익스피어는 단추를 풀어헤친 셔츠를 입고 선술집에 앉아서 에일 맥주를 엎지르고 있었던 셈입니다.

『햄릿』을 예로 들어보겠습니다. 명백한 사실부터 짚고 넘어가자면 『햄릿』은 유령 이야기입니다. "나는 네 아버지의 유령이다." 이름이 똑같이 햄릿인 죽은 왕이 이렇게 말합니다(셰익스피어의 작품에서만은 그렇습니다. 셰익스피어가 플롯을 슬쩍 가져온 삭소 그라마티쿠스의 『덴마크 역사』에서는 햄릿 아버지의 이름이 햄릿이 아니라 호르웬딜루스인데, 바꿀 필요가 있는 이름이라고 생각합니다). 그러니 『햄릿』은 한 명의 햄릿과 다른 햄릿의 유령에 관한 이야기이자, 아버지의 유령에 시달리는 아들에 관한 희곡이며, 죽은 아들인 햄닛Hamnet의 유령에 시달리는 아버지가 쓴 희곡입니다. 이 모든 사실 때문에 『율리시스』에서 스티븐 디덜러스가 많이 사랑받고 또 분명 술이 상당히 취한 상태에서 행한 즉흥 강연에서 이 극에 관한 농담을 할 수 있게 된 것입니다(벽 멀리건은 "내가 우선 맥주 몇 잔 마실 때까지 기다려주시오"라고 되받아치지요). 강연에서 디덜러스는 "햄릿의 손자가 셰익스피어의 할아버지라는 사실과 디덜러스 자신은 자기 친아버지의 유령이라는 사실을 대수학을 이용해서 증명"합니다. 그러니 『햄릿』은 정말 유령 이야기가 맞습니다. 그러나 유령 이야기로 그치지 않습니다. 『햄릿』은 계속해서 형식을 바꾸기 때문이지요. 살인 이야기, 덴마크 궁정의 음모와 포틴브라스의 침략 위협에 관한 정치 드라마, 우유부단에 관한 심리극, 복수비극, 비극적인 사랑 이야기가 되기도 하고, 『햄릿』이라는 희곡에는 〈마우스트랩〉이라는 희곡작품이 등장하기 때문에 희곡에 관한 포스트모더니즘적인 희곡이 되기도 합니다. 〈마우스트랩〉은 『햄릿』의 국왕 시해와 똑같은 국왕 시해를 묘사하지요. . . 그럼에도 『햄릿』은 여전히 유령 이야기, 복수를 위해 울부짖는 죽은 아버지에 관한 이야기입니다. 그리고 내 생각에 브렌턴이 말한 자유라는 선물은, 감히 셰익스피어를 따라서 영어 속으로 들어가려는 우리에게 셰익스피어가 주는 선물인 것 같습니다. 브렌턴은 셰익스피어의 위대한 전범은 우리에게 한꺼번에 여러 가지가 될 수 있는 작품을 창작할 수 있게 해준다는 뜻으로 말한 것입니다. 형태가 변화하기 때문에 작품이 반드시 유령 이야기, 사랑 이야기, 복장 도착 풍자극, 사극, 심리극 하나에 국한될 필요 없이 동시에 이 모든 게 될 수 있다는 말입니다. 진실이나 깊이나 열정이나 모양새나 흥미를 손상시키지 않고도, 또 혼란스럽거나 당혹스럽거나 천박하거나 초점이 없는 뒤죽박죽이 되지 않으면서 말입니다. 또는 『맥베스』를 예로 들어 보겠습니다. 마녀들, 뱅퀴의 유령, 단검의 환영과 같은 그 모든 마법이 권력에 관한 희곡 중 가장 야만적으로 진실한 작품 중 하나에 다 들어 있습니다. 마귀를 불러오는 힘을 가진 너무도 끔찍한 극이기 때문에 우리는 극장의 벽에 둘러싸여 있을 땐 그 이름을 언급해선 안 됩니다. 구로사와 아키라가 각색한 사무라이 영화 〈거미의 성〉에서 '피의 왕좌'라고 이름 붙인 바로 그 전투에 관한 사실주의적 걸작 '스코틀랜드 극'입니다.

이런 유의 문학을 묘사하는 형용사가 '프로테우스처럼 변화무쌍한protean'입니다.

　프로테우스처럼 변화무쌍한 방식으로 문학에 접근하는 것은 위험이 큰 전술일 수 있지만, 문학을 훨씬 더 매혹적으로 만들지 않습니까? 랜들 재럴이 소설이란 뭔가 잘못된 것을 포함하고 있는 긴 산문 서사라고 말하지 않았던가요?

　(추가적으로 말씀드리자면, 내가 인용한 랜들 재럴의 말이 내가 만들어낸 또하나의 황금 송아지가 아닐까 두려워졌습니다. 랜들 재럴이 실제로 그런 식의 말을 하지 않았거나, 정확히 그렇게 말하지 않았을 수도 있으니까요. 마치 앙드레 말로가 21세기는 종교의 시대가 될 거라고 말한 적이 없듯이 말입니다—모든 사람이 앙드레 말로가 그렇게 말했다고 하지만, 그는 사실 정반대로 오히려 그렇게 되어서는 안 된다고 말했습니다—또 〈다이아몬드 릴〉에서 메이 웨스트가 "언제 한번 날 보러 와요"라고 정확히 말한 적이 없고, 〈카사블랑카〉에서 잉그리드 버그먼이 "샘, 다시 연주해줘요"라고 정확히 말한 적은 없는 것과 마찬가지로 말입니다.* 그래서 확인을 해봤는데, 랜들 재럴은 내가 위에서 말한 것처럼 말했거나 아니면 마이클 호프먼이 〈뉴욕 리뷰 오브 북스〉에서 소개한 버전처럼 소설은 "뭔가 잘못된 것이 들어 있는 육만 단어의 산만한 산문"이라고 말했거나, 또는 최근의 〈뉴욕〉에 실린 제3의 버전처럼

---

*두 가지 경우 모두 잘못 인용되는 영화 명대사의 대표적 예시다. 대사를 살짝 바꾼 홍보 문구나 노래 제목, 패러디물 등의 영향으로 대중에게 실제와 다르게 각인되었다.

소설을 "뭔가 잘못된 것이 들어 있는 일정한 길이의 산문작품"이라고 말했습니다. 그러니 재럴이 "뭔가 잘못된 것"이라는 말은 확실히 했으며, 소설의 내용에 관해서 말하려던 의도였음이 분명합니다. 그러니 나의 인용은 황금 송아지가 아니라 사실에 접근한 것이지요. 그럼에도 나의 추적 작업은 정확성의 어려움, 즉 누가 언제 정확히 어떤 말을 했는지 확정하는 것의 어려움을 상기시켜줬습니다. 아, 원본은 이것이네요─크리스타나 스테드의 소설 『아이들을 사랑한 남자』의 재럴이 쓴 서문입니다. 그는 이렇게 말했습니다. "소설은 뭔가 잘못된 것이 들어 있는 어느 정도 길이의 산문 서사다." 아, 처음부터 정확했다는 사실에 대한 만족감, 잘못된 것이 없는 인용을 제시한 것에 대한 만족감이란! 사실이라는 건 기쁨도 주는군요.)

그러므로, 소설 또는 희곡이 "뭔가 잘못된 것"을 가지고 있어야만 한다면, 그것이 세상의 아름다움이 주는 경이로움에 관해서 말하는 멋진 잘못이 되게 합시다. 일상의 진실을 단색으로 보이게 하는 우중충한 녹청을 우리의 눈에서 씻어내주고 진실의 소리를 단조롭게 들리게 하는 귀지를 우리의 귀에서 깨끗하게 닦아내주는, 그래서 사물이 진실로 얼마나 무지갯빛 음악인지 드러내주는 그런 잘못 말입니다. 빛나는 순간들, 어두운 변화들, 살아 있는 인물들, 갑작스러운 변형, 불과 얼음의 이미지, 끔찍한 변신, 반짝이는 통찰, 우스꽝스러운 전환, 그리고 그 자체로는 전혀 잘못이 없는 이야기를 담고 있는 희곡 또는 소설이 되게 하자는 말입니다.

내 서재의 문을 노크하면서, 나 자신에게 들어가라고 말하면서 나는 2인치짜리 황동 셰익스피어의 프로테우스처럼 변화무쌍한 아이디어에 감사합니다. 그가 문고리 장식에 불과하다고 할 수도 있지만, 그에게는 뭔가가 있습니다. 내 관점에서는요. 바다의 노인장 프로테우스를 떠올려봅시다. "온갖 물고기와 두 발 달린 준마가 함께 이끄는 전차를 타고 망망대해를 건너가는 초록 바다 색깔의 프로테우스." 베르길리우스는 농경시 「게오르기카」에서 이렇게 묘사합니다. 세상에서 벌어졌던 일, 그 당시에 벌어지고 있던 일, 그리고 앞으로 벌어질 일을 모두 알고 있는 프로테우스, 그는 누구에게든 자신이 아는 것을 말하기를 꺼렸으며, 자신의 비밀이 드러나는 걸 피하기 위해 새로운 형상을 택했습니다. 그는 "젊은이로, 사자로, 수퇘지로, 뱀으로, 황소로, 돌로, 나무로, 물로, 불길로, 그 밖에 자신이 원하는 그 무엇으로도" 변신할 수 있었습니다. 하지만 프로테우스가 진실을 항상 감춘 것은 아니었습니다. 때때로 그는 진실을 드러냈습니다—예컨대 그는 생명이 유한한 영웅 펠레우스에게 바다의 요정 테티스, 갯지렁이 모양의 은빛발을 가진 아름다운 테티스를 사로잡는 법을 말해줬습니다. 테티스 또한 변신의 귀재라서 "백 가지 거짓 형상을 취할 테지만 그녀가 무엇으로 변신하건, 처음의 형상으로 돌아올 때까지 도망가지 못하게 단단히 붙들고 있으라"고 오비디우스의 『변신 이야기』에서 프로테우스는 충고합니다. 펠레우스는 그렇게 해서 테티스를 사로잡고, 둘의 결합으로 아킬레우스라는 엄청난 결과를 낳지요. 테티스는 외부의 개입이 아니었다면 자신이 유혹당하지 않았을 거라는 사실을 알았습니다—"신들의 도움이 없었다면 당신은 나의 사랑을 쟁취할 수 없었을 거예요." 테티스는 펠레우스에게 말합니다—그러나 변신하는 프로테우스의 폭로 덕분에 테티스는 이미 아킬레우스를 잉태중이었습니다. 그리고 내가 좋아하는 것은 이런 프로테우스와 같은 변화무쌍이라는 아이디어, 즉 은폐가 아니라 폭로한다는 발상입니다. 이것이 바로 셰익스피어가 관심을 두었던 것입니다. 셰익스피어는 세상에서 벌어졌던 일, 그 당시에 벌어지고 있던 일, 그리고 앞으로 벌어질 일을 모두 알고 있었으며 변신이라는 예술을 활용해서 세상사의 현재와 미래와 과거를 드러냈습니다.

문학에서 프로테우스처럼 변화무쌍한 것의 의미, 셰익스피어가 포착했고 그를 따르는 우리 모두도 포착하게 해준 바로 그 의미는 인생도 그렇다는 것입니다. 인생 자체도 하나가 아니라 여러 가지이며, 단일하지 않고 형태가 여럿이며, 불변의 것이 아니라 무한히 변할 수 있다는 사실입니다. 인생은 유령 이야기이자 사랑 이야기이며, 정치 무용담이고 가족의 모험담이며, 희극이면서 동시에 비극이기도 합니다. 인생은 사실주의적이지 않습니다. 세상사에 대해 옳으니 그르니 하는 사람들이 사용하는 의미, 결코 그런 의미로 사실주의적이지는 않습니다. 가족사도 '사실주의적'이지 않습니다. 우리는 모두 '사실'이라 부르게 된 전체적인 허구, 즉 평범한 인생이라는 허구를 만들어내 그런 척하며 살아갑니다. 이 평범한 인생이라는 게 우리가 '실제로' 가진 삶이고, 우리가 '실제로' 살아가는 삶인 척합니다. 그러나 우리는 모두 은밀하게 진실을 알고 있습니다. 우리가 가족이라는 현관문을 지나 문을 닫으면 그 안은 온통 소란스럽기만 하지 결코 평범하지 않으며, 과장되고 가식적이며 괴기스러우며 참기가 힘들 정도로 지나치기도 합니다. 거기에는 정신 나간 할아버지가 있고, 사악한 숙모와 타락한 형제가 있고, 색정광 자매들도 있습니다. 넌더리나는 점심을 거부하고 칼비노의 『나무 위의 남작』 주인공처럼 나무 위로 올라가서 평생 내려오지 않는 아이들도 있습니다. 라블레의 거인 가족 가르강튀아와 팡타그뤼엘도 있고, 불을 내뿜는 괴물도 있고, 돌풍을 일으키는 괴물도 있습니다. 또 귄터 그라스의 위대한 소설 속 오스카 마체라트처럼 성장을 멈춘 채 양철북을 치며 소리를 지르는 아이들도 있습니다. 이 아이들은 시대적 공포 때문에 스스로 난쟁이가 되어 꼬마로 살아가길 선택합니다. 또 『백년의 고독』의 대모 우르술라 이구아란처럼 정신 나간 세상에서 제정신을 가진 중심인물이 되어 살아가는 사람도 있습니다. 궁극적으로는 죽음과 기괴한 사건들이 있고, 질투와 근친상간과 지독한 평생의 증오가 있고, 남에게 똑같이 되갚아도 결코 회복할 수 없는 상처가 있으며 '가족'의 안은 시끄럽고, 꼬치꼬치 캐묻는 호기심도 있습니다. 우리는 더러 가족으로부터 도망치고, 그러려고 대륙과 대양을 건너기도 하고, 아주 조심스럽게 기껏 자신을 위한 새로운 버전의 가족을 만들어내기도 합니다. 우리가 자기 자신에게서 벗어나려고 할 때 겪는 문제는 고스란히 우리와 나란히 가기 때문이지요. 아, 물론 가족에게는 사랑과 보살핌과 뒷받침과 다정함도 있지요, 그렇습니다, 그것도 잊지 말아야 합니다. 가족에게는, 네, 이런 것들도 있습니다.

그래서 단추를 풀어헤친 셔츠를 입고 선술집에 앉아 에일 맥주를 엎지르며 내가 주장하고 싶은 건 이것입니다. 나는 현실은 사실주의적이지 않다고 주장하고자 합니다. 그래서 나는 이런 다른 종류의 문학, 프로테우스처럼 변화무쌍한 전통이라고 부를 만한 문학, 사실주의보다 더 사실적인 문학을 선호한다고 말입니다. 왜냐하면 그것이 세상의 비사실성에 더 부합하기 때문입니다.

프로테우스와 여러 가지 변신들

'비사실'과 마찬가지로, '사실'이란 것은 세계에 대한 하나의 발상, 세상에 대한 묘사 또는 그림입니다. 심지어는 돈이나 정령처럼 하나의 신념이라고 말할 수도 있습니다. 그것의 존재를 믿어야 하며, 그렇지 않으면 그것은 존재하지 않지요. 주머니 속의 지폐가 1달러의 가치라는 걸 믿지 않으면, 그것은 종잇조각, 죽은 정령, 비사실에 불과합니다. 인도에서 잘 쓰는 표현처럼 '이와 마찬가지로by the same token' 우리가 만약 세계에 대해 기존 묘사를 믿지 않으면 우리는 그것을 '사실'이라고 부르기를 거부합니다. 그 대신 그것을 거짓이라 부르지요. 사실과 허구 사이의 경계선은 뚜렷하지 않습니다. 희미하고 흐릿하지요. 세계에 대한 묘사는 분명 사실들을 포함하지만, 우리가 살펴본 것처럼 사실은 펄럭거리며 좀처럼 잡히지 않는 존재들입니다. 그러나 나비를 쫓아다니고 더러는 벽에 표본을 만드는 수많은 나비 연구자들처럼 사실을 좇는 사람들이 있습니다. 그래서 주어진 '사실', 즉 우리에게 주어진 세계라는 그림 속에는 수많은 사실들—대통령의 이름, 배우자의 나이, 좋아하는 스포츠 팀의 주간 순위—이 못박혀 있습니다. 그러나 그 안에는 못박힌 허구들—평범한 편견, 무지, 실수, 그리고 (요즘은 매력적인 여러 가지 색깔로 인쇄되는) 국가의 선전물—도 사실의 가면을 쓰고 있습니다. 누구에게 상기시킬 필요도 없이, 한때는 지구가 평평하다는 것이 사실이었습니다. 우리가 당연하게 여기는 것들은 참 우습지요. 세계는 평평하고, 우리의 집은 우리의 성이고, 신은 위대하고, 부모는 우리를 사랑하고, 레드 삭스는 (거의) 언제나 경기에 지는 법을 찾아낼 것이고, 어느 날 일어나보니 거대한 쇠똥구리로 변해 있는 일은 없을 것입니다. 우리가 세계라는 그림 속에 살고 있을 때 우리 안에 있는 것과 그림 속에 있는 모든 것들이 세계는 바로 이런 식이고, 다른 어떤 것도 아닌 바로 이것이 세계이며, 이 프레임 바깥에는 아무것도 없다고 고집합니다.

그러다가 어느 날 그런 세계의 그림이 깨집니다. 어느 아침, 일어나보니 당신이 정말 거대한 쇠똥구리로 변해 있는 것이지요. 또는 히틀러가 폴란드를 침공합니다. 또는 당신이 캐리 그랜트를 닮은 광고 기획자인데 다른 사람으로 오해를 받고, 몇 장면이 지나자 농약 살포용 비행기의 추격을 받아 러시모 어산에 매달려 있는 겁니다.* 또는 어느 화창한 날 당신은 체포되고 그 누구도 이유를 말해주지 않는 걸 보니, 요제프 K에게 했던 것처럼 당신에 대해서도 누군가 거짓 밀고를 한 것이 틀림없습니다. 또는 서독의 저명한 소설가로 행복한 결혼생활을 하고 있는데, 삼십 년을 같이 산 사랑하는 아내가 줄곧 공산주의자 스파이였고 결혼은 그녀의 '위장'일 뿐이었다는 사실을 어느 날 발견하게 됩니다. 또는 마트에서 아이에게서 몇 초 눈을 뗐을 뿐인데 바로 다음 순간 아이가 사라지고, 우리가 실제 삶이라고 믿었던 모든 것이 송두리째 사라집니다. 또는 테러리스트 비행기가 쌍둥이빌딩 속으로 날아들고, 당신의 순수함은 수천 명의 죽음과 함께, 안전에 대한 감각과 함께 죽어버립니다. 우리가 당연히 여기는 것들은 그렇지 않게 될 때까지는 참 우습지요. 또는 수술이 불가능한 폐암에 걸렸다는 말을 들은 레이먼드 카버가 된다면 어떤 느낌이 들까요? "나는 고맙다고 말했을지 모른다, 습관이란 너무도 강하니까." 카버는 이렇게 썼습니다.

---

* 앨프리드 히치콕 감독의 스파이·스릴러 영화 〈북북서로 진로를 돌려라〉 (1959)에서 주인공 역의 캐리 그랜트는 엉뚱한 사람으로 오인받아 비밀 조직에게 추격당하고 러시모어산 국립기념공원의 대통령 조각상에 매달리는 신세가 된다.

내가 말했듯이, 사람들이 실제로는 헤어지고, 죽고, 직장을 잃고, 변해갈지라도 우리는 당연하게 여기는 것들이 있고 세상을 견고하게 믿는다는 것이 참으로 우습기도 합니다. 그들은, 우리는, 계속 변화하기 때문에 변신이 유일한 불변, 유일한 진짜 사실주의처럼 보이기 시작합니다. 그러나 사실에 대한 우리의 생각이 불변이나 안정과 관계를 맺게 되면, 세계가 강철로 된 큐브가 되길 원한다면 그것은 문제가 됩니다. 이와는 반대로 세계는 꿈틀거리는 아메바, 프라이팬에서 익어가는 계란이기 때문입니다. 뉴욕시의 바, 영국 맨체스터의 펍, 아니면 뉴델리의 코노트 플레이스에 있는 커피 하우스나 소위 아랍 스트리트에 한번 가보면 어디에서든 의견이 충돌하는 걸 듣게 될 것입니다. 뉴욕 양키스의 선발 로테이션에 대해서도 합의할 수 없는데, 어떻게 세계에 대해 합의할 수 있겠습니까? 여기 우리의 세계, 평평하지 않은 세계, 더이상은 그렇지 않다고 알고 있는 우리의 세계가 있습니다. 하지만 이 세계가 실제로 어떤지 우리가 합의할 수 있을까요? 둥글다, 그렇습니다, 둥그스름하지요, 하지만 그다음은요? 세계는 사람들이 점점 더 많이 논쟁하고 합의하지 않는 곳이며, 어떤 사람의 해방이 다른 사람에게는 제국주의가 되는 곳이자, 전선戰線이 모래 위에 그어지고, 빙하를 가로지르고, 파괴된 도시 한가운데를 관통하는 곳, 현실의 본질에 대해, 문제가 무엇인지에 대해 엄청난 논쟁이 진행중인 그런 곳입니다. 충돌하는 여러 세계가 있고, 똑같은 공간을 두고 서로 싸우는 양립할 수 없는 현실들이 있습니다. 그리고 그 결과는 종종 폭력으로 귀결되지요.

이것이 내가 씨름하는 문제입니다. 형체 없이 변화하는 이 거대한 둥근 덩어리, 자신이 무엇인지 스스로와도 합의할 수 없는 이 덩어리, 이것이 바로 내가 형체를 부여하려고 애쓰는 것입니다. 그리고 내 입장을 말씀드리자면, 지금은 작가보다는 독자로서 말씀드리는 것인데, 전투가 벌어지고 있다는 걸 인정하는 작가들, 이 덩어리에 어떤 형체를 부여하더라도 그건 잠정적일 뿐이며 세계에 관한 자신들의 그림이 오히려 방해가 된다는 점, 그리고 그림의 프레임 바깥에 서 있기가 힘들다는 것을 우리에게 보여주는 작가들에게 신뢰를 보내고 싶습니다. 전반적으로 봤을 때 그런 작가들을 신뢰하는 것이 더 좋습니다. 바위도 부서지는데 세계가 바위처럼 견고하다거나, 집들도 기울어지고 무너질 텐데도 세계가 집처럼 안전하다는 식으로 말하는 사람들보다 말입니다.

이렇게 불안정한 세계에서 내게 항상 문학적 불안정을 주고, 적어도 그 불안정을 조금이나마 인식하게 해주며, 세계가 지진과 전쟁과 우연에 의해 흔들릴 수 있다는 걸 조금이라도 인식하게 해주니까요. 현실에 대한 오해가 없는 세계, 짐승의 본성에 맞서는 그런 세계를 말입니다.

프로테우스.

프로테우스는 먼 옛날의 유일한 변신의 주인공은 아니었습니다. 제우스도 자신이 변신하는 것을 유달리 좋아했는데, 특히 여자 꽁무니를 쫓아다닐 때 그랬습니다—에우로페를 쫓아다닐 때는 황소, 레다를 쫓아다닐 때는 백조로 변신했는데, 제우스의 딸 헬레네, 트로이의 그 헬레네가 알에서 태어난 이유가 이것입니다. 인도에서도 변신은 신들의 행위로 확립되어 있었습니다. 비슈누는 물고기, 대형 거북이, 수퇘지, 그리고 라마와 크리슈나를 포함한 열 가지 '주요' 육화 또는 '아바타'들을 가지고 있었으며, 열네 가지가 더 있었습니다. 변신한 비슈누는 제우스보다 관심 영역이 더 광범했다고 볼 수 있습니다. 그가 라마와 크리슈나로 육화해 시타와 라다와의 불멸의 사랑 이야기에 등장하는 건 분명하지만, 군사와 철학 분야에서도 할일이 있었습니다. 문학의 탄생, 특히 내가 칭송하고자 하는 프로테우스처럼 변화무쌍한 문학의 탄생은 분명 신들이 변신하는 성향의 고귀한 부산물이라고 말해도 지나친 과장은 아닐 것입니다. 왜냐하면 그 백조가 없었다면 헬레네가 없었을 테고, 헬레네가 없었다면 트로이전쟁도 없었을 것이기 때문입니다. 현대의 수정주의 독법은 이 전쟁을 그 지역의 세력 정치라는 관점에서 바라보고 트로이의 헬레네가 가진 성적, 관능적 힘보다 아가멤논왕의 탐욕을 더 중요하게 생각하지만, 나는 트로이전쟁이 헬레네전쟁이라고 확신합니다. 수정주의자들은 핵심을 잘못 짚은 것 같습니다.

이 문제는 명확히 해두기로 합시다. 사실에 근거해서 엄밀히 말하자면, 잠잠해진 그리스 함대에 동남풍을 보내서 도와달라고 딸 이피게네이아를 신들에게 제물로 바친 것은 아가멤논입니다. 수천 척의 배를 출정시킨 뒤, 장기간의 포위와 양쪽의 많은 위대한 전투 끝에 일리온*의 한없이 높은 성벽을 불태운 것도 아가멤논이지요. 하지만 여기서 우리는 사실과 진실 사이의 교훈적 차이를 접하게 됩니다. 매우 흥미롭게도 역사와 문학의 차이이기도 하지요. 진실, 곧 문학의 진실은 아가멤논이 아니라 헬레네가 그 배들을 출정시켰고, 헬레네가 성벽도 불태웠다는 사실입니다. 트로이 위로 솟아오른 불길은 세상 사람들이 가장 탐내는 여인인 헬레네의 힘을 보여주는 번뜩이는 징표였던 것입니다.

여기 트로이의 목마의 복부 아래를 걸으면서 목마를 애무하는 헬레네가 있습니다. 실제로는 나무를 어루만질 뿐이지만, 그녀가 애무함으로써 목마 안에 숨어 있는 병사들에게 성적 흥분이 전달됩니다. 이것은 전적으로 초현실적이고 '불가능한' 이미지이지만, 우리는 헬레네가 어떤 일을 할 수 있는지 알기 때문에 바로 이해합니다—수천 척의 배를 출정시킬 수 있는 헬레네는 당연히 목마를 흥분시킬 수 있으며, 나무를 통해 안에 숨어 있는 병사들에게 성적 흥분을 전달해 그들을 모두 발기시킬 수 있고, 한 병사는 너무 강하게 반응하는 바람에 소리를 지르지 못하도록 오디세우스가 맨손으로 목을 졸라 죽여야만 하지요. 이 이야기를 읽고 이게 여성의 힘에 관한 이야기가 아니라고 한번 말해보십시오. 변신한 제우스가 헬레네의 엄마를 유혹하지 않았더라면, 우리에게는 이 이야기도 호

---

* 트로이의 또다른 이름.

메로스도 『일리아스』도 『오디세이아』도 없었을 것입니다. 동양으로 눈을 돌려도 똑같습니다. 크리슈나로 변신한 비슈누는 『마하바라타』의 주요 인물 중 하나일 뿐 아니라 표면상으로는 『바가바드기타』의 저자이기도 합니다. 마찬가지로 라마로 변신한 비슈누도 『라마야나』라는 업적을 남겼지요.

나는 옛이야기로 자주 돌아가서 오염되지 않은 오래된 우물에서 물을 마십니다. 당대의 것에 깊이 영향을 받을 때, 말하자면 내가 변화하는 거대한 덩어리라고 말했던 당대의 삶에 대한 비전을 어떻게 하나의 응집된 작품으로 빚어낼까 고민하는 것에 우리의 생각이 대체로 쏠려 있을 때는 오래 살아남은 것, 영원한 것이라 불리게 된 것, 지속적인 것들의 제자가 되어 배움을 받는 것이 도움이 된다는 이유를 들 수 있습니다. 또, 고대 북유럽 텍스트에서 태초에 거대한 황소가 있었다는 이야기를 발견하는 순수한 즐거움 같은 것도 있습니다. 황소 아우둠라는 긴눙가가프라는 헤아릴 수 없이 깊은 태곳적 공허의 바다에 누워서, 긴눙가가프는 불의 대지 무스펠헤임과 얼음의 대지 니플헤임 사이에 놓인 거대한 '만濟'의 이름입니다. 젖을 물려 거인 위미르를 키웁니다. 위미르가 아우둠라의 젖을 빠는 동안, 아우둠라는 영양분을 위해서인지 기분 전환을 위해서인지 긴눙가가프 바닥의 소금기 있는 얼음을 혀로 핥고, 그렇게 핥아서 부리의 형상을 만듭니다. 부리는 오딘, 빌리, 베라고 하는 신들의 할아버지가 되는 존재이며, 이 신들은 자라서 거인 위미르를 죽인 뒤 그의 시신 부위들로 세계를 창조했습니다. 위미르의 피로 바다를 만들고, 그의 뼈로 산맥을 솟구치게 하고, 그의 살점으로 대지를 만들고, 그의 두개골로 하늘을 만들었습니다. 신들은 심지어 이 죽은 거인의 시신에 생긴 구더기 네 마리마저 활용해서 북, 남, 동, 서라 불리는 네 명의 난쟁이를 만들고는 각자 하늘의 모퉁이를 하나씩 주어 하늘을 떠받치도록 했습니다. 그후에 신들은 바닷가에 자라는 물푸레나무와 느릅나무 가지로 아스크와 엠블라라는 최초의 인간을 만들었습니다.

이 이야기는 우리에게 역사적 관점을 제공해줍니다. 그렇지 않은가요. 우리가 여기 있게 된 것이 배고픈 황소 한 마리 때문일 뿐이라는 사실을 알면 인간의 조건에 관한 우리의 이해가 높아질 테니까요.

나는 다신교적 만신전을 좋아합니다. 그 이유는 한편으로 일신교보다 다신교의 이야기들이 훨씬 훌륭하기 때문이고, 다른 한편으로는 일신교의 신들이 말하자면 너무 비인간적이기 때문입니다. 내가 좋아하는 전통은 신들이 나쁘게 행동하는 그런 전통입니다. 그리스와 로마의 신들은 엄청나게 나쁜 행동에 특히 뛰어납니다. 그들은 허영심이 많고, 성질이 급하고, 복수심에 불타고, 편파적이고, 탐욕스럽고, 술에 취해 있고, 질투심이 많고, 남을 잘 괴롭히는데다가 잔인하기까지 합니다. 연쇄 강간범 제우스, 복수의 화신 아테나, 변덕스러운 술주정뱅이 디오니소스 같은 무리에 누가 매료되지 않을 수 있겠습니까? 위대한 일신교의 도덕적 표본들, 엄격하고 완고한 그 영혼의 경찰관들에 비해 얼마나 훌륭한가요! 그리스와 로마의 신들은 분별력이 뛰어나서 우리에게 본보기를 보이려는 청교도적 임무에는 관심이 없습니다. 그들은 "우리처럼 행동하라"거나 "우리처럼 생각하라"고 말하지 않습니다. 그들은 자기들이 제멋대로인 것처럼 우리도 자유롭게 행동하고 생각하도록 내버려둡니다. 그들이 요구하는 것이라곤 자기들을 숭배하라는 것뿐입니다. 다시 말해, 그리스와 로마의 신들은 정확히 소설의 인물들처럼 행동합니다. 꼭 숭배받을 필요는 없겠지만, 사랑받는 것은 확실히 좋아하며, 적어도 우리의 마음을 사로잡는 주체나 대상이 되고 싶어하지요.

전성기의 신들은 소설의 인물들과는 달랐습니다. 그들의 전성기에는 인간이 그들의 존재를 실제로 믿었습니다. 그때는 그리스신화가 그리스의 종교였고, 로마신화가 로마의 종교였기 때문에 지금 내가 말하듯이 말했다가는 끔찍한 일을 당할 수도 있었습니다. 지금은 유쾌한 문학적 논의가 당시에는 신성모독의 죄가 되었을 테니 말입니다. 오늘날의 일신교 중 한두 개가 쇠퇴해서 신성모독으로 간주되는 것이 유쾌한 문학적 논의가 될 수 있으면 좋겠다고 소망할 수 있겠지만, 그런 행운은 없습니다. 최소한 아직까지는 그렇습니다. 어쨌거나, 고대 그리스와 로마의 신들은 복수하는 유형이었습니다. 그들은 자신의 더러운 일을 수행하는 데 나약한 인간들을 필요로 하지 않았습니다. 그들은 상당히 즐기면서 그런 일들을 행했고, 우리가 그들을 섬기지 않거나 섬김이 충분하지 않거나 빈

도수가 적으면, 혹은 만약, 어림도 없는 소리지만, 그들에게 반항하면, 우리에게 끔찍한 제재를 가했습니다. 신들은 우리를 처벌할 수도 있었습니다. 우리를 아라크네처럼 거미로 만들어버릴 수도, 프로메테우스처럼 기둥에 묶어서 거대한 새에게 간을 영원히 쪼아먹히게 할 수도 있었습니다. 프로메테우스의 간은 먹히는 즉시 마술처럼 소생되었지요. 신들은 또 우리의 함대를 잠잠하게 만든 뒤에 자녀들을 제물로 바치라고 요구할 수도 있었고, 우리의 도시를 불태울 수도 있었습니다. 그러나 이 모든 것은 이제 다행히도 끝났고, 책으로만 남아 있습니다.

프로테우스.

프로테우스는 아주 실용적인 신이었습니다. 그는 인생의 여러 가지 문제에 대해 기술적 해결책을 많이 가지고 있어서 작가들이 주목하기에 좋은 신이었습니다. 작가들은 모든 문학적 문제는 기술적 문제라는 사실을 알고 있습니다. 양봉의 신 아리스타이오스, 탐욕에 차 들판을 가로질러 에우리디케를 추격해 그녀를 뱀에 물려 죽게 만들고 오르페우스가 그녀를 따라 지하세계로 내려가게 만든 그 작자 말입니다, 우리가 호감을 가질 수 없는 아리스타이오스는 프로테우스를 찾아가서 자신이 가지고 있는 꿀벌보다 더 많은 꿀벌을 가질 수 있는 방법을 묻습니다. 프로테우스가 신들에게 소를 제물로 바치라고 말하고 아리스타이오스는 그렇게 했습니다. 그러자 썩어가는 소들의 시체에서 엄청난 벌떼가 쏟아져나왔지요. 프로테우스를 제대로 설득해서 조언을 얻을 수만 있다면, 언제나 새겨들을 가치가 있습니다.

그 당시에는 바다의 신 포세이돈이 사람들의 주목을 독차지하는 경향이 있었습니다. 그때는 프로테우스에게 그리 많은 관심을 갖지 않았지요. 하지만 나는 지금부터 그렇게 하자고 제안하는 바입니다. 왜냐하면 '프로테우스처럼 변화무쌍한'이라는 아이디어는 내가 또하나의 위대한 전통이라고 부르는 것의 토대이기 때문입니다. 그 전통은 진실에 관한 오해에만 갇혀 있지 않습니다. 현실은 사실 예사롭지 않은데 평범하다고 보는 것, 현실이 극단적임에도 적당하다고만 생각하는 것, 현실을 있는 그대로 보지 않는 것, 다시 말해 진실은 경이로 가득차 있는데도 자연주의적으로만 보는 잘못을 범하지 않습니다. 프로테우스 같은 변화무쌍함이라는 사상을 고수하면 우리는 이 모든 오류를 피할 수 있으며, 나아가 소설의 사실주의란 것은 특정의 규칙을 따르는 문제가 아니며, 자연주의 또는 모방과는 전혀 관계가 없다는 사실을 더 잘 이해할 수 있을 것입니다. 소설은 사진보다 오히려 유화에 더 가깝고, 최고의 소설의 경우에는 웅장한 궁전의 벽들과 천장을 뒤덮는 거대한 프레스코화에 더 가까울 수도 있습니다. 따라서 소설에서 사실주의는 기술적인 문제가 아닙니다. 나는 의도의 문제라고 생각합니다. 다시 말해, 어떤 예술가나 작가의 의도가 세계에 대해 최대한 진실하고 정직하게 반응하는 것이라면, 그리고 언어와 상상력의 힘을 최대한 발휘해서 세계 속에 살아 있는

것이 어떤 의미인지 자신의 감각 속에서 나온 비전을 창조해
내는 것이라면, 바로 그런 의도에 충실하다면, 그가 창조하는
것이 용과 빗자루로 가득차 있건 부엌 싱크대와 사무실로 가
득차 있건, 그것이 바로 사실주의입니다. 별이 빛나는 밤을 그
린 반 고흐의 그림은 사진이나 심지어 육안으로 보이는 모습
과 같게 보이지 않습니다. 그러나 그래도 그 그림은 별이 빛나
는 밤을 그린 위대한 그림이며, 그 그림을 보는 사람들은 모두
그 그림이 진실하다고 이해합니다.

그리고 역사적 전환점을 살아갈 때, 우리가 그러하고 셰익
스피어가 프로테우스처럼 변화무쌍한 연극을 쓸 때 그러했듯
이 모든 것이 유동적이고, 엄청난 속도로 변화하며, 미래가 사
방으로 열려 있고, 어두운 폭풍우가 태양을 가로질러 내닫고,
온 세계에 역병과 용들이 날뛸 때에는 낡은 형식이 작동하지
않고, 낡은 사상이 작동하지 않을 것이라는 사실을 인정하는
게 긴요해집니다. 왜냐하면 모든 것이 다시 만들어져야 하고,
모든 것이 우리의 최대의 노력으로 다시 사유되고, 다시 상상
되고, 다시 쓰여야 하기 때문입니다. 우리의 예술을 추구하는
데 있어서 그렇게 하지 않으면 실패할 것이며, 가장 한탄스러
운 실패가 될 것입니다.

헤라클레이토스

만화가 찰스 M. 슐츠가 『피너츠』 연재를 중단하겠다고 선언했을 때, 그에게는 똑같은 부탁이 담긴 독자들의 요청이 쇄도했습니다. "중단하시기 전에 제발 딱 한 번만 찰리 브라운이 풋볼공을 차게 해주세요." 그러나 슐츠는 독자들의 소망에 결연히 맞서서 자기 인물들의 논리를 따랐습니다. 만약 루시 반 펠트가 찰리 브라운이 풋볼공을 찰 수 있게 놔둔다면, 만약 영원히 신뢰하지만 영원히 배신당하는 찰리의 발 앞에서 루시가 마지막 순간에 공을 낚아채지 않는다면 그녀는 더이상 루시가 아니게 될 것입니다. 만약 찰리 브라운이 그 공을 차게 된다면, 그는 더이상 찰리 브라운이 아니게 될 것이고요.

이천오백 년 전 헤라클레이토스가 말했듯이, 찰리 브라운과 루시에게 그들의 에토스, 곧 그들이 세계에 존재하는 방식은 그들의 다이몬, 즉 그들의 삶을 형성하는 주도적 원칙입니다. 찰리 브라운은 잘 속는 자신의 순진함을 자각하고 실망하며 영원히 화를 내고, 루시는 언제나 찰리의 잘 속는 성격을 증명하면서 기뻐합니다. 두 사람은 다르게 행동할 수 없습니다. 등장인물들은 작가를 인도해왔습니다. 작가는 인물을 창조한 뒤로는 더이상 전능하지 않으며 자신의 창조물에 얽매입니다. 피노키오는 더이상 꼭두각시가 아닙니다. 한때 그는 끈에 매달려 있었지만, 이제는 자유롭습니다. 피노키오는 실제이며, 살아 있는 소년입니다.

헤라클레이토스를 읽어본 적 있으신가요? 멍청한 질문이네요, 정말로요. 이건 마치 깨져버린 술병 속의 와인을 마셔본 적이 있는지, 또는 불행하게도 갈가리 찢어져버린 유명한 옛날 그림을 본 적이 있는지 물어보는 것과도 같습니다. 헤라클레이토스를 읽는 것이 그런 것과 같은 이유는 남아 있는 게 너무나 적기 때문입니다. 그의 위대한 책은 페르시아와 그리스와 로마제국을 거치며 살아남았고, 소크라테스와 플라톤과 아리스토텔레스와 마르쿠스 아우렐리우스도 그를 칭송했지만 그의 책은 어쩐 영문인지 사라져버렸습니다. 그래서 남은 것이라곤 다른 사람들의 작품 속 인용뿐입니다. 어떤 것은 그리스어 원어로, 어떤 것은 라틴어로 다르게 표현하거나 번역된 채 1에서 130까지 번호가 매겨진 박물관 서랍 속의 질그릇 조각처럼 소수의 파편으로만 남아 있습니다. 윌리엄 셰익스피어의 전작이 소실되고 우리에게 남겨진 것이라곤 문맥에서 벗어난 백삼십 줄뿐이어서 그것이 최고의 명문인지 그저 우연히 망각을 피해간 것인지도 알 수 없는 상태와도 같지요.

적절하게도 『파편들』이라고 불리는 가장 최근의 수집본에 수록된 파편들은 명백히도 상당한 힘을 가지고 있어서 몽테뉴, 니체, 하이데거, 그리고 융에게도 영향을 미쳤습니다. 그리고 가장 최근에 헤라클레이토스를 번역한 시러큐스의 핵스턴―뉴욕주 시러큐스의 시인 브룩스 핵스턴―의 주장을 우리가 받아들인다면, "초기 기독교 사상에 대한 헤라클레이토스의 항구적 영향이 「요한복음」 첫 문장 '태초에 말씀이 계시니라'라는 헤라클레이토스식 언어 속에 투명하게 드러난다는 건 유명하다"라는 그의 주장에 동의할 수 있습니다. 헤라클레이토스는 '말씀Word'의 열렬한 팬이었습니다. "모든 사물은 말씀으로부터 나온다"고 그는 말했습니다. 또 "지혜를 위해서는, 들어라/ 내가 아니라 말씀에 귀를 기울이고, 모든 것은 하나라는 것을 알라"고 말했습니다. 브룩스 핵스턴에 따르면 헤라클레이토스는 로고스Logos라는 단어를 사용했는데, 그것은 말씀보다 많은 것을 의미했습니다. 그것은 "사상 그 자체만이 아니라 사상을 알려주는 모든 수단, 사상이 반응하는 현상, 그리고 현상과 사상을 모두 지배하는 규칙들"을 의미했습니다. 또는 복음서의 저자 요한이 그리스어로 표현한 것처럼, "말씀logos이 하느님과 함께 계셨으니, 말씀은 곧 하느님이시라."

이것은 소설가들에게 희소식입니다. 왜냐하면 말씀이 신과 함께하신다면, 우리는 뭐가 되는 걸까요? 유일한 문제는 헤라

클레이토스가 현자 같기도 하고 포춘쿠키 같기도 한 복잡한
모습으로 나타난다는 겁니다.

"한 줌의 금을 얻으려고
인간은 태산을 휘젓는다." (#8)

"사물은 스스로의 비밀을 간직한다." (#9)

"지혜란 모든 사물을
인도하고 침투하는
단일한 마음이다." (#19)

"태양이 없다면,
낮은 무엇이고 밤은 무엇인가?" (#31)

"흩어진 것은 모이고,
모인 것은 흩어져나간다." (#40)

"나귀는 황금의 옥좌보다 깔짚 침대를 선호한다." (#51)

"오르막길은 돌아가는 길이다." (#69)

"시작이 끝이다." (#70)

"따뜻한 와인에
녹인 염소젖 치즈는
잘 젓지 않으면 응고된다." (#84)

(이런 건 훌륭합니다.)

"잠든 것처럼 행동하고 말할 필요는 없다." (#94)

"흉내쟁이 원숭이의 가장 아름다운 모습도 원숭이가 아닌
자에겐 원숭이처럼 보인다." (#99)

이중 어떤 것들은 진지하게 받아들이기가 힘든데도, 매우
진지하게 받아들이는 현명한 사람들이 많습니다. 그런 현명한
사람들에게 나는 이렇게 말해주고 싶습니다.

"멍청함은 드러내는 것보다
비밀로 간직하는 게 더 낫다." (#109)

하지만, 그럼에도 불구하고 헤라클레이토스는 모든 면에서
굉장한 사람이었습니다. 물론 친구 사이는 아니었겠지만 피타
고라스, 노자, 공자, 붓다와 동시대에 살았고, 그는 진정한 진
리의 구도자였습니다. 붓다처럼 그도 왕자로 태어났는데, 그

는 에페수스에서 에페수스 사람으로 태어났습니다. 그는 또 붓다가 깨달음이라고 부르고 그는 지혜sophos라고 부르게 될 것을 추구하기 위해 권력을 버렸습니다. 헤라클레이토스의 몇 몇 파편들은 내게 많은 것을 말해줍니다. 예를 들면 이런 것들 입니다.

"사람들은 쓸데없는 말로 자신들의 지혜를 무디게 할 뿐, 눈 과 귀를 사용할 줄은 모른다." (#4)

또는

"눈과 귀는
행동하는 마음이라, 나는 이것들을 중시한다." (#13)

하지만 나는 헤라클레이토스의 다음과 같은 말은 실망스럽 습니다.

"이제 우리가 어디건 여행할 수 있게 되었으니, 더이상
논쟁적인 사실의 확실한 목격자로
시인과 신화 창작자는 필요 없다네." (#14)

그리고 121번 파편이 있는데, 그것은 삶에 관한 웅장하고 자명한 진리 중 하나라는 지위를 획득했습니다. 찰리 브라운

에게 말했던 것처럼, 121번 파편은 우리에게 한 인간의 에토스는 그의 다이몬이라는 사실을 말해줍니다. 좀더 평이한 말로 표현하자면 한 인간의 성격이 그의 숙명이라고 말하는 것입니다. "성격이 운명이다Character is destiny." 이것은 한 문장으로 표현한 소설 미학의 핵심, 또는 사람들이 오랫동안 핵심이라고 믿어온 것입니다. 고래를 죽일 권리를 위해 영혼을 팔 정도로 충동적이고, 강박적이며, 집착이 강한 에이해브 선장의 성격—"지옥의 심연에서 나 그대를 찌르노라"—은 그의 죽음을 불가피하게 만듭니다. 마침내 그는 작살 끈으로 찌른 고래에 매달린 채 익사합니다. 사람과 고래, 그 둘이 한 덩어리가 되어 삶과 죽음의 불가분성 속에서 말이지요. 포경선 피쿼드호의 난파에서 살아남아 우리에게 이야기를 전해주는 이는 이슈미얼이라는 유리된 인물입니다. 또는 이름이 이슈미얼이라고 생각되는 인물입니다. "나는 이슈미얼이라고 합니다" 또는 "이슈미얼이 내 이름입니다"가 아니라 "나를 이슈미얼이라 불러달라"고 그는 우리에게 말합니다. 이슈미얼은 가명alias일 수도 있습니다. 샘 페킨파 감독의 위대한 서부영화 〈관계의 종말〉*에서 밥 딜런이 분한 인물이 차용하는 이름 '에일리어스Alias'처럼 말이지요. 밥 딜런은 패트 개릿의 에이해브 격인 이슈미얼 역할을 연기하며 "나를 에일리어스라고 부르시오"라고 말합니다(내 생각에 빌리 더 키드는 쫓기는 고래 역할입니

---

* 서부영화의 거장 존 포드의 적자로 불리는 샘 페킨파 감독의 1973년 작품.

다). 그리고 개릿이 그게 진짜 이름인지 묻자, 그는 옅은 밥 딜 런식 미소를 띠며 "그렇게 부르는 게 좋겠소"라고 말합니다. 그래서 이슈미얼이라 불리길 원하는 이 인물, 아웃사이더, 모 비 딕을 쫓는 열정과 격정과 거대한 집착에 달려들지 않는 이 슈미얼은 살아남습니다. 생존이 그가 속한 게임이기 때문입니 다. 그게 이슈미얼의 성격이고, 따라서 그의 숙명입니다. 에이 해브에게는 숙명이 있고 그가 원하는 것이 있기에 천국의 문 을 두드리는 것입니다.

그리고 또 거부하는 성격도 있습니다─예컨대 어떤 이유 나 조금의 설명도 없이 그저 하지 않는 편을 택하는 필경사 바틀비 같은 거부 말입니다. 그러나 바틀비를 하나의 성격으 로 볼 수 있을까요? 아니면 그의 거절이 불가사의하고 다른 사람을 격분시키는 영향 때문에 중요한 존재인 걸까요? 나는 바틀비가 성격일 수 있다고 생각합니다. 바틀비의 거부는 무 작위적이지 않습니다. 일관되지요. 바틀비에게는 욕구가 있습 니다. 그는 집이 없는데다가 거의 무일푼이며 필경사 사무실 에서 몰래 생활합니다. 그리고 거기서 실내복 상태로 갑자기 노크를 당하자, 자신이 깔끔하게 차려입기 전까지 고용주를 들여보내주지 않습니다. 그는 노동자로서 너무도 강한 자의식 을 가지고 있어서 끈기 있게 문서 필경 일을 할 뿐, 다른 누구 와도 자기가 한 일을 검토하지 않는 편을 선택합니다. 바틀비 의 직업의식은 잘못된 것일 수 있지만, 이를 통해 그가 자기 삶의 경계를 설정하고 있다는 걸 알 수 있습니다. 이런 일은 할 것이고 저런 일은 하지 않을 것이며, 자신에게 어떤 결과가 초래되더라도 공손하게 개인의 규칙을 고수할 것입니다. 그렇다면 바틀비는 수동공격적 성격의 열성분자일까요? 나는 그렇게 생각하지 않습니다. 그는 다른 누구에게 강제할 만한 사상이 없기 때문입니다. 가난과 심지어 죽음에 직면해서도 그는 존엄의 길을 택해 거기서 벗어나지 않는 편을 택하며 자신의 숙명을 받아들입니다. 그러니 성격이 운명이라면, 그것을 수용하는 성격도 거부만큼이나 강력합니다. 바틀비는 거부하기도 하고 수용하기도 합니다. 그는 하지 않는 편을 택하지만, 또한 조용히 하는 편을 택하기도 합니다.

나는 또하나의 거부, 하인리히 폰 클라이스트의 중편소설 『미하엘 콜하스』에 나오는 동명의 말장수 미하엘 콜하스의 거부를 생각합니다. 그는 실현되지 않은 정의를 받아들이기를 거부합니다. 콜하스는 법률이 명하는 것만 고수합니다. 그래서 아름답고 광채가 나며 기름진 자신의 말 두 필이 융커 벤첼 폰 트롱카에게 부당하게 빼앗겨서 방치된 채 '야위고 기진맥진한 늙은 말 두 마리'로 전락해버리자 처음 빼앗길 때와 똑같은 상태로 되돌려서 다른 빼앗긴 것들과 함께 달라고 고집합니다―목도리와 제국 금화와 빨랫감까지요. 이 소소한 불만이 받아들여지지 않자 그는 자기 세계와 자기 자신마저 절반쯤 파괴해버리는 굉장히 폭력적인 행동에 착수합니다. 그의 성격은 자신만이 아니라 공동체 전체의 운명이 됩니다. 그러나 이야기의 끝부분에서 끔찍한 폭력 행위가 모두 끝나고 빼앗긴 것을 모두 되찾은 뒤에 콜하스는 자신의 행위에 대해서도 정의가 실현되어야 한다는 걸 받아들입니다. 자신이 만족을 얻은 후에는 국가에 만족을 되돌려줄 준비가 되어 있는 콜하스는 아무런 불평 없이 사형 집행자의 도끼에 자신을 맡깁니다. 다시 한번, 여기서도 거부는 수용과 함께합니다.

『미하엘 콜하스』가 쓰인 지 백오십 년이 지난 뒤, 미국의 소설가 E. L. 닥터로는 이 작품에 영감을 받았습니다. 닥터로는 콜하스에 바탕을 두고 『래그타임』의 콜하우스 워커라는 인물을 창조했습니다―아프리카계 미국인 멋쟁이 콜하우스 워커는 자신의 고급 자동차가 인종주의자들에 의해 망가지자 미하엘 콜하스처럼 보상을 요구합니다. 보통 사람의 인내심의 한계를 넘어 평화롭고 정중하게 오래도록 보상을 요구하다가, 점잖은 방식이 실패하자 그는 극단적 방식에 의존합니다. 정의롭지 못하다는 생각은 사람을 극단으로 몰고 가기 마련입니다―오늘날 세계의 많은 불만도 이런 경향에 기인한다고 할 수 있습니다―그러나 이들 콜하스와 콜하우스와 바틀비를 특별하게 만드는 것은 정중함에 대한 이들의 믿음, 말하자면 다른 모든 수단이 소진될 때까지는 무례와 폭력으로 치닫기를 거부하는 태도, 곧 이들의 비폭력 선호입니다. 물론 이 세 가지 예시 중 둘의 표면 아래에는 폭력이 잔뜩 도사리고 있긴 하지만 말입니다.

인생이 주는 것들을 거의 업보처럼 기꺼이 받아들이는 태도는 현대의 악당, 방황하는 아일랜드계 유대인 돈키호테에게도 나타납니다. 리어폴드 블룸 씨는 "금수와 가금류의 내장을 맛있게 먹었"으며, 아내가 블레이지스 보일런과 불륜 행각을 벌여도 아내를 사랑합니다. 『율리시스』의 「이타카」에서 밤거리에 머물던 블룸은 스티븐을 집으로 데려오는데, 스티븐은 자신이 가졌던 적이 없던 잃어버린 아들이며 그는 잃어버린 자신의 어머니를 찾고 있었습니다. 나중에 블룸은 침대에서 아내 몰리에게 스티븐에 관해 이야기하고, 스티븐을 그녀의 노리개로 선물해 자신이 알지 못하는 것을 몰리가 직관으로 알아내게 합니다. 그 친구가 작가이고 대학의 이탈리아어 교수가 될 거라고, 몰리는 스티븐에 대해 곰곰이 생각합니다, 그리고 나는 저 친구에게 레슨을 받게 될 거라지 내 사진을 보여주다니 이 사람은 무슨 의도인 거야 . . . 블룸 말입니다, 블룸이 무슨 의도를 가진 걸까 하는 말이지요, 내 사진을 선물로 줘버린 건 아닐까 나까지도 말이야 . . . 저 친구는 스무 살은 넘어 보이는데 스물서너 살이라고 해도 내가 너무 나이가 많은 건 아닐 거야.

이 챕터의 긴 문답이 거의 끝나갈 무렵, 즉 블룸의 하루 동안의 긴 여정이 긴 밤으로 끝나갈 때, 그리고 몰리의 압도적인 목소리가 우리에게 쏟아지기 직전에, 블룸에게도 거부가 있다는 걸, 그의 수용 이면에 거부가 있다는 걸 발견하다니 얼마나 통렬합니까. 블룸은 몰리를 잃는 걸 거부하기 때문에 그녀의 불륜 행각을 받아들입니다. 부부의 침대에 올라간 블룸은 침대에 남겨진 "사람 모양의 자국, 자신의 것이 아닌 남자의 흔적"을 발견하고는 잠든 아내 옆에서 아내를 스쳐간 애인의 명단을 혼자서 하나하나 손꼽아보는데, 심지어는 자신이 명단의 마지막 사람이 아닙니다. 그러고는 "부러움, 질투, 포기, 평정심"을 차례로 경험합니다. 그럼에도 그는 아내에게 성적 자극을 느끼고, 모든 걸 알면서도 아내를 사랑합니다. 그러고는 바람이 난 아내를 둔 남편으로서 느끼는 치욕과 남편으로서 느끼는 성적 욕망이 결합된 아름다운 몸짓으로 블룸은 "그 토실토실하고 부드럽고 노랗고 노릿한 냄새가 나는 엉덩이의 두 멜론에다, 토실토실하고 멜론 같은 두 개의 반구 하나하나 위에다, 부드럽고 노란 골짜기에다, 모호하게 오랫동안 자극적이고 멜론처럼 멜로니한 냄새가 나는 키스를" 퍼부어댑니다. 그리고 몰리 블룸, 언제나 예스인 몰리, 운명이 곧 성격인 독백하는 몰리, 숙명 그 자체일 뿐인 몰리는 침대에 누워서 잠을 자고, 잠에서 깨고, 활동하고, 기억합니다. 그녀의 결백함과 관능, 모든 사람들의 운명도 몰리보다 숙명적이지는 않습니다.

그렇다면 이 게임에서 헤라클레이토스가 승리했다고 생각할 수도 있습니다. 성격, 운명, 하나가 하나를 이끈다, 바로 그거다, 더이상 보탤 말이 필요 없다고 생각할 수 있습니다. 아, 그런데, 보탤 말이 있습니다, 아주 많이 있지요. 헤라클레이토스의 격언은 인생의 유동적인 것들, 고정된 실체가 없는 것들, 사람과 이야기와 언어와 인식에 관한 것들, 그리고, 그렇지요, 고정되어 있지 않고 믿을 수 없는 도덕적 가치들을 고려하지 않기 때문입니다. 강력하게 운명지어진 인물들의 창조자였던 제임스 조이스는 양심의 가책을 느꼈고, 그는 모든 것을 다 알았기 때문에 육체의 한계도 알았습니다. 바뀌는 것과 변화하는 것의 대가였던 그는 『율리시스』의 시작 부분에서 변신의 귀재인 '바다의 노인장' 프로테우스를 불러옵니다. 책은 우리에게 이렇게 경고합니다. "모방을 조심하라."

　예를 들면 우연의 문제가 있습니다. 『마하바라타』에서 도박 중독자인 유디슈티라왕은 일련의 주사위 던지기 게임에서 재산, 왕국, 형제들의 자유와 심지어 아내마저도 잃어버립니다. 그러므로 어떤 면에서 그의 성격이 그의 운명을 창조한 셈이지만, 이런 생각이 듭니다. 주사위가 다르게 떨어졌더라면 어떻게 되었을까요? 유디슈티라의 성격이 주사위의 무작위적 낙하를 설명해주지는 않으며, 『마하바라타』에 암시된 것처럼 그가 신출내기였음에 반해 상대 샤쿠니는 주사위 게임의 고수였다는 사실도 설득력이 없습니다. 주사위 게임에는 진정한 고수가 될 방도가 없으니까요. 인간사에서 예측 불가능한 것, 무질서한 것, 이유가 없는 것들의 영향을 배제한 설명은 결코 온전한 설명이 될 수 없습니다. 못 하나가 부족해서 전투에서 패할 수도 있습니다. 어린아이가 3층 창문에서 떨어져도 기적처럼 다치지 않고 일어설 수 있습니다. 똑같은 아이가 다른 때에 똑같은 창문에서 떨어지면 죽을 수도 있지요. 우리는 어느 날 밤 어떤 파티에서 사람들 사이를 지나 오른쪽으로 돌다가 배우자가 될 남자나 여자를 만납니다. 만약 왼쪽으로 돌았다면 배우자를 결코 만나지 못했을 것입니다. 소녀가 있는 집이 통째로 회오리바람에 날아갔다가 땅에 내려앉더니 우연히 마녀가 깔려버리고, 그 마녀가 신었던 루비 슬리퍼가 결국 소녀를 다시 집으로 돌아가게 할 수도 있습니다. 하지만 그 마녀가 깔리지 않았다면 어떻게 되었을까요?

종교적인 작가는 우연 속에서 신의 섭리가 작동하는 것을 볼 수도 있습니다. 『산 루이스 레이의 다리』에서 손턴 와일더는 서로 관계가 없는 다섯 사람, 다리를 건너고 있을 때 그 다리가 무너져서 죽어버리는 다섯 사람의 죽음이 갖는 의미를 이해하는 임무를 스스로에게 부여했습니다. 왜 다른 사람도 아닌 바로 이 다섯이었을까요? 와일더의 책은 어떠한 이유도 없이 그저 운이 나빴을 뿐이라는 대답을 영웅적으로 거부하며, 신의 의도를 이해하려고 노력합니다. 우리도 어느 정도 이런 노력을 합니다. 우리는 우리의 인생이 행운이나 불행, 운명의 변덕, 통제에서 벗어나 있는 것들에 의해 바뀔 수 있다는 발상을 좋아하지 않습니다.

그러나 우연은 존재합니다. 와일더보다 훨씬 덜 종교적인 영국 소설가 이언 매큐언은 인생을 뒤바꾼 우발적 사건들을 자기 책의 동력으로 여러 차례 사용합니다. 『차일드 인 타임』의 초반부 마트에서의 아동 납치, 『견딜 수 없는 사랑』의 첫 장에 묘사된 휩쓸린 열기구 이미지와 낯선 개인들, 여기서도 서로 관계가 없이 열기구 사건만으로 연결된 다섯 사람처럼 말이지요. 그러나 종교적인 충동이 부족한 매큐언의 이야기들은 전능하신 신의 숨은 손, 찬송가가 말하는 대로 신비로운 방식으로 움직이며 기적을 행하시는 신을 찾아 나서지 않습니다. 그 대신 매큐언은 인간의 삶을 변화시키는 예측 불가능한 힘을 받아들이며, 숨겨진 원인을 힘들게 찾기보다는 사건에 연루된 사람들의 인생에 미친 영향에 눈을 돌립니다. 그들의 삶은 분명 인물들의 성격이 명령하는 대로 끝까지 살아가긴 하지만, 우리 모두는―우리도, 작가도, 등장인물들도―운명의 개입 덕분에 그들의 성격이 그들의 운명을 주조하지는 않았다는 중요한 인식을 가집니다.

폴 오스터와 저지 코진스키는 서로 아주 다른 방식으로 우연의 작동에 대해 많은 관심을 기울이는 작가들입니다.『마하바라타』를 기록한 것으로 여겨지는 호메로스 격 인물인 브야사처럼, 오스터는 인물들의 삶을 바꾸기 위해 도박의 비유를 멋있게 활용합니다.『우연의 음악』에서 펜실베이니아의 은둔자 플라워와 스톤에 맞서 두 주인공 내쉬와 포지가 벌이는 파국의 포커 게임은 사실상 유디슈티라의 파멸을 연상시킵니다. 코진스키는 최고의 책『정원사 챈스의 외출』에서 사랑스러운 바보 '정원사 챈스'가 부자의 어리석은 하인에서 저명인사의 배우자가 되고 유력인사의 고문이 되게 만듭니다. 우연이라는 뜻의 '챈스' 자체도 그의 이름이 아니라 우연히 붙여진 이름입니다. (영화 〈정원사 챈스의 외출〉에서 피터 셀러스는 자신이 맡은 최고의 배역에서 으스스할 정도로 부통령 딕 체니를 닮았습니다. 그러니 코진스키의 소설은 코진스키가 생각한 것보다 더 예언적이었던 것이지요.)

그리고 1970년대 중반에는 필명이 루크 라인하트라는 작가가『다이스맨』이라는 소설로 엄청난 상업적 성공을 거두었습니다. 이 책은 주사위를 던져 모든 선택을 내리는 루크 라인하트라는 사람에 관한 것입니다—어디에 살지, 무엇을 할지, 누구와 결혼할지, 모든 것을 말입니다. 내가『다이스맨』의 성공을 기억하는 것은 당시 내가 마이크 프랭클린이라는 젊은 출판업자와 함께 런던 얼스 코트의 아파트를 같이 쓰고 있었기 때문입니다. 마이크는 이 책의 판권을 싸게 매입한 뒤에 엄청난 베스트셀러가 되는 것을 지켜보는 행운 덕분에 인생이 바뀌었습니다. 애쓰는 젊은 작가였던 나는『다이스맨』의 성공에 크게 분개했지만, 지금의 나는 이 흥행이 젊은 작가들이 우발적 조우와 개연성 없는 우연적 사건의 플롯 모티프를 피하도록 종종 권유받을지라도 대중 독자는 그런 일들이 인간의 삶에 미치는 힘을 진지하게 믿고 있다는 사실을 보여주는 하나의 징표라고 유념하게 되었습니다.

영화 제작자들이 우연에 바탕을 둔 작품을 못 만들도록 금지한다면, 할리우드 영화는 거의 존재하지 않게 될 것입니다—피터 파커는 우연히 거미에 물려 스파이더맨이 되고, 빌보 배긴스라는 호빗이 신비의 힘을 가진 반지를 우연히 발견하는 일을 보세요(공정하게 말하자면, 손턴 와일더의 '보이지 않는 손' 멤버인 J. R. R. 톨킨은 그 반지가 스스로 발견되길 원했고, 그래서 자신을 발견할 사람으로 빌보를 택한 거라고 주장할 겁니다. 반지의 성격이 그 운명을 만든 것이지요). 그리고 또 영화 산업 전체에 만연한 '미트 큐트'*가 있습니다. 멕

라이언과 톰 행크스가 인터넷에서 우연히 만나고, 멕 라이언과 빌리 크리스털이 영화 한 편에서 예닐곱 번이나 우연히 부딪치지요. 영화 속에서는 사람들이 결코 제대로 소개되는 일이 없는 것 같습니다. 갱단을 피하려고 여장을 하고 있다가 기차에서 매릴린 먼로와 마주치거나, 가라앉는 배에서 서로 만나게 되거나, 자동차 사고나 기차 사고나 항공기 참사를 통해 만나거나, 섬에 고립되거나, 누군가의 유언으로 강제로 결혼해서 큰 재산을 물려받거나, 모종의 동화 같은 법칙 때문에 억지로 결혼하거나, 그것도 아니면 산타클로스가 되는 걸 포기하는 것을 선호합니다.

인간사에서 예측 불가능한 것의 중요성—혁명, 산사태, 갑작스러운 질병, 주식시장의 폭락, 사고 등—은 우리로 하여금 성격이 우리 삶의 유일한 결정 요소가 아니라는 사실을 받아들이게 합니다. 더구나, 성격도 이천오백 년 전의 그 성격이 아닙니다. 헤라클레이토스가 인간의 에토스와 다이몬에 관해 진술했을 때, 두 단어 에토스와 다이몬은 그의 시대에 안정적으로 보였던 개념들을 표현한 것입니다. 성격이란 변화하는 것이 아니라 고정된 것이었습니다. 인간의 삶을 인도하는 영혼은 변하지 않았습니다. 선원 뽀빠이가 너무도 간결하게 표현하듯이 "나는 나고, 그게 바로 나다I yam what I yam and that's all

---

* 영화나 드라마에서 우연한 멋진 만남이 계기가 되어 낭만적 관계로 발전하는 플롯의 장치를 말한다.

what I yam"입니다. 그러나 오늘날의 우리는 성격이 무엇인지에 대해 더 불안정하고 파편적으로 이해합니다. 우리는 우리의 행위가 외부의 영향을 얼마나 받는지, 내부에서 기인한 것은 어느 정도인지에 대해 상당히 많은 논쟁을 합니다. 우리는 영혼의 존재에 대해 결코 확신할 수 없습니다. 그리고 우리는 다른 환경 속에서는 우리가 아주 다른 사람이 된다는 것을 압니다. 가족과는 이렇게, 직장에서는 저렇게 행동합니다. 우리는 선조들이 믿었던 것보다 더 유동적이고 더 자주 변화합니다. '나' 안에는 자리를 차지하려고 서로 밀치며 앞으로 나오거나 뒤로 밀려나거나, 커지기도 하고 작아지기도 하고, 심지어는 새로운 '나'가 자라는 동안 전적으로 사라지기도 하는 '나'로 소란스럽다는 걸 우리는 알고 있습니다. 우리는 일생을 살아가는 동안 너무도 크게 변해서 자신의 젊은 날의 자아를 알아보지 못하기도 합니다. 중국의 마지막 황제 푸이는 자신이 신이라고 믿으며 인생을 시작했지만, 공산주의 아래서 정원사가 되어 행복하다고 주장하며 인생을 마감했습니다. 인간이 그토록 변하고도 만족할 수 있을까요? 그것은 세뇌였을까요, 변신이었을까요? 이것은 답이 열려 있는 질문입니다. 그러나 자아의 본성, 그리고 그 본성이 우리의 행동을 어느 정도로 결정짓느냐 하는 주제는 과거보다 더 골치 아파졌습니다. 성격이 운명이라 한다면, 대체 성격은 무엇일까요?

헤라클레이토스에 대한 세번째 대답은 정치 영역에서, 또는 적어도 공적인 일이 사적 영역을 점점 더 침범해오는 현상에서 발견됩니다. 제인 오스틴의 소설에서 나폴레옹전쟁은 두드러지지 않습니다. 그녀의 소설에서 군인은 제복을 입고 파티에 나타나서 멋지게 보이는 기능을 합니다. 이렇게 말하는 것이 그녀에 대한 비판은 아닙니다. 오스틴은 공공 영역에 대한 언급 없이도 자신의 인물들을 온전하고, 입체적이고, 심오하게 묘사하는 능력이 있습니다. 공공 영역은 너무 멀리 있어서 그런 인물들의 삶에 영향을 거의 미치지 못했을 뿐입니다. 이제는 더이상 그렇지 않습니다. 사적인 것과 공적인 것 사이의 간격이 너무도 축소되어 거의 존재하지 않는다고 말할 수 있을 정도지요.

세계의 많은 부분에서 이 간격의 봉합이 사람들의 인생을 아주 어린 시절부터 형성합니다. 많은 사람들에게 있어 어린 시절, 그러니까 한 인간이 자라고, 배우고, 발전하고, 놀이하고, 뭔가가 될 수 있는 그런 안전하고 보호받는 시기로 정의되는 '어린 시절'은 폐기되었다고까지 말할 수 있습니다. 한 인간이 천진난만할 수 있고, 유치할 수 있고, 성년기의 엄격함으로부터 자유로운 그런 시절 말입니다. 오늘날 전 지구적 빈곤은 아이들을 공장, 들판, 도시의 길거리에서 일하도록 내몰고 있습니다. 그래서 아이들을 길거리의 꽃제비, 범죄자, 창녀로 만듭니다. 다른 한편 수단, 르완다, 인도, 이라크에서 정치적 불안정은 아이들의 목숨을 대거 앗아갈 뿐 아니라 아이들을 살인자로 만들기도 합니다. TV에서 아프리카의 소년병들이 자동소총을 멘 채 죽음에 대해 무섭도록 아무렇지 않게 말하는 것을 보십시오. 외부의 압력이 너무도 큰 이 시대에 팔레스타인, 이스라엘, 아프가니스탄, 이란 등지의 많은 예술가는 세계의 인간 대부분이 자신의 강함과 약함에 상관없이 성격에 의해 운명이 결정되는 경우가 거의 없다는 끔찍한 진실을 고려해야 한다는 걸 느껴왔습니다. 빈곤이 운명이고, 전쟁이 운명이고, 해묵은 인종적, 부족적, 종교적 증오가 운명이고, 버스 위나 시장 모퉁이의 폭탄 하나가 운명이며 성격은 그저 수많은 요소 중 하나일 뿐입니다. 억만장자 금융 투자가들이 한 나라의 통화를 공격하면, 통화가치가 폭락하고 사람들은 직장을 잃습니다. 그게 누구건, 얼마나 성실한 노동자건 관계없이 길거리로 내몰립니다. 제삼세계만의 문제도 아닙니다. 2001년 9월 11일 미국에서는 수천 명의 사람이 자신들의 성격과 무관한 이유로 죽었습니다. 그 끔찍한 날 그들의 에토스는 그들의 다이몬이 아니었습니다.

열세 살에 봄베이에서 멀리 떨어진 영국의 기숙학교로 보내질 때까지 나는 지금의 나보다 훨씬 더 동질적이었습니다. 그때까지 줄곧 나는 똑같은 도시의 똑같은 집, 가족의 품안에서 살았고, 의식적으로 전혀 '알' 필요가 없었던 풍습을 가진 사람들 사이에서 그 당시 그 나라, 그 도시 사람들이 쓰는 말을 사용하며 살았습니다. 자아에는 네 가지 뿌리가 있습니다. 바로 언어, 장소, 공동체, 풍습입니다. 그러나 대이주의 시대인 지금 우리 대부분은 이 기둥 중 적어도 하나씩은 뽑혀버렸습니다. 우리는 우리가 아는 장소와 우리를 아는 공동체를 떠나

풍습이 다른 장소로 갑니다. 그리고 어쩌면 그곳에서 가장 많이 사용되는 언어는 우리가 모르는 언어이거나, 제대로 구사할 줄 모르는 언어라서 우리의 생각이나 스스로가 누구인지에 대한 미묘한 부분들은 표현할 수 없습니다. 나는 다언어 환경에서 자랐기 때문에 영어에는 문제가 없었고, 덕분에 내 언어의 뿌리는 여전히 땅속에 박혀 있었습니다. 그러나 다른 것들은 모두 사라졌습니다. 북유럽신화의 우주수인 거대한 물푸레나무 위그드라실은 뿌리가 세 개입니다. 하나는 발할라 근처의 지식의 웅덩이로 떨어져서 오딘이 그 물을 마시지만, 다른 두 뿌리는 서서히 파괴됩니다. 하나는 니드회그라는 괴물에게 물어뜯기고, 다른 하나는 불의 땅 무스펠헤임의 불길에 서서히 불타 없어집니다. 이 두 뿌리가 파괴되자 우주수는 쓰러지고, 신들의 황혼인 괴터데머룽이 시작됩니다. 이주민도 마찬가지로 처음에는 뿌리 없이 서서 쓰러지지 않으려고 애쓰는 한 그루의 나무입니다. 이주는 우리의 방어 장치들을 제거해버리고, 우리를 제대로 이해하지 못하는 세계에 우리를 무자비하게 노출시키는 실존적 행위입니다. 마치 지구의 대기가 벗겨져서 태양이 무자비한 힘으로 지구를 내리쬐는 것과 같지요.

이주 작가들의 시대입니다. 자발적인 이주도 있고 비자발적인 경우도 있으며, 추방자도 있고 망명자도 있습니다. 프랑스의 타하르 벤 젤룬, 미국의 아시아 제바르, 런던의 하난 알샤이크, 그리고 노벨상을 수상한 파리의 중국 작가 가오싱젠이 있지요. 고국으로 돌아갈 수 있다 하더라도, 더러는 재입국 때 곤경에 처하기도 합니다. 예컨대 대니얼 아랍 모이 정권을 소리 높여 반대하는 케냐 작가 응구기 와 티옹오는 나이로비로 돌아갔다가 심하게 구타당하고 부인은 강간당했습니다. 아마 당국의 묵인하에 이뤄졌을 것입니다. 이런 작가들에게 불안정은 주어진 현실입니다—주거와 미래와 가족과 자아의 불안정 말입니다. 이런 작가들에게는 자연스러운 주제가 없다는 것 또한 주어진 현실입니다. 소말리아의 오랜 망명객 누르딘 파라처럼, 제임스 조이스가 더블린을 마음속에 품고 갔던 것처럼 자기들의 고향을 마음속에 품고 가서 다른 장소나 주제에는 결코 눈길을 돌리지 않는 작가들도 있습니다. 또, 인도의 이주 작가 바라티 무커르지처럼 변화된 환경 속에서 자신들을 재정의하는 작가들도 있지요—무커르지는 어떤 때는 동양을, 때로는 서양을 바라보며 그 사이에서 생각하지만, 모든 진실의 일시성과 모든 성격의 변화 가능성 그리고 모든 시공간의 불확실성에 대한 인식을 지니고 있습니다. 아무리 안정적으로 보이든지 간에 말이지요. 『도착의 수수께끼』로 '도착'한 작가 V. S. 나이폴은 자신의 새로운 세계에 생명을 불어넣기 위해 엄청난 노력을 쏟아붓습니다. 그는 산울타리 하나하나, 골목길 하나하나를 살아 있는 것으로 묘사하는데, 그 노력 때문에 탈진해서 서사의 모멘텀을 상실한다고 해도 이해될 정도입니다.

나와 같은 이주 작가는 윌리엄 포크너나 유도라 웰티처럼 뿌리가 깊이 박힌 작가들을 부러워할 따름입니다. 그들은 자신들의 땅뙈기를 주어진 현실로 간주할 수 있기에 일평생 그곳만 팝니다. 이주 작가는 스스로 만들어내기 전까지는 발붙이고 서 있을 땅도 없습니다. 이 사실은 또한 위태로움에 대한 인식을 가중시켜서 이주 작가를 위태로움의 문학으로 인도하고, 그 속에서는 운명도, 성격도, 그 둘의 관계도 결코 당연한 것으로 간주될 수 없습니다. 아마 이것이 내가 포착하기 힘들고, 교활하고, 변덕이 심한 주인공을 소재로 하는 허먼 멜빌의 소설 『사기꾼』이나 필립 로스의 『미국을 노린 음모』에 강하게 반응하는 이유일 것입니다. 『미국을 노린 음모』는 나치 동조자이자 반유대주의자인 찰스 A. 린드버그*가 제2차세계대전 와중에 대통령 선거에서 루스벨트를 이긴다는 내용의 미국에 관한 대체역사물로, 호르헤 루이스 보르헤스가 알고 있던 것, 즉 역사란 정원에 나 있는 두 갈래 길**이라는 사실을 우리에게 상기시켜줍니다. 비록 일이 한 방향으로 진행되긴 했지만, 다른 방향으로 진행될 수도 있었다는 말입니다. 만약 그랬더라면 우리는 어떻게 되었을까요, 우리는 얼마나 다르게 생각하고 행동했을까요, 우리의 성격이 우리의 운명을 형성하기보다 그 반대가 되지 않았을까요?

---

* 찰스 A. 린드버그(1902~1974)는 1927년 최초의 뉴욕 파리 간 대서양 단독 무착륙 횡단 비행으로 유명해진 미국의 장교, 연설가, 작가, 환경주의자다.

** 「두 갈래로 갈라지는 오솔길들의 정원」은 『픽션들』에 수록된 보르헤스의 단편소설로, 직선적 시간관과 인과관계의 일관성을 거부하며 우주와 시간의 다차원성을 보여주는 그의 대표작이다.

미국문학은 이주에 의해 건설된 땅의 문학에 걸맞게 이주한 자아들과 이주한 공동체들이 자신을 다시 만들고 만들어지는, 프로테우스처럼 변화무쌍한 변신의 과정들에 대해 많은 것을 알고 있습니다. 미국문학의 그 많은 탁월한 걸작들―예컨대 『위대한 개츠비』―이 재창조된 자아의 희극과 비극을 다루는 것도 우연은 아닙니다. 세계 모든 곳에서 오는 작가들의 이야기에 의해 미국문학은 오늘도 재창조되는 중입니다. 오늘날 젊은 세대의(그러니까 나보다 젊은 작가들을 뜻합니다) 작가들이 미국의 변화무쌍한 지평을 받아들이며 확대해나가고 있습니다. 야 지야시, 에시 에디잔, 에드위지 당티카, 오션 브엉, 비엣 타인 응우옌, 라일라 랄라미, 마자 멩기스테 등, 아주 많지요.

블라디미르 나보코프는 우리에게 스스로를 소설의 등장인물과 동일시하지 말고 예술 작품을 창조하려고 애쓰는 작가에게 관심을 돌리라고 말합니다. 불행하게도 나보코프는, 소아성애자이지만 우리에게 뭔가 느끼게 만드는 험버트 험버트와, 본질적으로 진부하지만 관심을 갖게 하는 롤리타와, 우리를 울게 만드는 롤리타의 어머니 샬럿 헤이즈의 창조자이기도 합니다. 그러므로 나는 나보코프 자신도 그 말을 전적으로 믿었다고 생각하지는 않습니다. 소설의 핵심에는 언제나 인간의 형상, 다시 말해 인간의 성격이 있고, 또 앞으로도 그럴 것입니다. 소설의 본질은 시간과 공간과 우연 속에서 움직이는 인간의 형상을 보여주는 것이며, 인물에 관심이 없다면 우리는 소설에도 관심을 거의 갖지 않습니다. 이렇게나 명료한 것입니다. 그러나 인간이 이야기의 전부는 아닙니다―사실 이야기의 주인공이 인간이 아닌 경우도 흔합니다. 인간은 자기 인생에서마저 단역일 뿐입니다. 가장 강력한 소설의 인물이라 할지라도 어느 순간에는 철저히 낯선 세계를 대면해야 합니다.

소설에서 성격은 운명을 강력하게 형성할 수 있고, 또 가능할 때마다 그렇게 하도록 허용되어야 합니다. 하지만 초현실 역시 현실의 일부입니다. 초현실은 가시화된 세계의 낯섦입니다. 한 인간의 에토스가 그의 다이몬이라고 가르쳐준 헤라클레이토스는 이렇게 말하기도 했습니다.

"피타고라스는 모든 사람 중에서
　학문이 가장 깊었을 것이다. 그런데도 그는
　　많은 전생의 사소한 일까지도 기억한다고 주장했다.
　전생에 한 번은 오이, 또 한번은 정어리였다고."(#17)

나는 여기서 피타고라스 편입니다. 나는 피타고라스의 모든 이야기를 원합니다. 다른 두 변의 제곱의 합만이 아니라 빗변의 제곱도 원합니다. 그리고 수학에서 아주 멀리 떨어져서 지낸 그의 은밀한 전생들, 그의 오이 시절과 정어리 시절에 대해서도 내가 알지 못한다면, 나는 피타고라스를 제대로 안다고 생각할 수 없을 겁니다.

또다른 작가의 시작[•]

나는 오랫동안 유도라 웰티를 존경해왔습니다. 그녀의 고전
인 『작가의 시작』의 발자취를 따라 나의 글쓰기가 어떻게 시
작되었는지 이야기해달라는 요청을 받고 특별한 영광을 느낍
니다. 나는 운이 좋게도 1982년 런던에서 웰티를 한 번 만날
수 있었습니다. 그녀의 소설 『패배한 전투』가 미국에서 처음
소개된 지 십이 년 만에 영국에서 페미니스트 출판사 비라고
를 통해 갓 출판되었을 때였습니다. 이 소설의 서평을 써달라
는 요청을 받았던 나는 이 작품이 몹시 유쾌하고 찬란한 작품
임을 알았고, 지면에도 그렇게 썼습니다. 그래서 웰티가 런던

[•] 이 글은 2016년 10월 20일 워싱턴 D.C.의 국립 대성당에서 행한 유도라 웰
티 렉처의 개막 강연을 다소 확장한 것이다.

에 왔을 때 비라고의 강력한 지도자 카먼 칼릴이 그녀를 위해 코번트 가든의 한 식당에서 마련한 소박한 점심식사에 나도 초대받았습니다. 내가 어떤 사람을 만나게 될 거라 생각했는지는 정확히 기억나지 않지만, 나는 웰티가 남부에서 온 약간 나이 지긋한 시골풍의 숙녀일 거라고 생각했던 것 같습니다. 웰티는 전혀 그런 사람이 아니었습니다. 놀랍게도 그녀는 키가 크고, 굉장히 세련된 사람이었고, 자신의 두 가지 열정적 관심사인 파리와 사진 이야기로 두 시간 동안 우리를 즐겁게 해줬습니다. 나는 웰티의 이야기에 너무 심취해서 그녀에게 글쓰기 전반에 관해서나 그녀의 글쓰기에 대해서는 아무런 질문도 못했다는 사실을 점심식사가 끝나갈 무렵에야 깨달았습니다. 그녀는 당시 아마 일흔두 살이었고, 그 나이는 서른네 살인 나의 자아와 불가능에 가까운 먼 거리가 있다고 느꼈습니다(지금 내 나이는 일흔둘보다 많습니다). 나는 웰티를 다시 만날 기회가 없을 테니 무엇이든 물어봐야 한다고 생각했습니다. (실제로 그후에 그녀를 다시 만나지 못했으니, 내 절박함이 옳았다는 생각이 듭니다.) 나는 적당한 질문이 생각나지 않아서 갑자기 불쑥 내뱉듯이 이 단어를 말해버렸습니다. "윌리엄 포크너!"

웰티는 얼굴을 돌려 온화하게 나를 바라보며 말했습니다. "예, 그래요, 포크너의 어떤 점 말인가요?"

글쎄 어떤 점 말이지, 나는 이렇게 생각하며 약간 당황했습니다. 나는 이렇게 질문해버리고 말았습니다. "전체적으로 당신에게 포크너가 도움이 되었나요, 방해가 되었나요?"

"글쎄요, 어느 쪽도 아니에요." 그녀가 대답했습니다. "동네에 큰 산이 있는 것과 비슷해요. 거기 있다는 걸 아는 건 참 좋지만, 내 일에 도움은 안 되지요."

참 멋진 대답이었지만, 나는 내친김에 한 가지 더 질문했습니다. "그럼 포크너가 당신과 가장 가까이 있는 작가 중 한 명이라고 생각하지 않으시는군요?"

"예, 그래요." 놀라는 척하며 웰티가 말했습니다. "나는 잭슨 출신이고, 포크너는 옥스퍼드 출신이에요. 꽤 멀지요."

고백하건대, 나는 웰티와 포크너 같은 작가들을 언제나 부러워해왔습니다. 그들의 뿌리가 가진 깊이, 필생의 걸작을 위해 작은 땅뙈기를 파고드는 능력이 부러웠습니다. 나의 인생은 그들보다 이동이 잦았고, 아마 그 결과로 나의 문학적 시작은 느리고 실수도 많았던 것 같습니다. 내 길을 찾는 데 오랜 시간이 걸렸습니다.

나는 인도의 봄베이에서 소설을 많이 읽지 않는 부모의 아들로 자랐습니다. 그래도 아버지는 우르두어 시는 꽤 많이 알아서 저녁에 친구들과 함께 있을 때는 하피즈, 갈리브, 파이즈의 시를 신나게 암송하곤 하셨습니다.* 게다가 부모님은 모두

---

* 페르시아 시인 하피즈(1325?~1389?), 인도 시인 미르자 갈리브(1797~1869), 파키스탄 시인 파이즈 아마드 파이즈(1911~1984)를 말한다.

탁월한 이야기꾼이었습니다. 나는 회고록 『조지프 앤턴』에서 부모님에 대해 이런 말을 했는데요, 미리 말씀드립니다만, 설명하기에는 너무 복잡한 이유로 삼인칭으로 썼습니다.

그가 어린 소년이었을 때 그의 아버지는 침대맡에서 동양의 위대한 마법 이야기를 들려주셨다. 이야기를 해주고, 또 해주고, 다시 만들어서 해주고, 자기 식으로 다시 지어내기도 하셨다. . . 이런 이야기에 심취해 자라면서 소년은 두 가지 잊을 수 없는 교훈을 얻었다. 첫째는 그 이야기들이 진실은 아니지만(병 속에 들어 있는 요정이나 하늘을 날아다니는 양탄자나 요술 램프가 '진짜'가 아니었듯이), 비진실이기 때문에 진실이 말해줄 수 없는 진실을 그가 느끼고 알 수 있게 해주었다는 점이었다. 그리고 두번째는 그 모든 이야기가 자신의 이야기라는 사실이었다. 그 모든 이야기가 아버지 아니스의 이야기인 만큼, 그리고 다른 모든 사람의 이야기인 만큼 자신의 이야기이기도 했다. 밝은 이야기건 어두운 이야기건, 신성한 이야기건 불경한 이야기건, 그 모두가 다 아버지의 이야기였듯이 자신의 이야기이기도 했기 때문에 언제든지 원하는 대로 바꾸고 새롭게 만들고 버렸다가 다시 가져올 수도 있었고, 그 이야기들을 비웃고, 그 이야기들 속에서 기뻐하고, 또 그 이야기들 안에서, 그리고 그 이야기와 함께, 그리고 그 이야기에 따라 살 수가 있었고, 사랑함으로써 그 이야기들에 생명을 불어넣을 수 있었고, 그렇게 함으로써 자신도 생명을 얻을 수 있었다. 그 이야기는 소년의 타고난 권리였기 때문에 그 누구도 빼앗아갈 수 없었다.

어머니 네긴도 소년에게 해줄 이야기가 있었다. 네긴 루슈디는 태어날 때 이름이 조흐라 부트였다. 아니스와 결혼하면서 그녀는 성만 바꾼 것이 아니라 이름마저 바꿔 아니스를 위해 자신을 재창조했다. 한때 다른 남자와 깊이 사랑에 빠졌던 조흐라는 남편이 생각하기도 싫어하는 이름을 버렸다. 어머니는 아들에게 떠나온 그 사람에 대해 한 번도 말하지 않았기 때문에 그녀의 가슴 저 깊은 곳에 있는 것이 조흐라였는지 네긴이었는지 아들은 알 길이 없었다. 그 대신 어머니는 자신의 비밀만 빼고 다른 모든 사람의 비밀을 쏟아내는 쪽을 선택했다. 어머니는 세계적 수준의 수다쟁이였다. 어머니의 첫째 아이이자 유일한 아들인 소년은 어머니 침대에 앉아 어머니가 원하는 대로 발을 주무르면서 어머니가 머릿속에 간직한 가장 향기롭고 더러는 음탕한 동네의 소식에 푹 빠져들었다. 그녀의 마음속의 가계도는 숲속에서 거대하게 뻗어서 뒤엉킨 가지들처럼 속닥거리는 거대한 숲을 이루었고, 거기에는 흥미진진한 금단의 열매들이 열렸다. 게다가 소년은 이런 비밀들 또한 자기 것이라고 느끼게 되었다. 비밀은 한번 발설되면 더이상 그것을 말한 어머니의 것이 아니라 그것을 들은 소년의 것이 되기 때문이었다. 비밀이 드러나지 않기를 바란다면 규칙은 딱하나뿐이었다. **누구에게도 말하지 말라.** 이 규칙 또한 그가 나중에 세상을 살아가는 데 쓸모가 있었다. 나중에 작가가 된 그에게 어머니는 이렇게 말씀하셨다. "네가 이런 이야기를 네 책에 써버리면 내가 곤란해지니까, 이제 네게 이런 이야기를 그만 해야겠구나." 그것은 사실이었다. 그러니 어쩌면 어머니가 이야기를 그만하는 게 좋겠다는 생각이 들었다면 그것은 참 잘된 일이었다. 하지만 어머니는 수다 중독자였고, 그녀의 남편인 그의 아버지가 술을 끊지 못한 것처럼 어머니도 이야기를 그만둘 수 없었다.

그러니까 이것이 일종의 시작이었습니다. 부모 슬하의 한 소년이 이야기를 들으면서 배워나가는 것 말입니다. 부모님의 친구들이 나에게 자라서 무엇이 되고 싶냐고 물으면 작가가 되고 싶다고 말했다고 두 분 모두 말해주셨습니다. 나 자신은 이 기억이 없지만, 부모님이 내가 그렇게 말했다니까 반드시 진실일 겁니다. 예닐곱 살의 내 자아가 남긴 이 이상한 말이 무슨 뜻이었을지 나는 줄곧 궁금했습니다. 나는 어린 내 자아가 독자가 되는 걸 정말 좋아하며, 그렇게 사랑한 책의 세계, 그 세계의 일부가 되기를 꿈꾼 것이었다고 결론지었습니다. 그러나 작가가 되기를 원하는 것과 작가가 된다는 것은 같지 않습니다. 내 경우에는 작가를 원하는 것에서 되는 것까지 여정이 쉽지 않았습니다.

제우스의 머리에서 완전히 성숙한 상태로 솟아오른 아테나 여신처럼 문학의 하늘로 로켓처럼 비상하는 작가가 있습니다. 이언 매큐언과 제이디 스미스가 이런 인상적으로 조숙한 작가입니다. 나의 길은 더 더뎠고, 그 길에는 구덩이가 가득했습니다.

나는 아주 많이 읽었지만, 항상 현명하게 읽은 건 아니었습니다. 내 방으로 만화책을 몰래 가지고 오면서 부모님은 모르실 거라고 믿었습니다. 슈퍼맨과 배트맨, 원더 우먼과 아쿠아맨이 어린 시절 내 삶으로 들어왔습니다. 오늘날까지도 나는 조커와 리들러를 구별할 줄 알고, 그린 크립토나이트와 레드 크립토나이트의 차이를 압니다. 또한 나는 우리집 근처에 있는 스캔들 포인트라는 멋진 이름의 페이퍼백 대여 도서관에서 용돈으로 두운법에 맞춰 제목을 지은 얼 스탠리 가드너의 책들(『물에 빠진 물오리 사건The Case of the Drowning Duck』이나 『운빨 좋은 운다리 사건The Case of the Lucky Legs』)을 많이 빌릴 수 있었습니다. 이런 책들은 훌륭한 피고인측 변호사 페리 메이슨의 맹활약과 무기력한 그의 상대 해밀턴 버거 검사의 수많은 패배를 자세히 묘사합니다. 해밀턴 버거의 이름은 패스트푸드에서 따왔지만 그의 두뇌와 말씨는 느렸습니다. 이 살인 미스터리 이야기들의 영속적인 매력 한 가지는 그토록 많은 패배에도 불구하고 햄 버거*가 자기 직업을 어떻게 지킬 수 있었는가 하는 것이었습니다. 누군가 내게 말해준 이야기가 있는데 진실인지는 나도 알 길이 없습니다. 얼 스탠리 가드너

---

* 해밀턴 버거(Hamilton Burger)의 이름을 패스트푸드 햄버거(Hamburger)에서 따왔다고 말한 것에 이어 해밀턴을 친근하게 '햄'이라고 부름으로써 '햄 버거'처럼 들리도록 한 것이다.

는 잔디에 에어스트림 대형 캠핑카를 세 대나 가지고 있었고, 캠핑카마다 비서가 한 명씩 있었으며, 페리 메이슨 이야기 세 개를 그 조수들에게 구술하며 하루하루를 보냈고, 또 이 세 명 모두 전일제로 고용할 수 있을 만큼 풍부한 상상력을 가지고 있었다고요. 요즘은 이런 게 추구할 만한 문학적 목표가 되어 버린 것 같습니다.

내가 자란 봄베이 브리치 캔디 구역의 작은 언덕 발치에는 '리더스 파라다이스'라는 마술 같은 서점이 하나 있었는데, 나는 내 어린 시절 가장 행복했던 많은 시간을 그 서점에서 보냈습니다. 그 서점에서 내가 발견한 영국의 어린이책, 그 먼 길을 인도까지 용케 건너온 책들 중에는 『이상한 나라의 앨리스』와 『거울 나라의 앨리스』가 있었습니다. 이 책들은 내게 너무도 깊은 인상을 남겨서 나는 오늘날까지도 「재버워키 Jabberwocky」와 「바다코끼리와 목수The Walrus and the Carpenter」를 암송할 수 있습니다. 그 서점에 『곰돌이 푸』는 없었는데, 손해였지요. 그 서점에는 첫 권의 제목을 따서 '스왈로 탐험대와 아마존의 해적들'이라 불린 책 시리즈가 있었는데, 그것은 영국의 레이크디스트릭트 지역의 이름 없는 어떤 작은 호수에서 돛단배를 타고 모험을 즐기는 두 가족의 어린이들에 관한 이야기였습니다. 이 책들은 『허클베리 핀』이 그랬던 것처럼 나를 매료시켰는데, 어린이들이 누리는 엄청난 개인적 자유 때문이었습니다. 이 아이들은 티끌만한 어른들의 감시 속에 그 지역을 자유롭게 돌아다니는 것 같았습니다. 봄베이의 어린 소년에게 그런 야생의 자유는 앨리스가 토끼굴에 빠져서 발견한 그 무엇보다도 환상적이었으며, 영국은 황홀한 장소처럼 보였습니다.

나의 외조부모는 델리 남쪽 알리가르라는 캠퍼스 타운에 사셨습니다. 외할아버지 아타울라 부트 박사―'아타울라 Ataullah'라는 이름은 셰익스피어가 '오셀로Othello'라고 영어화한 이름입니다―는 알리가르에서 친숙한 인사였습니다. 왕진을 다닐 때 자전거로 시내를 다니셨는데, 훗날 소설 『한밤의 아이들』에서 내 외할아버지의 허구 버전인 아지즈 박사도 아그라라는 다른 이름의 도시의 거리를 자전거로 돌아다닙니다. 외할아버지는 대학과도 관계가 있으셔서 내가 자전거 뒤에 앉으면 이 책벌레 손주를 대학 도서관으로 데려가서 좋아하는 책을 다 고르게 해주셨습니다. 그 당시도 지금처럼 인도에서 가장 인기 있는 영국 작가는 애거사 크리스티와 P. G. 우드하우스였는데, 나는 어두운 서가를 기어올라가 에르퀼 푸아로와 미스 마플 추리소설, 버티 우스터와 지브스 이야기, 그리고 엠스워스 백작과 그가 사랑하는 돼지인 블랜딩스의 여제에 관한 책들을 한아름씩 집어들고 내려오곤 했습니다. 이런 책들 또한 내 삶의 아주 초반에, 그리고 문학적 영향력이 형성되던 때의 책들입니다.

내 외할아버지는 다른 방식으로도 내게 영향을 미쳤습니다. 종교적인 분이셔서 이슬람 성지로 순례를 가고, 하루에 다섯 번씩 매일같이 의무를 다해 기도하셨습니다. 외할아버지는 또 내가 만난 사람 중에서 가장 마음이 열린 사람이라서 어떤 주제라도 금기시된다거나 토론하기에 수치스럽다고 여기지 않으셨습니다. 이건 내 어린 자아에 큰 영향을 주었습니다. "할아버지, 저는 신을 믿지 않아요"라고 말할라치면, 외할아버지는 당신의 옆자리를 두드리시며 이렇게 말씀하실 정도였습니다. "여기 와서 좀 앉아봐, 그리고 어떻게 그토록 터무니없이 바보 같은 생각에 도달했는지 이야기해주려무나." 이런 식으로 외할아버지는 내게 자유로운 사유라는 선물을 주셨는데, 가장 좋은 선물이었던 것 같습니다.

(많은 세월이 흐른 뒤에 나는 외할아버지에 대한 끔찍한 진실을 알게 되었고, 그로 인해 나는 방금 이야기한 그분에 대한 사랑스러운 묘사를 버려야만 했습니다. 외할아버지는 어린 여자아이들에게 잘못된 행동을 하셨는데, 최소 친손녀 한 명에게는 그랬다고 확실히 알고 있습니다. 내게는 잘못된 행동을 한 적이 없었지만, 나는 어린 여자애가 아니었습니다. 외할아버지의 소아성애를 알게 된 것은 내게 치명적인 영향을 미쳤고, 나는 가족에 대한 이야기를 전부 다시 써야만 했습니다. 이 문제는 다른 곳에서 언급할 주제이지요. 나는 소설 『키호테*Quichotte*』에서 이 문제를 탐구했습니다.)

내가 〈오즈의 마법사〉라는 영화를 처음 본 것은 필시 열 살 때쯤이었을 텐데, 이 영화가 너무도 깊은 인상을 주어서 나는 집에 가서 이야기를 하나 썼습니다—내 생각에는 이게 처음 쓴 이야기입니다—제목은 '무지개 너머*Over the Rainbow*'였는데, 봄베이 같은 도시에 사는 나와 같은 어떤 소년이 어느 날 무지개의 끝이 아니라 시작을 발견하는 이야기였습니다. 넓은 무지개가 이 소년이 서 있는 길에서 시작해 멀리 높게 둥그렇게 호를 그려나가고 있었고, 무지개에는 유용한 계단이 만들어져 있어서 소년은 그 계단을 타고 올라가 무지개를 넘어갈 수 있었습니다. 무지개 위에서 소년은 여러 가지 환상적 존재들을 만나게 되는데, 말을 하는 자동 피아노를 제외하고는 어쩌면 다행히도 정확히 기억나지 않습니다. 아버지가 그 글을 읽으시더니 가져가서는 비서에게 타자를 치게 하고 아이들은 믿을 수가 없으니 잃어버리지 않게 당신이 잘 보관하겠다고 하셨습니다. 그러고는 아버지가 그것을 잃어버리셨는데, 바로 이 점이 그 이야기의 강력한 메시지 하나를 증명해줬습니다. 어른들이야말로 믿을 수 없는 사람들이라는 메시지였지요. 앤트 엠과 엉클 헨리는 미스 걸쉬로부터 토토를 지켜낼 수가 없었고, 심지어 마법사—"커튼 뒤의 남자에게 신경쓰지 마"—마저도 사기꾼이었습니다.

어린 시절의 또 한 가지 문학적 기억이 나를 질색하게 만듭니다. 아버지가 내 첫 문학작품을 잘못 보관한 것보다 훨씬 심한 기억이지요. 아마도 에드워드 리어를 읽은 탓인 것 같은데, 나는 리머릭 형식*에 푹 빠지게 되었습니다. 개인적으로 제일

---

* 아일랜드에서 유행한 시 형식으로, aabba로 각운을 맞춘 5행시를 말한다. 가벼운 유머와 난센스 또는 외설적인 것을 포함하는 시다.

좋아한 것은 어떤 일본 노인에 관한 메타리머릭이었습니다.

> 어떤 일본 노인이 있었다네
> 리머릭의 운각韻脚을 맞출 줄 모르는.
> 사람들이 왜 그러냐고 물었더니
> 이 노인이 한숨 쉬며 대답하길,
> "글쎄, 말이오. 내가 언제나 마지막 행에 단어를 최대한 많
> 이 집어넣으려고 애쓰기 때문 아니겠소."

내가 다니던 봄베이의 대성당 부속학교의 영어 시간이었습
니다. 그날은 선생님이 우리에게 이십 분 동안 리머릭을 최대
한 많이 지어보라고 하셨습니다. 나는 너무도 기쁜 나머지, 내
기억이 맞는다면, 열두 편도 훨씬 넘게 지었는데, 다른 급우들
은 한두 편을 짓는 것도 힘들어하고 있었습니다. 내 리머릭이
딱 한 편 기억나는군요.

> 아주 나이든 노인에게 말하길,
> "노인장은 절대 물구나무를 설 수 없지요."
> "아니, 할 수 있소" 노인이 말하자,
> "어디 증명해보시지요." 사람들이 말했네.
> 노인은 물구나무를 섰고, 곧바로 꼬꾸라져 죽어버렸지.

약간은 섬뜩하고 또 약간은 루이스 캐럴의 시 「나이가 드셨

군요, 윌리엄 신부님You Are Old, Father William」의 모방이기도 하다는 걸 인정합니다. 그럼에도 변명을 하자면, 당시에 나는 겨우 열두 살이었고, 운각은 맞았다는 것입니다. 수업이 끝날 때 나는 자신 있게 작품을 제출했는데, 그 즉시 부정행위로 비난받았습니다. 그렇게 많이 쓰는 게 불가능하다는 것이지요. 베낀 게 틀림없다는 거였습니다. 명백히 불공정한 이 말이 지금도 내 가슴에 사무칩니다. 어디서 베꼈단 말인가요? 우리에게 이런 테스트가 있을 거라는 걸 내가 어떻게 알 수 있었단 말인가요? 이 일로 나는 이런 글쓰기에 꽤나 소질이 있다는 걸 증명하길 간절히 원하게 되었습니다. 지금도 나는 그걸 증명하려고 애쓰는 것만 같고요.

이런 다양한 작은 도토리들로부터 마침내 참나무 하나가 자라납니다. 하지만 뿌리가 뽑히면서 시작되지요. 1961년 1월에 나는 봄베이를 떠나 영국의 럭비 기숙학교에 갔습니다. 이건 내가 스스로 결정한 일이라는 걸 강조해야겠습니다. 어머니는 내가 떠나는 걸 원치 않으셨고, 아버지는 최종 결정을 내게 맡기셨습니다. 열세 살짜리 소년은 무엇 때문에 집을 떠났을까요? 나는 봄베이에서도, 학교에서도, 친구들 사이에서도 아주 행복했습니다. 그런데도 뭔가가 나를 세상을 가로질러 나가게 했습니다. 나는 여전히 궁금합니다. 그때까지는 생각지도 못했던 모험심이었을까요? (나는 나보다 더 버릇없고 더 놀기 좋아하는 누이들과 달리, '착하고' 조용하기로 악명 높은 아이였습니다.) 감시받지 않는 스왈로 탐험대와 아마존의 해적들처럼 되고 싶은 꿈이었을까요, 혹은 허클베리 핀처럼 미개척 영토로 서둘러 떠나고 싶은 꿈이었을까요? 나는 영국의 기숙학교 이야기를 읽은 적도 있었습니다. 솔직히 말하면 끔찍한 빌리 번터 시리즈를 대체로 읽었는데, 그레이프라이어스라는 학교에서 남에게 이용만 당하는 뚱보 소년에 관한 이야기였습니다. 그레이프라이어스에는 인도 남자아이가 한 명 있었고, 귀족계급 출신의 후리 잠셋 람 싱이라는 친구는 말을 이상하게 했습니다. 예를 들어 목이 마르다고 말하는 대신 "목마름이 무시무시하다"라고 말했습니다. 그 친구는 또 화가 날 때는 화남이 무시무시하다, 하는 식이었지요. 그 친구는 인기가 많았는데, 나도 인기가 많을 거라고 생각했는지도 모르겠습니다. 그 대신에 나는 인종주의를 경험하게 되었고, 누군가의 대타자가 되는 게 어떤 것인지 처음으로 알게 되었습니다. 내 성격과 개성으로 판단받는 것이 아니라, 나의 인종으로 판단받는 것 말입니다. 엄청난 깨우침이었습니다. 럭비스쿨을 떠날 때 거의 열여덟 살이었던 소년은 여전히 상당히 보수적이었습니다. 그런 점에서 그 소년은 영국 기숙학교 교육의 평범한 산물이었습니다. 하지만 인종주의에 관해서는 이미 모든 것을 알아버렸지요. 기숙학교와 대학 사이 넉 달 정도의 기간 동안 나는 '마지막 보고서Terminal Report'라는 긴 글을 썼습니다. 그것은 럭비스쿨에서의 내 마지막 몇 개월을 살짝 허구화한 내용이었는데, 인종적 편견에 관한 내 경험이 강하게 표현된 글이었습니다. 이 글 또한 잃어버렸는데, 이번에는 내가 잃어버렸습니다. 아이들도 부모들만큼이나 부주의할 수 있다는 걸 증명한 셈이지요. 조금 남은 기억만 가지고 말해도 보잘것없는 이야기였다는 걸 알지만, 그럼에도 그건 그 순간의 기록이었고 잃어버렸다는 것 자체가 슬플 뿐입니다.

럭비스쿨에서 너무도 불행했기 때문에 나는 케임브리지대학교 입학 허가를 이미 받았음에도 부모님께 그것을 거부하고 고향 가까이에 있는 대학을 가게 허락해달라고 했습니다. 아버지는 케임브리지로 가라고 나를 설득하셨고, 설득해주셔서 다행이라고 생각합니다. 케임브리지에서의 경험은 럭비스쿨 시절과는 정반대였기 때문입니다. 럭비스쿨 시절의 상처는 치유되었고, 내가 살아갈 수 있을 것 같은 영국을 보여줬습니다. 그 시절은 내가 성인으로서의 자아로 깨어나게 된 시간이었습니다.

케임브리지에서 나는 너그러운 영국을 알게 되었는데, 영국에 대한 나의 다른 기억인 인종주의를 지워줬습니다. 나는 또한 국제주의, 베트남 반전 시위, 페미니즘과 민권 그리고 플라워 파워*와 여성들을 알게 되었습니다. 나는 호르헤 루이스 보르헤스와 제임스 조이스의 글을 알게 되었는데, 그들은 모두 내 마음속의 작은 창을 활짝 열어주었습니다. 역사 공부를 통해서 과거는 다툼이 있는 영토라는 사실과 진실은 주어진 현

---

* 1960년대 말 미국의 비폭력 저항 문화를 상징적으로 표현한 말로, 군대에 꽃으로 맞서는 시위대의 이미지가 대표적이다. 반전운동을 넘어 평화운동을 주창했으며 히피들에게 적극 수용되었다.

실이 아니라 우리가 만들어나가는 것이라는 사실을 배웠습니다. 나는 교수님 중 한 분인 아서 히버트에게 "사람들이 하는 말을 들을 수 있을 때까지는 결코 역사를 쓰지 말아야 한다"는 걸 배웠습니다. 이 모든 것은 내가 감히 스스로 될 수 있다고 인정하기 시작한 소설가 지망생에게 훌륭한 교훈들이었습니다.

　하지만 나는 대학 생활의 여가 시간을 작가가 아니라 배우로서 학생극장에 참여하면서 더 많이 보냈고, 베르톨트 브레히트와 벤 존슨과 외젠 이오네스코 등의 연극 공연에 참여하면서 보냈습니다. 학생 신문인 〈바시티Varsity〉에 기사를 좀 쓰기도 했습니다. 내 마지막 임무는 대학 전체에 걸쳐 학생들의 방에서 빈번히 발생한 도둑질에 관한 글을 한 꼭지 쓰는 것이었습니다. 훌륭한 뉴저널리즘* 스타일로 나는 '도둑이 되는 것'이 할일이라고 판단하고 일련의 칼리지 '계단들'을 일일이 찾아다니며 얼마나 많은 학생이 방을 잠그지 않고 다니는지 확인하고 안으로 들어가서 내가 실제로 강도였다면 훔쳤을 만한 물건들의 목록을 만들었습니다. 내가 들어간 방들 중에 값비싼 오디오 장비와 값이 나가는 물건들이 많은 방이 있었습니다. 나는 사명감에 따라 그 방이 바로 〈바시티〉의 편집장

---

* 1960~1970년대에 미국에서 유행한 저널리즘 스타일의 소설 기법. 사실에 대한 객관적 묘사 속에 주관적 관점을 강하게 드러내 픽션과 논픽션의 경계를 허물었다. 대표적인 작가로 톰 울프, 트루먼 커포티, 노먼 메일러, 조앤 디디온을 꼽을 수 있다.

방이라고 보도했습니다. 명예롭게도 편집장은 그 기사를 검열하지 않고 내보냈습니다. 하지만 다시는 그 신문에 글을 써달라는 부탁을 받지 못했습니다.

내가 이슬람의 초기 역사를 공부하면서 소위 악마의 시라는 사건에 관해 처음 듣게 된 것은 케임브리지의 역사학 학위 과정 졸업 학년 때였습니다. 잘 기록된 그 에피소드에는 이슬람이라는 종교는 처음에 메카의 유명한 날개 달린 여신들을 인정하다가 나중에는 그들을 부인하는 것으로 나타납니다─타라에 의한 선지자의 유혹에 대한 이 이야기가 내게는 성경에 많이 나오는 선지자들의 유혹 이야기들의 반향인 것처럼 보였습니다. 처음 그 이야기를 들었을 때 나는 스스로 신예 작가라고 믿고 싶었던 것처럼, 그것이 '훌륭한 이야기'라고 생각했습니다. 그게 1968년의 일입니다. 이십 년 후에 『악마의 시』를 출판하면서 나는 그 이야기가 얼마나 훌륭한 이야기인지 알게 되었습니다.

내가 케임브리지를 떠날 무렵에는 내 꼬마 소년의 자아가 옳았다는 걸 알게 되었습니다. 나는 작가가 되고 싶었습니다. 나는 배우가 되고 싶기도 했지만, 당시 아주 활발했던 런던의 프린지극장*의 무대에서 몇 편을 시도해본 후에 나는 그쪽 길로 더 들어가지 않는 게 현명하리라는 걸 깨달았습니다. 다행

---

* 런던의 이스트 엔드 등에 위치한 주요 극장들 바깥에서 비전통적 주제나 스타일로 공연을 하는 소규모 극장들을 말한다. 미국 뉴욕의 오프-오프-브로드웨이 극장이나 유럽의 자유극장과 유사하다.

히도 기록에 남아 있지는 않지만, 그때 나는 검은색 긴 치마를 입고 긴 금발의 가발을 쓰고, 검은색 팔자수염을 한 여성 상담자 역할도 연기해보았습니다. 글쓰기는 내가 가장 깊이 욕망하던 것이었으며, 그 이후로 내가 욕망하게 될 것도 글쓰기였습니다. 아버지는 좋아하지 않으셨습니다. 글쓰기는 직업이 아니라 취미라고 여기셨으니까요. 아버지의 직물 공장에서 아버지와 함께 일하는 게 직업이었지요. 하지만 나는 작가가 되고 싶다고 말했습니다. 그 대단한 유학에 그 많은 돈을 쏟아붓고 난 뒤에 이제 와서 뭐라고? 지나간 그 팔 년의 시간 대부분을 어머니가 나 없이 견디셨는데도? 영국으로 돌아가서 글을 쓰고 싶다고?

부지불식간에 갑자기 애처로운 울음이 아버지에게서 터져나왔습니다. 울부짖으며 아버지가 가장 근본적으로 생각한 것을 말씀하셨습니다. "내 친구들에게는 뭐라고 말하지?"

(나는 문학가 집안에서 자라지 않았습니다. 아버지가 서재를 가지고 계셨지만, 케케묵은 것이었습니다. 책들은 서가에서 자기 자리를 떠나는 법이 거의 없었습니다. 원래 소장자로부터 대량으로 묶어 사들인 거라고 했습니다. 그 이야기를 믿고 싶지 않았지만 그 이야기를 완전히 떨쳐버릴 수도 없었습니다. 나는 언제나 다독가였습니다. 그러나 아버지의 서가에는 내 호기심을 자극할 만한 책이 거의 없었습니다. 소설도 많이 없었습니다. 내 기억에 니컬러스 몬새라트의 『우두머리를 잃어버린 부족*The Tribe that Lost Its Head*』이라는 소설이 있었고,

베티 맥도널드라는 어떤 사람의 『달걀과 나*The Egg and I*』라는 회고록이 있었는데, 둘 다 리더스 다이제스트 요약본으로 편집된 축약본이었습니다. 아버지가 러시아문학 얘기를 하시는 걸 들은 적은 없었지만 러시아 소설도 두어 권 있었고요. 그 소설들이 막심 고리키의 『어머니』와 톨스토이의 『부활』이었기 때문에 나는 아버지가 관심이 없었다고 탓하지는 않습니다. 서가의 다른 곳에는 손때가 좀더 묻은 책들이 있었는데, 『리플리의 믿거나 말거나*Ripley's Believe It or Not!*』『데일 카네기의 인생의 힌트 *Little Known Facts About Well Known People*』 같은 제목이었습니다. 이매뉴얼 벨리코프스키의 이상한 사이비 과학도 있었습니다—『충돌하는 우주*Worlds in Collision*』나 『카오스의 시대*Ages in Chaos*』는 행성 간의 사건들이 어떻게 인간의 역사를 만들었는지에 대한 그의 괴짜 이론을 확장한 것들이었습니다. 벨리코프스키의 이 '우주 파국론'은 에리히 폰 데니켄의 『신들의 전차*Chariots of the Gods*』에서부터 댄 브라운의 『다빈치 코드』에 이르기까지, 훗날의 허튼 이야기들을 예견하는 것이었습니다. 『다빈치 코드』는 글이 너무, 상상력도, 플롯도 너무 별로여서 다른 형편없는 책들이 좋아 보이게까지 합니다. 아버지의 서재에는 또 시사를 분석하는 존 건서나 체스터 볼스의 벽돌 같은 따분한 책들도 있었습니다. 또 네 권짜리 세트로 된 윈스턴 처칠의 『영어를 사용하는 민족들의 역사*A History of the English-Speaking Peoples*』도 있었습니다. 나는 윈스턴 처칠이 알 수 없는 이유로 노벨문학상을 받았다는 이야기를 여러 번

들었습니다. 나는 그의 산문에 계속 저항했습니다. 그리고 리처드 버턴의 매우 기괴한 책들이 처칠 책의 두 배나 있었습니다. 버턴의 책에는 이국풍의 오리엔탈리즘적인 단색의 삽화가 들어 있었는데, 관능적인 하렘의 소녀들, 화려한 족장들, 도둑들, 마법 양탄자, 요술 램프와 선원 신드바드를 태우고 거대한 둥지로 날아가는 대괴조 그림들이었습니다. 말하자면 『아라비안나이트』가 있었던 것이지요. 나는 좀이 슨 아버지의 책들 사이를 비집고 다니며 성적인 것에 집착하는 버턴의 긴 각주에 매료되었고, 사랑에 빠지게 되었습니다.)

아버지에 대해 공정하게 말하자면, 작가가 되려는 내 생각이 진지하다는 걸 아시고 나서는 내 결정을 지지해주셨습니다. 런던으로 돌아가는 비행기 표를 사주시고, 이 길을 시작할 수 있게 주머니에 돈도 좀 넣어주셨지요. 나도 부모가 되고 나니, 그게 아버지와 어머니께 얼마나 힘들었을지 알겠습니다. 나는 고향에서 다시 살지 않게 되었고, 부모님도 아주 가끔, 내가 세상을 건너가거나 부모님이 건너오실 때나 보게 됐습니다. 하지만, 그후에 닥친 긴 고난의 세월 동안 부모님은 단한 번도 "포기하고 고향으로 돌아와라"고 말하지 않으셨습니다. 내가 원한 일이었고, 부모님도 나를 충분히 사랑하셨기 때문에 내가 작가가 되길 원하셨지요. 완전히 어리석은 생각은 아니었다는 걸 보실 만큼 부모님이 오래 사셔서 기쁩니다.

왜 런던으로 돌아갔냐고요? 그 시절에는 남아시아에서 문학을 하며 살아가기가 힘들었기 때문이라는 이유가 있습니다.

부자이거나 파산한 채 부모님께 얹혀살거나, 그것도 아니면 다른 일을 전일제로 하며 주말에 글을 써야 했으니까요. 게다가 문학적 환경이 없다는 것도 중요하게 느껴졌는데, 자신의 초기 작품을 시험하고 훌륭한 비평의 검증을 받아서 발전시키고 강화할 만큼 견문이 넓은 의견이 없었다는 뜻이기 때문입니다. 지금은 그렇지 않지만, 그때는 그랬습니다. 그리고 한 가지가 더 있습니다. 1968년 내가 졸업할 때 부모님은 내가 사랑하는 고향 봄베이에서 파키스탄의 카라치로 이사하셨고, 나는 카라치를 금방 싫어하게 되었습니다. 내게 봄베이가 더 이상 없다면, 그리고 런던과 카라치 사이에서 선택해야 했다면, 사실이 그랬으니까요, 그래서 나는 런던을 선택한 겁니다.

스물한 살이 되어 런던으로 온 나는 도시 서쪽 뉴 킹스 로드 근처의 액폴드 로드에서 네 명의 친구와 한집에 살게 되었습니다. 뉴 킹스 로드는 고리타분하기 짝이 없는 킹스 로드 그 자체인, 철저히 유행이 뒤진 변두리였습니다. 내 방은 다락에 있었습니다. 내 방에 들어가려면 나무 사다리를 올라가서 들창을 통과해야 했지요. 올라가서 나무 사다리를 끌어올리고 들창을 닫으면, 그제서야 나만의 사적인 우주 속에서 방해받지 않을 수 있었습니다. 나는 나무로 된 피라미드 안에 살고 있었는데, 바닥에는 사이잘 러그가 깔려 있었고 그 위에 매트리스 하나와 작업 테이블, 의자, 램프를 하나씩 놓고 살았습니다. 완벽한 작가의 다락방이었습니다.

많은 젊은이처럼 나는 그 시절 의기양양과 공황 사이를, 방향타 없는 당혹스러움과 세상이 나를 향해 꽃처럼 곧 만개하리라 확신이 드는 은총의 상태 사이에서 그녀처럼 흔들렸습니다. 내가 할 일이라곤 나보코프의 나비 수집가처럼 곤충망을 들고 내 안의 어딘가에서 퍼덕거리며 돌아다니는 모호한 이야기를 붙잡는 것이었습니다. 그러나 이야기는 쉽게 잡히지 않았고, 높이 있는 둥지에서 내가 한 일은 대체로 글로 작성된 백일몽의 한 형태, 내가 앞으로 쓸 이야기의 요약, 더 심각하게는 내가 이미 썼다고 상상하는 책들에 대한 설명, 말하자면 저 먼 미래의 좋은 시점에서 요약된 거대한 공상의 전집일 뿐이었습니다. 나는 창작되지도 않은 나의 작품에 대한 열렬한 리뷰를 쓰며 이 가공의 성취에 대한 일종의 가짜 자부심을 스스로에게 부여했습니다. 이런 자화자찬의 단조로운 환상은 보통 나를 부끄럽게 만들어 그 환상이 종이에 나타난 뒤에는 그걸 던져버렸습니다. 찰나에 불과한 자위적인 위안만 줄 뿐, 이내 수치의 격통이 몰려왔습니다. 나는 날마다 다시 시작했지만 내 작품은 시작도 되지 않았으며, 어떻게 시작해야 할지도 모른다는 불편한 진실로부터 숨지도 못했습니다. 오랜 시간 나는 마치 석관도 없이 매장된 미라처럼 생산성도 없고 무기력한 채로 나무로 된 피라미드 안에 앉아 있었습니다. 나는 일주일에 며칠을 광고 카피라이터로서 돈을 벌기 위해 일어났고, 스스로 단위투자신탁, 반려견 사료, 감자칩, 담배, 향수에 관한 글을 쓰는 데는 어느 정도 능력이 있다는 걸 알게 되었습니다. 내 작품은 쭉 없었습니다.

마침내 몇몇 단어가 내게 왔습니다. 나는 동양의 어떤 나라에 관한 소설을 착상하게 되었습니다. 그 나라에서 군인 하나와 억만장자 하나가 공모해 쿠데타를 일으킨 뒤에 자기들이 쉽게 통제할 수 있다고 믿는 어떤 종교 지도자, 말하자면 이슬람 성자pir 한 명을 표면상의 지도자로 내세우는 이야기였습니다. 하지만 이 성자는 지도자가 되고 나자 통제 밖에 있는 사람이라는 사실이 드러났고, 자신을 전면에 세운 사람까지 포함해서 세상을 전부 집어삼켰습니다. 내가 이 이야기를 명료하고 꾸밈없이 표현할 지능이 있었더라면 이 이야기가 쓸 만하고, 어쩌면 종교적 압제자들이 정확히 이런 방식으로 행동하는 시대를 예언할 수도 있었을 겁니다. 불행하게도 나는 실험적 글쓰기에 과도한 관심을 두고 있었고, 내가 생산한 『피어의 서The Book of the Peer』라는 제목의 텍스트는 보편적인 합의에 따르면 가독성도 없고 출판할 가치도 없었습니다. 퇴짜를 맞고 풀이 죽은 나는 훨씬 더 매력이 떨어지는 TV 프로그램 대본을 하나 쓰기로 했습니다. 골고다의 두 도둑이 곧 십자가에 못박힐 그리스도를 기다리면서 내가 대학 시절 존경했던 이오네스코나 베케트의 부조리극을 연상시키는 모종의 허무주의적인 농담을 하는 것이었습니다. 블라디미르와 에스트라공이 각자의 십자가에 매달려서 고도를 기다리는데, 마침내 고도가 나타납니다. 좀 쑥스럽긴 합니다만, 그 희곡의 제목은 '십자가언쟁Crosstalk'입니다.

작가가 되려면 먼저 자신을 이해해야 합니다. 우리의 자아가 전 세계에 퍼져 있다면 그 이해에 도달하기가 훨씬 어렵지요. 1970년대 전반기 내내 나는 스스로를 가늠할 수 없어서 허우적거렸습니다. 나는 출판할 수 없는 장편소설 분량의 작품을 또하나 썼는데, 제목은 '적수The Antagonist'였습니다. 토머스 핀천의 영향을 과도하게 받은 작품이었는데, 당시에 나는 그에게 크게 감명받은 상태였습니다. 결국 이 작품을 누구에게도 보여주지 않기로 결심했습니다. 인디라 간디를 대상으로 한 『마담 라마Madame Rama』라는 정치 풍자 소설을 쓰겠다고 잠시 잠깐 억지 노력을 했었습니다. 돌이켜보면 이 두 초기 작품은 궁극적으로 나를 『한밤의 아이들』로 인도해줄 여정의 잘못된 시작이었습니다. 『한밤의 아이들』도 인디라 간디를 다루었습니다. 그리고 『적수』에는 인도가 독립하던 1947년 8월 14일과 15일 사이의 자정에 태어난 살림 시나이라는 조연이 등장합니다. 그 시절 나는 그를 어떻게 해야 할지 몰랐던 겁니다.

출판되지 못한 작품 네 개를 쓴 끝에 처음으로 출판된 내 소설 『그리머스Grimus』는 작가가 자신을 잘 알지 못하고, 자신이 써야 할 책이 무엇인지 충분히 이해하지 못했다는 것을 명백히 보여준다고 생각합니다. 다른 사람이 쓴 책의 메아리가 아닌, 다른 누구의 현실도 아닌 자기 자신의 현실이 표현된 책을 써야 하는 거니까요. 지금 『그리머스』를 보면 다소 변덕스러운 느낌이 듭니다. 한 문단이 생명의 불꽃을 터뜨리더니 다음 페이지에서는 어색할 정도로 서툴지요. 이 책을 좋아하는 사람도 있겠지만, 출판하기까지 대체로 울퉁불퉁한 길을 달렸습니다. 돌이켜보면 당시 거칠었던 대접에 감사할 따름입니다. 덕분에 나는 내 글을 가차없이 바라보게 되었고, 평론가들의 의견에 따르지 않고도 스스로 잘못하고 있다는 걸 알게 해줬으니까요. 내 글쓰기 경력은 이 가혹한 성찰의 시기에 마침내 시작되었습니다.

서른번째 생일이 다가오는데도 나는 여전히 시간제 광고 카피라이터로 생계를 꾸려가고 있었고, 나의 가장 훌륭한 성취는 기껏해야 에어로 초콜릿 바를 팔기 위해 내가 생각해낸 거품 단어들bubble-words("당신이 사 먹을 수 있는 거품이 가장 많은 밀크 초콜릿")뿐이었습니다. 어도러버블Adorabubble, 딜렉터버블Delectabubble, 이리지스티버블Irresistibubble 따위였지요. 버스 옆면에 부착된 광고에는 트랜스포터버블Transportabubble이라고 적혀 있었습니다. 유통 광고에는 프로피터버블Profitabubble, 가게 창문에 붙이는 광고에는 어베일러버블 히어Availabubble here라고 적혀 있었습니다.* 대성공이었습니다! 이런 광고는 내가 광고 업계를 떠난 뒤에도 오랫동안 계속됐습니다. 또한 광고 일 덕분에 나는 처음으로 미국도 방문하게 되었습니다. 미국 공보원이 제공하는 경비로 샌프란시스코와 로스앤젤레스와 라스

---

* 에어로(Aero)는 가운데에 탄산 공기가 들어간 네슬레사의 초콜릿 바 브랜드다. 비유법을 사용해서 각각 흠모하다(adore), 맛있는(delectable), 거부할 수 없는(irresistible), 이동(transport), 이윤(profit), 있습니다(available here) 등의 단어와 거품을 뜻하는 bubble을 합성한 광고 문구들이다.

베이거스와 워싱턴과 뉴욕으로 초청된 겁니다. 끝나고 돌아가서 '위대한 미국 모험'이라는 홍보 캠페인 문구를 써서 영국에 사는 사람들이 미국에서 휴가를 보내도록 권장하는 것 말입니다. (이 캠페인에 쓰인 사진은 최고급이었습니다. 사진작가가 엘리엇 어윗이었습니다.)

소설가 지망생에게는 별로 득이 될 게 없는 일이었지만 수입은 아주 좋았고, 심지어 담당자들은 놀랄 정도의 금전적인 제안을 하며 전업직으로 이 일에 투신하라고 권했습니다. 나는 자신감이 바닥이었고 눈에 어른거리는 광고 회사의 월급이 주는 유혹을 뿌리치기도 힘들었습니다. 그럼에도 나는 어떻게든 그 유혹에 저항할 힘을 얻었습니다. 좌절하고 성취한 것도 없던 그 당시의 내 젊은 자아를 지금 되돌아보니 그 거절이 가장 뿌듯한 일입니다. "얼마나 기분이 더러울지 상상해봐." 내 머릿속에서 어떤 목소리가 속삭였습니다. "쉰이나 쉰다섯 살이 되어서(그보다 더 나이드는 건 상상할 수가 없었습니다) 한 번의 출판 실패 후에 꿈을 접어버렸다고 스스로에게 말해야 한다면 말이야." 그렇게 나는 전도유망한 적들의 감언이설을 견뎌냈습니다. 광고업계의 세이렌들이 달콤하고 매혹적인 노래를 불렀지만 나는 범선의 돛대에 자기 몸을 동여매는 오디세우스를 생각하며 그럭저럭 항로를 유지했습니다.

나는 마지막으로 글을 써보기로 결심했습니다.

나는 『그리머스』로 가불을 받은 칠백 파운드를 인도를 돌아다니는 데 썼는데, 돈이 조금이라도 더 오래 남아 있도록 최대한 아끼며 여행했습니다. 열다섯 시간 동안 버스를 타며 허름한 호스텔에 묵었던 그 여행에서 『한밤의 아이들』이 탄생했습니다. 인도가 핵보유국이 되고 마거릿 대처가 보수당 지도자로 선출되었으며 방글라데시의 국부 셰이크 무지부르 라만이 피살된 해였습니다. 바더마인호프 조직*이 슈투트가르트에서 재판을 받았으며, 빌 클린턴이 힐러리 로댐과 결혼했고, 사이공에서 마지막 미국인들이 철수했으며, 프랑코 총통이 사망했습니다. 그해에 캄보디아는 크메르루주의 피의 원년**이었습니다. E. L. 닥터로는 『래그타임』을 출판했으며, 데이비드 매멧이 『아메리칸 버펄로American Buffalo』를 썼고, 에우제니오 몬탈레가 노벨상을 받았습니다. 그리고 내가 인도에서 돌아오자마자 인디라 간디 여사가 선거 부정으로 유죄 선고를 받았는데, 나의 스물여덟번째 생일 일주일 뒤에는 그녀가 비상사태를 선포해 전제 권력을 잡았습니다. 1977년이 되어서야 끝이 나는 긴 암흑기의 시작이었습니다. 그때까지 잠정적이었던 나의 문학 계획의 중심이 간디가 되었음을 거의 바로 알 수 있었습니다.

  그러나 처음에는 봄베이에서 지낸 어린 시절의 기억에서

---

* 독일 통일 전 구서독에서 1970년에 조직되어 1998년까지 활동한 극좌파 투쟁 조직. 혁명의 이름으로 납치와 살해, 테러를 감행했다.
** 캄보디아의 좌익 무장단체 크메르루주가 1975년 캄푸치아라는 국가를 수립하고 4년간 정권을 유지하며 끔찍한 대학살을 자행한 킬링필드를 의미한다.

떠오르는 것들에 관한 소설을 쓰기로 결심했습니다. 내 영혼의 다락방에서 먼지를 뒤집어쓴 채 놓여 있는 어린 시절의 기억을 더듬으며 나는 긴 시간을 보냈습니다. 나는 우리가 주위를 돌며 뛰어놀던 낡은 시계탑을 기억해냈고, 리더스 파라다이스 서점, 봄벨리라는 과자 가게와 '1야드 초콜릿'이라고 적힌 그 가게의 전설적인 3피트짜리 박스도 기억해냈습니다. 나는 언덕 아래에 있는 백인 전용 수영장에서 느낀 분노도 기억해냈으며, 또 가장 친한 친구가 자전거를 놓쳐 벽에 부딪혀서 앞니가 빠져버린 일도 기억해냈습니다. 나는 애들을 괴롭히던 학교의 골목대장들과 수업 도중에 죽은 택시 운전사의 아들도 기억해냈습니다. 나는 말괄량이 누이가 나를 놀리던 남자애를 때려준 것도 기억해냈고, 그래서 그애의 아버지가 우리 아버지에게 와서 "당신 딸이 내 아들을 때렸단 말이오" 하고 불평했던 일도 기억해냈습니다. 그러자 아버지는 즐거운 웃음을 터뜨리며 이렇게 대답했습니다. "내가 당신이라면 그렇게 큰 소리로 말하지는 않겠소." 나는 초우파티 비치의 인도교를 기억해냈습니다. 다리 한쪽에는 에소가 당신의 탱크 속에 호랑이 한 마리를 넣어줍니다*라는 광고 문구가, 다른 한쪽에는 지옥에 갈 듯이 달리면 정말 지옥에 갑니다라는 공익광고가 적혀 있었습니다. 나는 노래와 노래가 나왔던 영화들도 기억해냈습니다.

---

* 석유 회사인 에소가 성능 좋은 품질의 차량 에너지를 공급해준다는 광고 문구.

세상이 내게 물밀듯이 되살아왔고, 나는 그것이 책의 탄생이라는 걸 알았습니다. 인도에서 내가 글을 쓰고 싶을 만하다고 생각한 장소들, 옛날에 드나들던 곳과 새로운 장소들을 여행하면서 나는 기숙학교에서 입었던 상처를 치유해준 케임브리지에서만큼이나 중요한 두번째 치유를 느꼈습니다. 두번째 치유는 나를 과거로부터 떼어놓기 시작했던 내 안의 균열에 대한 치유였습니다. 나의 책을 써야겠다고 스스로에게 말했습니다. 과거를 되찾기 위해 말입니다. 봄베이는 상당 부분 바다를 메워서 만든 땅 위에 서 있는 도시입니다. 나의 책은 망각의 조수에서 구출해낸 문학의 대지 위에 서 있게 될 것이었습니다. 그 책은 이렇게 말할 겁니다. 내가 그 세상이고, 그 세상이 바로 나다.

인도의 우물에서 물을 깊이 들이마시고 나서 나는 좀더 야심찬 계획을 세웠습니다. 나는 스스로에게 말했습니다. 나는 내가 꿈꿀 수 있는 가장 야심차고 도전적인 책을 쓰고 말 테다. 할리우드 아니면 죽음이다. 만약 작가로서 실패한다면, 소심하고 작게 실패한 작가가 되느니 불길 속으로 뛰어드는 게 낫겠다고 생각했습니다. 높은 야심에 대한 질문은 복잡합니다. 자존심 문제와 같은 예술 외적 요소들도 제기하기 때문입니다. 하지만 그때 나는 내가 상상할 수 있는 가장 큰 예술적 위험을 감수하겠다고 생각했습니다. 돈 생각은 거의 하지 않았습니다—사실 돈을 벌 수 있다고 생각하지도 않았습니다—그리고 요즘 그토록 큰 주제인 명성도 전혀 떠오르지 않았습니다. 나는 문학의 기준을 최대한 높게 설정하고 싶었을 뿐입니다. "모든 진정한 용기는 내면에서 시작하므로." 『작가의 시작』의 마지막 문장입니다. 그리고 진지한 대담함의 정신이야말로 오랜 혼란의 세월을 겪은 후에 내가 마침내 찾아내고 받아들인 용기입니다.

그리고 나는 인도 독립의 날 한밤의 순간에 태어난 살림 시나이, 내 『적수』의 원고 속에 버려진 채 태어나지 못한 살림 시나이를 기억해냈습니다. 살림을 내 새로운 계획의 중심에 두고 나니 그의 출생 시간이 내 화폭의 크기를 엄청나게 확대시켜준다는 걸 알 수 있었습니다. 만약 살림과 인도가 짝이 된다면, 나는 두 쌍둥이의 이야기를 모두 해야 했습니다. 이 소설은 더이상 단순한 어린 시절의 이야기가 아니었습니다. 역사가 밀고 들어왔습니다. 그러자 언제나 의미의 추구자인 살림이 두 개의 끈을 하나로 묶어줬고, 현대 인도의 역사가 그렇게 흘러온 것이 살림 때문이라고 내게 말했습니다. 그의 민족 쌍둥이의 삶인 역사가 어쩌다보니 모두 그의 잘못이 되었습니다. 그런 대담한 제안으로 인해 『한밤의 아이들』의 우스꽝스럽도록 주장이 강하고, 지칠 줄 모르게 말이 많은 목소리가 생겨났습니다. 그리고 바라건대, 점차 커져가는 화자의 비극적인 과장 속에 비애감도 증가했습니다. 나는 심지어 이 소년과 인도라는 나라를 일란성쌍둥이로 만들었습니다. 가학적인 지리 교사 에밀 자갈로가 아이들에게 '인문지리'를 가르칠 때 살림의 코를 데칸반도에 비유하는데, 그의 잔혹한 농담 역시 명백히 내 농담입니다.

그러나 한동안 나는 살림이 말을 해야 한다는 사실을 이해하지 못했습니다. 그는 다른 사람이 이야기를 해주는 걸 원치 않았습니다. 자기 이야기를 직접 하고 싶어했습니다. 나는『한밤의 아이들』을 3인칭으로 시작했지만, 어쩐 일인지 활력이 느껴지지 않아 절망이 커졌습니다. 나는 알았고, 확신했습니다. 말해지기를 기다리는 이야기가 한 보따리 있지만, 내 작법이 이야기가 요구하는 수준에 미치지 못했습니다. 그러던 어느 날 나는 실험 삼아 살림이 이 소설을 직접 들려주도록 해보았습니다. 나는 언제나 그날이 내가 작가가 된 날이라고 생각해왔습니다. 그날 어떻게든 내게서 쏟아져나온 것들이 내가 그때까지 쓴 글들 중에서 최고라는 걸 바로 알아보았습니다. 내 목소리는 아니었지만 내게 목소리를 주었지요. 내게서 종이 위로 살림 시나이가 쏟아져나오자 나는 그가 내 구원자라는 걸 깨달았고, 내가 할 수 있는 최고의 그리고 유일한 일이 살림에게 멋대로 말하게 해주는 것, 그 마구잡이 영혼을 종이 위에 풀어놓는 것, 그래서 달려가는 그의 소맷자락을 꼭 부여잡는 것뿐이라는 사실을 알게 되었습니다.

나는 빈털터리였고『한밤의 아이들』을 쓰는 데는 시간이 걸렸습니다. 월세를 내기 위해 시간제로 광고계에 돌아가야 했습니다. 나는 카피라이터로 일주일에 이삼일을 일했습니다. 금요일 밤이면 나는 노스 런던의 켄티시 타운에 있는 집으로 돌아왔습니다. 켄티시 타운은 당시에는 비교적 가난한 동네였지만, 지금은 엄청나게 재개발되어서 영국의 윌리엄스버그처럼 되었지요. 나는 한 주 동안의 돈냄새를 씻어내는 의식으로 오랫동안 더운물로 목욕을 하고서 소설가로 다시 태어났습니다. 스스로에게 그렇게 말했습니다. 광고 회사 사람들은 내가 왜 전일제 일자리를 받아들이고 코앞에서 달랑거리는 상당한 액수의 돈을 택하지 않는지 이해하지 못했습니다. 나는 계속 거절했습니다.

『한밤의 아이들』을 쓰는 데는 오 년이나 걸렸습니다. 내가 나 자신에게 글쓰기를 가르쳐가며 썼기 때문입니다. 나는 자유로운 인도의 아이들로 태어난 이백 년 만의 첫 세대입니다. 우리 세대는 새로운 자유의 정신에 고취되어 있었지만 피의 기억, 바로 그 자유의 순간에 함께했던 이슬람교도들의 힌두교도 대학살과 힌두교도들의 이슬람교도 대학살이라는 기억 또한 간직하고 있습니다. 전환기 세대는 예외적인 세대입니다. 과거의 세대도 아니고, 온전히 미래의 세대도 아닙니다. 내가 그 특별한 순간에 태어난 것은 작가로서 받은 선물이었습니다. 나는 그 순간에 대해 어떻게 글을 써야 하는지 배워야 했고, 공적인 사건과 사적인 삶이 서로 어떻게 스며들고 흘러 돌아가게 해야 하는지도 배워야 했습니다. 단순히 화젯거리로 전락하지 않게 하면서 기술하는 건 어떻게 해야 하는지, 동시에 역사가 우리를 어떻게 형성했는지, 그리고 거대한 질문을 하는 것도 배워야 했습니다. 우리는 우리 시대의 주인인가 희생자인가? 우리가 역사를 만드는가 역사가 우리를 파괴하는가? 그리고 우리는 우리의 선택과 행동으로 세상을 만들고 변화시킬 수 있는가?

추가적으로 말씀드리자면, 나는 앞선 마지막 질문에 그렇다고 대답할 수 있을 만큼 60년대의 아이였습니다. 60세대는 여러 가지로 어리석었지만, 당시에는 젊다는 것이 바로 그렇지, 세상이 변화를 필요로 하고 있고, 맞아, 우리는 그걸 할 수 있어, 하고 확신하는 그런 것이었습니다. 나는 그 정신을 오랫동안 간직해왔습니다. 그 정신이 '예스 위 캔' 정신으로 다시 태어나 버락 오바마를 백악관으로 보내고, 트럼프 시대에는 청년들의 새로운 행동주의가 되어 미래를 만들어갈 결의를 다지고, 또 그렇게 할 수 있는 힘이 있다고 믿는 걸 볼 수 있을 정도로 오래도록 말입니다.

흥미로운 건 시대뿐이 아니었습니다. 내 가족도 흥미로웠습니다. 내게는 영화업계에서 글을 쓰는 삼촌이 한 분 계셨는데, 그분은 매력적인 여성과 결혼했습니다. 숙모는 비극의 두 자매 중 한 분으로 친척들 중에서 가장 유쾌하고 활력 있는 분이었습니다. 또다른 삼촌은 군인이었는데, 이분은 인도 주둔 영국 육군의 마지막 사령관 오친렉 원수의 부관으로 시작해서 파키스탄의 육군 장군까지 올라갔습니다. 너무나 당혹스럽게도 군부 독재자 아유브칸의 친구였고, 파키스탄의 악명 높은 비밀 정보기관 ISI 조직의 창설자이자 초대 국장이었습니다. 먼 훗날 탈레반의 물라 오마르*와 오사마 빈라덴에 의해 점유된, 파키스탄 내 안전 피난처를 관리하게 되는 바로 그

ISI 말입니다. 삼촌이 죽은 지 한참 후에 일어난 일이긴 하지만, 파키스탄에서 그런 일이 가능하도록, 심지어 그런 일이 평범해지도록 만들어버린 시스템을 창설한 사람이었습니다.

『한밤의 아이들』을 쓰면서 나는 또 뭔가 중요한 것을 배우고 있었습니다. 소설은 자서전이 아닙니다. 이 소설에 나오는 가족은 실제 내 가족과 공통점이 상당히 많습니다. 살림의 외할아버지는 의사이고, 내 외할아버지도 의사였습니다. 살림도 영화계에서 일하는 삼촌이 있고, 또 그의 고모부는 장군입니다. 놋쇠 잔나비라고 알려진 살림의 누이 자밀라는 내 누이와 똑같이 말괄량이입니다. 내게는 인도 남부에서 온 기독교도 유모가 한 명 있었는데, 살림도 그렇습니다. 그 밖에 여러 가지가 같습니다. 그러나 이 인물들을 종이 위에 창조하기 시작했을 때 나는 그들에게 생명을 불어넣기가 힘들었습니다. 그들이 실제 삶의 단순한 모방인 한, 소설적 생명을 가질 수는 없었으니까요. 그래서 나는 인물들을 실제 사람들로부터 멀리 떨어뜨리고 모델과 다르게 만들었습니다. 그러자 그들은 즉시 움직이고 일어서더니 살아났습니다. 그래서 기독교도 유모는 한동안 간호사로 일하면서 이 소설이 탄생하게 되는 범죄를 저지르게 됩니다. 그에 반해 내 유모는 법을 가장 잘 지키는 사람 중 한 명이었지요. 소설 속 누이는 멋진 가수가 됩니다. 반면 내 가족을 아는 사람이라면 누구나 알고 있듯이 피아니

---

* 이슬람 원리주의 세력 탈리반의 최고 지도자였던 무하마드 오마르.

스트인 조카딸이 태어나기 전까지 우리 가족 중에 노래를 부를 줄 아는 사람은 단 한 명도 없었습니다. 그리고 영화계 삼촌의 이야기는 점점 어두워져서 비극을 향해 가지만, 그의 운명은 내 실제 삼촌과는 완전히 다릅니다. 소설 속 외할아버지는 독립운동이라는 정치 세계에 깊이 관여하지만, 내 외할아버지는 그와 달리 확고하게 비정치적이었지요. 그리고 군인 고모부는 코믹하고 풍자적인 캐리커처 쪽으로 완전히 바뀌었습니다. 소설이 끝났을 때 등장인물들은 원래의 모델들로부터 멀어져서 온전히 자기 자신이 되었습니다.

나는 어디선가 이런 이야기를 읽었습니다. 가브리엘 가르시아 마르케스가 걸작 『백년의 고독』을 다 쓰고 그와 부인 메르세데스가 우편으로 원고를 부치려고 우체국으로 가지고 갔는데, 집에서 우체국까지 가는 길 내내 부인이 이 작품이 형편없으면 어떡하지 하고 생각했다는 겁니다. 『한밤의 아이들』을 다 썼을 때 나는 생각했습니다, 내가 말할 수 있는 한 이건 훌륭한 책이야. 하지만 오랜 비성공의 세월 후에 나는 내 판단에 대한 확신을 완전히 잃었고, 이 세상에서 누가 내 생각에 동의할지 정말로 알 수가 없었습니다. 나는 나에게 말했습니다. 만약 아무도 내게 동의하지 않는다면, 나는 훌륭한 책이 무엇인지 모르는 것이다. 그렇다면 나는 훌륭한 책을 쓰려고 노력하지 말아야 한다. 모든 것이 이 책에 대한 평가에 달려 있었습니다. 할리우드 아니면 죽음이었습니다.

다행히도 죽음은 아니었습니다. 그래서 마침내 나는 "내 친

구들에게는 뭐라고 말하지?"라던 아버지의 질문에 답을 할 수
있게 되었습니다.

　내가 봄베이의 어린아이였을 때, 나는 하늘을 나는 꿈을 반
복해서 꾸었습니다. 나는 훗날 내 소설 『2년 8개월 28일 밤』
의 한 등장인물에게 그 꿈들 중 한 가지 버전을 주었습니다.
꿈속에서 나는 내 방의 내 침대에 있었는데, 눈을 뜨니 이불을
걷어버리고 공중으로 떠올라서는 아무 어려움도 없이 침실
주위를 날아다니는 겁니다. 너무나 쉬웠습니다. 그래서 잠시
후에 나는 열려 있는 창문을 향해 날아가고, 창문을 지나 세상
속으로 날아갑니다. 그 즉시 나는 어지러워하거나 놀라지도
않고, 주변을 인지하면서 아주 천천히 내려앉는 겁니다. 앞서
말했다시피 봄베이의 우리집은 작은 언덕 위에 있었습니다.
그래서 너무 낮게 내려가면 내 방으로 다시 날아갈 수 없는
순간이 올 거라는 게 명확해졌습니다. 그러고는 자꾸만 더 낮
은 곳으로 내려가서 언덕 아래의 번화한 대로를 향해 가면, 거
리에는 걸어다니는 사람들, 자전거를 탄 사람들, 스쿠터를 탄
사람들, 자동차를 탄 사람들로 가득했지만, 그 누구도 자기들
사이에 추락한 천사가 있다 해도 개의치 않았을 겁니다. 이쯤
에서 나는 잠에서 깹니다. 그 꿈은 악몽이었습니다.
　작가가 되려는 꿈은 이 어린 시절의 꿈과 약간 비슷합니다.
꿈을 이루기 위해서는 확신이 들고 보호받는 안전한 장소를
떠나서 세상 속으로 날아가야 하고, 그러면 내려앉기 시작합

니다. 운이 나쁘면 날지 못하는 도도새처럼 무정한 이방인 무리 속에 착지하게 되고, 꿈은 악몽으로 바뀝니다. 그러나 운이 좋고 결심이 확고하면, 꿈은 반복되고 공중에 떠 있는데 침대의 보호가 필요하지 않게 되며, 위험을 느끼지 않고도 창문을 통해 날아갈 수 있다는 걸 차차 깨닫게 됩니다. 더이상 내려앉지도 않고 통제력을 잃지도 않습니다. 화창하고 경쾌한 공기 속으로 항행할 수 있게 됩니다. 어쩌면 높이 치솟을 수도 있습니다. 일단 자신의 날개를 발견하고 나면 아무리 오래 걸릴지라도, 그리고 날개를 발견하기 전에 여러 번 실패할지라도, 자신의 날개를 발견하고 나면 날 수 있습니다.

2부

필립 로스[*]

　내가 필립 로스로부터 마지막 소식을 들은 건 2017년 10월이었습니다. 그의 이메일에는 이렇게 쓰여 있었습니다. "제가 뉴어크의 아들이라는 이유로 뉴어크공공도서관이 최근 제 이름을 딴 렉처 시리즈를 만들었습니다. . . 뉴어크도서관은 뉴어크시에서 기차로 겨우 12분 거리에 있으며, 자동차로 가도 얼마 더 걸리지 않습니다. 이 도서관과 분관들은 제가 어렸을 때 큰 자극이 되어주었습니다. 2018년 9월 하순쯤 이곳에 오셔서 선생님 책에 풍부하게 묘사되어 있는 미국의 현재 순간들에 대해 강연을 해주시면 기쁘기 그지없겠습니다. 필립 드림."

---

[*] 2018년 9월 27일 뉴어크공공도서관에서의 필립 로스 렉처.

필립 로스가 메일을 써서 필립 로스 렉처에서 강연을 해달라고 요청하다니, 그에 맞는 대답은 '예'입니다. 나는 즉시 수락했고, 또 고백건대 필립 로스가 내 소설 『골든 하우스』를 읽고 좋아했다는 걸 알고서는 놀라기도 하고 기쁘기도 했습니다. 우리의 문학적 영웅들이 우리의 작품을 읽어줄 거라 기대하지는 않으니까요. 나는 또 로스가 제안한 대로 미국의 현재 순간에 대해 강연하는 것에도 동의했습니다. 곧 그 이야기를 하겠습니다. 그러나 로스가 죽고 난 뒤에(나는 필립 로스가 '타계했다'거나 '우리 곁을 떠났다'는 표현을 싫어할 거라고 믿습니다. 로스는 자신을 위해 완곡어법을 쓰는 걸 바랄 작가가 아니니까요!) 나는 필립 로스 사망 후의 첫 필립 로스 렉처의 주제는 다름 아닌 필립 로스로 정하는 것이 적절하다고 생각했습니다. 미국의 과거와 현재의 많은 순간들이 탐구되고 이해될 수 있는 작품을 쓴 작가이자, 그의 표현을 빌리자면 나와 내 세대와 내 다음 세대의 많은 작가들에게 '커다란 자극'이 된 작품을 쓴 작가였으니까요.

유감스럽게도 나는 내가 원하는 만큼 로스를 잘 알지 못했습니다. 로스의 작품에 대한 나의 존경과 우리 둘을 대변해주는 문학 소속사가 와일리 에이전시로 같았다는 행복한 우연의 일치에도 불구하고 말입니다. 그러나 우리는 긴 시간 동안 여러 차례 만났습니다. 나의 가장 생생한 기억은 1980년대 중반, 로스가 클레어 블룸과 함께 살고 있던 런던 첼시의 집에서 저녁을 먹으면서 나눈 대화입니다. 로스는 미국으로 돌아가고 싫은 욕망에 대해 말했습니다. 영국의 증가하는 반유대주의에 느끼는 싫증, 영국식 반유대주의라는 것이 존재한다는 사실을 인정하지 않는 영국에 대한 염증, 그리고 로스가 모종의 문화적 오해를 하고 있다는 식으로 설명하려 드는 일부 영국인들의 욕망으로 인해 진절머리가 난 탓이었습니다. 나는 그 오랜 세월 전에 로스가 인식한 것에 대해 다시 생각해왔습니다. 왜냐하면 영국 노동당이 여러 해 동안 당원들 사이에 만연된 반유대주의에 대한 논쟁의 한가운데에 있었기 때문입니다. 당 지도부는 그 문제를 아주 최근까지도 축소하거나 심지어 문제가 없다고 부인하는 것처럼 보였습니다. 이번에도 로스는 시대를 한참 앞서 있었던 것입니다.

나는 그날 저녁 로스에게 나의 사적인 반유대주의 경험을 이야기했습니다. 그 무엇도 출판하기 전, 그리고 조금도 부유층에 익숙하지 않던 젊은 시절의 어느 여름날, 어쩌다 보니 나는 런던 부유층의 펜트하우스 파티에 초대받았습니다. 거기서 나는 최상류 모자 디자이너를 소개받았는데, 그의 작품은 〈보그〉에 자주 실린다고 했습니다. 그는 나를 알게 된 것에 대해 너무도 무관심해서 무례할 정도로 퉁명스러웠고, 좀더 상류층에 속한 다른 손님을 찾아 자리를 떴습니다. 하지만 몇 분 후에 그가 당혹스러움과 후회를 표현하기 위해 온몸을 일그러뜨린 모습으로 황급히 돌아와서는 이렇게 사과했습니다. "정말 죄송합니다. 조금 전에 선생님께 아주 무례했다고 생각하셨지요. 그리고 실제로 분명 무례했을 겁니다. 하지만 사실 사람들이 선생님을 유대인이라고 말해서 그랬습니다." 내가 바로 이해하고 용서할 거라는 듯한 말투였습니다. 사실은 내가 유대인이라고 쏘아붙일 수 있기를 그때만큼 간절히 바랐던 적이 없습니다. 내가 이 일을 로스에게 얘기했더니 로스는 아주 힘을 주어 말했습니다. "맞아요. 바로 그겁니다." 그 순간 우리는 런던에서 저녁을 함께하는 두 명의 유대인이 되었습니다. 자랑스러운 기억이었습니다.

나는 내가 갓 스물네 살이 되던 1971년에 읽었던 너덜너덜해진 『포트노이의 불평』 코기* 페이퍼백 판본을 아직도 가지고 있습니다. 그때는 내가 문학과 영화를 통해서만 알고 있던 마법의 땅 미국에 발을 디뎌보기도 전이었습니다. 그 당시 내게 미국은 〈우리에게 내일은 없다〉 〈졸업〉 〈냉혈한〉 〈악마의 씨〉 〈블리트〉 〈이지 라이더〉 〈미드나잇 카우보이〉 〈매시〉 〈러브 스토리〉 〈콜걸〉 〈애정과 욕망〉 그리고 〈마지막 영화관〉이었습니다. 문학으로 본 미국은 『미국의 아들』과 『보이지 않는 인간』과 『오기 마치의 모험』이었으며 핀천과 보니것과 모리슨, 업다이크의 '토끼' 시리즈와 치버의 「헤엄치는 사람」 그리고 조지프 헬러의 요사리안과 나보코프의 『롤리타』였습니다. 유대계 미국인들의 삶에 대한 내 지식도 전적으로 벨로나 맬러머드나 싱어 등의 책에서 배운 것이었습니다. 이것이 미국 바깥의 사람들이 바라본 미국입니다. 아주 잘 알려져 있으면서

---

* 영국의 출판 임프린트.

동시에 철저히 알려지지 않았지요. 미국은 권력의 구현체이자 동시에 자유의 다양한 표현이며, 엉클 샘*이자 동시에 에마 래저러스**이고, 〈성조기여 영원하라〉이며 동시에 〈블루 스웨이드 슈즈〉***나 루이 암스트롱이 부르는 〈왓 어 원더풀 월드〉입니다. 이방인으로서 뉴욕의 거리에 첫발을 디딜 때 우리는 모든 걸 알아본다고 생각합니다. 우리는 영화로, 사진으로, TV로, 그림으로 뉴욕을 이미 여러 차례 보았기 때문이지요. 그런데도 우리는 어디가 어딘지 몰라서 쉽게 길을 잃습니다. 우리의 머릿속에는 미국의 음악이 있지만, 그 음악을 나오게 만든 사람들의 삶에 대해서는 모릅니다. 그리고 우리가 책을 좋아하는 사람이라면 머릿속에 문자로 쓰인 단어들도 있겠지만, 그 단어들이 탄생하게 된 살아 있는 경험에 관해서는 어떤 것도 잘 알지 못합니다. 나는 윈디 시티****를 본 적도 없으면서 『오기 마치의 모험』의 첫 문장들을 암기했습니다. "나는 미국인이고, 시카고에서 태어났다—시카고, 그 음울한 도시에

서—그리고 스스로 배운 대로, 자유로운 스타일로 일을 하고, 내 방식대로 기록할 것이다. . .” 그리고 역시 유명한 마지막 문장들도 암기합니다. “아, 나는 가까이 있는 사람들의 콜럼버스와 같은 존재다. 그리고 어느 곳으로 보나 사방으로 펼쳐져 있는 이 미지의 땅으로 그들을 찾아올 수 있다고 믿는다. 나는 이런 노력 끝에 실패작이 될 수도 있다. 그들이 콜럼버스를 쇠사슬에 묶어 유럽으로 압송했을 때 그는 자신이 실패작이라고 생각했을 것이다. 그러나 이것이 아메리카가 없다는 증거가 되지는 못했다.” 나는 도움의 손길을 찾고 있었습니다. 나의 미지의 땅으로 들어갈 문을 열어줄 그런 단어들을 찾고 있었던 겁니다. 나는 그 도움이 내 시야에 펼쳐지기를, 그리고 이런 단어들과 이미지들과 소리에 나는 매달렸습니다. 내가 하고자 하는 것을 어떻게 할 수 있는지 알려줄 수 있을 테니까요.

이 상상의 아메리카, 상상된 아메리카 속으로 『포트노이의 불평』이 폭탄처럼 투하되었습니다. “딸딸이치는”? “보지에 환장한”? 읽어본 적이 없는 글이었습니다. 나는 정말로 놀랐던 기억이 나는데, 그 글이 다루는 주제 때문만이 아니라 그 주제가 다루어지는 황홀한 희열, 수치를 모르는 언어의 적나라함, 환상적인 진솔함 때문이기도 했습니다. 나는 인도에서 자랐는데, 인도에서는 극장의 스크린에서마저 키스가 허용되지 않았고, 실제 생활에서 공공장소에서의 애정 표현에는 모두 눈살을 찌푸렸으며, 고대 탄트라 예술에 나타난 성애는 오래전에 쉽게 충격받는 얌전함으로 대체되었습니다. 부분적으로는 내 잘못도 있습니다. 나는 글에서 인간의 성적 행위에 대해 자세히, 명시적으로 보여주는 걸 주저하는 경우가 많았습니다. 그런 것들은 말하자면 무대 밖에서 하는 게 가장 좋다고 믿었기 때문입니다. 하지만 돌이켜보면 로스 선생에게 받은 영향을 쉽게 파악할 수 있는 장면들도 있습니다. 로스에 대해서 재클린 수잔이—그 누구도 아닌 바로 그 재클린 수잔이요!—자니 카슨에게 이렇게 말했습니다!* "로스를 한번은 만나보고 싶지만, 악수는 하고 싶지 않네요."

『한밤의 아이들』에는 화자의 어머니가 오래전에 떠나간 첫 남편을 다정스레 기억하며 욕실에서 자위를 하는 순간이 있습니다. 관음증이 있는 아들이 가족용 빨래 상자 속에 몰래 숨어서 자신을 보고 있다는 걸 알아채지 못하고 말입니다. 이 장면은 필립 로스 탓인지 모르겠습니다. 하지만 내 소설의 화자들은 대체로 앨릭잰더 포트노이와 달리 섹스를 글로 쓰기엔 곤란하다고 느낍니다. 『무어의 마지막 한숨』의 화자는 처음으로 부모님이 사랑을 나누는 모습을 묘사하려 시도합니다. "아버지는 마치 파멸을 향해 나아가는 남자처럼 몸을 떨면서 그러나 결연하게 어머니에게 다가갔다. 그리고 이쯤부터는 나의 단어가 소진되어버려서 여러분은 이 순간 무슨 일이 일어났

---

* 재클린 수잔(1918~1974)은 미국의 배우이자 베스트셀러 소설 『인형의 계곡』의 작가이고, 자니 카슨(1925~2005)은 미국의 코미디언이자 텔레비전 사회자다.

는지 그 빌어먹을 상세한 이야기는 내게서 들을 수 없다. 어머니가, 그리고 아버지가, 그러고는 두 사람이, 그러고 나서는 어머니가, 그러자 아버지가, 그리고 그에 대한 반응으로 어머니가, 그러자, 그리고 거기 더해서, 그리고 잠시, 그다음에는 오랫동안, 그리고 조용히, 다시 시끄럽게, 그리고 두 사람의 인내의 끝자락에, 그리고 마침내, 그리고 그다음에, 마지막으로... 휴! 이런! 다 다 끝났네!" 이 문단은 로스에게 빚진 부분입니다. 섹스에 관해서 쓰려면 웃기게 써야 한다는 나의 인식이 그에게서 비롯되었기 때문이지요. 고백하건대 내가 로스를 읽은 덕분에 용기를 얻어서 이 문단의 다른 부분에서는 좀 더 충격적으로 표현했고, 게다가 섹스와 종교를 융합했습니다. "아버지의 자지와 어머니의 보지를 보신 적이 있으신가? 본 적이 있건 없건 그건 상관없다. 중요한 건 이것들이 금기로 둘러싸인 신화적인 장소라는 점이다. 거룩한 땅이니 신을 벗으라.* 시나이산에서 천상의 목소리가 말씀하셨듯이 말이다. 아브라함 조고이비가 모세 역할이었다면, 내 어머니 오로라는 당연히 '불타는 떨기나무'였다." 필립, 고맙습니다. 그는 금기란 깨라고 있는 것이라는 사실을 내게 가르쳐주었습니다. 이 교훈은 더러 나를 곤경에 빠뜨리기도 했습니다.

『악마의 시』 출간 후 사람들의 분노로 인해 가장 큰 곤경에 처했던 시기에 나는 로스를 많이 생각했습니다. 나는 로스가

---

* 「출애굽기」 3장 5절을 인용한 것.

『굿바이, 콜럼버스』를 출간한 후에 일부 유대인들로부터 반유대주의라고 비난받았던 사실과 『포트노이의 불평』을 출간한 후에 카발라* 학자(게르숌 숄렘)가 이 소설에 대해 "악명 높은 『시온 장로 의정서*Protocols of the Learned Eelders of Zion*』**보다 더 나쁘다"고 말한 사실을 떠올렸습니다. 나는 또 로스의 급진적 텍스트가 읽을 수 없는 조악한 글이라는 비난으로 공격당했던 사실을 기억했습니다. 어빙 하우는 이렇게 썼습니다. "『포트노이의 불평』에 대해 누구건 할 수 있는 가장 잔인한 일은 그것을 두 번 읽는 것이다." 나 또한 익숙한 이런 방식의 공격은 아야톨라 호메이니의 공격보다 더 쓰라립니다. 필립 로스도 같은 포화를 견뎌냈다는 사실을 아는 게 제겐 위안이 되었습니다.

어빙 하우의 비난에도 불구하고 나는 『포트노이의 불평』을 두 번 읽었습니다. 처음 읽은 건 내가 스물세 살 때로, 앨릭잰더 포트노이보다 열 살이 안 되게 나이가 많았는데, 사춘기 남자아이의 고뇌가 아직은 살아 있는 기억일 때였습니다. 그때 나는 전혀 알려지지 않은 세계, 뉴어크의 유대인 소년의 세계가 이 봄베이 소년에게 너무도 친숙하게 느껴진다는 사실에 가장 크게 놀랐습니다. 무엇보다도 저항할 수 없는 가족이 있었습니다. 내 어머니는 소피 포트노이와는 아주 달랐지만, 많

---

* 유대교의 신비주의.

** 반유대주의를 조장하기 위해 1903년 러시아에서 처음 출판한 위서. 유대인이 언론과 금융을 장악해 세계 지배를 획책하려 한다는 내용이 담겨 있다.

은 내 친구들의 어머니는—힌두교도, 개신교, 파르시교—로스의 뉴어크에 정확히 들어맞을 겁니다. 그토록 멀리 있던 이 책이 내게 즉각적인 인식의 즐거움을 주었다는 사실은 낯설면서도 즐거웠습니다.

일흔한 살에 이 책을 다시 읽으니 사춘기에 대한 로스의 호소가 이제 내게는 먼 행성에서 온 메시지처럼 보이지만, 인식의 즐거움은 여전히 남아 있었습니다. 가장 놀라운 것은 텍스트가 철저히 노골적이라는 사실이었습니다. 이 책을 비판하려면, 전체적인 어조가 똑같다고 할 수 있을 겁니다. 그러나 그 어조는 과부하된 욕구와 고통과 욕망의 울부짖음, 로스가 처음으로 "멋대로 말하게 놔둔" 목소리이자 그전에는 들을 수 없었던, 그리고 그 모든 세월이 흐른 지금까지도 그 모든 힘을 고스란히 간직하고 있는 목소리입니다. 그렇습니다, 충격적입니다. 그러나 또한, 그렇습니다, 여전히 우리를 압도합니다. 오늘날 이런 말투를 들으려면 스탠드업 코미디언의 말을 귀담아들어야 합니다. 데이브 셔펠이 앨릭잰더 포트노이의 아프리카계 미국인 아들일지도 모르겠습니다.

『포트노이』와 『굿바이, 콜럼버스』를 다시 읽는 것은 또한 로스의 '최애Beloved'라고 부를 만한 것들의 가장 초기 버전을 만나는 일이기도 합니다. 브렌다 파팀킨, 버블스 지라디, 앨릭스 포트노이가 '더리얼 매코이Thereal McCoy'*라 부르며 많은 환상을 품는 금발의 이방인 여자, 그리고 가장 두드러지게는 성욕이 앨릭스 포트노이에 맞먹는 메리 제인 리드, 멍키라고도 알려진 그 여자아이 말입니다. 로스의 최애는 여러 해 동안 많은 비판을 받아왔지만, 이런 첫 사례들을 다시 만남으로써 나는 첫째, 그들이 얼마나 많은 사랑을 받는지 알게 되었고 둘째, 로스의 남성 인물들이 여성들에 대해 말할 때는 상당히 명백히 그리고 의도적으로 믿을 수 없는 목소리를 가졌다는 사실을 알게 되었습니다. 즉, 우리는 앨릭스 포트노이의 장황한 비난의 말을 통해 앨릭스의 창조자가 앨릭스보다 그의 여성들을 오히려 더 심오한 열정을 가지고 바라본다는 사실을 알 수 있습니다. 『포트노이』를 다 읽고 나면 우리는 앨릭스에게 진정한 애정을 가지게 됩니다. 포트노이가 어린 소년과 젊은 이들에 대한 깊은 진실을 대변하고 있다는 사실을 알기 때문이지요. 그러나 우리는 멍키에게도 똑같이 깊은 애정과 이해를 갖게 됩니다.

이 책을 작동하게 만드는 것은 유머입니다. 유머가 없으면 앨릭스 포트노이와 이 소설 자체를 견딜 수 없을 겁니다. 그러나 이 책에는 모든 문장에 유머가 있어서, 주인공과 소설을 견딜 수가 없게 되는 게 아니라 오히려 사랑하게 되지요. 반세기가 지났지만 로스의 힘은 빛이 바래지 않았습니다.

필립 로스가 솔 벨로의 『오기 마치의 모험』 다시 읽기에 관

---

* 순수한 위스키라는 어원에서 온 '틀림없는 진짜(real McCoy)'라는 단어를 패러디한 로스의 별명이다.

해 〈뉴요커〉에 쓴 게 있습니다. 『오기 마치의 모험』은 『포트노이의 불평』보다 십오 년 전에 출판되었는데, 틀림없이 로스에게 작품의 방향성을 제시해주었을 것입니다. "1944년에 『허공에 매달린 사나이』를 출판하고 1947년에 『희생된 이름』을 출판한 소설가가 1953년 『오기 마치의 모험』을 출판한 소설가로 변신한 것은 혁명적이다. 벨로는 모든 것을 전복한다. . . 『오기 마치』에서는 소설이라는 장르와 소설이 재현하는 세계에 대한 웅대하고, 확신에 차 있으며, 자유분방한 개념들이 스스로 부과한 모든 종류의 구속에서 벗어나 탈주한다. 초심자의 글쓰기 원칙들은 전복된다. 그리고 . . . 작가 자신은 '절대 잉여 위에 걸터앉는다.' . . . 오기 마치를 추동하는 그 모든 혼종의 형식들 속에는 삶에 대한 나르시시즘적 열정이 있다. 그리고 눈부신 구체성이 가득하도록 지칠 줄 모르는 열정이 솔 벨로를 몰아가고 있다." 이 문단에서 오기 마치를 앨릭잰더 포트노이로 대체하고, 『허공에 매달린 사나이』와 『희생된 이름』을 『자유를 찾아서Letting Go』와 『그녀가 좋았을 때When She Was Good』로, 솔 벨로를 필립 로스로 대체하면 우리는 『포트노이의 불평』의 혁명적 천재성과 그것의 현저한 영향에 대한 거의 완벽한 묘사를 보게 됩니다. 특히 비교적 전통적인 이전의 소설 두 편 다음에 출간된 이 작품에 대해서 말입니다. 전체 텍스트를 포트노이가 정신과의사나 정신분석가와 상담한 기록으로 만든 서사 장치가 로스를 해방시켜줍니다. 로스는 데이비드 렘닉에게 이렇게 말한 적이 있습니다. "정신분석가의 사무실이라는 현장에는 이런 규칙이 있습니다. 어떤 규칙도 존재하지 않는다는 규칙, 어떠한 억제도 없다는 규칙, 어떤 제약도 없다는 규칙, 어떤 품위도 필요 없다는 규칙 말입니다."

로스와 벨로, 벨로와 로스. 이 두 작가는 서로 영원히 묶여 있습니다. 적어도 우리 세대 작가들의 마음속에서는 말이지요. 다시 다른 나라에서 보이는 대로 말씀드리자면, 마틴 에이미스와 이언 매큐언과 나에게 이 두 사람은 미국을 가장 명료하고 뛰어나게 보여준 작가일 뿐 아니라—유대계 미국 소설을 '위대한 미국 소설'*에 아주 근접하는 것으로 변화시켰습니다—우리가 만들려고 하는 세계를 더 명료하게 볼 수 있도록 도와주기도 한 미국 작가들이었습니다.

나는 언어에 관해 많은 생각을 했습니다. 영국 사람들의 것이 아닌 것처럼 들리는 영어, 인도의 길거리에서 들리는 여러 말을 섞어 쓰는 와자지껄함을 포함하고 재현할 수 있는 영어를 찾으려고 애를 썼습니다. 그리고 나는 로스와 벨로에게서 내가 분투하던 활력을 얻을 수 있었습니다. 또 나는 다른 언어에서 번역되지 않은 단어를 그대로 사용하려는 의지도 보았습니다. 나는 궁금했습니다. 미국 사람들은 로스를 읽으면서 내장kishkes에 일격zetz을 당한다는 게 무슨 뜻인지 알까? 나는 사전을 찾아봐야 했기 때문입니다. 문맥으로 봐서 일격은 고통스럽다는 뜻이고 내장은 취약한 것이라는 점은 추측할 수

* 필립 로스의 동명의 소설 『위대한 미국 소설』을 암시한다.

있었지만, 정확한 구체적 의미는 잡히지를 않더군요. 그런 단어가 거기에, 영어 텍스트 속에 이런 이디시어 단어가 버젓이 당당하게 들어 있었던 겁니다. 이게 바로 우리가 봄베이에서 영어를 말한 방식입니다. 영어에다 힌디어, 우르두어, 마라티어, 구자라트어 단어를 살짝 뿌리지요. 그것은 또 우리가 힌디어나 우르두어나 마라티어나 구자라트어를 말한 방식이기도 합니다. 그런 언어의 적절해 보이는 곳에다 영어를 살짝 뿌리지요. 또한 인도 영어는 영국의 표준 영어와 아주 같지는 않습니다. 아일랜드, 서인도제도, 호주나 미국에서처럼 인도인들도 영어를 자기들에 맞게 변형시켰습니다. 법정 재판에서 피고인을 일컫는 인도식 영어 단어는 '재판받는자undertrial'입니다. 왜냐하면, 보세요, 그 사람은 재판trial을 받고under 있으니까요. 직장 상사는 '책임자incharge'입니다. 그러니 화성인들이 봄베이에 내리면 "저를 책임자에게 데려가주세요"라고 요구해야 할 겁니다. 경찰이 총격전shootout에서 누군가를 사살하게 되면, 그 사람은 경찰과의 '접전encounter'에서 죽은 게 됩니다. 그리고 성희롱은, 이렇게 말씀드리게 되어서 죄송합니다만, '이브 놀리기Eve teasing'입니다. 『오기 마치』와 『포트노이』를 읽은 뒤에 나는 이 두 걸작이 '그들의' 영어를 사용하듯이 나도 '나의' 영어를 사용할 수 있겠다고 생각했습니다. 그래서 만약 내가 문맥상 의미를 명확하게 만들기만 하면, 다른 언어들에서 온 단어들—루트푸티rutputty, 칼라스khala, 샨티shati—을 중간중간에 떨어뜨려놓아도 문제가 안 될 겁니다. 영어를 사용하는 독자는 '루트푸티'가 '흔들거리는'과 비슷한 어떤 것을 의미하고, '칼라스'는 대체로 '끝냈다' 또는 '끝났다'를 의미하고, '샨티'는 '평화'를 의미한다는 걸 이해하거나 추측할 테니까요. 나는 영어에 처트니 양념을 쳐도 된다는 걸 알았습니다. 진정한 해방의 순간이었습니다.

나는 또 형식에 관해서도 생각했습니다. 오랫동안 나는 진정으로 훌륭한 소설에는 오직 두 가지 종류만 있다고 생각했습니다. 하나는 내가 "모든 게 들어 있는 소설"이라고 부르고 헨리 제임스가 "느슨하고 헐렁한 괴물"이라고 부른 것으로, 삶을 최대한 많이 포함하려는 소설을 의미합니다. 다른 하나는 "거의 아무것도 없는 소설", 말하자면 여신의 머리에서 가느다란 서사의 머리카락을 한 올 뽑은 다음 그것을 빛에 쬐어서 진실을 드러내는 소설입니다. 제인 오스틴이나 W. G. 제발트, 그리고 자기만의 아주 다른 방식으로 단편소설을 쓰는 레이먼드 카버가 이런 작가들입니다. 벨로나 로스에 관한 흥미로운 점은 그들이 작가 경력의 각각 다른 순간에 두 가지 종류 모두에 속하는 작가였다는 사실입니다. 벨로는 작은 것(『허공에 매달린 사나이』)에서 시작해 세계를 집어삼킬 만큼 거대하고 느슨한 괴물들인 『오기 마치』『허조그』『비의 왕 헨더슨』『훔볼트의 선물』로 옮겨갔고, 말년에는 다시 작은 것(『벨라로사 커넥션』『도둑질』『래블스타인』)으로 돌아갔습니다. 로스의 경우에는 모든 것을 포괄하는 거대한 책들―『새버스의 극장』『미국의 목가』『나는 공산주의자와 결혼했다』『휴먼 스테

인』—이 말기에 찬란한 밀물 속에서 탄생하며 로스가 벨로의
"소설이라는 장르와 소설이 재현하는 세계에 대한 웅대하고,
확신에 차 있으며, 자유분방한 개념들"과 적어도 동등한 위치
에 있음을 보여주었습니다.

곧 이 책들에 대해 좀더 언급하겠지만, 로스의 대체 자아가
많았던 '중간 시기'를 먼저 살펴보고자 합니다. 데이비드 케페
시, 피터 타노폴,* 그리고 『유령 작가The Ghost Writer』에서 처음
등장한 뒤 코프먼과 하트의 '크리스마스 손님'**처럼 본질적으
로 사라진 적이 없는 걸출한 네이선 주커먼 같은 인물들의 시
기입니다. 또다시 벨로와 비교되는 부분입니다. 『허조그』의
모지즈 허조그와 『험볼트의 선물』의 찰리 시트린은 벨로의 대
리인들입니다. 마치 벨로가 험볼트의 모델인 델모어 슈워츠의
문하생과 같은 존재였듯이, 찰리는 시인 폰 험볼트 플라이셔
의 문하생과 같은 존재입니다. 그리고 모지즈가 친구에게 부
인을 빼앗기는 『허조그』 이야기는 바드 시절 벨로의 인생에서
일어난 사건을 반영합니다. (소설에서는 배신자 친구가 다리
한쪽을 잃습니다. 그런 게 소설의 특권이자 복수이지요.) 하지
만 아마도 필립 로스처럼 철저하게 문학적 대체 자아의 미묘

---

* 케페시와 타노폴은 각각 『죽어가는 짐승』과 『남자로서 나의 삶My life as a
Man』의 주인공이다.

** 희곡 〈크리스마스 손님〉에서 저녁식사에 초대된 셰리는 까탈스러운 평론
가로, 모두가 어려워하지만 초대하고 싶은 인사이기도 하다. 어느 크리스마
스, 상류층 가문 스탠리의 초대를 받았다가 다친 셰리가 그 집에서 떠나지 않
는 불청객이 된다는 이야기에 빗댄 것이다.

한 차이를 더 잘 탐구한 사람은 없을 겁니다.

자서전에 바탕을 둔 소설은 자서전처럼 신뢰할 수 없다는 걸 우리는 알고 있고, 알아야만 합니다. 스티븐 데덜러스는 제임스 조이스이기도 하고 아니기도 합니다. 『잃어버린 시간을 찾아서』의 화자인 '마르셀'은 프루스트이기도 하고 아니기도 합니다. 네이선 주커먼의 논쟁적 소설 『카노브스키*Carnovsky*』는 『포트노이의 불평』이기도 하고 아니기도 하지요. 하지만 우리는 자서전에 집착하는 시대에 살고 있기 때문에 대체 자아를 작가와 쉽게 동일시하는 경향이 있습니다. 이 등가성의 개념을 로스보다 더 크게 부추기고, 가지고 놀기도 하며, 동시에 궁극적으로 파괴하기도 한 사람은 없습니다. 투우 이야기 중 하나에서 헤밍웨이는 가장 위대한 투우사는 투우의 가장 가까이에서 싸운다고 쓴 적이 있습니다. 로스는 투우와 서 있을 수 있는 최대한 가까이에 주커먼을 세워두면서도 너무나 능란하게 선회해서 결코 뿔에 찔리지는 않게 하니, 이 종목의 대가입니다. 주커먼이나 케페시나 타노폴이 자신들의 창조자와 꽤 가까운 지점에서 시작해 생명을 얻고, 작가가 글쓰기를 마칠 때쯤엔 각자 자신의 독립된 삶으로 옮겨간다고 한다면, 그 여행은 개인적 기원에서 허구적 독립으로 창조의 행위라고 불러도 좋을 것입니다.

로스는 이런 종류의 글쓰기의 미묘한 부분을 정교하게 탐구합니다. 『카운터라이프*The Counterlife*』에서 주커먼의 동생인 치과의사 헨리가 자기 자신과 가족에 대한 네이선 주커먼의 소설적 묘사에 분노를 표출하는데, 투우 가까이에 서 있어본 작가라면 심금이 울릴 것입니다. 『카운터라이프』를 읽었을 때 나는 『악마의 시』가 될 소설을 쓰는 중이었습니다. 아마 내가 로스의 책을 읽고 영향을 좀 받아서인지, 나는 책의 끝자락에서 살라딘 참차가 아버지의 임종을 지키는 장면을 묘사하기 위해 매우 개인적인 소재인 내 아버지의 죽음를 활용하기로 결심했습니다. 소설을 다 썼을 때 이 장면이 내 누이 사민에게 고통을 안겨주었는데, 내게 그랬던 만큼 누이에게도 중요했던 그 순간을 묘사하면서 내가 누이를 배제했기 때문이라고 말했습니다. "아버지한테 그렇게 한 건 오빠가 아니야, 나였다고. 아버지가 한 말도 오빠가 아니라 나한테 한 거야." 나는 누이에게 그녀는 내 소설의 등장인물이 아니라고 대답할 수밖에 없었고, 그 대답은 누이를 진정시키지 못했습니다. 그 순간 나는 헨리 주커먼이 정확히 어떤 느낌이었을지 이해했습니다. 가족 중에 작가가 있다는 건 그 가족에게는 언제나 재앙일 겁니다. 특히 그 작가의 대체 자아가 네이선 주커먼처럼 성질이 고약할 때는 말이지요. 부분적으로 논픽션 책인 로스의 『사실들』―우리의 머리를 어지럽히는 로스의 방식을 보여주는 제목입니다―에서 로스는 자신의 '진짜' 가족에 대한 자기의 묘사에 대해 주커먼이 언급하도록 합니다. 주커먼은 로스가 자신과 가족을 너무 좋게 묘사했다고 로스에게 말합니다. 그는 조언합니다. "출판하지 마세요." 『사실들』에서 주커먼은 로스가 진실을 말하지 않는다고, 대체 자아인 주커먼이 로스의 소설에서 말하는 것만큼도 제대로 말하지 않는다고 말합니다.

결국은 이와 같이 내면을 바라보는 방식, 자기 지시적이고 거울 이미지로 접근하는 방식은 동력을 상실하게 되어 있고, 로스도 그걸 알고 있었음이 명백합니다. 『샤일록 작전』은 로스의 전환기적 작품입니다. 한편으로는 그때까지 나온 거울 이미지로 접근하는 글쓰기의 가장 극단적인 본보기인 이 작품에서 핼시온으로 인한 신경쇠약에서 이제 막 깨어난 필립 로스, 『사실들』에 언급된 바로 그 신경쇠약처럼 보이는 그는 이스라엘의 사기꾼 필립 로스가 클리블랜드에서 잡혀온 존 데미야뉴크의 재판에 참석하고 있는 것을 발견합니다. 존 데미야뉴크는─필경 사실일 겁니다만─나치 죽음의 수용소의 '공포의 이반'일 수도 있는 인물*인데, 이 가짜 로스가 진짜 로스가 싫어하는 사상, 그중에서도 유대인들은 아랍인들이 제2의 홀로코스트에 착수하기 전에 이스라엘을 떠나서 유럽으로 돌아가야 한다고 주장하는 디아스포리즘을 퍼뜨리고 있는 겁니다. 이 가짜 로스는 유럽이 "지금까지 있었던 가장 진정한 유대인의 본향"이라고 이스라엘 사람들에게 말합니다. 다른 한편, 이 소설에서 로스의 거울 놀이는 계속되고 주제가 바뀝니

---

* 우크라이나 태생의 미국 이민자 존 데미야뉴크는 제2차세계대전 당시 폴란드 트레블링카 강제수용소에서 유대인들을 잔혹하게 살해해 '공포의 이반'으로 불린 자와 동일 인물이라는 혐의를 받고 미국, 이스라엘, 독일 등지에서 재판을 받다 자연사했다. 그의 죽음으로 그가 '공포의 이반'이 맞는지는 영원히 알 수 없게 되었다.

다. 우리는 로스가 내면만이 아니라 외부도 바라보기 시작하며, 자기 자신 또는 적어도 자기 자신을 주제로 삼는 것 이상으로 세계를 주제로 삼아서 소설 속에서 당대의 중요한 문제들, 이 경우에는 이스라엘을 다루는 웅대한 기획을 시작하는 것을 알 수 있습니다. 이렇게 외부를 향하는 것이 바로 후기 로스의 문학적 황금기의 핵심이자 네이선 주커먼이 직면하는 문제에 대한 해답이 될 것입니다. 주제의 상실 또는 소진이라는 문제에 대해서요.

주커먼은 자신의 주제를 잃어버렸다. 건강도, 머리카락도, 주제도. 마찬가지로 글쓰기를 위한 자세도 찾을 수가 없었다. 자기의 소설을 써오던 것들이 사라졌다—태어난 곳도 인종 간 전쟁으로 불타버린 풍광도 사라져버렸고, 자신에게 거인이었던 사람들도 죽어버렸다. 위대한 유대의 투쟁인 아랍 국가들과의 전쟁도. 여기서는 끝나버렸다. 자신의 가자 지구 서안 격인 허드슨강의 뉴저지 쪽은 이제 낯선 종족들에 의해 점령당해버렸다. 주커먼에게 새로운 뉴어크는 다시 솟아오르지 않으리라, 처음의 뉴어크와 같은 것은. 금기로 가득차 있던 그 유대인 개척자 아버지들도 사라지고, 유혹으로 끓어오르던 그들의 아들 같은 아들들도 이제는 없어졌다. 이제는 신념도 없고, 야망도 없고, 반항도 없고, 굴복도 없고, 그토록 결정적인 충돌도 이제는 모두 없어졌다. 그런 다정한 느낌도 그런 도피의 욕망도 다시는 없다. 아버지도 어머니도 고향도 사라진 지금, 그는 더이상 소설가도 아니다. 더이상 아들도 아니며, 더이상 작가도 아니다. 그에게 자극을 주던 모든 것은 이제 꺼져버렸다. 틀림없이 자기 것이어서 다른 누구도 주장하고, 추구하고, 확대하고, 재구성할 수가 없는 것은 이제 아무것도 남아 있지 않게 되었다.

『사슬에 묶인 주커먼*Zuckerman Bound*』에서 인용한 위의 문단에 내가 필립 로스와 가장 깊이 동일시하는 지점이 있습니다. 나 또한 하나의 장소, 하나의 과거를 잃어버리는 것, 더이상 그곳에 없기 때문에 다시 찾을 수도 없게 되는 느낌이 어떤 것인지 좀 압니다. 어느 날 갑자기 발아래에 디디고 설 땅이 사라져버린 느낌, 예술의 수레바퀴가 붙들고 있을 견고한 땅이 없어지는 느낌, 애초에 글을 쓰고 싶게 했던 것들이 소진되어버려 제2막을 찾을 수 없을 때의 느낌. 그리고 그 제2막이 더이상 자신 안에 있지 않고 이제는 대안도 없이 그동안 살아온 세계에 속한다는 사실을 알았을 때의 느낌이 어떤 것인지 좀 압니다. 피츠제럴드는 이런 유명한 말을 했습니다. "미국에서의 삶에 제2막은 없다." 그러나 필립 로스가 보여준 말년의 위풍은 그런 주장이 틀렸음을 증명합니다. 네이선 주커먼은 아닐지 몰라도 로스는 자신의 기원에서 눈길을 돌려 자신이 처한 대안 없는 현재를 더 분명하게 직시함으로써 새로운 주제를 찾았으니까요.

미국 삼부작의 프롤로그는 사람들이 로스의 가장 훌륭한

작품으로도 꼽는 소설, 난폭하고 놀라운 『새버스의 극장』입니다. 이 소설의 다른 제목은 '어른이 된 앨릭잰더 포트노이 Alexander Portnoy Grows Up'가 될 수도 있겠습니다. 나이가 든 인형극 광대 미키 새버스는 어린 포트노이가 그랬듯이 다른 등장인물이 '외설에 대한 굉장한 찬사'라고 하는 것을 쏟아냅니다. 젊은 포트노이처럼 늙은 새버스도 성적 대상에 의해 크게 달아오릅니다―이번에는 간 한 조각이나 자기 '뚱뚱한 누나의 브래지어'가 아니라 십대 여자아이의 화장대에서 훔친 속옷이나 폰 섹스 테이프, 학생의 가슴을 덮고 있는 블라우스입니다. 새버스 또는 그의 작가 또한 포트노이와 로스가 오래전에 갑자기 쏟아냈던 그 놀라운 서사의 추동력을 가지고 있습니다. 그는 난폭하고 때로는 거의 견딜 수 없을 지경이지만, 여기서 우리가 보는 것은 단조로운 어린 독백가가 아니라 성숙한 로스입니다―이번에 우리가 만나는 것은 『데이비드 코퍼필드』가 아니라 『위대한 유산』입니다. 미키 새버스와 그를 주인공으로 한 소설은 모두 감동적이고 심오합니다. 제2차세계대전에서 죽은 사랑하는 형을 기억하는 미키 새버스. 뉴저지 해안에서의 미키의 어린 시절 기억들. 가족들이 누워 있는 공동묘지에서 자신이 누울 자리를 정하는 미키. 그리고 무엇보다도 연인 드렌카에게 작별을 고하는 미키 . . . 이런 위대한 장면들은 로스가 주커먼을 넘어섰으며, 이제는 자기 자신만큼이나 다른 사람들이 그의 주제가 되었음을 보여줍니다. 물론 새버스에게 포트노이가 조금 남아 있긴 합니다. 이 꼭두각시 조종자가 사랑의 행위로서 드렌카의 무덤에 오줌을 갈긴 다음 그로 인해 드렌카의 경찰관 아들에게 체포되는 순간은 앨릭스 포트노이가 자랑스러워했을 만한 순간이지요.

『새버스의 극장』에 뒤이어 나온 미국 삼부작―『휴먼 스테인』『미국의 목가』『나는 공산주의자와 결혼했다』―에 대해서는 너무나 많은 사람이 글을 썼고, 너무도 많은 응당한 찬사가 주어졌기 때문에 나는 그 큰 산악에 문맥과 관련된 흙 두둑만 조금 추가하는 선에서 그치도록 하겠습니다. 네이선 주커먼이 세 소설 모두에 등장하지만, 이제는 주커먼 자신의 이야기가 아닌 다른 사람들의 이야기를 한다는 사실, 그리고 그가 이야기하는 사람들―콜먼 실크, 스위드와 메리 레보브 부부, 아이언 린―또한 로스의 작품을 미국의 어두운 심장 속으로, 주커먼의 일생 동안 일어났던 일이자 우리 삶에도 큰 반향을 일으켰던 곳으로 끌고 들어간다는 말로도 충분할 것 같습니다.

『나는 공산주의자와 결혼했다』는 매카시즘을 다루고 있으며, 너무도 많은 선량한 남녀들이 손가락질당하고, 특히 언론인들이 선량한 남녀를 '국민의 적'으로 몰아 그들이 모욕당한 미국의 순간을 다루고 있기 때문에 적색 공포의 정치가 갖는 파괴적인 힘이 현재에 대한 은유로 쉽게 읽힐 수 있습니다.

『휴먼 스테인』은 유색인종 차별의 장벽을 넘나드는 주제, 백인으로 패싱하는 주제를 다루고 있습니다. 이 주제는 마크 트웨인의 『얼간이 윌슨』에서부터 넬라 라슨의 『패싱』, 랭스턴

휴스의 「패싱」과 「누가 누구인 척하는가?」와 같은 이야기들, 그리고 패니 허스트의 『슬픔은 그대 가슴에*Imitation of Life*』까지 이르는 미국 작가들의 주제였습니다. 『슬픔은 그대 가슴에』는 피부가 하얀 흑인 소녀 피올라에 관한 이야기인데, 토니 모리슨이 『가장 파란 눈』에서 '페콜라'라는 인물에 그 이름을 반영하고 있지요. 페콜라는 백색 아름다움에 대한 도달할 수 없는 꿈 때문에 미쳐가는 흑인 소녀입니다. 『슬픔은 그대 가슴에』는 1959년 더글러스 서크에 의해 영화화되었는데,* 이 이야기는 많이 변형되었지만 패싱을 주제로 했습니다. 라나 터너와 '세라 제인'으로 이름이 바뀐 피올라 역을 맡은 수전 코너가 연기했지요.

필립 로스의 콜먼 실크는 유대계 미국인의 삶을 살아가는 힘있는 대학교수입니다. 실크는 헨리 루이스 게이츠가 말한 것처럼 "흑인으로 태어나 백인이 된" 아나톨 브로이야드의 실제 삶을 반영한 인물입니다. 브로이야드는 성공했고, 성적 매력이 있었으며, 실제로 흑인에게 자주 적대적이어서 제임스 볼드윈의 『빌 스트리트가 말할 수 있다면』을 이렇게 공격합니다. "내가 만약 할렘가에 쌓인 쓰레기에 대한 묘사를 하나 더 읽어야 한다면, 예절은 개나 줘버리고 도대체 누구의 쓰레기냐고 물어보겠다." 헨리 루이스 게이츠는 또 브로이야드의 동

---

* 허스트가 1933년에 쓴 원작 소설의 두번째 리메이크 영화를 말한다. 그에 앞서 1934년에 존 스탈이 먼저 영화화했다.

료 에벌린 손턴의 말도 인용하는데, 그녀는 술 취한 흑인이 적선을 요구하자 브로이야드가 보인 반응을 이렇게 기억했습니다. 브로이야드는 화가 나서 이렇게 말했답니다. "나는 뉴욕을 둘러보며 혼자 생각해보는데, 뉴욕에 만약 흑인이 모두 없어져버린다면 그게 정말 조금이라도 손실일까?"(『휴먼 스테인』에서 로스의 콜먼 실크도 흑인에 적대적인 인종 편견이 있다고 비난당합니다.) 진실이건 허구건 로스에 의해 예술로 변모한 이런 어두운 이야기는 그에게 미국에서의 인종이라는 주제, 말하자면 여전히 미국 이야기의 한가운데에 자리잡고 있는 주제로 들어가는 입구가 되어줍니다.

『휴먼 스테인』이 인종을 다루고 있다면, 『미국의 목가』는 베트남전쟁과 부분적으로 반전운동에 의해 촉발되어 미국 급진주의의 등장이 미국에 끼친 영향에 대해 씨름하고 있습니다. 미국의 급진주의는 폭력적이었고, 심지어 살인적인 국내 테러의 형식을 띠기도 했습니다. 대부분의 테러 행위가 중무장한 백인들에 의해 자행되는 오늘날 미국에서 메리 레보브라는 테러리스트에 대한 로스의 묘사는 그 어느 때보다도 큰 여운을 남깁니다. 로스의 가장 '공적인 소설'이라고 할 수 있는 『미국의 목가』는 소위 웨더맨 또는 웨더 언더그라운드에 의해 자행된 폭탄 투척 사건을 비롯해 1967년의 뉴어크 폭동, 흑표단, 앤절라 데이비스 재판, 워터게이트사건, 그리고 딥 스로트(당시 우드워드와 번스타인에게 자료를 건넨 익명의 제보자를 의미하기도 하며, 나중에는 미 연방수사국 부국장으로 확인된 마크 펠트와 린다 러브레이스를 주연으로 한 포르노 영화 〈딥 스로트〉를 모두 의미합니다)를 다룹니다. 다시 한번 현재의 반향을 느낍니다. 요즘은 트럼프 현 행정부에서 '딥 스테이트'가 정부를 해치려 한다는 주장을 너무도 자주 언급하기 때문에 '딥 스로트'의 이야기, 닉슨 대통령 시기에 딥 스테이트*의 핵심에서 바로 그런 일을 했던 사람에 대한 이야기는 국가에 대한 충성이 대통령직에 대한 충성보다 더 우선시되는 시대가 있을 수 있다는 사실을 우리에게 상기시켜줍니다.

이 책들은 필립 로스에 대한 나의 생각을 바꿔놓았습니다. 고백하건대, 미국 삼부작을 읽기 전까지 나는 로스-벨로 논쟁에서 벨로를 아주 약간 위에, 사다리의 가장 높은 칸의 딱 한 발자국 위에 두었습니다—벨로의 가장 위대한 책들이 좀더 야심차고, 좀더 세계를 포괄하며, 좀더 웅대하다고 생각했기 때문입니다. 삼부작은 그런 식의 주장을 영원히 침묵시켰습니다. 나는 공적인 사건이 사적인 삶에 너무도 직접적인 영향을 미치는 시대를 살고 있기 때문에 오늘의 문학은 그것이 어떻게 작동하는지 보여주어야 하며, 소설은 더이상 『마담 보바리』나 『오만과 편견』처럼 전적으로 사적인 삶에 대한 설명에 그칠 수는 없다고 믿어왔습니다. 내 작품 속에서 나는 내면의 사적 대화가 내 주위의 공적인 대화와 접하는 지점들을 찾으려고 자주 노력해왔습니다. 그리고 필립 로스가 그런 방식

---

* 공식적인 정부 구조에서는 드러나지 않는 실질적인 권력 집단.

으로 글을 쓰는 것을 보는 게 너무도 유쾌하고 큰 영감을 받았으며, 지금도 그렇습니다.

이것이 바로 『미국을 노린 음모』를 쓰면서 마침내 예언자가 된 필립 로스입니다. 그는 우리 시대의 카산드라가 되어 앞으로 벌어질 일에 대해 우리에게 경고하고, 다시 한번 카산드라처럼 심각하게 받아들여지지 않았습니다. 『미국을 노린 음모』를 처음 읽었을 때 나는 믿을 수가 없다고, 너무 극단적이라고, 간단히 말해 미국에서는 이런 일이 일어날 수 없다고 생각했던 게 기억납니다. 고도의 상상력의 산물인 이 책은 저명인사인 비행사 찰스 린드버그, 포퓰리즘적인 선동 정치가, 극단적인 고립주의자, 인종주의자, 그리고 반유대주의자인 찰스 린드버그가 대통령이 되는 것을 설명한 대체역사 소설입니다. 그는 아돌프 히틀러와 화해하는 게 쉽다고 생각하며, 대통령 선거에서 승리해 미국적 편견의 어두운 하복부를 보여줍니다. 그런데 오늘 우리는 포퓰리즘적인 선동 정치가이기도 한 저명인사 출신의 대통령과 함께 서 있습니다. 이 대통령은 세계 대부분에 맞서서 관세 장벽을 세우는 고립주의자이고, 문화적 공격 대상으로 삼는 사람들(르브론 제임스, 돈 레몬, 맥신 워터스)은 자주 유색인이며, 행정부가 정치적 기반에서 인종주의 물결을 방류해버린 사람이며, 살인적인 폭군 블라디미르 푸틴의 환심을 사는 것이 쉽다는 걸 발견한 사람입니다. 이 사람의 지지자들 일부는 민주당원이 되느니 차라리 러시아인이 되겠다고 쓰인 티셔츠를 입고 있습니다. 그의 지지자들은 미국적 편견(과 멍청함)의 하복부가 얼마나 어둡고 부풀어올라 있는지 우리에게 여실히 보여주고 있습니다. R. D. 랭의 조현병에 대한 정의를 사용하자면, 미국은 심각하게 '분열된 자아'가 되었습니다. 그리고 『포트노이』 이후 줄곧 정신분석에 매료된 작가 로스는 이 책에서 우리의 분열된 현실에 대한 가장 날카로운 분석을 제시합니다. 이것이 필립 로스의 우연적 숙명입니다. 문학적 혁명가로 시작해서 길고 낯설고 가혹하리만치 흥미로운 여행의 끝자락에 정치적인 예언자가 되는 것 말입니다. 우리는 그런 경력 앞에 머리를 숙일 뿐입니다. 그러면서 한편으로 십사 년 전의 이 예언적인 작품에서 보여준 돈에 대한 그의 생각이 옳았음이 판명되었다는 사실과 더이상은 그가 우리 곁에서 어디로 가야 할지 알아보도록 도와줄 수 없다는 사실에 대해 깊은 슬픔을 표하는 바입니다.

커트 보니것과 『제5도살장』

　『제5도살장』이 출판된 지 삼 년 후, 그리고 내 첫 소설을 출판하기 삼 년 전인 1972년에 나는 이 소설을 처음 읽었습니다. 스물다섯 살이었지요. 1972년은 파리평화협정을 맺고 베트남전쟁을 종식하기로 한 해이기도 합니다. 비록 수치스러운 미국의 최후 철수―사이공의 미국 대사관 지붕에서 사람들을 공수하던 헬리콥터―는 삼 년이 더 지나서야 성사되지만 말입니다.

　내가 베트남을 언급하는 이유는, 『제5도살장』이 제2차세계대전에 관한 책이기는 하지만 베트남 또한 그 속에 현존하며, 훗날 베트남전쟁에 대한 사람들의 감정도 이 소설의 큰 성공과 상당히 많은 관련이 있기 때문입니다. 그보다 팔 년 전인 1961년에 조지프 헬러가 『캐치-22』를 출판했는데, 케네디 대통령이 베트남 분쟁에 대한 개입을 가속화하기 시작한 해였습니다. 『캐치-22』도 『제5도살장』처럼 제2차세계대전에 관한 소설로, 전쟁에 대해 많은 생각을 하고 있던 독자들의 상상을 사로잡은 소설입니다. 그 당시 나는 영국에 살고 있었는데, 영국 정부는 인도차이나에 병사들을 파견하지는 않았지만 미국의 전쟁 노력을 지지했습니다. 대학을 다닐 때 그리고 졸업 후까지 나 역시 베트남전쟁에 관해 생각하고 있었고, 반전 시위에도 관여하고 있었지요. 1961년에 나는 열네 살에 불과했기 때문에 『캐치-22』를 읽지는 않았습니다. 십일 년이 지난 후 『제5도살장』과 『캐치-22』를 같은 해에 함께 읽었고, 두 책은 내 젊은 마음에 큰 영향을 미쳤습니다.

나는 반전 소설이 진지하면서도 재미있을 수 있다는 생각을 하지 못했습니다. 『캐치-22』는 미치도록 재미있었고, 슬랩스틱 코미디 같았습니다. 이 작품은 전쟁을 미친 짓으로 간주하며, 전투에서 도망치고 싶은 욕망을 유일하게 제정신인 태도라고 봅니다. 작품의 톤은 무표정한 소극farce이고요. 『제5도살장』은 다릅니다. 커트 보니것이 쓴 것들이 전부 그렇듯, 이 작품에도 코미디가 많이 들어 있지만 전쟁을 소극으로 보지는 않습니다. 『제5도살장』은 전쟁을 너무도 엄청난 비극으로 보기 때문에 아마도 코미디의 가면을 통해서만 우리가 전쟁을 제대로 바라볼 수 있게 해준다고 생각합니다. 보니것은 슬픈 얼굴을 한 코미디언입니다. 조지프 헬러가 찰리 채플린이라면, 커트 보니것은 버스터 키턴이지요. 보니것은 주로 멜랑콜리한 어조, 끔찍한 공포를 경험하고 살아남아 그것을 이야기해주는 사람의 슬픈 목소리를 띠고 있습니다. 그럼에도 두 책은 공통점이 있습니다. 둘 다 제정신을 잃어버린 세계, 어린아이들이 어른의 일을 하러 보내져서 죽는 세계를 묘사합니다.

전쟁포로였던 스물두 살에—내가 이 책을 읽은 나이보다 세 살 어릴 때지요—보니것은 아름답기로 유명한 도시 드레스덴에서 전쟁 이전에는 돼지를 도살하던 제5도살장에 다른 미국인들과 함께 갇혀 있었습니다. 그래서 역사상 가장 큰 인간 도살 중 하나인 드레스덴의 소이탄 폭격과 그로 인한 도시 전체의 초토화를 우연히 경험한 목격자가 되었습니다. 드레스덴 폭격은 1945년 2월 13일에서 15일 사이에 일어났습니다.

이 소설에서 보니것은 공격 기간 동안 드레스덴에서 십삼만 오천 명 이상의 사람이 죽었다고 우리에게 이야기해줍니다. 비교해보자면, 같은 해 8월 6일 리틀보이라 불린 원자폭탄의 히로시마 투하로 칠만 명 이상이 죽었습니다. 그로부터 삼일 후 나가사키에 투하된 패트맨이라는 이름의 폭탄으로 대략 육만 명 정도의 사람이 죽었습니다. 드레스덴 폭격은 히로시마와 나가사키의 공포를 합친 것과 거의 맞먹는 공포였다고 보니것은 주장합니다.

드레스덴의 사망자 수에 대한 보니것의 주장은 믿을 만한 것으로 증명되지는 않았습니다. 거기서 죽은 사람은 현재 이만 명 이상, 최대 이만 오천 명 정도로 추정됩니다. 히로시마와 나가사키의 사망자 수를 합친 것만큼은 아니지만 충분히 끔찍합니다.

다 그런 거지 뭐.

나는 최근 『제5도살장』을 다시 읽기 전까지 작품의 유명한 문장 "다 그런 거지 뭐"가 항상 죽음의 순간에만 사용된다는 사실을 기억하지 못했습니다. 때로는 소설이나 희곡이나 영화에서 쓰이는 구절 하나가 상상을 너무도 강력히 사로잡아 원래 있던 페이지에서 솟아올라 자체의 독립적인 생명력을 획득합니다. "다 그런 거지 뭐"라는 구절에도 이와 유사한 일이 발생했습니다. 문제는 어떤 구절에 이런 이륙이 발생하면 원래의 문맥을 잃어버린다는 것입니다. 커트 보니것을 읽지 않은 많은 사람들도 "다 그런 거지 뭐"라는 구절에 익숙하겠지만, 내가 보기에는 커트 보니것을 읽은 사람들조차도 이 구절을 인생에 대한 체념적 언급으로 여기고 있을 겁니다. 인생은 살아 있는 사람이 희망하는 식으로 전개되는 법이 거의 없으니 "다 그런 거지 뭐"도 어깨를 으쓱하며 인생이 우리에게 주는 것들을 받아들이는 방식이 되어버렸습니다. 그러나 이것은 『제5도살장』에서 이 구절이 의도하는 바가 아닙니다. "다 그런 거지 뭐"는 인생을 받아들이는 것이 아니라 죽음을 감내하는 것입니다. 이 구절은 작품 안에서 누군가가 죽을 때마다 반드시, 그리고 오로지 누군가가 죽을 때만 등장합니다.

이 말은 또한, 매우 아이러니합니다. 표면상의 체념 이면에는 말로 표현할 수 없는 슬픔이 있습니다. 이게 바로 이 소설 전반의 태도이고, 이 태도 때문에 이 소설은 여러 상황에서 오해를 받습니다. 나는 『제5도살장』이 제대로 인정받지 못했다고 말하는 게 아닙니다. 이 책에 대한 평가는 매우 긍정적이었고, 엄청난 부수가 팔렸습니다. 모던 라이브러리 출판사는 이 소설을 영어로 쓰인 20세기 최고의 소설 100권 목록의 8위로 선정했으며, 〈타임〉에서 발표한 목록에서도 비슷한 순위를 차지했습니다. 하지만, 이 소설이 '정적주의'나 체념적 수용, 심지어는 앤서니 버지스에 따르면 세상사 최악의 것들에 대한 '회피'를 저지르고 있다는 주장도 있습니다. 그 이유 중 하나가 "다 그런 거지 뭐"라는 구절 때문인데, 이런 비판들을 볼 때 영국 소설가 줄리언 반스가 『10 1/2장으로 쓴 세계 역사』라는 책에서 말하듯 "사람들이 놓치고 있는 건 아이러니의 정의다"라는 것이 명백하다는 생각이 듭니다.

커트 보니것은 너무도 아이러니한 작가여서 때로는 그렇지 않은 것처럼 읽혀왔습니다. 이런 오독은 "다 그런 거지 뭐"를 넘어서 트랄파마도어라는 행성의 주민들과 꽤나 관련이 있습니다. 사실 나는 화장실의 고무펌프 청소기처럼 생긴 트랄파마도어인의 엄청한 팬입니다. 이들의 이야기는 보니것의 초기 소설 『타이탄의 세이렌』에서 우주선의 부품을 교체하려고 토성의 위성인 타이탄에 불시착한 기술 특사 샐로로부터 시작합니다. 그러고는 보니것의 고전적 주제인 자유의지가 우스꽝스러운 SF 장치로 표현됩니다. 우리는 『타이탄의 세이렌』에서 인간의 역사가 전부 트랄파마도어인들에 의해 조종되었다는 사실을 알게 됩니다. 트랄파마도어인들은 인류가 그들의 특사인 샐로를 위해 거대한 메시지를 건설하도록 설득했고, 우리의 원시 조상들에게 여유 부품을 건설할 수 있는 문명을 발전시키도록 했다는 것입니다. 스톤헨지와 중국의 만리장성은 트랄파마도어에서 보낸 메시지의 일부입니다. 스톤헨지는 "교체 부품이 최대한 신속한 속도로 준비되고 있음"이라는 메시지이고, 중국의 만리장성은 "참고 기다리시오. 우리는 귀하들을 잊지 않았소"라는 말입니다. 크렘린궁전은 "귀하들은 알아채기도 전에 출발하게 될 것이오"라는 뜻입니다. 스위스 제네바에 있는 국제연맹 사무국은 "물건들을 챙겨서 긴급 통보에 맞춰 출발할 수 있게 대비하라"는 의미지요.

『제5도살장』에서 트랄파마도어인들은 시간을 다르게 인식한다는 사실을 알게 됩니다. 그들은 과거, 현재, 미래가 동시에 그리고 영원히 존재하며, 고정되어 영구히 있다고 생각합니다. 주인공 빌리 필그림이 트랄파마도어로 납치되어갔을 때 그는 '시간에서 일탈해' 연대순을 트랄파마도어인들의 방식으로 경험하기 시작하고, 자신을 납치해간 그들이 왜 자유의지를 우스꽝스럽게 여기는지 이해하게 됩니다.

독자로서 내가 보기에 이 작품에는 장난기 섞인 아이러니적 지성이 작동하고 있음이 명백합니다. 화장실 고무펌프 청소기를 닮은 외계인들의 자유의지 거부가 그들의 창조자에 의한 거부라고 가정할 이유는 전혀 없다는 것도 명백하지요. 빌리 필그림의 트랄파마도어 경험 전체를 전시 경험에서 야기된 환상적인 외상 장애로 해석하는 것은 완전히 가능하며,

어쩌면 합리적이기도 합니다―'진실이 아닌 것'으로 읽는 것 말입니다. 보니것은 훌륭한 작가답게 이 문제를 열어두고 있습니다. 이렇게 열려 있는 부분은 독자가 자신의 마음을 정하도록 허락된 공간입니다.

보니것 읽기는 그가 자유의지 탐구에 반복적으로 경도된다는 사실, 그리고 자유의지가 무엇이며 어떻게 작동하거나 작동하지 않을 수 있는지 아는 것이며 그래서 그가 여러 각도에서 이 주제에 도달했다는 사실을 아는 것입니다. 보니것의 반추는 상당 부분 그의 허구적 대체 자아인 킬고어 트라우트가 쓴 작품의 형식으로 제시됩니다.

나는 트랄파마도어 행성의 주민들을 사랑하는 만큼이나 킬고어 트라우트를 깊이 사랑합니다. 나는 심지어 킬고어 트라우트의 SF 소설 『쌍각 조개껍질 위의 비너스Venus on the Half-Shell』도 한 권 가지고 있습니다. 이 소설은 보니것이 쓴 트라우트의 스토리 하나를 작가 필립 호세 파머가 장편소설 길이로 확장한 것입니다. 『쌍각 조개껍질 위의 비너스』는 무능한 외계인 관료가 사고로 지구를 파괴하고, 유일한 인간 생존자가 이른바 '궁극적 질문'에 대한 해답을 찾아 나선다는 이야기입니다. 이렇게 해서 킬고어 트라우트는 더글러스 애덤스의 유명한 '은하수를 여행하는 히치하이커를 위한 안내서' 시리즈에 영감을 주었습니다. 여러분도 기억하시겠지만, 이 소설에서 보고인들은 행성 간 우회로를 만들기 위한 공간을 확보하기 위해 지구를 파괴했으며, 유일한 인간 생존자인 아서 덴트는 해답을 찾으러 나섭니다. 마침내 슈퍼컴퓨터 딥 소트가 생명과 우주와 만물의 해답은 '42'였으며, 현재도 그 답은 똑같다는 사실을 보여줍니다. 그럼에도 이 문제가 남습니다. 질문이 무엇인가요?

보니것의 소설 『챔피언들의 아침식사』에서 우리는 『이제는 말할 수 있다*Now It Can Be Told*』에 대해서도 알게 되는데, 이 이야기는 신이 이 이야기의 독자에게 보내는 편지 형식으로 쓰여 있습니다. 신은 모든 생명체가 오랜 실험이었다고 설명합니다. 그 실험의 성격은 이런 것이었습니다. 그대로 놔두면 전적으로 결정론적인 우주에 자유의지를 가진 인간을 한 명 투입시킵니다. 다른 모든 생명체는 과거에도 현재에도 미래에도 항상 프로그램된 기계에 불과한 현실 속에서 그가 자유의지를 어떻게 활용하는지 알아보는 것이지요. 역사를 통틀어 모든 사람은 로봇이었고, 자유의지를 가진 그 유일한 인간의 어머니와 아버지와 그가 알고 있는 모든 사람 또한 로봇들입니다. 그런데, 새미 데이비스 주니어도 로봇입니다. 자유의지를 가진 그 개인은 바로 그 이야기의 독자인 당신이라고 신은 설명합니다. 그리고 신께서는 솔직히 말하자면 그 실험은 그리 잘 수행되지 못했기 때문에 당신에게 사과하길 원하십니다. 이야기 끝입니다.

더 자세한 이야기를 추가해야겠습니다. 킬고어 트라우트가 등장하는 커트 보니것의 많은 작품 속에서 트라우트는 지속적으로 세계 최악의 작가로 평가받는다고 묘사되며 그의 책은 철저하게 실패합니다. 그는 완전히, 심지어 경멸적으로 무시받습니다. 우리는 그를 천재이자 동시에 바보로 바라볼 것을 요구받습니다. 이것은 우연이 아닙니다. 그의 창조자인 커트 보니것은 유쾌한 환상문학가 중에서 가장 지적인 사람이었으며, 동시에 지식인 중에서 가장 유쾌하게 환상적인 사람이었습니다. 그는 사물을 너무 심각하게 여기는 사람들에게 공포를 느꼈으면서도 가장 심각한 일, 다시 말해 (자유의지처럼) 철학적이면서도 (드레스덴 폭격처럼) 치명적인 일들에 대한 고찰에 집착했습니다. 이것이 바로 그의 역설이며, 이 역설에서 그의 어두운 아이러니가 탄생합니다. 자유의지라는 사상을 그토록 자주, 다양한 방식으로 만지작거리는 사람, 또는 죽은 자들에 대해 그토록 심오한 관심을 가지는 사람은 숙명론자, 정적주의자 또는 체념한 사람으로 묘사될 수 없습니다. 보니것의 책은 첫 페이지부터 마지막 페이지까지 자유라는 사상을 옹호하며, 죽은 자들을 애도합니다.

『제5도살장』과 『캐치-22』를 처음 읽을 때쯤 나는 유사한 주제에 관한 다른 소설을 하나 더 읽었습니다. 바로 『전쟁과 평화』였는데, 이 소설은 보니것의 소설과 헬러의 소설을 합친 것보다도 더 길었고, 전혀 재미있지도 않았습니다. 톨스토이의 걸작을 처음 읽었을 때 내 스물다섯 살 자아는 이렇게 요약했습니다. 평화를 사랑했고, 전쟁을 싫어했다. 나는 나타샤 로스토바, 안드레이 공작, 피예르 베주호프의 이야기에 푹 빠졌지만, 전쟁에 대한 극도로 긴 묘사, 그중에서도 특히 보로디

노전투에 대한 묘사는 솔직히 말해서 상당히 지루하다고 느꼈습니다. 삼십 년쯤 후에『전쟁과 평화』를 다시 읽어보니 정확히 정반대의 느낌이 들었습니다. 전쟁중인 사람들에 대한 묘사가 그보다 더 훌륭할 수 없으며, 이 소설의 위대함은 주인공들의 전통적인 이야기가 아닌 바로 그와 같은 전쟁 묘사에 있다고 생각했습니다. 전쟁을 사랑했고, 평화는 싫어했습니다.

『제5도살장』을 다시 읽으며 나는 이 소설에 대한 평가가 또 바뀌고 있다는 걸 알게 되었습니다. 젊은 시절의 내 자아는 환상과 SF에 강하게 매료되었고, 〈갤럭시〉와 〈어스타운딩〉과 〈어메이징〉 같은 잡지들*을 찾아다녔으며, 크로스오버 거장들의 작품만이 아니라 하드코어 장르 대가들의 작품에도 푹 빠졌습니다. 크로스오버의 거장들인 커트 보니것, 레이 브래드버리, 아이작 아시모프, 어슐러 르 귄, 그리고 아서 C. 클라크뿐 아니라—그리고 이 장르 정전의 명예회원이신『프랑켄슈타인』의 메리 셸리와『올랜도』의 버지니아 울프—하드코어 장르의 대가들인 제임스 블리시, 프레더릭 폴, C. M. 콘블루스, 클리퍼드 D. 시맥, 캐서린 매클린, 제나 헨더슨 그리고 스프레이그 드 캠프에 매료되었지요. 보니것의 걸작을 접한 당시의 그 젊은이는『제5도살장』의 SF적인 측면에 가장 강하게

---

* 〈어메이징 스토리즈〉 및 〈어스타운딩 스토리즈 오브 슈퍼사이언스〉는 이른바 '펄프픽션' 시대의 대표적인 SF 전문 잡지들로, 각각 1926년과 1930년에 창간되었다. 〈갤럭시 사이언스 픽션〉은 그보다 늦은 1950년에 창간되어 1980년에 폐간되었다.

반응했습니다. 이 작품을 다시 읽어보니 작품의 대부분을 차지하는 SF 외적인 부분에서 인도주의적 아름다움을 발견할 수 있었습니다.

사실 『제5도살장』은 위대한 사실주의 소설입니다. "이 모든 일은 실제로 일어났다, 대체로는."이라는 문장으로 시작합니다. 논픽션인 첫 장에서 보니것은 이 책을 쓰는 게 얼마나 힘들었는지, 자신이 전쟁을 다루는 게 얼마나 힘들었는지 우리에게 말해줍니다. 그는 이름은 모두 바꿨지만, 등장인물들이 실제로 존재한 사람들이었다고 말합니다. "내가 실제로 알던 녀석 하나는 남의 찻주전자를 가져갔다고 드레스덴에서 총에 맞아 죽었다. 내가 실제로 알던 또다른 녀석은 전쟁이 끝나면 총잡이를 고용해서 자신의 개인적인 적들을 죽여버리겠다고 위협했다." 그리고 이름이 바뀐 자신의 등장인물들이 이름이 바뀌지 않은 독일의 제5도살장에 나중에 도착했을 때 보니것은 자신이 그곳에 그들과 함께 있으며, 그들과 함께 고통받는다는 사실을 우리에게 상기시켜줍니다.

빌리는 변소 안을 들여다보았다. 통곡하는 소리가 그 안에서 터져나왔다. . . 빌리 가까이에서 미국인 한 명이 자신의 뇌를 제외하고는 모든 걸 배설해버렸다고 통곡했다. 잠시 후에 그가 말했다. "저기 쓸려가네요, 저기 쓸려가네요." 자기 뇌마저 쓸려간다는 말이었다.

그게 나였다. 내가 그였다. 그 내가 바로 이 책의 저자다.[*]

보니것이 해리슨 스타라는 영화감독과 나눴던 대화를 인용하는 부분이 있습니다. 해리슨 스타는 미국 히피들에 관한 미켈란젤로 안토니오니의 영화 〈자브리스키 포인트〉의 제작자로 훗날 다소간 명성을 얻게 되고, 〈자브리스키 포인트〉는 상업적으로 엄청나게 실패합니다.

[해리슨 스타가] 눈썹을 치켜올리며 물었다. "이거 반전 소설입니까?"

"예, 그런 것 같습니다." 내가 말했다.

"반전 소설을 쓴다는 사람들의 이야기를 들으면 내가 뭐라고 말하는지 아세요?"

"아뇨. 뭐라고 말씀하시는데요, 해리슨 스타씨?"

"이렇게 말합니다. '차라리 **빙하**를 반대하는 책을 쓰시지 그래요?'"

물론 그의 말은 전쟁은 항상 벌어지기 마련이며, 전쟁을 멈추는 것은 빙하를 멈추는 것만큼 쉬울 것이라는 뜻이었다. 나 또한 그렇다고 믿는다.[**]

* 커트 보니것, 정영목 옮김, 『제5도살장』, 2016, 문학동네, 16쪽.
** 커트 보니것, 정영목 옮김, 『제5도살장』, 2016, 문학동네, 160쪽.

보니것의 소설은 바로 이것, 피할 수 없는 인간의 폭력, 그 폭력에 말려든 특별히 폭력적이지 않은 사람들을 폭력이 어떻게 만드는지에 관한 것입니다. 보니것은 대부분의 인간은 특별히 딱히 폭력적이지 않다는 걸 알고 있습니다. 또는 어린아이들보다 폭력적이지 않지요. 어린아이에게 자동소총을 하나 쥐여주면 당연히 잘 사용할 겁니다. 그렇다고 해서 어린아이들이 특별히 폭력적인 것은 아닙니다.

보니것이 우리에게 상기시켜주듯이, 제2차세계대전은 어린아이들의 십자군전쟁이었습니다.

빌리 필그림은 보니것이 어린아이의 순수성을 부여한 어른입니다. 그는 딱히 폭력적이지 않습니다. 그는 전쟁에서나 전쟁 전후의 삶에서, 또는 트랄파마도어 행성에서의 삶에서 끔찍한 일을 전혀 하지 않습니다. 그는 정신이 나간 사람처럼 보이거나, 대부분은 미쳤다고 여겨지거나, 거의 얼간이로 여겨집니다. 그러나 그는 보니것의 작품 전체를 관통하는 많은 등장인물과 공통점을 가지고 있습니다. 우리가 그를 좋아하게 되고 따라서 그가 느끼는 공포를 함께 느끼는 것도 바로 이러한 성격 때문입니다.

빌리 필그림은 사랑스럽습니다.

만약 그가 사랑스럽지 않다면 그 책을 견딜 수 없을 겁니다. 잔혹 행위를 다루는 모든 작가가 직면하는 거대한 질문은 이런 것들입니다. 과연 가능할까? 너무도 강력하고 끔찍해서 문학의 묘사 능력을 넘어서는 걸까? 제2차세계대전에 관해 글을 쓰는 도전에 직면한 모든 작가는—사실 베트남전쟁에 관해서도 마찬가지입니다—이 질문에 대해 생각해야 했습니다. 그들은 한 각도에서 접근할 필요가 있다고 판단했습니다. 말하자면, 잔혹 행위에 정면으로 접근하지 않는 것인데, 정면으로 접근하자니 견딜 수가 없었기 때문입니다.

귄터 그라스는 『양철북』에서 초현실주의를 진입 각도로 삼았습니다. 자기 시대 어른의 현실을 직면할 수 없기 때문에 성장을 멈추는 등장인물 오스카 마체라트는 작가가 공포 속으로 들어갈 수 있게 해주는 일종의 우화적 존재입니다. 그리고 자신의 양철북을 가지고 역사의 고동을 울리는 어린 오스카는 시간에서 일탈하게 된 빌리 필그림처럼 사랑스럽습니다. 또 『양철북』 첫 문장이 우리에게 말해주듯이, 오스카는 정신병원의 입원 환자입니다. 독일과 미국이라는 정반대 쪽에서 제정신이 아닌 이 두 어른아이는 자기들 시대의 거대한 광기를 가장 훌륭하게 묘사합니다. 커트 보니것도 그라스처럼 등장인물들이 살던 시대의 현실이 되어버린 초현실주의를 인물들의 초연하고 독자가 애정을 가지고 다가갈 수 있다고 느낄수 있게 해주는 아득한 부드러움과 잘 결합해냅니다. 그들이 비록 자신의 삶에서는 무능하게 비틀거리지만 말입니다.

빙하를 멈추는 것이 불가능하듯이, 전쟁을 멈추는 것 또한 불가능할 수 있습니다. 그러나 빙하와 전쟁이 무엇인지 우리에게 상기시키는 형식과 언어를 찾는 일은 여전히 중요합니다. 그런 것은 진짜 이름을 불러줄 만한 가치가 있습니다. 그게 바로 사실주의입니다.

『제5도살장』은 공포라는 주제의 끝자락에서 희망의 가능성을 허용하는 충분히 인도주의적인 소설입니다. 이 소설의 마지막 문단은 전쟁의 종결과 포로들의 석방을 묘사하고 있습니다. 빌리 필그림과 보니것 자신을 포함해서 말입니다. "그리고 그곳 어딘가는 봄이었다." 보니것은 이렇게 쓰고 있는데, 이 책의 마지막 순간에는 새들이, 다시 한번, 노래하기 시작합니다. 그 모든 것에도 불구하고 쾌활함을 보여주는 것이 보니것의 특징적인 톤입니다. 내가 언급한 것처럼 이것은 이면에 엄청난 고통이 숨겨져 있는 쾌활함일 겁니다. 그럼에도 쾌활함이지요. 보니것의 산문은 끔찍한 것을 다룰 때마저도 행복의 가락을 휘파람으로 노래합니다.

처음 출판된 지 오십 년 이상 지났고 드레스덴 폭격 기간에 커트 보니것이 제5도살장 안에서 지낸 지 칠십사 년 넘게 지난 오늘날, 그의 위대한 소설이 우리에게 해줄 수 있는 말은 무엇일까요?

이 소설은 어떻게 전쟁을 멈출 수 있는지 말해주지 않습니다.

이 소설은 전쟁은 지옥이라는 걸 말해주지만, 이미 알고 있는 것입니다.

이 소설은 나쁜 인간들을 빼고는 대부분의 인간이 그렇게 나쁘지 않다는 사실을 우리에게 말해줍니다. 이것은 가치가 있는 정보입니다. 이 소설은 인간의 본성은 지구 생명체의 한 가지 위대한 상수라는 사실을 말해줍니다. 그리고 인간의 본성이 최고일 때도 최악일 때도, 아무리 끔찍한 시대일지라도 인간의 본성이 대체로 어떤지에 대해서 아름답고도 진실되게 보여줍니다.

이 소설은 트랄파마도어 행성에 어떻게 가는지 말해주지는 않지만, 트랄파마도어인들과 어떻게 교신하는지는 알려줍니다. 우리는 피라미드나 중국의 만리장성처럼 뭔가 거대한 것을 건설하기만 하면 됩니다. 내가 이름을 밝히고 싶지 않은 어떤 개인이 미국과 멕시코 사이에 건설하려고 하는 장벽은 트랄파마도어에서 급박한 메시지로 읽힐 수도 있습니다. 그 장벽을 건설하려는 사람은 그 메시지가 무엇을 의미하는지 모를 것입니다. 그는 자신의 힘보다 더 큰 힘에 의해 조종당해 이 엄청난 비상사태의 시대에 그 메시지를 보내는 체스판의 폰일 뿐입니다.

나는 그 메시지가 "도와주세요"라고 읽히기를 희망합니다.

사뮈엘 베케트의 소설들

내가 보기에 사뮈엘 베케트는 언제나 먼저 소설가였고, 나중에 극작가였다. 물론 이런 의견이 나만의 베케트 연대기의 결과에 불과할 수 있다는 사실은 인정한다. 나는 베케트의 희곡을 보기 전에 그의 소설을 먼저 읽었다. 그래서 『고도를 기다리며』의 실존주의자 떠돌이 디디와 고고를 만났을 때, 나는 그들을 산문이라는 파트너의 거울을 통해 바라보았다. 그래서 즉시 그들이 기다리는 고도는 곧 죽음이라는 것을 알아보았다. 죽음은 그의 소설의 많은 등장인물이 인생의 마지막 경련, 마지막 웃음기와 마지막 트림, 필사적이고 고통스러운 마지막 말대답과 함께 직면하는 두려움이며, 플롯의 기능을 대신한다.

대학 시절 나는 서점 탐방을 대단히 좋아했다. 영문학을 공부하지는 않았지만 책을 좋아했기 때문에 걸신들린 사람처럼 도서관과 서점에 뛰어들어 손에 잡히는 대로 읽었다. 동시대 사람들이 인식의 문을 열 수 있는 덜 언어적인 열쇠들을 만지작거리던 시절에 나는 문학의 정신 개조 효과에 관한 실험을 하면서 길고도 특이한 독서삼매에 계속 취해 있었다. 한동안 나는 SF를 게걸스럽게 읽었는데, 어느 날 마치 누군가 플러그를 뽑아버린 듯이 흥미를 잃고는 그만두었다. 그다음에는 미국문학에(정전에 속하는 허클베리 핀과 흰 고래들뿐 아니라 좀더 요상한 핀천과 존 가드너와 존 호크스도 읽었다) 중독되었다. 그다음에는 보르헤스가 다가왔는데, 『픽션들』이 내 머릿속의 뭔가 중요한 것을 바꿔버려서 출판사 존 칼더가 펴내는 다른 페이퍼백 책들을 전부 읽고 싶게 만들어버렸다. 칼더 판본의 딱딱한 취향에 얽매여 나는 알랭 로브그리예의 『질투』와 그후의 다른 누보로망 작가들을 많이 알게 되었고, 어느 여름날 나는 유일하게 옳은 길에서 프랑스의 베케트를 만났다. 나는 킹스 퍼레이드 북쪽 끝의 케임브리지 서점인 보우즈 앤드 보우즈Bowes & Bowes에서 처음에는 『몰로이』 한 권을 집어들었고, 나중에는 그 삼부작의 다른 두 권인 『말론 죽다』와 『이름 붙일 수 없는 자』를 집어들었다. 보우즈 앤드 보우즈는 내가 가장 좋아하는 도서 검색 브라우저였던 셈인데, 'r' 두 개만 있으면 철자를 바꿔서 '브라우즈 앤드 브라우즈'로 만들 수 있었다. (나는 장난기 섞인 너그러운 철자법으로 마음속으로 그 두 철자를 첨가했다.)

그때는 내가 열아홉 살이 채 되기 전인 1966년이었고, 당시에 나는 죽음과 눈인사 정도만 나눈 사이에 불과했다. 말하자면, 가끔씩 멀리서 죽음을 보긴 했지만 나와 죽음은 서로 정식으로 소개받은 사이는 아니었다. 1958년경 어느 날 봄베이의 대성당 부속학교에서 사각형 안뜰을 향해 열려 있는 모든 교실의 문과 창문이 닫혀서 잠긴 적이 있었다. 지미 킹이라는 동갑내기 아이의 시체를 싣고 가기 위해 뒷문으로 들어오는 차량을 우리가 볼 수 없도록 하기 위해서였다. 케임브리지 킹스 칼리지에서도 어느 날 내 신입생 동료 하나가 약물 과다복용으로 인해 죽었다고, 강한 환각제에 의해 죽었다는 말이 재빨리 퍼져나갔지만 이런 종결을 직접 본 적은 없었다. 내 가족의 삶에서도 죽음은 아직 추상적인 것이었다. 외할머니, 외할아버지는 살아 계셨다. 친할아버지는 내가 태어나기 전에 돌아가셔서 내게 그분은 사진 한 장에 불과했다. 친할머니는 내가 아마 세 살 때 심하게 병이 든 상태로 우리집에 오셨는데, 내가 장난감 청진기 같은 것으로 의사 놀이를 하면서 분별없이 지시를 내리면 고통스럽게 절룩거리면서 병상에서 일어나 커튼이 쳐진 방을 앞뒤로 왔다갔다하셨다. 그러나 곧 할머니는 우리집을 떠나 델리의 집으로 가셨고, 거기서 곧 돌아가셨을 때 죽음은 어린아이에게는 쉽게 잊어버릴 수 있고 보이지 않는 다른 곳에서 일어난 일이었을 뿐이었다. 봄베이 센트럴역에서 손을 흔들며 작별인사를 하고, 우편 기차가 연기를 뿜으며 저녁 속으로 사라지던 것보다 그리 나쁜 일도 아니었다.

　이를테면, 내게 죽음은 여전히 책 속의 단어였다. 나는 그당시 키가 작고 무거운 아버지의 시신을 씻겨드리지도 않았고, 내가 사랑했던 첫번째 여인의 입이 벌어진 시신을 보고 작별인사를 중얼거리지도 않았고, 여건상 어머니의 무덤 옆에 설 권리를 거부당했을 때 분노의 눈물을 흘리지도 않았다. 그결과 나는 여전히 불멸을 느꼈고, 불멸의 존재는 치유할 수 없는 그 낯선 고통으로부터 자신들이 면제받았다는 걸 알기 때문에 죽음이라는 주제를 다른 방식으로 대하기 마련이다. 그래서 젊은이로서 우리 공통의 결말, 헨리 제임스는 '탁월한 것 Distinguished Thing'이라 불렀지만 베케트에게는 언제나 지저분하고 탁월하지 못했으며, 허세와 허약과 수치로 이루어진 우울한 엉덩방아인 우리의 결말을 그토록 강렬하게 다루는 베케트의 책들을 처음 대했을 때, 나는 책이 죽음을 향해 던지는 무차별적인 산문들의 석판을 죽음에 대해 흉폭하게 던지는 것을 익살스러운 유령들이 들려주는 멋지고 환상적인 이야기라고 생각했다. 즉 나는 베케트의 이야기들을 희극으로 경험했으며, 베케트의 작품들은 희극이었지만 내가 상상했던 종류는 아니었다. 나는 어둡고, 실제로는 심지어 영웅적인 것을 상상했다. 희극이 영웅을 비웃고, 속바지를 끌어내리고 얼굴을 향해 커스터드 파이를 집어던지는데도 불구하고, 파편화되어 몸부림치는 인간들의 희극 속에는 여전히 냄새나는 영웅주의의 퀴퀴한 여운이 남아 있다. 내 판단이 미숙했을 때 나는 이것을 절반만 인식하거나 전적으로 무시하고 이해하지 않았다. 하지만 세탁하지 않은 가장 좋아하는 셔츠를 입은 듯이 침울함이 그의 작품 전체에 깔려 있었는데도 침울하게 반응하지 못한 나는 최소 절반은 올바르게 이해한 것이었다.

이 책들을 다시 찾는 것은 난해함이라는 문제를 즉각적으로 그리고 정직하게 대면하고 대답하는 일이다. 우회할 길은 없고, 이것들은 난해한 책들이기 때문이다. 책을 읽고 난 뒤에 두통이 오는 것은 부적절한 반응이 아니다. 모든 경우가 부적절하다고 할 수는 없다. 그럼에도 공정하게 말하자면, 가치가 있다고 느껴지는 두통, 가치 있는 뭔가를 얻는 대신에 겪어야 하는 두통도 있다고 덧붙일 수 있다. 베케트식 두통은 이 만족스러운 두통이 우리를 강타하는 것이다. 예컨대 『이름 붙일 수 없는 자』에 이런 부분이 있다. "아마 중요한 단어들, 그것들은 방금 말한 것 속에, 그 어딘가에 있을 것이다, 말해야 마땅한 단어들, 그것들이 몇 단어 이상일 필요는 없다. 그것들은 그것들에 관해 말하면서, 말하는 자가 나라고 생각하게 만들기 위해 말을 한다. 또는 내가 말하기에 그것들은, 아무도 모르는 것을 말하면서, 말하는 자가 내가 아니라고 생각하게 만들기 위해 말을 한다. 아니면 차라리 거기엔 침묵이 있다." 내 말이 이해될 것이다. 이런 식으로 두통의 강타가 시작된다. 하지만 동시에 쉽게 말할 수 있는 것이 아니기 때문에 난해하게 말해진 것의 아름다움을 인식하게 된다. 난해한 것을 말하는 것이 중요성이 없지는 않기 때문이다. 우리는 욕망이 쉽게 충족되는 우리의 하루하루를 쉽게, 너무 많이, 절반 이상을 사랑하기 때문이다.

이 책들은 인용부호의 표시 없이 직접 화법이 그대로 벌거벗겨져 있으며, 문단이라는 건 작가가 잘 제공하지 않는 사치처럼 느껴지고, 하나의 문장이 세 페이지 길이이거나 그보다 더 길다. 다른 간결한 문장들이 작가의 친숙한 면을 간결하게 보여주면, 독자는 작가가 왜 좀더 자주 이렇게 간결하게 쓰지 않는 거지, 목소리를 높이고, 왜 이 사람은 우리를 이렇게 고문하는 거지, 왜 이 작가는 이 어둡고 끝없는 미로 같은 단어의 터널 아래로 우리를 내려가게 만드는 거지 등의 생각을 하며 짜증이 나거나, 최소한 한숨을 쉬거나, 또는 그럴 수도 있게 만드는 책들이다. 그런데도, 그런데도. 그 터널의 끝에는 아름다움이 있다. 독자는 소리를 지른다. 나는 계속 갈 수가 없다, 나는 계속 갈 것이다.

난해함이라는 문제에 대한 답은 항복이다. 텍스트에 굴복하면 초라할지 모르지만 텍스트가 귀한 꽃을 피워준다. 거기에 없는 것을 그만 요구하고 거기에 있는 것을 보기 시작하라. "해체의 고요 속에서 나는 내 인생이었던 그 길고도 혼란스러운 감정을 기억한다." 몰로이는 이렇게 쓴다. "그리고 신께서 나를 심판하시리라는 말이 있듯이 나는 패역하게도 그것을 심판한다." 작가로서, 몰로이가 아닌 사뮈엘 베케트로서, 또는 몰로이로서의 베케트로서, 또는 몰로이를 통해서 베케트도 몰로이도 아닌 어떤 것을 추구하는 베케트로서 그는 불가능한 것을 시도한다. 즉, 죽음에 대해 쓰는 것, 모든 결말의 결말에 대해 쓰는 것, 미래와 다른 모든 시제, 미완료 시제와 가정법 현재와 직설법 현재와 과거완료를 종결시켜버리는 결말에 대해, 예언의 도구가 아니라 기억의 도구를 사용해 쓰는 것이다. 일어난 일, 즉 길고도 혼란스러운 감정을 기억하는 것만이 아니라 일어나지 않은 일, 어떤 인간도 살아 있는 기억이 없는 것―그 자체가 바로 기억의 끝이기에―을 기억하는 것은 죽음에 대한 삶의 우월성을 주장하는 것이다. 기억은 살아 있는 자들이 자신에 대해 알고 망각하고 이해하고 오해하는 도구이기 때문에, 휘두르기 좋은 도구가 무엇인지, 무기처럼, 죽음에 맞서서, 그것이 적절하지 않다는 걸 알고, 냉혹하다는 것을 알고, 알면서도 굴하지 않고서, 또는 아직은, 아직까지는 그래도, 몇 단어라도 더 말하기 전까지는, 기억이 말을 하기 전까지는, 베케트는 예술가로서, 나보코프만큼이나 요구하고 명령한다.

이것이 바로 표면적 주제는 죽음인 이 책들이 사실은 삶에 대한 책, 자기 그림자에 맞선 삶의 필생의 투쟁에 관한 책이라는 주장이 가능한 이유이고, 내가 여기서 그렇게 주장하는 이유이며, 이 주장을 하기 위해 내가 내 모든 주장의 힘을 소환하는 이유다. 투쟁의 끄트머리에서 보이는 삶은 필생의 상처를 간직하고 있지만, 삶은 그럼에도 기억되며, 부패하고, 하잘것없는 삶일지라도 그 무엇보다는 중요하다. 역설로서의 삶, 이어지는 진술에 의해 부정되는 각각의 진술, 모순으로서의 삶, 스스로를 삭제해버리는 삶. 몰로이, 말론, 이름 붙일 수 없는 자 모두 죽음을 직면한다. 그러나 그들은 살아 있는 존재다. 말론은 스스로에게 경고한다. "죽음의 고통이 유일한 문제다. 나 스스로가 죽음의 고통을 경계해야 한다." 그러나 심지어 죽음의 고통이 증가해도 그는 아직 할 이야기가 남아 있다는 것을 안다. "하나는 한 남자에 대한 것이고, 다른 하나는 한 여자에 대한 것이고, 세번째는 한 사물에 대한 것이며, 마지막 하나는 한 동물에 대한 이야기"로, 그는 이것이 전부 자기 이야기의 한 부분이라는 걸 안다. 그는 소리친다. "나는 또다시 나에 관해 이야기하지 않으면 얼마나 지루할지 모른다." 그리고 그는 당연히 이야기를 하며, 그것은 좋은 것이기도 하다. 그는 인생의 마지막 제방을 최대한 떠받치기 위해 맥면으로 변신하는 사포스캣에 관한 절반의 이야기와 다른 절반의 이야기를 이용하고, 우리 모두가 '범람의 꿀꺽거림'을 마지막으로 듣게 될 때까지, 기억이 아는 대로 이야기한다. 죽음은 본질만 남을 때까지 삶을 발가벗기고, 마침내 그 본질을 앗아가버린다. 그리고 베케트의 책들은 죽음을 흉내내며, 본질적이지 않은 모든 것을 발가벗긴다. 단어는 본질적이기 때문에 몇 개의 단어는 남으며, 이야기도 전적으로 없앨 수는 없다. 이야기는 시작되었고 바뀌었으며 버려졌지만 결코 전적으로 폐기되지는 않는다. 왜냐하면 이야기 속에 삶이 존재하며, 최후의 추방까지 그곳에 존재하기 때문이다. 그러므로, 표면적 피상성에도 불구하고 예견치 못한 매혹의 능력을 유지하는 어떤 단어들, 어떤 이야기의 파편들은 그저 시간을 통과하는 것이 아니라 시간에 생명력을 불어넣는다. 그리고 그런 단어와 이야기들 너머에는 예컨대 목발과 자전거 같은 사물이 있고, 그 사물들 너머에는 다른 사람들이 있다. 아들, 욕정의 여인, 다른 사내를 쫓아가다가 그 사내를 찾기는커녕 오히려 자신을 잃어버리는 사내가 있고, 그리고 우산이라고 말해야 하는 것을 가진 사내가 있다. 말론은 말한다. "나는 지팡이를 잃어버렸다. 그것이 오늘의 두드러진 사건이다." 베케트의 행복한 날들인 이 시기에는 숨쉬는 것도 두드러진 사건이며, 생각도 마찬가지다. 마지막 또는 마지막 가까운 순간에는 상상하기를 포기하는 나, 이름이 없고, 이름 지어지지 않았고, 이름 부를 수 없는 '나'가 있다. 이 '나'는 이렇게 말한다. "이 모든 머피들과 몰로이들도 나를 놀리지 못한다. 그들은 내가 시간을 낭비하게 만들었고, 의미 없는 것을 위해 고통받게 했으며, 내가 말을 그만하기 위해 나에 관해서, 나에 관해서만 말해야 했을 때 자신들에 관한 말을 하게 만들어버렸다." 이렇게 말하는 '나'는 작가이기도 하고 작가가 아니기도 하며, 베케트이기도 하고 이름 붙일 수 없는 자이기도 하며, 이름 붙일 수 없는 자로서의 베케트, 또는 이름 붙일 수 없는 자를 통해 베케트도 아니고 이름 붙일 수 없는 자도 아닌 저 너머의 무언가에 도달하려고 하는 베케트일 수도 있다. '나'는 이렇게 말한다. "여기에는 나 말고는 아무도 없다. 내가 아무것도 모르는 '나' 말고는."

그리고 마지막으로 이런 것이 바로 이 위대한 작가의 위대한 주제다. 작가가 아무것도 모르는 '나', 물론의 모자나 몰로이의 긴 외투나 머피의 양복 그 너머에, 물론 이 세 가지 모두를 그가 때로는 동시에 착용하기도 하지만, 바로 그것들 너머에 있는 '나'이며, 가끔 단골이 되기도 했지만 식당이나 선술집들을 좋아하지 않는 그런 '나'다. "어쩌면 그것이 '나'일 것이다, 한쪽은 바깥, 다른 한쪽은 안쪽, 그 둘로 세계를 나누는 바로 그것, 금속 박편처럼 얇을 수도 있는 것. '나'는 이쪽도 저쪽도 아니며, '나'는 바로 그 중간에 있으며, '나'는 분할선이다."

이것이 바로 말하는 것이다. 영어를 아름답게 말하면서도 말하기 훨씬 더 어려운 프랑스어로 말하기를 선택하는 사람, 그래서 단어를 신중하게 선택해야만 하고, 유창함을 포기해야 하고 어렵게 다가오는 어려운 단어를 찾아내야만 하는 사람, 그렇게 찾은 다음에 그 모든 단어를 영어로 다시 바꿔서 프랑스어의 모든 어려움을 고스란히 담고 있는 새로운 영어, 그 제2의 언어로 사상의 신조어를 만들어내는, 영어를 영원히 바꿀 힘을 가진 새로운 영어를 사용하는 사람. 이것이 사뮈엘 베케트다. 이것이 그의 위대한 작업이다. 이것이 말하는 것이다.

항복하라.

세르반테스와 셰익스피어[•]

월리엄 셰익스피어와 미겔 데 세르반테스 사아베드라의 서거 사백 주년을 우리가 기념하면서, 일반적으로는 이 두 거장이 1616년 4월 23일 똑같은 날에 서거했다고 받아들여지고 있지만 같은 날이 아니었다는 사실을 짚어볼 필요가 있다.

[•] 2015년에 나는 이야기 선집 『광인들, 연인들, 그리고 시인들*Lunatics, Lovers, Poets*』의 서론을 써달라는 요청을 받았다. 이 책은 세르반테스와 셰익스피어 두 거장의 이중 기념일을 축하하기 위해 여섯 명의 영어 사용 작가가 세르반테스의 영향을 받은 이야기를 쓰고, 여섯 명의 스페인어 사용 작가가 셰익스피어의 영향을 받은 이야기를 쓴 것이다. 이 글은 그 서론이다. 그리고 개인적 주석 하나: 이디스 그로스먼의 뛰어난 번역으로 『돈키호테』를 다시 읽은 나의 경험은 나의 소설 『키호테』가 된 글의 출발점이자 최초의 영감이 되었다. 그로스먼의 번역은 내가 1970년대 당시에 읽었던 J. M. 코언의 옛 버전보다 훨씬 더 생동감이 있었다.

1616년 이전에 스페인은 그레고리력으로 바꾸었지만, 영국은 여전히 율리우스력을 사용하고 있어서 십일 일이 늦었다. (영국은 낡은 율리우스력 날짜 계산 시스템을 1752년까지 고수했는데, 마침내 변화가 찾아온 때에 폭동이 일어나 폭도들이 길거리에서 "우리에게 십일 일을 돌려달라!"고 소리쳤다 한다.)* 우연히 날짜가 일치하고 두 달력에도 차이가 있다는 사실은 현대문학의 두 아버지에 대한 유쾌하고도 박식한 감각을 즐겁게 돋운다.

두 거장이 서로를 알고 있었는지는 모르지만 셰익스피어 생전에 『돈키호테』가 영어로 번역되었다는 사실, 그리고 셰익스피어가 일부를 썼거나 셰익스피어가 존 플레처와 함께 썼다고 추정되는 『카르데니오Cardenio』라는 사라진 희곡이 한 편 있다는 사실도 안다. 카르데니오는 『돈키호테』의 부차적인 주요 인물 중 한 명의 이름이기도 하다. 카르데니오 이야기는 불행한 연인들의 이야기로, 『헛소동』과 『한여름밤의 꿈』의 작가를 매혹할 만한 주제다. 그러므로 셰익스피어가 세르반테스를 읽고 영감을 받았을 수도 있다. 그러나 세르반테스가 셰익스피어의 시나 희곡을 잘 알고 있었다고 시사하는 것은 아무것도 없다. 그럼에도 둘은 많은 공통점을 가졌고, 여기 우리가 모르는 영역에서 시작된다. 두 거장 모두 수수께끼 같은 인물

---

* 1582년 교황 그레고리오 8세의 칙서에 의해 현행 태양력이 제정되는데, 당시 가톨릭 국가였던 스페인은 이를 즉시 채택한 데 반해 개신교 국가였던 영국은 즉시 채택하지 않았다.

이기 때문이다. 기록에 누락된 연도들이 있으며, 『카르데니오』를 제외하고도 사라진 서류가 많다. 두 사람 모두 개인적인 자료를 많이 남기지 않았다. 편지나 작업 일기나 버려진 초고가 거의 없고, 완본의 거대한 전질만 남았다. "나머지는 침묵이다."*

그 결과 두 거장은 그들의 저작에 관해 논쟁을 벌이려는 멍청한 사람들의 희생양이 되었다. 인터넷에서 대충 검색해보면 예컨대 프랜시스 베이컨이 셰익스피어의 작품들을 썼을 뿐 아니라 '그가 『돈키호테』도 썼다'는 사실이 '드러난다'. 게다가 세르반테스는 살아생전에도 저작권 관련 문제를 겪었다. 정체도 불분명한 알론소 페르난데스 데 아베야네다라는 필명의 어떤 사람이 『돈키호테』의 가짜 속편을 출판해서 세르반테스로 하여금 진짜 '제2권'을 쓰도록 자극한 것이다. 그 제2권의 등장인물들은 표절 작가 아베야네다의 존재를 인지하고 상당히 경멸한다.

세르반테스와 셰익스피어가 만난 적이 없다는 건 거의 확실하지만, 그들이 남긴 글들을 더 자세히 보면 우리는 더 많은 목소리를 들을 수 있다. 첫째로, 그리고 내 생각에 가장 가치가 있는 그들 공통의 생각은 문학작품이란 단순히 희극적이거나 비극적이거나 낭만적이거나 정치·역사적일 필요가 없다는 것이다. 제대로 태어난 문학은 동시에 여러 가지가 될 수

---

* 셰익스피어의 『햄릿』에서 햄릿 왕자가 죽기 전 마지막으로 남기는 말.

있다는 뜻이다. 두 거장은 모두 프로테우스처럼 변화무쌍하고, 형체를 바꾸는 작가들이며, 두 거장 모두 자의식적이고, 대부분의 현대 거장들이 인정할 방식으로 현대적인 작가들이다. 한 사람은 연극적인 속성과 상연될 것을 고도로 인식한 희곡들을 창작했으며, 다른 한 사람은 가상의 화자 시데 아메테 베넹헬리를 발명해낼 만큼 소설의 허구적 속성을 예리하게 인식하는 소설을 창조했다―화자는 흥미롭게도 아랍인 조상을 가진 화자다.

두 거장 모두 고귀한 사상만큼이나 하층민의 생활도 좋아하고 잘 알며, 그들의 악당과 창녀와 소매치기와 술주정꾼 무리들은 똑같은 선술집에서 편안함을 느낄 수 있는 사람들이다. 이런 세속성은 둘 모두 환상문학가의 자세를 취할 때마저도 웅장한 방식의 사실주의자임을 보여준다. 그래서 다시 말하자면, 후대의 우리는 사실주의에 복무할 때를 제외하면 마법은 무의미하며―프로스페로보다 더 사실주의적인 마법사가 있었던가?―우화 작가의 약을 어느 정도 주사맞아도 사실주의는 성공할 수 있다는 사실을 두 거장 모두로부터 배울 수 있다. 마지막으로, 이 둘은 모두 민담과 신화와 우화에서 유래한 비유법을 사용하고, 교훈을 가르치는 것을 거부하며, 바로 이 점에서 그들을 뒤따르는 많은 사람들보다 이 둘은 더욱 현대적이다. 두 작가는 우리에게 무엇을 생각하고 느껴야 할지 말하지 않고, 어떻게 그렇게 하는지를 보여줄 뿐이다.

둘 중에 세르반테스는 행동하는 인간이었다. 그는 전투에서 싸우다가 심한 부상을 입고 왼쪽 손을 사용할 수 없게 되었으며, 가족이 그의 몸값으로 돈을 모을 때까지 오 년간 알제리 해적들의 노예가 되었다. 셰익스피어는 개인적으로 그런 드라마를 경험하지 않았다. 그러나 전쟁과 군대 생활에 더 관심이 많은 작가였던 것 같다. 『오셀로』『맥베스』『리어왕』은 모두 전쟁을 벌이는 사내들의 이야기다(물론 자기들끼리, 그렇다, 그러나 전장에서도 싸운다). 세르반테스는 자신의 고통스러운 경험을 활용하지만―『돈키호테』의 '포로 이야기' 희곡 두어 장에서―돈키호테가 싸움에 나서는 전투는―현대식 용어를 사용하자면―'사실적'이라기보다는 부조리하고 실존주의적이다. 이상하게도 이 스페인 전사는 전투에 나가는 것이 우스꽝스럽고 부질없다는 것을 글로 써서 바보 전사의 위대한 상징적 인물을 창조했다(이 주제에 관한 좀더 최근의 탐구로 우리는 헬러의 『캐치-22』나 보니것의 『제5도살장』을 생각해볼 수 있다). 영국의 시인·극작가의 상상은 (톨스토이나 메일러처럼) 곧바로 전쟁으로 치닫는다.

유사성에 있어 후손들에게 여전히 유익한 많은 것들에 동의하듯이, 그들은 서로의 차이에 있어서도 매우 현대적인 대립쌍을 구현한다. 무엇보다 그들은 무궁무진하고, 그래서 끊임없이 논의되며, 우리가 그들을 만날 때마다 우리에게 무언가 새로운 것을 말해준다.

마르케스와 나

내가 첫 작품이자 지금은 당연하게도 기억이 흐릿해진 『그리머스』를 출판했을 때, 친구 한 명이 내게 이렇게 말했습니다. "자네는 가브리엘 가르시아 마르케스의 영향을 깊이 받은 게 분명하구먼." 그해는 1975년이었고, 나는 스물일곱 살이었으며, 마르케스의 이름을 들어본 적이 없었습니다. 영어판 『백년의 고독』—그레고리 라바사의 번역본—은 오 년 전, 스페인어 원본 출간 삼 년 후에 이미 출판되었지만, 나는 그 책을 접할 기회가 없었습니다. "가브리엘 가르시아 마르케스가 누군데?" 나는 그 친구에게 이렇게 물었고, 그 친구는 불신과 측은과 경멸이 뒤섞인 표정으로 나를 바라보았습니다. "지금 당장 나가서 자네가 사야 할 책의 저자일세. 오늘, 오늘 오후에 당장 말일세." 그는 이렇게 말했습니다. 그 친구는 책의 제목을 알려주었고, 나는 의심스러운 태도로 대답했습니다. "정말? 백년? 그동안의 고독이라고? 좋은 책이야?" 내 친구는 더욱 무례한 단어로 말했습니다. "바보 되지 말고 당장 가서 사라니까."

그런저런 이유로 나는 떨떠름하게 그 친구의 말을 따랐습니다. 런던의 한 서점에서 나는 펭귄 모던 클래식 페이퍼백을 발견했습니다. 회색 재킷이었고, 표지는 J. C. 오로스코의 벽화 〈비참한 농민들The Misery of the Peasants〉 일부를 디자인한 것이었습니다. 실망스러웠습니다. 오롯이 한 세기 동안의 고독 속에 앉아 있어야 했을 뿐 아니라 그 끝나지 않는 고독 속에서 비참한 농민들에 관한 이야기를 들어야 했을 테니 말입니다. 솔직히 나는 참을 수 없는 권태를 접할 거라 예상하면서 서점의 바로 그 자리에서 책을 펼쳤습니다. 그러고는 지금은 세계적으로 유명해진 다음과 같은 말들을 처음으로 눈으로 보고 또 귀로 듣는 것 같았습니다.

여러 해가 지난 후에 총살 부대를 대면했을 때 아우렐리아노 부엔디아 대령은 아버지가 얼음을 보러 자신을 데리고 갔던 그 먼 과거의 오후를 떠올려야 했다. 그 당시 마콘도는 스무 채의 아도비 벽돌집으로 이루어진 마을이었는데, 선사시대의 알들처럼 크고 거대하고 윤기 있는 돌들 위로 강바닥을 따라 맑은 물이 흐르던 강둑 위에 집들이 지어져 있었다. 세상은 너무 최근에 만들어져서 많은 것들이 이름이 없었고, 그것들을 언급하려면 손가락으로 가리켜야 했다.

나는 첫 페이지의 작가 연혁 아래에 책을 산 날짜를 적었습니다. 그래서 나는 이 일이 내 첫 소설이 출판된 달인 1975년 3월 13일에 있었던 일이라는 걸 확실히 압니다. 그날 내게 일어난 일은 그 말들을 읽었을 수백만의 다른 사람들에게도 일어난 일이기 때문에 나는 그후에 내가 가지고 있거나 주위에 나눠주기 위해 이 책을 여러 권 샀지만, 그때 처음 산 그 책을 아직 그대로 가지고 있습니다. 나는 이 책을 깊이 사랑하게 되었고, 그 사랑은 이제 사십 년 넘게 식지 않고 지속되고 있습니다. 이 농민들은 결코 비참하지 않았으며, 처음에는 너무도 거북했던 북 재킷의 제목이 이제는 긴 쾌락의 약속처럼, 그 안의 한 페이지 한 페이지가 충족시켜줄 약속처럼 보였습니다.

당시 내가 입문하게 된 라틴아메리카문학과 그 문학이 솟아난 현실에 대해 나는 아는 것이 거의 없었습니다. 그 첫 대면의 순간에 나는 개의치 않았습니다. 나는 텍스트의 아름다움과 희극성에 어안이 벙벙해질 정도로 놀라며 깨우치는 독자의 단순히 열린 자세로, 순수한 행복감으로 반응했습니다.

아이들은 오랜 철야와 상상의 분노로 인해 피폐해진 아버지가 자신이 발견한 것을 밝히면서 보여준 당당한 위엄을 남은 평생 내내 기억하게 될 것이다.

"지구는 둥글단다, 오렌지처럼."

우르술라는 인내심을 상실해버렸다. "미칠 거면 제발 혼자 미쳐요!" 그녀는 이렇게 소리쳤다. "당신의 집시 사상을 애들 머릿속에 집어넣을 생각은 하지 말고요."

이 순간의 희극성은 훗날 이 소설의 트레이드 마크가 될 마술적 사실주의의 유형을 보여줍니다. 얼음의 기적에 관한 이 유명한 첫 문장에서부터 나타나 있지요. 마콘도에서 그것은 '경이로운', 다시 말해 비현실적인 느낌을 주는 기술과 과학의 세계인 반면, 미신과 신앙으로 가득찬 마을의 현실들은 '자연적'으로, 따라서 진실로 보입니다. 얼음 기계는 마술적입니다. 과학적 발견은 미친 짓입니다. 학자이자 집시인 멜키아데스—소설의 거의 끝자락에서야 우리는 그의 모국어가 산스크리트어라는 것을 알게 되는데, 아마 동양의 마법 이야기에 대한 작가의 경의가 담겨 있는 것 같습니다—는 마콘도에서 죽음을 포함한 대부분의 세속적 규범을 초월할 수 있는 일종의 남루한 마법사왕으로 받아들여집니다. 그리고 선로 기차의 최초 등장시에는 최소 한 여인이 두려움 때문에 미칩니다. 그녀는 소리칩니다. "저기 온다. 무시무시한 게, 부엌이 그 뒤에다 마을 하나를 끌고 오는 것 같은 게 온다."

기술에 대한 본질적으로 초현실적인 이런 관점이 이 마을에만 국한된 것도 아닙니다. 『족장의 가을』에서도 미국 지식의 힘은 말 그대로 카리브제도의 상실을 초래합니다. 독재자인 족장이 카리브제도를 미국인들에게 팔아버리자, 미국 대사가 보낸 항해 기술자들은 "조각에다 번호를 매겨서 허리케인에서 멀리 떨어진 핏빛 붉은 애리조나의 새벽에다 옮겨 심기위해 가져가버렸습니다. 장군님, 그들은 이 제도를 안에 들어 있는 것까지 몽땅 가지고 가버렸습니다. 우리 도시들의 그림자, 겁먹고 물에 빠져 죽은 우리 사람들, 우리의 미친 용들까지요."

이와 대조적으로, 순수하고 성자 같은 미녀 레메디오스는 초월성을 얻어서 여인네들이 침대보를 개고 있던 어느 날 하늘로 솟아오르고, 추정컨대 천국까지 날아올라가도 마콘도에서는 누구 하나 털끝만큼도 놀라지 않습니다. 심지어 실용적이고 훌륭한 감각으로 부엔디아 가문과 소설의 중심을 잡아주는 안주인 우르술라, 그 우르술라마저 왈가왈부하지 않고 그 사건의 기적 같은 성격을 받아들이고, 레메디오스는 "가장 높이 나는 기억의 새마저도 올라갈 수 없는 그 높은 대기 속으로" 사라져버립니다. 이 소설은 이렇게 이야기합니다. "바깥사람들은" 공중으로 날아가는 이야기를 믿지 않지만, 마콘도에서는 "대부분의 사람들이 기적을 믿으며, 심지어 촛불을 켜고 노베나*로 경축한다."

여기서 우리는 뭔가 비상한 것을 봅니다. 현대 세계의 예상과 반대로, 장구한 문학의 역사에서 어느 누구도 발견하지 못했던 목소리의 창조 말입니다. 물론 많은 사람에게 빚지고 있

---

* 가톨릭에서 성모마리아에게 구 일 동안 올리는 기도를 의미한다.

는 톤입니다. 어떤 작가도 전적으로 고유하지는 않습니다. 셰익스피어마저도 리어왕과 맥베스를 『홀린셰드 연대기』에서 가져왔습니다. 또 셰익스피어가 자기보다 이전에 토머스 키드가 쓴 『햄릿』에 얼마나 큰 빚을 졌는지 누가 알겠습니까? 가르시아 마르케스에게서도 우리는 그가 가르침을 받은 위대한 작가들의 흔적을 발견합니다. 우리는 마콘도 지역 어딘가에서 포크너의 요크나파토파를 볼 수 있으며, 후안 룰포의 코말라*도 볼 수 있습니다. 또 카프카의 성에 드리워진 도시도 있고, 카프카가 활용한 변신 또한 있습니다. 카프카의 변신 역시 오비디우스의 『변신 이야기』와 아폴레이우스의 『황금 당나귀』에서 유래한 것이지요. 부엔디아 가문의 많은 호세 아르카디오들과 아우렐리아노들(그리고 아르카디오들과 아우렐리아노 호세들)에게서 우리는 마샤두 지 아시스의 『브라스 쿠바스의 사후 회고록』과 『동 카즈무후』의 흔적도 발견합니다. 마샤두의 '우울증 방지 고약'은 우르술라 이구아란의 약장 속으로 쉽게 이주해올 수 있었을 테고, 너무 복잡하고 지루해서 묘사하기 힘든 절차에 따라 무덤 저 너머에서 자기의 이야기를 전달하는 브라스 쿠바스의 유용한 기술은 멜키아데스로부터 배운 것일 수 있습니다. 아니면 그 반대일 수도 있고요.

추가적으로 말씀드리자면, 비단 같은 마음을 가진 슬픈 창

---

*『페드로 파라모』 속 유령의 세계. 룰포가 만들어낸 이 가상의 장소는 이후 마르케스가 '마콘도'를 창조하는 데 영감을 주었다.

녀는 라틴아메리카문학에서 가장 사랑받는 등장인물로, 반복적으로 나타납니다. 귀에 거슬리는 일을 한 가지 말씀드려도 된다면, 앤절라 카터—가르시아 마르케스의 엄청난 숭배자—가 가르시아 마르케스의 영광스러운 창부가 단 한 명이라도 으르렁거리는 성격이거나 사팔뜨기 염소처럼 생겼으면 좋겠다고, 애석하다는 듯 신랄하게 말하곤 했다고 들은 기억이 납니다.

문학평론은 본질적으로 위대한 작가를 그 작가의 문학적 맥락, 그가 살고 글을 썼던 시대적 맥락, 그리고 가장 위대한 작가의 경우에는 세계문학의 맥락 속에 위치시키려고 합니다. 나는 곧 마술적 사실주의와 다른 지역의 다른 문학, 곧 자연주의의 경계를 넘어서는 문학의 연관성을 논하고자 합니다. 이렇게 하는 것이 예술가의 고유성을 축소시키지는 않습니다. 나는 가르시아 마르케스의 고유성이 음을 정확하게 연주하는 데 있다고 생각합니다. 감미로움과 비통함, 숙명에 대한 관대한 수용과 그에 대한 분노의 음계를 오가지요. '상상에 의한 분노'라는 악보는 고독의 음악, 즉 도망칠 수 없는 운명 속에 홀로 갇힌 인간들의 음표에서 출발해 예언된 죽음으로 나아간다고 생각합니다. 독특한 톤을 가진 이 음악의 힘은 위대하며 동시에 오래 살아남는다는 데 있다는 것이 증명되었으며, 그 영향은 광범하게 퍼져 있습니다. 전에도 인용한 적이 있지만, 카를로스 푸엔테스가 과거에 내게 한 농담을 여기서 다시 인용하겠습니다. 푸엔테스는 말했습니다. "라틴아메리카 작가들은 이제 '고독'이라는 단어를 더이상 사용할 수 없겠다는 느낌이 들어요. 그들은 그걸 마르케스에 대한 언급이라고 생각할까 걱정하기 때문이지요." 그리고 그는 짓궂게 덧붙였습니다. "또 우리는 '백년 동안'이라는 말도 곧 사용할 수 없게 될 것입니다."

가르시아 마르케스와 노벨문학상 수상 동료인 위대한 독일 작가 하인리히 뵐이 유머에 관해 언급했던 게 기억납니다. 뵐은 라틴어 '유머'가 '습함dampness'을 의미한다고 설명하며, 글쓰기 방식—바라보기 방식—으로 "아주 젖어 있지도 않고 아주 건조하지도 않으며, 통상적으로 한 습한 상태"의 눈, 즉 유머러스한 눈을 사용하라고 권했습니다. 뵐은 자신과 전후 동시대 독일 작가들이 나치가 남긴 잔해로부터 독일문학을 재건하려고 노력하는 방식을 묘사한 것이었지만, 감상적으로 젖어 있지도 않고 냉소적으로 건조하지도 않고, 그가 말하는 습한 상태의 그런 '눈'은 가르시아 마르케스가 세상을 바라보는 방식과 관계가 있습니다.

아주 오래전 『백년의 고독』을 처음 읽었을 때 나는 그 이야기를 순수한 이야기로, 등장인물들은 단순히 책 속의 인물들로만 느꼈습니다. 이 소설이 솟아난 세계에 대한 관심은 나중에 생겼습니다. 우리는 문학 번역의 위대한 시대에 살고 있으며, 그 덕분에 세계문학이 우리 뒷마당에까지 와서 우리의 언어로 말을 하고, 그 문학들이 자신이 자란 토양의 것만이 아니라 우리의 것이기도 하다는 느낌을 줍니다. 가브리엘 가르시아 마르케스의 글이 갖는 지구적 영향에 관한 논의에는 번역자에 대한 경의도 포함되어야 합니다.

나는 아주 오래전에 번역가 그레고리 라바사를 한 번 만난 기억이 있습니다. 그는 가르시아 마르케스가 자신의 영어 번역이 스페인어 원본보다 우수하다고 공개적으로 말했다는 얘기를 들려주었습니다. 사실이 아닐 수도 있겠지만, 그 언급으로 보여준 관대함이 이 위대한 번역자를 크게 감동시켰고, 그래서 한없는 자긍심을 가지고 (처음도, 마지막도 아닐 것입니다) 이 이야기를 한 것입니다. 라바사의 번역은 독자에게 완벽한 투명성의 인상을 주는 훌륭한 번역입니다. 독자에게 원본의 완전한 아름다움을 경험하고 있다는 느낌을 주지요. 라바사의 『족장의 가을』 번역본은 훨씬 더 위대한 성취일 것입니다. 문장이 매우 복잡하고 뒤엉켜 있어 명쾌한 투명성과 무표정한 얼굴의 희극인 『백년의 고독』보다 훨씬 더 큰 도전이 되기 때문입니다.

번역이 어떻게 원본 텍스트를 더 빛나게 해줄 수도, 손상을 입힐 수도 있는지 보려면 최근의 상당히 끔찍한 보르헤스의 작품 재번역을 이전 번역판들과 비교해보면 됩니다. 예를 하나만 들어보겠습니다. 보르헤스의 유명한 이야기 「기억의 천재 푸네스」는 제목에서 저자가 만들어낸 단어(memorioso)를 사용하는데, 영어판 제목에서도 'Funes the Memorious'로 완벽하게 번역되었습니다—'memorious'는 보르헤스 원본의 느낌을 정확히 포착하는 조어이기 때문입니다. 새 번역에서는 제목이 「푸네스, 그의 기억Funes, His Memory」으로 바뀌었는데, 이것은 원본 텍스트에 끔찍한 손상을 입히는 것입니다. 이와 유사하게 귄터 그라스의 걸작 『양철북』의 재번역도 랠프 맨하임의 우수한 원작에 비교해보면 한참 못 미칩니다. 나는 누군가가 가르시아 마르케스의 어떤 책도 재번역할 계획을 세우고 있지 않기를 바랍니다. 만약 그렇게 한다면 불만에 찬 독자 군단과 다투어야 할 것입니다.

번역 문학의 세계들을 우리 세계의 평행세계, 자아가 배회할 수 있는 타자성의 마법의 영역으로 바라보면 흥미롭습니다. 나는 라틴아메리카 밖의 수많은 가르시아 마르케스 독자들에게 이와 같은 '원더랜드 환상'이 부분적으로 최초의 호소력이 될 수 있다고 생각합니다. 내게 일어난 일은 약간 달랐습니다. 『백년의 고독』을 처음 읽은 것이 내게는 라틴아메리카 문학으로 들어가는 문을 열어준 일이 되었습니다. 한 서점과 한 출판사 덕분에 그 속으로 뛰어든 것입니다.

그 출판사는 에이번 북스였습니다. 1970년대에 가장 훌륭한 라틴아메리카 책 시리즈를 펴낸 곳이지요. 마리오 바르가스 요사의 『녹색 집』, 훌리오 코르타사르의 『사방치기Rayuela』, 조르지 아마두의 『도나 플로르와 그녀의 두 남편』, 알레호 카르펜티에르의 『성당의 폭발』 그리고 마누엘 푸익의 『리타 헤이워스의 배반』을 비롯해 많은 책들이 있었습니다. 런던에서는 쉽게 구할 수 없었습니다. 그러나 캠든 로크에서 멀지 않은 노스 런던의 초크 팜에 있는 '컴펜디엄 북스'라는 작은 독립 서점에서는 다른 세계에 관한 모든 책—SF와 신비주의 서적, 수비학數秘學을 가르쳐주고 흑마술을 탐구하는 책, 『일루미나투스!』 삼부작 같은 파라노이아 환상소설, 나선형 신비주의에 관한 예술 서적—을 찾을 수 있었는데, 흥미로운 수입 서적 전문 서점이어서 내가 찾을 법한 에이번 북스 출판물이 거의 전부 비치되어 있었습니다. 이런 책 남독을 끝내갈 무렵 나는 마술적 사실주의의 '사실주의' 부분도 '마술'만큼이나 중요하다는 사실을 깨닫기 시작했습니다. 이 책들이 이런 식인 이유는 이 작가들이 살아온 세계도 바로 이랬기 때문이라는 걸 알게 되었습니다. 또, 이 책들만이 아니라 그 당시에는 가본 적도 없었던 그 나라들에 대해 내가 얼마나 크게 공감하고 있는지도 알게 되었는데, 그런 나라에서 캠든 로크 근처의 오래전에 사라진 포스트히피의 괴짜 서점에까지 건너온 책이었던 겁니다.

우리는 발명된 대안적 세계들 속에 살고 있습니다. 톨킨의 가운데땅, 롤링의 호그와트, 헝거 게임의 디스토피아적 우주들, 뱀파이어와 좀비가 어슬렁거리는 곳, 이런 장소들이 전성기를 누리고 있습니다. 환상소설이 분명하게 유행하고 있음에도 불구하고, 훌륭한 문학의 허구적 소우주들 안에는 환상보다 진실이 더 많이 들어 있습니다. 윌리엄 포크너의 요크나파토파, R. K. 나라얀의 말구디*, 그렇지요, 가브리엘 가르시아 마르케스의 마콘도에서는 현실에서 벗어나기 위함이 아니라 현실을 풍요롭게 하기 위해 상상력이 사용됩니다. 환상적인 것들은 현실에 깊이 뿌리박고 있으며, 그렇기 때문에 초현실적인 것을 사용해 현실보다 더 현실적으로 느껴지고 진실보다 더 진실하게 느껴지는 현실의 은유와 이미지를 창조할 수 있는 것입니다.

'마술적 사실주의'라는 용어의 문제는 이런 것입니다—이 용어를 말하거나 들을 때 사람들은 그 절반인 '사실주의'에는 관심을 두지 않고 '마술적'이라는 나머지 절반만 듣거나 말합니다. 마술적 사실주의가 그저 마술적이기만 하다면, 그것은 문제가 안 될 것입니다. 그저 기발함에 불과하겠지요—그 안에서 무슨 일이건 발생할 수 있기 때문에 어떤 효과도 없는 글쓰기가 되고 말 것입니다. 마술적 사실주의에서 마술적인 것은 현실에 깊이 뿌리내리고 있기 때문에, 현실에서 그것이 자라나기 때문에, 그리고 아름답고 예상치 못한 방식으로 그 진실을 밝혀주기 때문에 마술적 사실주의는 효과가 있는 것입니다.

다음 문단을 살펴봅시다.

호세 아르카디오가 침실 문을 닫자마자 권총 쏘는 소리가 집을 관통했다. 문 아래로 핏방울이 흘러내려, 거실 문을 지나 거리로 나가 울퉁불퉁한 언덕을 가로질러 직선으로 계속해서

---

* 소설 『깨달음을 얻은 호랑이』의 배경이 되는 작은 마을의 이름.

나아갔고, 계단을 내려가서 연석 위로 올라가더니, 터키인 거리를 지나서 코너에서 오른쪽으로 돌고 다른 코너에서 왼쪽으로 돌았다, 부엔디아 저택에서 직각으로 틀어 닫혀 있는 문 아래까지 들어갔다, 현관을 지나 바닥 천을 더럽히지 않으려고 벽을 부여잡으면서 . . . 그리고 부엌 안으로 나왔다, 그곳에서 우르술라는 빵을 만들기 위해 서른여섯 개의 달걀을 깰 준비를 하고 있었다.

"맙소사, 성모마리아여!" 우르술라가 소리쳤다.

『백년의 고독』의 이 유명한 문단에서는 뭔가 철저히 환상적인 일이 발생하고 있습니다. 죽은 사내의 피가 자체의 생명을 가진 것처럼 목적을 가지고 마콘도 거리를 전략적으로 지나간 뒤에 마침내 어머니의 발치에서 휴식을 취합니다. 피가 이처럼 행동하는 것은 '불가능'하지만, 그럼에도 이 문단은 진실처럼 읽혀서 피의 여정이 그가 죽었다는 소식이 스스로 자신을 쏜 방에서부터 어머니의 부엌까지 이르는 여정으로 느껴지며, 안주인 우르술라 이구아란의 발치에 도착하는 모습은 고도의 비극으로 읽힙니다. 한 어머니가 아들이 죽었다는 걸 알게 되는 겁니다. 호세 아르카디오의 생명의 피는 우르술라에게 이 슬픈 소식을 전해줄 때까지 살아 있을 수 있고 또 그래야만 합니다. 마술적인 것이 추가된 현실은 극적이고 감정적인 힘을 얻습니다. 현실감이 덜어지는 게 아니라, 더해집니다.

"적은 것이 많은 것이다." 우리는 이렇게 배웁니다. 그러나 때로는, 이런 책에서는, 많은 것이 많은 것입니다. 내가 방금 인용한 문단에서 볼 수 있듯이, 가르시아 마르케스는 과장법을 아주 사랑합니다. "빵을 만들기 위한 달걀 서른여섯 개." 아주 많은 달걀입니다. 똑같이 숫자를 과장하는 기법은 아우렐리아노 부엔디아 대령에 대한 유명한 묘사에도 나타납니다. "아우렐리아노 부엔디아 대령은 무장 봉기 서른두 개를 조직했고, 그 모든 봉기에서 패배했다. 그는 열일곱 명의 서로 다른 여인에게서 열일곱 명의 아들을 두었는데, 장남이 서른다섯 살이 되기 전날 하룻밤 사이에 그들은 모두 차례대로 죽임을 당했다. 부엔디아 대령은 자신의 목숨을 노린 열네 번의 암살 시도에도 살아남았고, 서른세 번의 매복을 이겨냈으며, 총살 부대도 하나 피해갔다. 대령은 말 한 마리도 거뜬히 죽일 수 있는 양의 스트리크닌을 탄 커피를 마시고도 살아남았다." 대부분의 문학 속 등장인물은 한 번 또는 두 번의 봉기, 더 작은 가족, 더 적은 수의 부인, 그렇게 많지 않은 암살 시도, 좀 더 적당한 양의 독약을 삼키는 것에 만족할 것입니다. 가르시아 마르케스의 등장인물들은 더 열심히 일해야 하고, 더 자주 싸워야 하고, 더 자주 결혼해야 하고, 더 많은 아이를 낳아야 하고, 더 많은 암살 시도와 매복과 총살 부대를 견뎌내야 하고, 보통 사람들보다 더 많은 스트리크닌을 먹어야 합니다. 그들에게는 매우 진 빠지는 일이지요.

가르시아 마르케스의 작품과 컴펜디엄 북스에서 발견한 다른 작가들의 작품을 읽으면서 거의 대부분의 페이지에 반응하며 나는 내가 인도와 파키스탄에서 겪은 경험으로부터 그들의 세계를 얼마나 많이 인지하는지 생각했습니다. 라틴아메리카와 남아시아에서는 모두 도시와 시골 마을 사이에 갈등이 있었고, 그런 갈등은 지금도 여전히 있습니다. 또 두 곳에는 비슷하게 부유한 자와 빈곤한 자, 힘있는 자와 힘없는 자, 거대한 자들과 왜소한 자들 사이에 심연같이 깊은 장벽이 있습니다. 두 곳 모두 강력한 식민의 역사를 가진 장소들이 있습니다—식민자는 다르지만 결과는 같습니다—그리고 두 곳에서는 종교가 굉장히 중요하며, 신이 살아 계시고, 그래서 불행하게도, 독실한 사람들도 살아 있습니다.

나는 가르시아 마르케스의 대령들과 장군들을 알고 있었습니다. 또는 적어도 그들을 닮은 인도와 파키스탄의 대령들과 장군들을 알고 있었습니다. 마르케스의 주교들은 나의 물라 mullah*들이었고, 그의 시장통은 나의 바자 bazaar였습니다. 그의 세계는 스페인어로 번역된 나의 세계처럼 느껴졌습니다. 그러니 내가 마법 때문이 아니라 사실주의 때문에 그 세계를 사랑하게 된 것은 그리 놀랄 일이 아닙니다. 물론 동양의 환상적인 '마법 이야기'를 듣고 자란 작가로서 마법도 매력이 있었지만 말입니다. 내가 라틴아메리카를 방문하기 오래전, 이미 그곳의 작가들이 내게 라틴아메리카가 친숙할 것이라고 느끼게 만들었습니다. 마침내 니카라과, 멕시코, 콜롬비아, 아르헨

---

* 이슬람교 율법학자.

티나, 칠레, 페루, 그리고 브라질을 실제로 방문했을 때 나는 생각했습니다. 너도 잘 알잖아, 그 작가들이 말해준 딱 그만큼 이곳은 미친 곳이라는 걸, 그리고 내가 자란 곳과 똑같은 방식으로 미친 곳이라는 걸. 똑같은 열대식물, 똑같이 번쩍거리는 간판들과 상점들의 앞모습, 길거리의 삶, 풍요로운 구술 이야기의 전통, 무절제, 냄새, 관능, 열기. 이 지역에서의 내 인생 최초의 날, 마나과*에서 운전하면서 나는 이곳을 이미 아는 곳이라 여기고 있었습니다. 가르시아 마르케스와 그의 동료들 덕분이기도 했고, 두 세계가 과거에도 현재에도 진짜로 닮았기 때문이기도 했습니다.

가르시아 마르케스 자신은 항상 자기 작품의 우화적 성격보다 사실주의를 주장했습니다. "저는 어떤 것도 지어내지 않습니다." 가르시아 마르케스가 한번은 BBC에서 자신의 문학 스타일에 대해 이렇게 말했습니다. "사람들은 항상 제 상상력을 칭찬하지만, 저는 제가 끔찍한 사실주의자라고 믿습니다. 제가 지어낸 것은 모두 이미 현실 속에 있었습니다."

작가 다니엘 알라르콘이 한번은 BBC에서 이렇게 말했습니다. "두어 해 전에 카르타헤나에 갔을 때 택시를 탔는데, 그 택시기사가 이런 식으로 말하더군요. '이게 마르케스의 집이지요.' 그러고는 이렇게 덧붙였습니다. '여기 카리브제도에서는 모두가 훌륭한 이야기를 가지고 있습니다. 마르케스는 그저

---

* 니카라과의 수도.

홀륭한 타이피스트일 뿐이고요.'"

우리는 마법의 시대에 살고 있지 않습니다. 세계는 어둡고,
문학은 거기에 대해 디스토피아로 대답합니다. 가장 높이 칭
찬받는 새로운 소설들은 음산함으로 주목받습니다. 기쁨은 거
의 발견하기 힘든 것 같습니다. 다른 모든 것과 마찬가지로 문
학에도 유행이 있으며, 현재의 유행은 가르시아 마르케스와
거의 대척점에 있는 종류의 글쓰기입니다. 이 새로운 종류의
글쓰기를 지칭하는 유행 용어는 '오토픽션'입니다. 지어낸 것
을 전부 회피하며, 너무도 깊이 자전적인 것들, 노골적으로 개
인적인 것들만 신뢰하는 문학입니다.

서점에서는 논픽션이 소설보다 잘 팔리고, 그러니 소설 또
한 비소설화되어갑니다. 많은 이들에게 상상력이란 믿지 말아
야 할 것처럼 보이고, 그래서 독자들은 벨기에 소설가 아멜리
노통브와 이탈리아의 엘레나 페란테라는 필명의 작가와 노르
웨이 작가 칼 오베 크나우스고르에게로 눈길을 돌립니다. 크
나우스고르는 자기 책을 '나의 투쟁'이라고, 말하자면 '마인
캄프Mein Kampf*라고 부른 두번째 저자입니다.

내 의도는 어떤 식으로든 이런 작가들을 비판하려는 게 아
닙니다. 나는 그들의 재능을 인정하며, 분명히 많은 나라에서

---

* 크나우스고르는 히틀러의 자서전 『나의 투쟁Mein Kampf』과 같은 표현을
사용해 책 제목을 'Min Kamp'라고 지었다.

많은 독자들의 황홀한 관심을 사로잡고 있습니다. 그리고 유행에 맞지 않는 것은 여러 방면으로 멋진 일입니다. 작품은 세상의 눈부신 관심으로부터 멀어지게 되고, 그 자리에 서서 다가오는 독자들을 맞이하며, 언제나 그래야만 하고 또 그렇듯이 거대한 수레바퀴가 돌아오기를 기다리게 해주지요.

라틴아메리카와 그 너머에서 마술적 사실주의의 웅장한 순간은 지나갔으며, 새로운 작가들은 이런 작품만 제외하고는 거의 어떤 것이라도 하려 합니다. 마르케스 이후 세대에서 가장 각광받는 작가 고 로베르토 볼라뇨는 마술적 사실주의가 "악취가 난다"는 악명 높은 선언을 했으며, 가르시아 마르케스를 "수많은 대통령과 주교들과 친하게 지내는 것을 끔찍이도 좋아한 사람"이라고 부르며 그의 명성을 조롱했습니다. 유치한 감정 분출이었지만, 많은 라틴아메리카 작가들에게는 자기들 가운데 위대한 거장이 존재한다는 사실이 약간 부담스러운 것 이상이었다는 사실을 보여주었습니다. 가르시아 마르케스가 죽자 그 부담은 사라졌고, 이제 그의 전작을 거대한 현상이 아니라 단순히 작품으로 인정할 수 있게 되었습니다.

문학의 유행이 오고 가지만—그래서 허구적인 것을 거부하는 '오토픽션' 또한 지금의 유행에 불과할 수 있지만—라틴아메리카에서 마술적 사실주의라고 알려진 것은 스쳐가는 유행이 아니라는 사실을 분명히 지적해둘 필요가 있습니다. 그것은 모든 시대, 모든 언어에서 스스로 드러나는 전통의 최근 발현이며, 적어도 사실주의 전통에 필적하는 것입니다. 카프카의 「변신」에 등장하는 거대한 벌레, 『거장과 마르가리타』에서 모스크바를 쑥대밭으로 만드는 불가코프의 악마, 그리고 찰스 디킨스 또한 가르시아 마르케스와 나란히 흘러갑니다. 『황폐한 집』의 관료주의 관청—전적인 목적이 복지부동인 정부 부서—과 동일 소설 안에서 끊임없이 벌어지는 잔다이스 대 잔다이스 사건의 재판은 자신을 존중하는 마술적 사실주의자라면 누구든 자랑스럽게 창조했을 이미지들입니다. 내가 가르시아 마르케스를 처음 읽었을 때 가장 자주 떠오른 이름은 초현실주의 감독 루이스 브뉘엘이었습니다. 〈학살의 천사〉와 같은 걸작은 누구보다도 가르시아 마르케스의 독특한 톤에 가깝습니다. 가르시아 마르케스는 자신이 문학 계보에서 멀리 떨어진 곳에 속한다는 사실을 아주 잘 알고 있었습니다. 『내가 너를 사랑한 도시』의 저자인 미국 소설가 윌리엄 케네디는 가르시아 마르케스의 말을 인용합니다. "멕시코에서는 초현실주의가 길거리를 쏘다닙니다." 그리고 또 "라틴아메리카의 현실은 전적으로 라블레스럽습니다.*"

부엔디아 가문과 족장과 순진무구한 에렌디라와 아무도 편지를 보내지 않는 슬픔에 잠긴 대령은 모두 이런 전통에 속하는 사람들**입니다. 이 전통에는 지금까지 창작된 것들 중 가

---

* 프랑스의 풍자가 프랑수아 라블레(1494?~1553)의 작품 경향에서 유래한 형용사. 거칠고 외설적인 유머와 풍자적 성격, 대담한 묘사를 특징으로 한다.
** 에렌디라는 『순박한 에렌디라와 포악한 할머니의 믿을 수 없이 슬픈 이야기』 속 인물, 대령은 『아무도 대령에게 편지하지 않는다』 속 인물을 가리킨다.

장 생명력이 큰 작품들이 많이 포함되어 있는데, 이제는 유행이 오고 가더라도 생명력을 계속 유지할 가브리엘 가르시아 마르케스의 작품도 포함됩니다.

나는 마르케스를 만난 적이 없으며, 그 사실을 매우 유감스럽게 생각합니다. 그러나 우리는 긴 대화를 한 번 나눈 적이 있습니다. 내가 멕시코시티의 친구 집에 머물 때 카를로스 푸엔테스가 저녁을 먹으러 왔습니다. 나는 그에게 가르시아 마르케스가 친구인 피델 카스트로를 만나러 쿠바에 가고 시내에 없어서 실망했다고 말했습니다. 푸엔테스가 이런 식의 말을 했습니다. "당신들이 서로 만난 적이 없다는 게 터무니없군요." 그리고 곧 방에서 나갔다가 잠시 후에 돌아오더니 다른 방으로 나를 불러 전화 수신기를 건네주었습니다. "당신이 얘기를 나누어야 할 사람이 연결되어 있습니다." 그렇게 말하고는 내 귀에 마르케스의 목소리만 남겨둔 채 방을 나갔습니다.

대화는 어색하게 시작되었습니다. 마르케스는 영어를 전혀 모른다고 했지만, 그는 영어를 꽤 알고 있었음에도 영어로 말하기를 원치 않았다는 것이 곧 명확해졌습니다. 내 스페인어는 형편없습니다. 나는 스페인어를 전혀 말할 줄 모르지만, 약간 알아듣기는 합니다. 우리 둘은 프랑스어를 좀 했습니다. 그래서 세 가지 언어로 얘기를 시작하자 훨씬 나았습니다. 사실 내 기억에 그 대화에서 언어 문제는 없었습니다. 내 기억에 우리는 그저 서로에게 말을 했고, 서로를 완벽히 이해했습니다.

상당히 긴 대화였습니다. 우리는 많은 주제를 다루었습니다. 나는 마르케스에게 그의 할머니가 해준 이야기들과 그 이야기들이 그의 이야기를 만드는 데 중요한 도움을 주었다는 글을 읽었다고 했고, 내 어머니가 해준 우리 가족 이야기와 그 이야기들이 내게 중요했다는 말을 한 기억이 납니다. 그는 내 글에 대해 매우 친절하게 말했습니다. 우리는 서로의 차이, 마콘도와 봄베이의 차이, 시골 마을과 도시의 차이에 대해 이야기했습니다. 나는 그에게 『예고된 죽음의 연대기』에 대해 쓴 적이 있다고 말했고, 그의 논픽션 『칠레의 모든 기록』에 대해서도 쓴 적이 있다고 말했습니다. 『칠레의 모든 기록』에서 그는 코앞에서, 그것도 아주 위험한 독재자 피노체트의 코앞에서 비밀 영화를 만드는 영화감독 미겔 리틴의 이야기를 했습니다. 나는 마르케스가 자신의 소설에 대한 내 서평보다 자신의 저널리즘에 대한 나의 관심에 더 큰 열정을 보이는 것에 주목했습니다. 한번 저널리스트는 영원한 저널리스트인 거지요. 마르케스는 내 르포계 진출작인 콘트라전쟁* 시기의 니카라과에 관한 작은 책에 관심이 있었습니다. 나는 산디니스타 지휘부 대부분이 참석한 다니엘 오르테가의 집에서 있었던 저녁식사 이야기를 들려주었습니다. 그때 나는 저녁식사 테이블에서 이뤄지는 대화의 성격을 변화시킬 것만 같아서 녹음

---

* 산디니스타 민족해방전선 정부가 미국이 지원하는 반혁명 세력 콘트라 반군과 치른 내전(1979~1990).

기 꺼내는 것을 주저했습니다. 대신에 나는 위장에 탈이 났다는 평계를 대고 십 분 혹은 십오 분마다 화장실에 가서 주머니 속의 공책에다 두 사람 사이의 대화와 관찰한 다른 내용들을 격렬하게 휘갈겨썼습니다. 마르케스는 이 이야기가 즐거운 듯 내게 말했습니다. "그것 보세요, 당신도 기자네요."

여러 해가 지난 후 미국PEN클럽 회장이 되었을 때 나는 마르케스를 연사로 초청해서 뉴욕으로 모시려고 여러 차례 시도했지만, 그는 항상 점잖게 거절했습니다. 그것은 뉴욕의 손실이었고, 나의 손실이었습니다.

나는 보르헤스도 만난 적이 없습니다. 하지만 내가 이십 대 초반일 때 그가 런던에 와서 강연하는 것을 본 적이 있고, 그보다 훨씬 뒤에 부에노스아이레스에서 그의 아내 마리아 코다마 덕분에 그의 서재를 본 것이 그를 만난 것이나 같았습니다. 그리고 비록 가르시아 마르케스를 만난 적은 없지만, 나는 우리가 전화로 나눈 대화에 대한 기억을 가지고 있으며, 나는, 그리고 우리 모두는 그의 책을 가지고 있습니다. 그것으로 충분합니다.

텍사스주 오스틴의 랜섬 센터에 가르시아 마르케스의 자료가 도착하는 순간은 문학 속에서 미국이 카리브제도를 얻는 것에 비유할 만한 일입니다. 『족장의 가을』에서 애리조나로 옮겨진 카리브제도 말입니다. 이제는 그의 거대한 글쓰기의 바다 또한 애리조나가 아닌 텍사스로 이식되었습니다. 여기에는 가르시아 마르케스가 의심의 여지 없이 인정했을 만한 아이러니가 있습니다. 이제 그는 여기에 있습니다. 마르케스는 숫자가 매겨진 조각으로 여기에 보내졌습니다. 그러나 그는 모든 곳에 있으며, 여전히 콜롬비아에 있고, 여전히 멕시코에 있습니다.

모든 곳에 있습니다.

해럴드 핀터(1930~2008)

　　1993년 런던의 알메이다극장에서 데이비드 르보가 해럴드
핀터의 연극 〈무인지대〉의 리바이벌 공연을 연출했다. 1975년
이 연극의 초연 당시 존 길구드와 랠프 리처드슨이 연기했던
주연을 폴 에딩턴―텔레비전 시트콤 〈예, 목사님Yes, Minister〉에
서 목사 '짐 해커'로 유명하다―과 핀터 자신이 맡았다. 르보
는 리허설 기간에 폴 에딩턴이 당혹감을 표하면서 핀터에게
이 연극의 특정 순간에 대해 어떻게 이해해야 할지, 그 순간에
자신의 배역이 추구하는 것은 무엇인지, 그것을 위해 어디로
가야 하며 성취하고자 하는 바가 무엇인지 이해할 수 있게 도
움을 요청했다는 걸 말해준 적이 있다. 핀터는 에딩턴의 손에
서 대본을 건네받아 살펴본 뒤 돌려주며 이렇게 말했다고 한
다. "대본에는 저자의 의도가 명확히 나타나 있지 않네요." 그

얼마 뒤 나는 핀터에게 정말 그렇게 말했냐고 물어보았다. "맞아요." 핀터가 대답했다. "아마 그렇게 말했을 겁니다." 왜 그랬는지 내가 물었다. 폴 에딩턴의 질문에 그냥 대답해주었더라면 더 쉽지 않았을까? 핀터는 이렇게 말했다. "내가 그 연극을 쓴 게 거의 [비속어 생략] 이십오 년 전인데 [비속어 생략] 어찌 알겠냐고요?"

이 이야기는 해럴드 핀터의 전설적인 비타협적 태도와 자기 작품에 관해 설명해달라는 질문에 대한 혐오를 보여준다. 그에게 예술 작품의 힘은 '의미'라는 사상, 또는 적어도 한 장면, 연극 한 편, 시 한 수, 소설 한 편이 무엇에 '관한' 것인지에 대한 명료한 구두 설명으로 의미를 환원하는 것에 대한 저항에 있다. (소문에 따르면, 또다른 상황에서 〈생일 파티〉가 무엇에 관한 것인지 질문을 받자, 그는 이렇게 대답했다고 한다. "방안에 한 남자가 앉아 있고, 그후에 두 남자가 들어오는 이야기입니다.") 그러나 이것은 또한 핀터의 정직성을 보여준다—만약 십 년이 지난 글에 대해 잊어버렸다면, 그는 그것에 대해 그럴싸한 설명을 꾸며대려고 하진 않았을 것이다. 해럴드 핀터는 가혹할 정도로 정직한 예술가이자 인간이었다.

(핀터는 언제나 추상적이고 이론적인 것보다 구체적이고 실체적인 것을 선호했다. 처음 만난 지 얼마 지나지 않아 그는 나의 글에 대해 물어보았다. 그는 관용적이었지만, 내 글의 '난삽함'에 대해 언급하기도 했다. 그때 나는 그를 아주 크게 경외하게 되었지만, 그럼에도 나는 표면 아래에 내가 '심층구

조'라고 부르는 것이 어떻게 존재하는지 약간 방어적으로 뭔가를 중얼거렸다. 핀터는 무섭게 빛나는 그 유명한 미소를 터뜨리며 다시 말했다. "심층구조라. 그럼 그게 대체 뭘까요?" 공포에 사로잡힌 나는 라이트모티프leitmotif에 대한 바그너의 사상에 관심이 있다는 둥, 상이한 문맥에서 동일한 이미지를 반복적으로 사용—은제 타구唾具, 손가락으로 무엇을 가리키는 손의 모양, 똑딱거리는 시계 소리—함으로써 흥미로운 의미를 축적하는 방식에 관심이 있다는 둥 두서없이 지껄여댔다. 그러나 나는 곧 말문이 막혀버렸다. 나는 내가 소설가가 아니라 이론가처럼 지껄이는 소리를 들었다. 핀터의 잔인한 미소로부터 나는 무언가를 배웠고, 그후로는 그런 문학평론식 언어는 쓰지 않으려고 노력했다.)

우리 모두와 마찬가지로 핀터도 자기 작품이 사랑받기를 원했다. 기회가 있을 때마다 그는 친구들에게 새로 쓴 시를 팩스로 보냈고, 우리는 더럽게 신속히 답을 보내야 했고, 그렇지 않으면 무시무시한 핀터의 분노를 감수해야만 했다. 한번은 렌 허턴이라는 영국의 유명 크리켓 선수에 관한 시 한 편을 우리에게 보냈다. 이런 시였다. 시 전문이다.

나는 렌 허턴의 전성기를 보았네,

다음 기회에,

다음 기회에.

상당히 맛깔스러운 뒷담화에 따르면, 그의 친한 친구 극작가 사이먼 그레이가 제시간에 답을 하지 않았고, 마침내 핀터가 전화를 걸었다.

"사이먼, 내가 새로 쓴 시에 대해 자네가 어찌 생각하는지 아직 말을 안 했어."

"미안하네, 해럴드." 그레이가 말했다. "시간이 없어 아직 다 못 끝냈네."

핀터는 너무나 기분이 좋았고, 사이먼은 무시무시한 핀터의 분노를 피할 수 있었다. 그 분노는 자주 '핀터당하다'라는 현상으로 이어졌는데, 이는 어떤 가엾은 친구나 적이 핀터의 강력한 혀의 채찍을 맞았을 때의 느낌을 의미했다. 나는 핀터당한 적이 없다고 말할 수 있어서 행복하다. 핀터가 런던의 로열코트극장에서 데이비드 매멧의 〈올리아나〉 연출 감독을 맡았을 때 나도 거의 핀터당할 뻔했다―그해는 1993년으로, 알메이다에서 리바이벌 공연을 한 〈무인지대〉에서 그가 연기를 한 해이기도 하다―내가 〈올리아나〉를 보러 갔을 때 나는 핀터의 작업에 대해 충분히 칭찬하지 않은 채 그의 아내 앤토니아 프레이저와 다른 무언가에 관해 이야기하기 시작했다. 곁눈질을 하면서 나는 핀터가 용암처럼 끓어오르기 시작하는 걸 보았다. 전면적인 차이나 신드롬* 대참사를 두려워하면서 나는

---

* 원자로 과열로 인한 노심 용융으로 발생한 용융물이 땅속까지 침투한 뒤 중국까지 도달한다는 상상의 대참사.

황급히 그에게 돌아갔다.

"해럴드, 당신이 연출한 〈올리아나〉가 절대적으로 빌어먹게 멋졌다고 내가 까먹고 말을 안 했던가요?"

"그래요." 핀터가 말했다. "당신은 그 말을 하는 걸 정말 까먹었어요."

내가 말했다. "해럴드, 당신의 〈올리아나〉 연출은 절대적으로 빌어먹게 멋졌습니다."

"음, 좀 낫네요." 핀터는 이렇게 대답하면서 치명적인 미소를 지었다.

해럴드 핀터에게는 엄청난 분노가 있었는데, 그는 스스로 그게 결점이라고 생각했고 그에 대해 자주 사과했다. 나는 그게 결점이 아니라 오히려 핀터의 예술, 그리고 정치적 열정의 원천이라고 생각한다. 그것은 인간사의 잘못되고, 냉소적이고, 비도덕적이고, 타락하고, 남을 괴롭히고, 추한 모든 것에 대한 격분에서 나오는 공적 분노라고 말할 수도 있겠다. 그리고 그 이면에는 실존적 분노, 인간의 삶이라는 감옥, 우리 스스로 만들어내서 스스로 결코 벗어날 수 없는 덫에 대한 격노가 있다. 핀터의 모든 희곡의 표면 아래, 그리고 텍스트 표면의 야만에 가까운 정확성 아래에서 끓어오르는 폭력성이 핀터의 작품에 본질적 성격을 부여한다. 그리고 그의 희극의 숭고한 어둠도 마찬가지다. 핀터의 미소의 불온성, 문학에서 가장 불온한 그 미소는 그가 써내는 모든 문장, 그가 생명력을 불어넣는 모든 장면에서 발견된다.

1980년대 초반에 내가 핀터를 처음 만났을 때 그의 작품은 직접적인 정치적 표현을 향해 갓 움직이기 시작했다. 나는 그것이 좋은 일인지 확신이 서지 않았다. 1968년 영국 텔레비전이 제작한 〈생일 파티〉에서 골드버그 역을 연기한 핀터에 대한 기억이 내게는 너무도 강력했고, 〈무인지대〉의 생략의 힘에 대한 나의 감탄이 너무도 커서(운이 좋게도 내가 길구드-리처드슨 원작 공연을 볼 수 있었다) 나는 직접적인 정치 참여가 핀터의 음울한 천재성에 비해 너무 노골적인 행보가 될까 우려했다. 다른 사람들도 동의했고, 그의 '정치극'—〈마지막 한잔One for the Road〉〈산악 언어Mountain Language〉〈파티 타임〉—에 대한 초기 평가는 약간 당혹스러웠다. 시간이 지나면서 이 짧은 세 희곡은 걸작임이 드러났다. 그러니까 언제나 그랬듯이 핀터가 우리보다 잘 알고 있었던 것이다.

1980년대에 해럴드 핀터는 모든 에너지를 동원해 정치 참여에 투신했다. 1985년 PEN 국제 여행 당시 핀터와 아서 밀러는 투옥된 터키 작가들을 고문한 데 대해 앙카라의 미국 대사관 리셉션에서 항의 시위를 했다. 두 사람은 퇴장을 요구받았다. 그후에 핀터는 아서 밀러와 함께 미국 대사관에서 추방당한 것을 "내 인생의 가장 자랑스러운 순간 중 하나"라고 묘사했다. 콘트라전쟁 당시에는 니카라과의 주장에 동조했으며, 나중에는 쿠르드족 주장에 동조했고, 미국의 외교 정책에 대해, 특히 조지 W. 부시 행정부 시절에 더욱더 신랄한 비판을 가했다. 그는 노벨문학상 수상 강연을 통해 자기 작품의 양면

성인 예술과 정치에 관해 똑같이 웅변적으로 말했으며, 말년에는 그의 삶에서 이 두 가지가 분리될 수 없게 되었다. 강연의 제목은 '예술, 진리 그리고 정치Art, Truth and Politics'였는데, 이 제목에서 우리는 예술가와 정치 행동가를 연결해주는 다리를 볼 수 있다. 이 다리는 거짓에 대한 그의 증오이자 자기가 진실이라고 믿는 것을 최대한 많이 드러내고 표현하고자 하는 결단이었다.

희곡작품 바깥에서 해럴드 핀터는 자신의 의도를 설명하는 데 주저하지 않았다. 그의 노벨문학상 수상 강연은 이렇게 시작한다.

1958년에 나는 이렇게 썼습니다. "무엇이 사실이고 무엇이 사실이 아닌지 그 사이에 확실한 구분은 없으며, 진실과 거짓 사이에도 없습니다. 어떤 것이 반드시 진실이거나 거짓일 필요는 없습니다. 진실일 수도 있고 거짓일 수도 있습니다." 저는 이 주장들이 지금도 타당하며, 예술을 통한 진실 탐구에도 여전히 적용될 수 있다고 믿습니다. 한 작가로서 저는 양쪽을 모두 지지하지만, 한 시민으로서 저는 그럴 수 없습니다. 시민으로서의 저는 이렇게 물어야만 합니다. 무엇이 진실인가? 무엇이 거짓인가?

시민으로서 그가 스스로 해야 한다고 느끼는 것 때문에 핀터는 편협과 편견과 검열에 대한, 그리고 권력자의 권력 남용

에 대한 표현이 분명하고 열성적인 반대자가 되었다. 〈산악
언어〉와 〈파티 타임〉에서 핀터는 자신의 주장에 적절한 극적
형식을 부여하는 데 성공했다. 그리고 그를 새로이 알게 되어
행복한 우리는 80년대와 90년대에 라틴아메리카라는 단어를
언급하기만 해도 핀터가 열변을 토할 것이라는 사실을 분명
히 알았다. 따라서 그 단어의 언급을 꺼리던 시절이 있었고,
'미국'이라는 단어도 마찬가지였다.

그러나 핀터가 가장 치밀하게 탐구한 것은 언제나 언어였
다. 그는 다음을 간파했다고 인상적으로 말했다. "언어 한가운
데에 질병이 생겼고, 그래서 언어는 영원한 가면무도회, 거짓
의 융단이 되어버렸습니다. 인간의 영혼과 육체 모두에 가혹
하고 냉소적인 손상과 타락을 가하는 것 . . . 이런 행위들은
고약한 냄새가 나는 수사학적 계략이나 빈약한 용어나 권력
의 개념들에 의해 정당화됩니다. 나는 생각합니다. 우리는 우
리가 사용하는 언어를 직시하게 될 것인가? 그렇게 하는 것이
우리의 능력 안에 있는가? . . . 현실은 본질적으로 언어 바깥
에, 별도로, 완고하게, 떨어져 있어서 묘사하기에 적절하지 않
은 것으로 남아 있는가? 존재하는 현실과 그것에 대한 우리의
인식 사이의 정확하고 활력 있는 조응은 불가능할까? 또는 현
실을 흐리게 하고 왜곡하기 위해서만 언어를 사용해야 하는
것일까—존재를 왜곡하고—일어나고 있는 일을 왜곡하기 위
해서—왜냐하면 우리가 두려워하기 때문에? 나는 우리가 이
끔찍한 덫에 스스로 빠진 것은 우리가 언어를 사용하는 방식

때문이라고 생각합니다. 덫 안에 놓인 자유와 민주주의와 기독교적 가치 같은 단어는 여전히 야만적이고 수치스러운 정책과 행위를 정당화하기 위해 사용되고 있습니다."

해럴드 핀터는 나의 친구이자 위대하고 충실한 동맹이었다. 『악마의 시』에 대한 호메이니의 파트와가 내려진 지 일 년 조금 지나기 전인 1990년 2월 6일에 나는 런던의 ICAInstitutes of Contemporary Arts에서 연례적으로 열리는 허버트 리드 강연을 요청받은 상태였다. 하지만 매우 실망스럽게도 영국 경찰이 그 행사의 안전 보장을 거부하는 바람에 나는 갈 수가 없었다. 나는 핀터에게 전화해서 나 대신 강연해줄 수 있는지 물었고, 그는 단 한순간도 주저 없이 즉시 승낙했다. 그때는 많은 다른 사람들이 다른 곳에서 깰 수 없는 약속들이 있는 때였다. 그와 같은 원칙과 용기의 행동에 대해, 그리고 많고 많은 다른 공적인 행위들에 대해, 나 자신과 내 가족에 대한 개인적 우정의 선물에 대해, 그리고 무엇보다도 그의 천재성에 대해 나는 해럴드 핀터에게 감사한다. 그리고 그를 사랑하는 모든 이들처럼 나는 아직도 여전히 매일같이 그를 그리워한다.

다음은 2014년 10월 내가 PEN 핀터 상을 수상했을 때 했던 수락 연설에서 발췌한 몇 가지 추가적인 언급이다.

내가 텍스트에 대한 과도한 해설에 저항하는 이유 중에는 1988년 가을 『악마의 시』 출판 이후에 발생한 일이 있습니다.

그 당시 이 책의 반대자들은 자신들의 추종자들에게 이 책의 의미를 규정하는 데 착수했고, 엄청난 성공을 거두었습니다. 그리고 많은 사람에게 그 규정은 오늘날까지도 작동하고 있어서 그들에게는 이 소설이 말하자면 왜 역겨운지 정확히 말해주고 있습니다. 아주 초기에 나는 명백히 왜곡되고 편파적인 이런 규정들의 성격이 자명해져서 책 그 자체가 스스로 최선의 변호를 할 것이라 희망했습니다. 나는 또 나의 경력, 내가 쓴 글들, 내가 한 일, 그리고 내가 어떤 사람이었는지가 당시에 벌어지고 있던 내 인격과 동기에 대한 악마화에 맞선 최선의 변호가 되기를 희망했습니다. 그러나 그것은 우리가 종교 전반, 특히 특정 종교에 너무도 겁을 먹던 시절 이전의 생각들이었습니다―종교가 비세속적인 하늘의 신의 이름으로 세속적인 폭력을 저지를 수 있는 종교인들의 능력으로 재정의되기 이전 말입니다.

이 시절에는 자명해야 할 것이 방종처럼 보이기 시작했습니다. 종교에 대한 편협한 유사 해설들이 새로운―또는 실제로는 아주 낡아빠진―신성모독과 죄악의 어휘로 표현되어 의제를 점점 더 크게 결정하기 시작했습니다. 나는 오랫동안 『악마의 시』에 대한 거짓 창작에 내가 반대되는 설명을 제시하며 맞서 싸워야 한다고 느꼈습니다. 나는 그렇게 하기가 끔찍이 싫었습니다. 거의 모든 내용에 대해 하나하나 변호하는 것이 필요해 보였지만, 때때로 그로 인해 모든 작가처럼 나 역시 원했던 내 소설에 대한 열려 있는 사적인 독서 경험을 망가뜨리고 있다고 느꼈습니다. 그래서 나는 스스로에게 힘든 질문을 던져야 했습니다. 내가 실제로 그랬던 것처럼 만약 그 책을 완성하는 것이 독자라고 믿는다면, 그리고 그 책에 대한 모든 종류의 해석들, 말하자면 독자 각각의 마음속에 들어 있는 그 책이 타당한 버전임을 내가 믿는다면, 그리고 사실은 내가 바란 것이 그런 각각의 버전이 탄생하는 것이었다면, 사람들을 분노하게 한 버전들도 그 책에 더 우호적인 독자들의 마음속에 있는 버전들만큼 진정성이 있는 것 아닐까? 문학적 경험의 성격에 대한 내 생각이 내 책에 대한 나의 변호를 손상시키지는 않았을까? 내가 생각해낸 유일한 대답은 판단과 반응 사이에 구별이 있어야 한다는 것이었습니다. 사람들은 자기들이 원하는 대로 친절하거나 혹독하게 책을 판단할 권리가 있습니다. 그러나 그들이 폭력이나 폭력의 위협으로 반응한다면, 주제는 바뀌어 이런 질문이 생겨납니다. 우리는 그런 위협을 어떻게 누를 것인가? 그때 이후 우리는 모두 수많은 전선에서 이 질문에 대한 답을 찾으려고 씨름해왔습니다.

노벨상 연설에서 해럴드 핀터가 한 한탄은 세속적 권력, 특히 세계 최강대국의 언어 왜곡을 주로 겨냥한 것입니다. 하지만 그가 말한 것은 모두 전 세계에서 이런저런 신앙의 이름으로 자행되고 있는 추악함에 대해서도 유효합니다. 여러 종교를 살펴볼 필요가 있다고 말하는 것이 타당합니다. 오늘날 미국의 기독교 극단주의자들은 신으로부터 나왔다고 주장하는 언어로 여성의 자유와 동성애자의 권리를 공격합니다. 오늘날 인도의 힌두교 극단주의자들은 표현의 자유에 대한 공격에 착수해 자신들의 편협한 사프란 교조주의*에 부합하도록 교과서 내용을 변경하라고 제안하며 문자 그대로 역사를 다시 쓰려고 합니다. 그러나 오늘날 문제의 압도적인 무게는 이슬람 세계에 있으며, 많은 부분이 전 지구적으로 사우디아라비아의 지원을 받는 이슬람 내부의 살라피 운동**에서 파생된 피와 전쟁의 이념적 언어에 그 뿌리를 두고 있습니다.

다음은 영국의 현대 이슬람 대중운동 옹호자인 에드 후사인이 〈뉴욕 타임스〉에 쓴 글입니다.

> 명확히 하자. 알카에다, 이슬람국가ISIS, 보코 하람, 알 샤바브 등등은 모두 폭력적인 수니파 살라피 집단이다. 사우디아라비아는 오십 년 동안 전 세계에 걸친 수니파 살라피주의의 공식 후원자였다. 전 세계 이슬람교도의 90퍼센트를 차지하는 대부분의 수니파 이슬람교도들은 살라피주의자가 아니다. 살라피주의는 너무 엄격하고, 자구字句에 지나치게 집착하며, 이슬람교 주류로부터 매우 유리되어 있다. . . 살라피 추종자들과 여타 근본주의자들은 전 세계 이슬람교도의 3퍼센트만 대변할 뿐이다.

---

* 힌두교에서 성스러운 색깔인 사프란(선황색)으로 상징되는 인도의 힌두교 극우 민족주의 정치운동을 말한다.

** 반외세와 전통 복귀를 주장하는 이슬람 수니파 내의 종교 부흥운동.

그 3퍼센트의 수니파에 이란혁명의 지원을 받는 시아파 극단주의자들의 비율을 더할 수 있겠습니다. 시아파 극단주의의 이데올로그 알리 샤리아티는 마르크스주의 언어를 차용해 호메이니 혁명을 '역사에 대한 반동'이라고 불렀습니다. 이런 의미에서 시아파와 수니파 극단주의자들은 똑같습니다. 근대 자체가 그들의 적입니다. 남자만이 아니라 여자에게도 자유의 언어를 주고, 폭정보다는 정부의 정당성을 고수하며, 종교에서 벗어나 강력한 세속주의를 지향하는 근대 말입니다. 바로 이런 근대 세계의 언어가 근대 무기의 지원을 받는 왜곡된 중세적 광신주의 언어의 공격 목표가 되어왔습니다.

이 언어는 모스크와 소셜 미디어에서 더욱 많이 들리고 있습니다. 어떤 젊은이들에게는 그 호소력이 너무도 커서 영국의 이슬람교도 수백 명, 어쩌면 수천 명이 사람들을 참수하는 야만인들의 이슬람국가에 합류하도록 설득합니다. (우려스럽게도 훨씬 더 많은 영국 이슬람교도들이 영국군보다 이슬람 성전에 가담하고 있습니다.) 이들 소셜 네트워크 사이트 일부에서 유통되고 있는 어떤 사우디의 여론조사에서는 이슬람국가가 '이슬람과 이슬람 율법을 따른다'는 데 응답자의 92퍼센트가 동의한다는 결과를 보여줍니다. 만약 이 결과가 정확한 것이라면, 이런 정보는 에드 후사인의 3퍼센트 관점이 과도한 낙관주의로 보이게 합니다. 이것을 조작된 통계라고 깎아내리더라도, 무자비한 광신도들의 입에서 분노한 젊은이들의 귀로 쏟아지는 증오로 가득찬 종교적 수사가 오늘날 세계에서 가장 위험한 신종 무기가 되었다는 결론을 피할 수 없습니다.

내가 싫어하는 단어 '이슬람공포증'은 이런 과잉을 지적하는 사람들에게 편협한 사람이라는 딱지를 붙여서 그들의 신뢰를 떨어뜨리려고 만들어진 용어입니다. 그러나 첫째로, 만약 내가 당신의 사상을 좋아하지 않는다면 그렇다고 말하는 것이 허용되어야 합니다. 당신이 나의 사상을 좋아하지 않는다고 말하는 것이 허용되어야 하는 것과 마찬가지로 말입니다. 단지 자기 편에 있는 이런저런 하늘의 가상의 신이 있다고 주장한다는 이유만으로 한 사상이 보호받을 수는 없습니다. 둘째로, 새로운 이슬람 광신주의의 굴레에서 고통받는 대부분의 사람은 다른 무슬림들이라는 사실을 기억하는 것이 중요합니다. 탈레반은 아프가니스탄 국민을 억압했으며 다시 곧 그렇게 하려고 합니다. 아야톨라*들이 이란 국민을 계속 억압하고 있습니다. 이라크전쟁에서 죽은 사람들은 대부분 무슬림입니다. 그들은 자신들의 살인을 허용하도록 세속적 용어로 재정의된 자신들의 종교의 이름 아래 다른 무슬림들에 의해 죽임을 당했습니다. 그런 문제에 대해 공포증을 느끼는 것은 옳습니다. 몇몇 논객들이 말했듯이 이라크에서 인간만 죽임을 당하는 것이 아니라, 문화가 말살되고 있습니다. 그런 세력에 대해 혐오를 느끼는 것은 편협이 아닙니다. 그것은 공포스러운 사건에 보일 수 있는 유일한 반응입니다.

---

* 시아파 고위 성직자들에게 수여되는 칭호.

해럴드 핀터와 같이 나도 한 작품이 다양하게 읽힐 수 있게 하는 예술가의 모호하고 간접적인 언어를 크게 선호합니다. 그러나 핀터의 선례를 따라서 나 역시, 한 시민으로서 이 새로운 종교적 폭력의 시대에 처한 세계의 공포에 대해 말하지 않을 수 없습니다. 종교적 폭력을 일으키고 정당화하며, 젊은 영국인들을 포함한 젊은이들이 극단적인 야수적 만행에 이끌려서 스스로 정의의 전쟁을 하고 있다고 믿게 만드는 그런 언어에 대해 나는 말하지 않을 수 없습니다.

이 어두운 시대에 PEN의 과업은 그 어느 때보다 중요합니다. 전 세계 언론인들은 그 어느 때보다 위험에 처해 있습니다. 이라크와 시리아의 분쟁에서 그들은 정당한 공격 목표로 간주되고 있습니다. 영국의 성전 참여자jihadi에 의한 제임스 폴리의 참수는 우리 모두를 충격에 빠뜨렸지만, 폴리씨가 그 전쟁의 최초 사상자도 아닙니다. 시리아 언론인 연합에 따르면 백오십 명 이상의 언론인이 시리아 내전 기간에 죽임을 당했으며, 언론인 보호위원회에 따르면 1992년 이후 이라크에서 죽은 언론인 수는 백구십 명 이상입니다. 푸틴의 러시아에서 언론인 사망자 수는 세 자리 수가 되었습니다. 에리트레아에서 중국에 이르기까지 도처에서 작가들과 기자들이 기소 없이 감금되고, 사라지고, 때로는 죽임을 당합니다.

도움이 필요할 때 나는 영국과 미국과 여타 지역의 PEN으로부터 강력한 지원을 받았고, 그에 대해 무한히 감사하고 있습니다. 해럴드 핀터는 나의 보호를 요구하기 위한 다우닝가 파견단을 이끌었습니다. 해럴드와 앤토니아는 내가 어린 아들을 자기들의 집에서 만날 수 있도록 허락해주었습니다. 나를 위해 바츨라프 하벨에게 말해주고, 그의 지지를 끌어내준 사람도 해럴드 핀터였습니다. 그리고 파트와 이후 몇 개월 동안 영국 정부가 나를 만나는 것이나 나와 접촉하기를 거부했을 때, 당시 외교부 차관이었던 윌리엄 월드그레이브에게 전화를 걸어 내게 이야기를 하라고 주장해 성공한 것도 해럴드 핀터였습니다. 곤경에 처한 작가에게 핀터보다 훌륭한 동맹은 없습니다.

그때 이후로 나는 핀터의 본보기를 따라 PEN이 다른 사람들을 돕는 데 내가 할 수 있는 일을 하려고 노력해왔습니다. 이 일은 중요하고, PEN은 효과적인 변호 조직임을 여러 차례 증명했습니다. PEN / 바버라 골드스미스(지금은 PEN / 바비) 글을 쓸 자유 상을 예시로 들 수 있습니다. 이 상은 1987년 이후 해마다 곤경에 처한 특정 작가들의 상황을 부각하기 위해 PEN 미국 본부에서 수여합니다. 이 영예를 안은 작가 네 명이 이 상을 수상하기 전에 석방되었습니다. 수상 당시 감옥에 있던 서른여덟 명의 작가 중에서 서른다섯 명 이상이 그후에 석방되었습니다. 자랑스러워할 만한 기록입니다. 우리는 글로 쓰인 언어를 보호하는 일과 진실을 말하기 위해 모든 것을 감수하는 사람들을 보호하는 일을 계속할 것입니다.

나는 위대한 작가, 위대한 시민, 그리고 가장 절실할 때 함께해준 위대한 친구 해럴드 핀터의 이름을 딴 상을 수상하게 되어 자랑스럽습니다.

『파리 리뷰 인터뷰』 제4권 서문

　나는 훌륭한 금 세공사에게 왜 그렇게 값비싼 물질만 취급하는지 물어본 적이 있다. 그러자 그녀는 황금의 장점은 유연성이라고 대답했다. 황금으로는 어떤 것도 할 수 있어요, 비틀고 돌리면 어떤 모양이건 원하는 대로 만들 수 있지요. 그때도 지금도 나는 영어가 언어의 황금이라고 생각한다―내가 언급할 수 있는 다른 몇 가지 언어들과 달리 영어는 통사론적 자유와 신축성이 있어 우리가 원하는 대로 만들 수 있다. 그리고 이것이 바로 영어가 전 세계로 퍼지면서 그토록 많은 지역적 변신에 성공한 이유다―아이리시 영어, 서인도제도 영어, 호주 영어, 인도 영어, 그리고 많은 미국 영어의 변이들이 있다. 나는 이 책에 재수록된 〈파리 리뷰〉 인터뷰에서 마야 안젤루가 나와 똑같이 느끼고 이렇게 말한 것을 보고 반가웠다.

"얼마나 아름답고, 얼마나 유연한 언어인가요, 또 얼마나 적합한가요. 잡아당기면, '알았어'라고 대답하잖아요."

바보 같을 만큼 오랫동안 나는 영어가 다른 어떤 언어보다 이런 속성을 더 크게 가지고 있다고 여겼다. 그래서 다비드 그로스만이 다른 언어를 쓰는 다른 작가들도 똑같이 느낀다고 내게 상기시켜준 것이 도움이 되었다. 그로스만은 이렇게 말한다. "히브리어는 유연한 언어이며, 모든 종류의 언어유희에 열정적으로 응답합니다. 비속어로 성경에 대해 말할 수도 있고, 일상의 삶을 성경적으로 말할 수도 있지요. 사람들이 쉽게 이해할 수 있는 단어를 발명할 수도 있습니다. 거의 대부분의 단어가 어원을 가지고 있어서 사람들이 파생어를 알아보고 대체로 이해할 수 있으니까요. 히브리어는 아주 섹시한 언어입니다. 거대하고, 영웅적이며, 영광스럽지만, 동시에 작가들에 의해 메워지기를 갈망하는 큰 틈새들도 있지요." 아, 알았어요. 나는 인정하며 살짝 불평스럽게 한마디 던진다. 알았어요, 언어에는 황금이 여러 종류가 있나보지요.

이것이 〈파리 리뷰〉 인터뷰가 멋진 이유다. 그저 즐거움을 주는 것이 아니라 우리를 생각하게 만들고, 심지어 우리가 안다고 생각했던 것을 다시 생각하게 만든다. 많은 작가들(그리고 예비 작가들과 독자들)처럼 나도 아주 오랜 아트 오브 픽션 시리즈*의 팬이다. 이 잡지의 옛날 호들을 서가에서 꺼내

---

* 저명한 소설가들의 심층 인터뷰를 담은 〈파리 리뷰〉의 시리즈.

옆에 두고 이 글을 쓰고 있다.

1981년 여름 내가 『수치』 초고를 쓰던 때에 나는 도널드 바셀미의 〈파리 리뷰〉 인터뷰에서, 특히 환상적 효과에 대한 그의 언급에서 크게 영감을 얻었다. 이야기에서 한 여성에게 황금 엉덩이를 부여한 건 "우리에게 엉덩이를 보도록 허용하는 하나의 방식"이었다. 그리고 "내 이야기 속에서 다리미판만큼 큰 바퀴벌레가 없었다면 코르테스와 몬테주마가 악수하는 걸 보여줄 수 없었을 것이고, 그러면 감상적이기만 했겠죠. 우리는 벌충할 것을 찾기 위해 주위를 둘러봅니다. 독자들에게 비록 X가 일어나고 있지만, X는 Y의 관점에서 고려되어야 한다고 말해줄 것들을요." 이 인터뷰가 그때 내게 정말 얼마나 유익했는지, 그리고 지금도 얼마나 유익한지!

아트 오브 픽션 인터뷰는 글쓰는 삶에 대한 우리의 심오하고 항구적인 호기심을 만족시켜준다. 대부분의 작가처럼, 나 역시 독자로서 그리고 노지 파커*로서 다른 작가들에게 관심이 있다. 나는 그들의 작품을 알고 싶지만, 그 작품이 어디에서 왔고 어떻게 탄생했는지도 알고 싶다. 아마 이런 느낌을 부인하는 유일한 작가는 V. S. 나이폴일 것이다. 헤이온와이** 문학 축제에 간적이 있는데, 그때 나이폴이 무대 위에서 미국의 작가 겸 편집

---

* 남의 일에 호기심이 과도하게 많은 사람을 일컫는 말. 하이드파크의 '피핑 톰'(엿보기를 좋아하거나 호기심이 강한 사람)을 가리키는 엽서의 글귀 "노지 파커의 모험(The Adventures of Nosey Parker)"에서 유래했다.

** 영국 웨일스 지역의 세계적으로 유명한 헌책방 마을.

자 빌 뷰퍼드와 인터뷰를 하고 있었다. 그는 자신이 당당하게 퇴짜를 놓은 작가들에 관한 뷰퍼드의 질문에 이렇게 대답했다. "난 독자가 아닙니다, 작가지요." 그러나 이 인터뷰집에 나이폴도 있으며, 자신의 문학적 기원만이 아니라 글쓰기 과정에 관해 출판된 자료들 중 하나로 제시되고 있다. 추측건대, 나이폴 자신은 다른 작가들에 관해 읽고 싶거나 알고 싶지 않지만, 다른 작가들—그리고 독자들이—그에 대해서 알고 싶어할 수도 있다는 생각에 기꺼이 함께하기 때문일 것이다. 그러나 나이폴이 말하듯, 우리가 그에 대해 알고 싶어할 만한 훌륭한 이유들이 많이 있다. 그는 『미겔 스트리트』에 대해 이렇게 말했다. "어떤 것이든 그것에 대해 처음으로 글을 쓴다는 건 매우 힘듭니다. 그후에 모방하는 건 언제나 쉬운 일이고요." 그리고 그는 『자유 국가에서』에 대해 "참 잘된 작품이에요"라고 말하면서 행복해한다.

아트 오브 픽션 인터뷰가 작가가 아는 것보다 작가에 대해 더 많이 보여줌으로써 우리에게 많은 것을 알려주는 것이 바로 이런 순간들이다. 위대한 P. G. 우드하우스의 쾌활함은 아주 유명한데, 그가 나치 치하 파리에서의 전시 방송에 관해 말할 때는 거의 충격적일 정도로 순수한 성격을 보이게 되었다—그 방송으로 인해 많은 사람이 그를 반역자로 비난했고, 우드하우스 스스로도 "그의 삶 전체를 바꿔버렸다"고 말했듯이 나머지 일생을 미국에서 보내며 다시는 고국으로 돌아갈 수 없었다. 지브스, 버티 우스터, 드론스 클럽, 블랜딩스 캐슬,

그리고 불멸의 돼지 '블랜딩스의 여제' 등 환상의 영국을 창조해낸, 영국 작가 중에서 가장 영국적인 이 작가가 그토록 오래 망명 생활을 해야 했다는 사실이 내게는 항상 고통스럽게 느껴졌다. 그러나 우드하우스는 그 모든 일에 대해 완벽하게 행복해하는 것 같다. 그는 영국 사람들의 대우에 분개할까? "아, 아니, 아니, 아닙니다. 전혀 그런 거 없어요. 그 모든 것들이 이제는 사그라든 것 같아요." 그러면 미국 망명 생활은 어떨까? "영국보다 여기에서 살고 싶다는 생각이 더 커요. 영국에 여기보다 제가 더 좋아하는 장소가 있는지도 모르겠네요. 과거에는 런던을 좋아했지만, 이제는 좋아하지 않는 것 같아요. . . 어찌 보면 나는 축복받은 편입니다. 어떤 것에 대해서도 나는 크게 걱정하지 않아요. 스스로 꽤 적응을 잘하는 편입니다." 아, 그렇다면 다행입니다.

이 인터뷰집 안에서 잭 케루악은 정확히 자기 식으로, 생생하면서도 혼란스럽게 완전한 케루악스러움Kerouacity으로 등장한다. 그는 자기 이름을 이렇게 설명한다. "자, 케언kairn을 보자. K(또는 C)AIRN. cairn이 무엇인가? 돌무더기다. 이제 콘월Cornwall은 케언월cairnwall이다. 이제는, 그렇다, 컨kern 또는 컨KERN이 케언cairn과 같은 의미다. 컨Kern. 케언Cairn. 우악Ouac은 '~의 언어'를 의미한다. 그러니 컨우악Kernouac은 콘월의 언어를 의미한다. 커Kerr는 데버라 커의 '커'와 같다. 우악Ouack은 물의 언어를 의미한다. 커Kerr, 카Carr 등이 물을 뜻하기 때문이다. 다시 케언cairn은 돌무더기를 뜻한다. 돌무더기

안에는 언어가 없다. 케루악Kerouac. 커Ker(물), 우악ouac(~의 언어). 그리고 이것은 고대 아이리시 이름 커윅Kerwick과 연관되어 있는데, 와전된 형태다. 콘월 지방Cornish 이름으로, 케어니시cairnish를 뜻한다. 그리고 셜록 홈스에 따르면 이것은 모두 페르시아어다." 이 인터뷰들이 진행되고 이후에 편집되면서 그 기술이 엿보이는 지점은―이 과정에는 인터뷰한 작가들도 긴밀히 관여했다―작가들이 그토록 정직해 보이고, 또 (대부분) 부인할 수 없을 만큼 자신다워 보인다는 데 있다.

여기에는 의견 차이도 있다. 윌리엄 스타이런은 그 누구보다 포크너의 영향을 인정하고 또 그를 칭송하지만, 약간의 유보가 있다. "나는 포크너의 복잡성에 대해서는 전적으로 찬성하지만, 혼란스러움에 대해서는 아니다. . .『소리와 분노』에 대해 말하자면, 나는 이 작품이 자신도 모르게 성공했다고 생각한다. 포크너는 너무도 긴 시간 동안 쓸데없이 빌어먹게 강렬한 경우가 잦다." 마야 안젤루는 공손하지만 확고하게 포크너와 스타이런 둘 다 대단하지 않다고 생각한다. 그녀는 이런 질문을 받는다. "흑인의 경험에 대해 글을 쓰는 백인 작가들―포크너의『소리와 분노』나 윌리엄 스타이런의『냇 터너의 고백Confessions of Nat Turner』―에 대해 어떻게 생각하세요?" 그러자 안젤루는 이렇게 대답한다. "글쎄요, 더러 실망해요―그렇지 않을 때보다 그럴 때가 많죠." 다시 한번, 문학은 분쟁지역이라는 것을 알 수 있다. 요즘은 소설, 회고록, 시 분야의 명석한 새 세대의 아프리카계 미국 작가들―몇 명만 꼽아도

제스민 워드, 콜슨 화이트헤드, 미첼 S. 잭슨, 사피야 싱클레어, 나타샤 트레스웨이, 트레이시 K. 스미스 등이 있다—의 등장 덕분에 누구나 어떤 것에 관해서건 쓸 수 있고, 누구도 특정 주제를 독점하지도 못한다고 주장하는 것이 가능하며 옳기도 하지만, 이들의 명석함을 보고도 그렇게 하기는 꺼려진다. 이 작가들은 자기들의 주제를 너무도 강력하게 주장하고 있어서 같은 주제에 개입해 들어가려는 사람은 성급한 동료가 되고 만다.

이 인터뷰집에 수록된 두 명의 작가, 오스터와 그로스만은 나의 친구들이다. 그러나 작가들은 자신의 재능에 대해 마땅히 말해야 하는 것보다 적게 말하기 때문에, 이 작가들의 경우마저 나는 여기 실린 인터뷰에서 많은 것을 알게 된다. 오스터는 '손가락으로 읽기' 즉 작품 하나가 끝나면 그 전체를 다시 타이핑하는 일이 얼마나 소중한지 이야기한다—"정말 대단합니다." 그는 "눈이 감지하지 못하는 실수를 손가락이 얼마나 많이 찾아내는지"에 대해 경탄해 마지않는다. 그리고 내가 이미 인용한 그로스만의 히브리어 찬사가 있다.

여기에는 또 모호하기도 하면서 날카로운 존 애시베리가 있다. ("나는 내가 어떤 종류의 인간인지에 대해 너무도 부정확한 느낌을 가지고 있어요." 그는 이렇게 한탄하면서도 "학생들에게서 배우는 유명한 클리셰들은 피하려고" 노력한다고 다소 퉁명스럽게 말하기도 한다.) 또 자기만족적인 필립 로스가 있다. ("나는 작가들에게 글쓰기 습관에 대해 물어보지 않아요. 정말 신경쓰지 않으니까요. 조이스 캐럴 오츠는 어딘가에서 이렇게 말했죠. 작가들이 서로에게 몇시에 글쓰기를 시작하고 언제 끝내며, 점심은 얼마나 오래 먹느냐고 묻는 건 '저 사람도 나만큼 미친 사람인가?' 하는 걸 알아내려는 거라고요. 나는 그런 질문에는 답이 필요하지 않아요.") 그리고 클레멘트 우드의 운율 사전과 『로제 유의어사전』을 사용한다고 인정하는 스티븐 손드하임이 있다. 또 E. B. 화이트는 『샬롯의 거미줄』에 관해 이야기한다. ("어린아이 수준으로 낮춰서 글을 쓰는 사람은 시간을 낭비하는 겁니다. 낮춰서가 아니라, 높여서 글을 써야 해요.") 에즈라 파운드는 디즈니의 '다람쥐 영화' 〈페리〉에 대해 이야기하며 '디즈니의 유교적 측면'을 '절대적 천재성'이라고 칭송한다. 그리고 매릴린 로빈슨은 『하우스키핑』이 어떻게 '은유 더미'에서 탄생했는지 이야기한다. 매리앤 무어는 케네디 대통령이 당선되기 전날 인터뷰했지만, 전혀 다른 세대에 속하는 작가다. 그리고 가능한 가장 현대적인 작가 무라카미 하루키는 토니 모리슨과 조이스 캐럴 오츠에 대한 두려움을 인정한다.

만약 당신이 작가가 아니더라도 걱정 마시라. 이 책은 어떻게 작가가 되는지 가르치려 들지 않는다. 당신이 만약 작가라면 이 책은 당신에게 많은 것을 가르쳐줄 것이다. 어느 쪽이든 이 책은 보물상자이자 하나의 기쁨이다.

자서전과 소설

(i)

18세기의 가장 위대한 소설 세 권의 표제지를 우선 한번 보기로 합시다—많은 사람들이 영국 소설의 황금기로 간주하는 시기지요.

『로빈슨 크루소』의 표제지에는 이렇게 적혀 있습니다. '요크 출신 선원 **로빈슨 크루소의 인생과 이상하고 놀라운 모험들: 아메리카** 해안의 거대한 **오루노크**(오리노코)강 입구 근처의 한 무인도에서 혼자서만 이십팔 년을 산 사람; 난파로 인해 모두 죽고 혼자 살아남은 그 해변에 내던져졌다. 마침내 **해적들**에 의해 얼마나 이상하게 구조되었는지에 대한 설명도 **함께 있다**. 그가 직접 씀. 런던: W. 테일러를 위해 페이터-노스터-로우의 인쇄소에서 인쇄함. MDCCXIX(1719).'

『걸리버 여행기』 표제지의 텍스트를 전부 옮겨보겠습니다.

'세계의 몇몇 **먼 나라들로의 여행들.** 네 **부분**으로 되어 있음.
처음에는 **외과의사,** 그다음에는 여러 **선박의 선장**을 지낸 **레
뮤얼 걸리버** 씀. 제1권 런던: 플리트스트리트의 미들 템플게
이트에서 **벤지 모트**를 위해 인쇄함. MDCCXXVI(1726).'

   그리고, 세번째로『신사 트리스트럼 샌디의 인생과 생각 이
야기』제1권의 표제지에는 이렇게 적혀 있습니다. '**신사 트리
스트럼 샌디**의 **인생과 생각.**' 그다음에는 이렇게 그리스어로
에픽테토스를 인용하고 있습니다. "Tarassei tous Anthropous
ou ta Pragmata, alla ta peri ton Pragmaton, Dogmata." 이
말은 "사람들을 불쾌하게 하는 것은 사물 그 자체가 아니라, 사
물에 대한 사람들의 이론들이다"라는 의미입니다. 그다음에는
간단히 판본의 권수인 '제1권'과 인쇄 정보 '**런던:** J. **도즐리**를
위해 펄 몰에서'와 날짜(첫 두 권의 제1판 인쇄일인 1759)만
적혀 있습니다.

   세 책의 표제지에 관한 놀라운 사실은 진짜 저자의 이름은
없다는 것입니다.『로빈슨 크루소』는 로빈슨 크루소에 의해,
『걸리버』는 걸리버에 의해,『트리스트럼 샌디』는 우리에게 자
기 이야기를 하느라 그토록 긴 시간이 걸리는 불운한 화자이
자 너무 쉽게, 너무 자주 주제에서 벗어나 자신의 인생에 대한
설명이 실제 인생보다 더 느리게 진행되어 결국 글을 쓸수록
앞으로 써야 할 남은 인생이 더 많아지는 불쌍한 트리스트럼
에 의해 쓰였다고 주장됩니다. 대니얼 디포, 조너선 스위프트,
로런스 스턴의 이름은 그들의 책에서 빠져 있습니다. 이 책들

이 모두 그랬던 것처럼, 불과 이백오십 년 전에는 책이 당대에 유명해지고 칭송받으면서도 저자는 그림자처럼 남는 것이 가능했습니다. 저자의 성격과 인생 이야기는 작품과 어떠한 관련도 없는 것으로 간주되었습니다. 『로빈슨 크루소』의 기원이 (프라이데이를 제외하고는) 친구가 아무도 없는 세계에 고립된 디포의 어린 시절의 기분에 있다고 생각되지 않았습니다. 아무도 주임 사제 스위프트에게 아주 작은 인간들이나 아주 큰 인간들이나 말하는 말들을 가까이서 만나보았는지 물어보지 않았습니다. 로런스 스턴의 부모도 집 앞까지 찾아온 기자들에게 그들의 섹스 습관이 어떤지, 그리고 스턴 시니어가 실제로 시계태엽 감는 걸 까먹었는지 질문을 받은 적이 결코 없습니다. 소설은 소설이고, 인생은 인생이었습니다. 이백오십 년 전에 사람들은 이 두 가지가 다른 것이라는 걸 알았습니다.

이제는 더이상 그렇지 않습니다. 그리고 이에 대해 책임을 져야 할 작가가 있다면, 찰스 디킨스일 겁니다. 공적 인격으로서의 작가 숭배가 디킨스가 전적으로 발명해낸 것은 아닐지라도, 그가 그것을 대중화하는 데 많은 기여를 한 것은 분명합니다. 1842년에 처음으로 미국 순회 강연을 하면서—강연료를 더 받았기 때문에 디킨스는 미국 강연을 좋아했습니다—디킨스는 자신의 명성을 이용해 열정적이고 탁월한 노예제 반대론자가 되었으며, 국제 저작권법 확립을 격렬하게 변호하는 연설도 했습니다. 그러나 무엇보다 디킨스는 자신의 작품 속 유명한 장면들의 전설적인 연기자가 되었습니다. 그는 모든 역할, 심지어는 여성 인물의 역할도 훌륭히 연기했습니다. 『오래된 골동품 상점』의 리틀 넬이 죽는 장면 연기는 특히 성공적이었는데, 숨이 끊어지는 넬에 대한 묘사는 외견상 숱이 적은 그의 턱수염에도 불구하고 결코 설득력이 떨어지지 않았습니다. 연기자로서의 그의 재능은 그의 명성을 크게 높여주었습니다. 그러나 두번째 미국 여행에서 건강이 나빠져 돌아온 1870년, 그가 맞이한 갑작스러운 죽음의 원인일 거라고도 여겨집니다. (이 이야기의 교훈 한 가지는, 그러므로 어떤 작가들은 대중 강연을 잘하지만 ... 대중 강연이 그들을 죽이기도 한다는 사실입니다.)

자신의 소설 열다섯 편 중 여덟번째 작품인『데이비드 코퍼필드』의 출판과 더불어—전체 제목은『블런더스톤의 루커리 가문의 젊은이 데이비드 코퍼필드의 (어떤 이유로도 출판할 의도가 없었던) 개인적 역사, 모험, 경험, 그리고 관찰』입니다—디킨스는 아동 노동자로서의 경험, 첫사랑, 실패한 법조인 경력 등 자신의 인생을 명시적으로 자기 소설의 토대로 사용하기도 했습니다. 1850년에는 표제지에 저자의 이름이 명기됩니다. 디킨스는 자신이 저자라는 사실을 숨기는 데 관심이 적었고, 이 소설의 자전적 기원을 숨기려는 어떤 시도도 하지 않았으며, 세상을 뜨기 일 년 전에는 이 작품을 자신의 '가장 아끼는 자식'이라 불렀습니다. 디킨스 이후의 작가들이 자신들의 이야기를 허구화하는 데 더 적극적이었던 것은 아니지만, 독자들은 확실히 그렇다고 믿기 시작했습니다. 오늘날

에는 모든 소설이 사실은 위장된 자서전이라는 가정이 지배
적입니다.

현대 작가들은 가장 자주 받는 질문으로 자서전 관련 질문
을 꼽을 것입니다. "그 작품은 얼마나 자전적입니까?" 소설은
미성년 소녀를 성적으로 욕망하는 남자에 관한 것일 수도 있
고, 어느 날 일어나보니 거대한 쇠똥구리로 변신한 자신을 발
견하는 사람에 관한 것일 수도 있고, 작가의 표현대로 "시간의
경련을 겪어서" 통제 불가능한 상태로 여러 시대를 왔다갔다
하는 미국인에 관한 것일 수도 있고, 미치광이라고 주장하며
군대에서 나가려고 몸부림치지만 단 한 가지 함정, 즉 군대에
서 나가려는 사람이 미치광이일 리가 없다는 함정에 빠진 사
람에 관한 것일 수도 있습니다. 그러나 질문은 언제나 똑같으
며, 그 아래에 깔려 있는 가정도 언제나 똑같습니다. 나보코프
가 『롤리타』를 썼다면, 적어도 그는 자신의 잠재적 소아성애
적 욕망을 탐구해보았을 것입니다. 카프카가 「변신」을 썼다
면, 그는 자신을 역겹고 거부당하는 벌레라고 생각해보았을
것입니다. 『제5도살장』의 주인공 빌리 필그림은 위장한 커트
보니것임이 틀림없으며 『캐치-22』의 요사리안은 조지프 헬러
임이 확실합니다. 이런 식입니다. 상상력이 부족한 우리 시대
에 상상력은 사실이 분장한 것에 불과합니다. 만약 한니발 렉
터*와 같은 연쇄 살인범에 관해 글을 쓴다면, 해리스씨, 당신
은 은밀한 살인에 대한 환상을 가지고 있는 겁니다. 만약 주인
공이 『양철북』의 오스카 마체라트처럼 난쟁이라면, 귄터 그라

스는 자신을 난쟁이처럼 생각해야만 합니다. 그리고 작가 경력 초기의 존 어빙처럼 당신이 만약 곰에 관해 자주 글을 쓴다면, 당신에게는 틀림없이 ― 그렇지 않겠습니까 ― 인생에서 중요한 곰 한 마리가 있었던 겁니다.

"그 작품은 얼마나 자전적입니까?" 공교롭게도 이 질문에는 올바른 대답과 틀린 대답이 있습니다. 틀린 대답부터 살펴봅시다. "그건 사실 자전적이지 않습니다. 그 안에 내가 약간 있을 거예요, 실제로 일어난 일들 말이죠. 하지만 그것들은 모두 완전히 바뀌고, 내가 꾸며낸 다른 것들과 뒤엉켜 있어요. 제가 아는 사람들도 좀 있지만 그들도 내가 만들어낸 다른 사람들과 완전히 뒤섞여 있지요. 그게 허구라는 건 아시죠?" 이 대답은 대체로 진실이라는 장점이 있지만, 그럼에도 틀린 대답입니다. 올바른 대답은 이런 것입니다. "전적으로 자전적인 소설입니다. 그래요! 이 소설 속에 들어 있는 건 모두 내게 또는 가까운 친구나 가족 구성원들에게 일어난 일입니다!" 이렇게 대답해야만 질문한 사람이 만족하거나 깊은 감명을 받을 것입니다. 이 대답만이 자서전 관련 질문을 넘어서 다른 질문, 작품 그 자체에 대한 좀더 흥미로운 질문으로 옮겨가게 해줄 것입니다. 이것은 내가 『분노』를 출판했을 때 명확해졌습니다. 어린아이였을 때 성적으로 학대당한 『분노』의 중심인물은 가끔씩 자신이 그 원천을 이해할 수도 없고, 또 설명할 수도 없

---

* 토머스 해리스의 범죄 스릴러 시리즈에 등장하는 악역.

는 분노에 사로잡힙니다. 런던에서 그런 분노에 시달리던 그는 잠자는 아내와 아이를 부엌칼로 거의 살해할 뻔하며, 뉴욕 시에서는 연쇄살인범에 의해 살인사건이 자행된 시간에 이상하게도 일시적 야간 기억상실을 경험합니다 . . . 그때 나와 인터뷰를 한 모든 기자들은 이렇게 말했습니다. "그러니까, 이 작품이 당신의 가장 자전적인 작품이지요, 그렇지 않은가요?" 오랫동안 나는 틀린 대답—"아닙니다, 딱히 그렇진 않아요"—만 하다가 마침내 "예, 당연하죠"라고 말하면 그 기자와 내가 함께 안도의 한숨을 쉬며 제대로 된 대화를 시작할 수 있다는 걸 알게 되었습니다.

자전적 성격에 대한 집착이 기자들에게만 국한된 것도 아닙니다. 독자들에게도 있습니다. 적당히 성공적인 소설 하나만 쓴 작가라도, 전혀 만나본 적도 없는 사람들이 자신의 책 속의 인물이 되고 싶어하고, 또 실제로 그 책 속의 인물이라고 가정하는 현상을 경험하게 될 것입니다. 1980년대 초반 봄베이에서 강연을 끝마친 뒤에 다소 화려하게 보석 장식을 한 어떤 여성이 내게 다가왔습니다. 부채를 든 그 여성은 내게로 다가와 부채를 접더니, 그걸로 내 팔을 찰싹 때렸습니다. 그녀는 이렇게 말했습니다. "못된 녀석 같으니. 걱정 마요, 용서하니까." 나는 생각했습니다, 여사님, 대체 누구십니까? 그러자 그녀는 자신이 내 작품 속의 특정 인물의 '명백한' 모델이라고 내게 확인해주었습니다. 나는 저항했습니다. "여사님, 지금 우리는 오늘 난생처음 만났다는 걸 아시잖아요." 그녀는 참을 수 없다는 듯이 혀를 차고는 이렇게 말했습니다. "왜 아직도 그 문제를 계속 마음에 두고 있는지 모르겠지만, 나는 이미 용서했다니까 그러네."

모든 독자가 이렇게 용서해주는 건 아닙니다. 『그녀가 밟은 땅』을 출판하고 난 뒤, 먼 옛날의 떠오르던 스타이자 재즈 가수였던 아샤 푸틀리가 일련의 신문 인터뷰에서 내가 그녀의 삶을 소설 속 비나 압사라라는 등장인물의 기초 소재로 삼기 위해 자신을 스토킹했다고 비난했습니다. 2002년 7월의 〈타임스 오브 인디아〉에 이런 내용이 나옵니다. "비나 압사라와 나 사이에는 오십 가지 유사성이 있어요." 그녀가 이렇게 말하는 겁니다. "하지만 루슈디는 인정하지 않을 거예요. 그를 고소할 수도 있었지만, 그렇게 하지는 않았어요." (내가 여러 신문에다 이 책을 쓰는 동안 그녀가 떠오른 적이 전혀 없었다고 설명한 뒤였습니다.) 그녀는 몹시 화를 냈습니다. "아시잖아요, 사람들은 소송당하지 않으려고 그런 말을 한다고요." 그와 동시에, 그녀는 만약 내 책이 영화로 만들어지면 단호하게 대처할 수밖에 없다고도 단언했습니다. "그의 스타일은 마술적 사실주의인데, 그건 사실의 왜곡이에요. 만약 내 인생에 바탕을 둔 걸 원한다면 내가 스스로 할 거예요." 그러니 내 책을 영화화하고 싶은 사람이 있다면 조심하셔야 할 겁니다. 아샤 푸틀리와 그녀의 오십 가지 유사성이 우리를 괴롭힐 테니까요.

이런 어리석음은 작가의 인생이 그의 작품에 실제로 영향을 미치는 다양한 방식을 모호하게 만들어버린다는 문제를 유발합니다. 많은 허구적 인물들이 실제 삶의 모델을 가지고 있는 것은 사실입니다. 그러나 실제 개인이—작가 자신을 포함해—작가의 출발점이고 허구적 인물이 그 결과라고 한다면, 실제에서 허구로의 이 여행을 우리는 상상적 행위라고 말할 수 있겠습니다. 이 전환적 여행 속에 예술이 존재합니다. 이것은 작가가 '나 닮은 인물'을 작품 중심에 놓기로 하는 경우에 특히 그렇습니다. 스티븐 데덜러스는 제임스 조이스와 비슷하고 『잃어버린 시간을 찾아서』의 마르셀은 그 창조자인 마르셀 프루스트와 상당히 많은 부분을 공유합니다. 그러나 스티븐과 마르셀은 살과 피를 가진 존재는 아닙니다. 그들은 단어로 만들어졌으며, 언어 속에 사는 생명체는 공기를 마시며 사는 생명체와는 아주 다릅니다. 비록 같은 학교를 다녔고 "내 영혼의 대장간에서 아직 창조되지 않은 인종의 의식을 주조하고자 하는" 저자의 겸손한 욕망을 공유할지라도, 스티븐은 조이스가 아닙니다. 그리고 마르셀도 프루스트가 아닙니다—한 가지 차이는 마르셀은 이성애적이라는 사실이며, 다른 하나는 마르셀이 세상을 훨씬 덜 두려워하는 것 같고, 코르크벽 침실* 속의 자신의 저자보다 훨씬 더 많이 나돌아다닌다는 사실입니다. 현실에 대한 모든 문학적 버전—실제 장소,

---

* 마르셀 프루스트가 『잃어버린 시간을 찾아서』를 집필하면서 생의 마지막 시기를 보낸, 먼지와 소음을 방지하기 위해 코르크로 도배한 침실을 말한다.

실제 가족, 실제 남자나 여자—은 한 버전일 뿐이며, 그것을 가장 포착하기 힘든 개념인 '진실'과 동일시하는 것은 위험합니다.

제임스 애틀라스가 쓴 솔 벨로의 최근 전기에서 그는 우리에게 『허조그』의 원재료에 대해 말해줍니다. 우리는 매들린 허조그가 그런 것과 똑같이 벨로의 부인이 벨로의 친구와 함께 도망가버렸다는 사실을 알게 됩니다. 실제 삶과 소설이 놀라울 정도로 서로를 비춰줍니다. 하지만 이런 질문이 제기됩니다. 그래서 어쩌라고? 이런 사실을 아는 건 분명 흥미롭지만, 고급 뒷담화 정도이고 그 뒷담화가 상황에 들어맞기도 합니다. 그러나 매들린 허조그가 손드라 벨로에 바탕을 두고 있고 그녀의 외다리 연인 밸런타인 거즈바크가 벨로의 친구 잭 루드윅에 뿌리를 두고 있다는 이야기를 듣고 나서, 그래서 혼이 나간 채 편지를 쓰고 있는 불쌍한 허조그가 작가의 형상이라는 것을 직감하고 나서 우리가 알게 된 것은 대체 무엇입니까? 그 답은 이 소설에 대한 우리의 독서를 풍요롭게 하거나 이 소설의 의미를 밝혀주는 것은 아무것도 없다는 것입니다. 매들린, 밸런타인, 그리고 모지스는 우리가 있는 곳과 동일한 연속성 안에 살고 있지 않습니다. 그들은 단어의 세계 속에 살고 있으며, 거즈바크에게서 『오늘을 잡아라』의 탬킨 박사라는 인물의 반향을 보는 평론가가 어떤—뭐랄까—일반적이고 따분한 방식의 삶으로부터 예술이 탄생한다고 가정하는 전기 작가보다 현명합니다. 벨로는 자신이 '진리의 스승들'이라 부

른 사람들, 디팩 초프라* 같은 스승들이나 앨프리드 케이진**
이 "현대 도시의 만능 지식인, 돌팔이 분석가, 끔찍한 불확실
성으로 고통받는 많은 이들의 가짜 선지자를 정확히 구현한
인물"이라고 정의한 사람들에 매료되어 있었습니다. 그런 공
허한 인간들을 묘사하고 폭로하려는 벨로의 예술가로서의 결
의는 밸런타인 거즈바크에 대한 묘사에서 보이는 힘의 원천
입니다. 단순히 오쟁이 지는 것은 훨씬 부실한 연료지요.

　그러나 고급 뒷담화는 우리 주위에 차고 넘칩니다. 『앵무새
죽이기』를 이해하려면 우선 하퍼 리가 가족을 포함해서 자신
이 알고 있는 사람들을 관찰한 것에 근거해 이 책을 썼다는
사실을 알아야만 합니다. 애티커스 핀치는 하퍼 리의 아버지
애머사 코울먼 리의 한 버전이고, 딜이라는 인물은 트루먼 커
포티에 바탕을 두고 있으며, 부 래들리의 이야기는 항상 판자
로 둘러쳐진 리 가족이 살던 거리의 어떤 집에서 탄생했다는
사실 등에 대해서 말입니다. 『소리와 분노』를 이해하기 위해
서는 우리에게—내게도 그랬던 것처럼—미시시피주 옥스퍼
드의 말뚝 쳐진 울타리가 보여야 합니다. 포크너가 벤지라는
인물을 도출해낸 것으로 알려진 정신적으로 문제가 있는 그
소년이 앉아 있곤 하던 울타리지요. 플래너리 오코너의 무서
운 이야기 「좋은 시골 사람들」을 완전히 감상하기 위해서 우

---

* 대체의학과 뉴에이지 운동을 선도하는 인도 출신의 미국인.
** 미국의 문학비평가이자 저술가.

리는—나는 작년에 볼 수 있었습니다—이 이야기의 중요한 배경인 밀리지빌의 헛간을 보아야만 합니다. 대체로 이런 식입니다. 삶이 소설의 핵심입니다.

반복해서 말씀드립니다. 나도 이런 이야기가 흥미롭습니다. 예컨대 나도 보니것의 드레스덴에서의 경험이 모든 것에 관한 커트 그의 관점에 깊은 영향을 미쳤다고 생각합니다—전쟁, 불합리, 비합리, 기술, 죽음, 그리고 인간 본성에 대해서요. 하지만 포크너도 그랬던 것처럼 미시시피주 옥스퍼드에 살던 많은 사람이 똑같이 드레스덴 폭격을 경험했습니다. 그러나 보니것만이 『제5도살장』을 썼고, 포크너만이 포크너였습니다. 내가 스스로 제기하는 질문은 이런 것입니다. 왜 그들 옆에 서 있던 사람들이 아니고 이 사람들이었을까요? 왜 옆집에 살면서 똑같은 거리를 내다보고 똑같은 세상이 흘러가는 걸 바라보던 여성들이 아니라 플래너리 오코너나 하퍼 리였을까요? 왜 뉴저지주의 위퀘이크고등학교를 다닌 사람 중 그 누구도 아닌 로스였을까요? 왜 클롱고스 우드의 예수회 수사들 아래서 교육을 받은 다른 소년들이 아니라 조이스였을까요? 삶이 작품의 원재료를 어느 정도 제공할 수는 있습니다. 그러나 그 것들이 불꽃, 창조적 도약, 실제 단어로의 여정을 만들어내는 것들을 제공하지는 않습니다.

내가 '실제 단어'라는 말로 의미하는 느낌이 있습니다. 조이스에 관해, 특히 "당당하고 통통한 벅 멀리건"에 관해 이야기해봅시다—벅 멀리건은 『율리시스』의 첫 등장인물이기도 하지만, 이 책에 처음 등장하는 네 단어이기도 합니다. 스티븐의 친구이자 「농담하는 예수의 발라드」 등 신성모독적 글을 쓴 저자 벅 멀리건은 조이스의 친구인 올리버 세인트 존 고가티에 바탕을 두고 있다고 조이스의 전기 작가 리처드 엘먼은 말합니다. 고가티는 의대생, 수영선수, 시인, 재주꾼으로 조이스와 함께 유명한 마텔로 탑*에 살았습니다. (나도 마텔로 탑을 가보았는데, 꼭대기에 서서 작가의 전기에 집착하는 이 시대의 우리들처럼 나 역시 고급 뒷담화의 강력한 감상적 유혹에, 이 위대한 책 속으로 걸어들어가는 듯한 느낌에 빠져들었습니다.) 그럴 수도 있습니다. 그러나 내가 강조하고자 하는 건 이겁니다. 만약 그가 "당당하고 통통한 벅 멀리건"이 아니었더라면, 그러니까 그가 만약 "느림보 과체중의 벅 멀리건"이었다면, 그는 그가 지금 존재하는 것처럼 존재하지는 않았을 것입니다. 인물의 마법은 그 기원의 시점에 놓여 있는 것이 아니라, 인물이 포착된 정확한 언어 안에 있습니다. "리어폴드 블룸씨는 가축과 가금의 내장을 맛있게 먹었다." 이 문장은 조이스의 언어로 된 더블린, 그의 '새 블루무살렘**'의 페이지 속에서 블룸에게 생명을 불어넣는 열려라 참깨입니다. 그는 광고

---

* 19세기 프랑스혁명 당시 영국에서 나폴레옹군의 침입을 막기 위해 만든 요새. 제임스 조이스도 이곳에 잠시 살았는데, 그의 작품 『율리시스』의 인물 데덜러스와 멀리건이 이 탑에 살고 있다. 현재는 조이스의 기념비적 건물이 되어 1962년부터 조이스기념관으로 운영중이다.

** 블룸(Bloom)과 예루살렘(Jerusalem)을 합쳐 만든 조이스의 조어로, 15장에서 리어폴드 블룸이 겪는 환상을 지칭한다.

세일즈맨이나 유대인이나 부정을 저지르는 아내를 둔 남편으로 처음부터 묘사될 수도 있었지만, 그랬다면 소설이 제대로 풀리지 않았을 것입니다. 블룸이 자신을 내장 바깥에 위치시키고자 하는 그의 열정이 바로 우리에게 창조된 그의 모습입니다. 조이스의 전기 중 우리에게 이 마법의 단어들을 알려주거나 우리가 잘 이해하도록 해주는 것은 없습니다.

작가들이 등장인물로 자신들 그 자체인 분신을 그토록 자주 택하는 데는 타당한 이유가 있습니다. 그림자, 대체물인 '나'를 통해서 말하고, 생각하고, 행동하고, 가지 않은 길을 내려가고, 자신의 주제를 변주하는 것은 도움이 됩니다. 나는 두 번 해보았습니다. 『한밤의 아이들』의 살림 시나이와 『분노』의 말릭 솔랑카는 그 저자와 상당 부분을 공유합니다. 살림과 살만은 그렇게 멀리 떨어져 있지 않습니다. 게다가 살림은 (이름은 내가 바꿨지만) 내 집에 살고 우리 동네를 돌아다니며 내가 다닌 학교에 다니고 그의 어린 시절 친구들은 내 친구들에게서 일부 따왔습니다. (자서전의 또다른 위험입니다. 다시 봄베이에서 이야기인데, 내 나이 또래의 남자가 다가와서 말했습니다. "어이, 살만, 나 하이로일이야." 『한밤의 아이들』에서 살림은 하이로일이라는 별명을 가진 소년을 친구로 두었는데, 그는 아주 깔끔하고 말쑥하며, 기름을 잘 바르고 단정하게 가르마를 탄 아이였습니다. 공교롭게도 나는 이 머리를 어릴 적 친구에게서 따왔지만, 이 머리를 한 허구적 소년의 삶은 실제 소년과 매우 달랐습니다. 그리고 여기, 실제로 내 앞에서 있는 옛친구는 아주 야릇하게도 자신의 진짜 이름은 숨긴 채 우리가 그 당시 부르던 별명도 아니고, 내가 책 속에서 꾸며냈을 뿐인 그 별명과 자신을 동일시한 것입니다. 얼마나 곤혹스러운가, 나는 그가 자기 자신보다 허구적 인물로 자기를 소개하는 게 더 쉽다고 여겼다고 생각했습니다. 게다가 애석하게도 그 친구는 머리가 다 빠져 있었습니다.)

살림의 가족이 내 외가 쪽과 비슷한 구조를 가진 것도 사실입니다. 나 또한 의사인 외할아버지가 있었고, 파키스탄의 장군과 결혼한 고모가 있었고, 봄베이 영화산업에 종사하는 삼촌이 있었고, 고아주 출신의 하녀 또는 유모가 있었습니다. 나는 소설에 내가 아주 잘 아는 골격을 부여하면 그 방대한 길이와 규모를 더 잘 통제할 수 있을 거라고 생각했습니다. 그러나 소설을 쓰는 동안 나는 흥미로운 점을 발견했습니다. 이 사람들을 실제 그대로 묘사하려고 하니까—자서전에 너무 많은 힘을 부여하자—그들은 생명력을 갖기를 완곡히 거부하고 활력이 없는 비허구적 상태로 남아 있었습니다. 그들을 모델들로부터 멀리 떨어뜨리고 나서야—살림의 외할아버지, 외할머니가 뚫어진 침대보의 구멍을 통해 만났을 때(내 외할아버지와 외할머니는 이렇게 만나지 않았습니다), 살림의 삼촌이 검열관들에 맞서기 위해 '간접 키스'라는 혁신적 장치를 발명했을 때(내 삼촌은 그렇게 창의적이지 않았습니다), 장군인 살림의 고모부가 군사 쿠데타에 가담했을 때(내 고모부는 쿠데타를 원했을 테지만, 가담하지는 않았을 겁니다), 그리고 무엇보다도 살림의 고아주 출신 유모 메리가 사립병원에서 갓 태어난 두 아기를 정치적인 행위로 바꿔치기하고(아닙니다, 나는 태어났을 때 요람에서 바꿔치기당하지 않았습니다) 이 후에 피클 공장 사장으로 올라섰을 때—비로소 나는 소설을 쓸 수 있게 되었습니다. 중요한 것은 상상적 도약이었지, 실제 삶의 원재료가 아니었던 것입니다. 레비스트로스의 유명한 구 분을 인용하자면, 날것이 아니라 요리된 것이 중요했다는 말 입니다. 마지막으로, 내가 옹호하는 바는 이것입니다. 요리하 기. 요리하는 기쁨.

요리 말이 나왔으니, 살림 시나이에 대해 한 마디만 더 보태 야겠습니다. 살림 시나이도 옛 유모 메리처럼 결국 피클 공장 에서 일하게 됩니다. 살림의 어린 시절이 나의 어린 시절을 반 향하는 건 사실입니다. 하지만 살림이 성장하면서 우리의 인 생 이야기는 뚜렷하게 달라지고, 성격도 달라집니다. 살림은 자라면서 점점 더 수동적으로 변해서 자기 자신의 운명을 통 제하기보다는 점점 더 저절로 되어가는 그런 인간이 됩니다. 솔 직히 말하면 이 점이 나를 짜증나게 할 때가 있었고, 나는 살 림이 덜 수동적인 장면들을 쓰려고 여러 차례 노력해보았습 니다. 그런 장면은 별로 좋지가 않았고, 나는 소설의 위대한 교훈을 또 한 가지 배웠습니다. 작가는 인물을 창조할 수 있지 만, 일단 인물이 창조되고 나면 작가는 더이상 자유롭지 않습 니다. 작가는 자신이 만든 인간의 한계 안에서 작업해야 하는 것이지요. 요약하자면, 나는 살림이 살림이 되도록 놔두어야 했고, 그를 자신이 아닌 다른 사람처럼 만들려는 시도를 그만 두어야 했습니다―예컨대 나처럼 만드는 것을요.

『분노』가 출판되었을 때 중심인물이 내 또래이며, 나처럼 인도 출신이고, 또 나처럼 최근 뉴욕으로 이사했다는 걸 사람들이 알아차리자 고급 뒷담화가 다른 모든 것을 가라앉혀버리고 자전적이라는 가정이 모든 것을 압도했습니다. 전적으로 상상의 산물인 젊은 세르비아 여성이 나와 내연 관계에 있는 누군가가 되어버렸을 뿐 아니라―그에 대한 내 반응은 "그렇기나 했더라면!"이었습니다―솔랑카 교수의 관점이 전부 나의 관점인 것으로 간주되었습니다. 사실 나는 인생과 미국과 모든 것에 대해 내가 끌어모을 수 있는 모든 뿌루퉁한 태도를 전부 솔랑카 박사의 까탈스러운 성격에 압축했습니다. 그리고 환멸에 가득찬 그의 내적 독백에 내 나름대로는 균형을 잡아주고, 논쟁하고, 맥락을 제공하려고 그의 주위를 카니발과 같은 뉴욕으로 둘러싸게 하려는 노력을 기울였습니다. 나는 소설의 자서전에 관한 첫번째 규칙을 망각하고 있었습니다. 이미 말한 바 있는데, "그건 허구다"는 오답이고 "그건 전적으로 자전적이다"가 정답이라는 규칙입니다. 『분노』에 대한 이런 반응은 나를 충격에 빠뜨렸고, 앞으로는 내 책에서 '나 닮은 등장인물'을 피해야겠다는 인식을 하게 만들었습니다. 거칠게 말하자면 나는 이것과 관련해서 특히 문제를 겪고 있습니다. 내 인생 이야기의 너무 많은 부분이 이미 공유지로 들어가버렸다는 점입니다. 전적으로 '저급한 뒷담화'가 많아져서 어떤 독자에게는 자신들이 알고 있거나 안다고 믿고 있는 내 성격 혹은 내 사적인 삶의 관점에서 작품을 '해독'하지 않기가 불가능해져버렸다고 말하는 사람도 있을 겁니다. 이것은 조금 공포스럽고, 나를 움츠러들게 한다고는 말을 해야겠습니다.『분노』다음에 출간된 소설『광대 샬리마르』와『피렌체의 여마법사』이 두 편에는 자전적 인물의 흔적이 전혀 없습니다. 이 그림자들은 나의 것이 아닙니다. 내가 쓰게 될 미래의 소설에서는 작가의 어떤 이미지도 발견되지 않을 것입니다. 나는 교훈을 얻었습니다.

(ii)

나는 작가의 인생이 그의 감수성을 형성함으로써, 그를 이런저런 방향으로 인도함으로써, 실제로 그의 작품에 간접적으로 영향을 미치는 방식에 대해 이야기를 조금 하고자 합니다. 그러면서 나는 내가 가장 친숙한 작가에 계속 집중하고자 합니다. 나는 큰 도시에서 태어나 자랐고, 대부분의 인생을 대도시들에서 살았기 때문에 내가 스스로를 본질적으로 도시적인 작가라고 여기는 건 어찌 보면 당연합니다. 또한 무엇보다도 나는 탈식민주의 작가입니다. 하나의 제국은 제국주의자들이 떠나는 날까지 끝나지 않으며, 내가 거기서 자랄 때도 영국인들의 강력한 사후 영향이 남아 있었습니다. 많은 부문―법률, 학제, 철도, 공무원 제도, 토지 간척 등―에서 영국적인 것이 여전히 우리와 함께 있었습니다. 다른 한편으로는 새로운, 독립한 인도에 대해 자부심을 갖도록 교육받았으며, 우리는 그런 인도의 아이들이었습니다. 부모님은 내가 태어나고 팔 주가 지나 영국인들이 도망쳤다고 농담하곤 했지만—실제로 그 농담이 얼마나 재미있었겠습니까—나는 인도의 토양에 영국인들이 건설한 도시, 그 자체가 동양과 서양의 혼합물인 곳에서 자랐으며, 그런 융합은 영구적으로 내가 세상을 바라보는 방식을 형성했습니다.

나는 또한 인도 아대륙이 인도와 파키스탄이라는 신생국가로 분할된 분단의 산물이며, 분단에 뒤이은 학살 사건들의 영향 속에서 자라났습니다. 그래서 나는 도살당한 남자, 여자, 어린아이들을 실은 기차가 암리차르와 라호르 역에 도착하는 이야기들을 잊을 수가 없습니다. 분할은 우리 가족 한가운데를 쪼개버렸습니다. 우리 고모 둘은 파키스탄 쪽 국경에 있었고, 무슬림보다 인도인에 가까웠던 우리는 인도 쪽에 머물기를 선호했습니다. 이로 인해 나는 작가로서 우연한 특권을 얻었습니다. 나는 분할, 학살, 인도 아대륙의 역사를 양쪽에서 바라볼 수 있었습니다. 나는 파키스탄 독자들이 인도로 '들어가기' 위해서 『한밤의 아이들』을 이용하고, 인도 독자들이 파키스탄에 '들어가기' 위해 『수치』를 이용한다는 사실에 자부심을 느꼈고, 한 발은 카라치에 다른 한 발은 봄베이에 딛고 서서 우르두어를 쓰는 위대한 단편 작가 S. H. 만토와 같은 작가들과 항상 깊은 유대감을 느껴왔습니다.

작가는 어떠해야 하는지 내게 모델이 되어준, 내가 처음으로 알게 된 위대한 작가는 파키스탄의 우르두어 시인 파이즈 아메드 파이즈였습니다. 파이즈는 한평생 공산주의자였고 레닌상 수상자였으며 위스키 애호가였는데, 이런 쪽에서는 그를 따르지 않았습니다. 그러나 그는 내게 또 한 명의 삼촌, 가까운 가족의 친구, 아마 큰이모의 가장 친한 친구여서 나는 말 그대로 그의 무릎 위에서 뛰어놀았습니다. 자라면서 나는 파블로 네루다처럼 사적이면서도 동시에 공적인 사람이 되려는 그의 결단에 큰 감동을 받았습니다. 파이즈는 가잘ghazal* 형식으로 음악에 맞춰 질투와 환멸에 사로잡힌 듯한 아름다운 사랑시를 써서 엄청나게 유명해졌습니다. 파이즈는 또 질투와 환멸에 사로잡힌 공적이고 정치적인 시도 썼습니다. 나는 이처럼 공적이고 사적인 이중 기획을 단순히 그가 가진 직업의 당연한 귀결이라고 생각했습니다. 그때도 지금도 나는 글쓰기가 이와 같은 두 방향의 접근이 되어야 한다고 믿습니다.

피로 얼룩진 파키스탄의 탄생 이후 파이즈는 유명한 시 「수브 에 아자디Subh-e-Azadi」(「자유의 아침」)를 썼습니다. "떨리는 이 빛, 밤에게 물어뜯긴 이 새벽, / 이것은 우리가 기다리던 새벽이 아니라네." 이 시의 영롱한 사실주의는 인도의 네루가 「한밤의 자유」라는 훨씬 더 유명한 연설에서 제시한 장밋빛 비전과는 현저한 대조를 이룹니다. 이와 같은 그의 선견지명

---

* 인도의 전통 서정시 형식. 고정된 수의 연과 반복적인 라임이 특징이다.

으로 그는 불가피하게도 애국심에 눈먼 자들의 타깃이 되었고,『한밤의 아이들』의 한 장면을 연상시키는 일이 한 차례 벌어진 적도 있었습니다. 내 숙모 한 분이 파이즈를 다락방에 숨긴 뒤, 들창 위에 거실의 융단을 덮고 그 위에 등받이 긴의자를 얹어놓았습니다. 그러고는 바로 그 의자 위에 육중한 몸으로 앉아서 파이즈를 찾으러 온 폭도들을 내려다보며 쫓아내 버렸습니다.

점잖게 말하자면 파이즈는 종교적인 사람이 아니었습니다. 우리 아버지도 종교적인 사람이 아니었습니다. 나도 아닙니다. 하지만 인도와 파키스탄에서는 다른 사람들이 거의 다 종교적인 사람이고, 우리가 종교적이지 않더라도 등장인물은 종교적이기 때문에 종이 위에 신빙성 있는 세계를 창조하려면 항상 종교를 염두에 두어야 합니다. 그리고 인도에 관해 글을 쓰려면, 엄청나게 많은 수의 신들을 염두에 두어야 합니다. 인도의 모든 신들의 수를 세어보려는 인도 학자들의 시도가 있었습니다. 유명하고 초대형에 이름보다 더 큰 신들만이 아니라 가정과 동네와 삼림 지역의 숲과 산악 계곡의 작은 토착 신들을 모두 말이지요. 이 학자들은 놀랍게도 마술적 사실주의와 같은 숫자인 삼억을 도출해냈습니다. 삼억 명의 신. 미국의 인구만큼 많은 초자연적인 형상들이지요. 인도의 인구는 십삼억 오천만 명이니까 아주 어림잡아 이야기하더라도 인간 네 명 반마다 신이 한 명인 셈입니다.

그리고 이것보다 더 이상한 것은, 신성한 존재의 수는 합리적으로 안정적인 것으로 추정되는 데 반해—신들이 인간들보다 산아제한이 잘된다는 사람도 있겠습니다—인구는 매우 빠르게 증가해왔다는 것입니다. 내가 봄베이에서 학교를 다니던 1950년대 이후 인구는 두 배 이상 증가했습니다. 그러니 우리가 이 인구 곡선을 과거로 투사해보면, 인도의 인구가 신들의 수를 처음으로 앞지른 것은 겨우 1930년대 언제쯤이이라는 것을 알게 됩니다. 거의 똑같은 숫자의 초자연적 존재와 일상적 존재가 서로 부대끼며 살아가는 세계에서 성장한다는 것이 작가의 감수성과 예술적 상상력에 어떤 영향을 미치겠습니까? 그것이 '사실주의'에 대한 그의 이해에는 어떤 영향을 미칠까요? 내 경우에는 나를 해방시켜주었다고 대답할 수 있습니다. 보통 사람들의 자연주의는 세계를 묘사하는 단지 한 가지 방식일 뿐이며, 상당히 제한적인 방식에 불과할 수도 있다는 걸 내게 일찍이 알려주었기 때문입니다.

이런 인식은 내가 '주어진 현실'이라고 부르는 것의 일부였습니다. 모든 작가는 하나의 '주어진 현실'을 가지고 출발합니다. 좋고 나쁜 느낌의 크고 작은 덩어리들, 하하하 웃기는 이야기와 특이하게 웃기는 이야기들, 작은 도덕적 또는 성적인 뒤틀림, 언어에 대한 어떤 예견치 못한 시각, 처음부터 글쓰기를 원하게 만드는 긁지 못한 어떤 가려움 같은 것 말입니다. 어떤 작가들은 그 솔기를 평생 동안 채굴해낼 수 있습니다. 어떤 작가들은—우리 대부분이라고 생각합니다—마침내 처음 가지고 시작했던 것이 소진되어 제2막을 찾아야 한다고 느낍니다.

나는 작가로서 유별나게 운이 좋았습니다. 내 인생이 그런 금덩어리를 내게 여러 개 주었기 때문입니다. 우선 내게는 인도라는 소진되지 않는 풍요의 뿔, 그 무한한 자양분의 우물이 있었습니다. 그다음으로는 이주가 있었습니다. 동양에서 서양으로의 여행에는 다른 수백만의 사람들이 함께했기 때문입니다. 미국에서 이주는 오래된 주제이지만, 지금 그것은 세계의 주제이기도 합니다. 인도 파키스탄 분할 당시에는 그것이 인류 역사상 가장 큰 규모의 집단 이주였는데, 그후에는 그에 필적할 만한 다른 이주가 있었습니다. 좋건 나쁘건 지금은 이주의 시대입니다. 인류 역사상 그 어느 때보다 많은 사람이 경제적 필요나 정치적 혼란 또는 단순히 대도시의 밝은 불빛의 유혹에 이끌려 자신이 처음 시작한 곳이 아닌 다른 곳에 최종적으로 정착하는 시대지요. 내 인생의 우연한 사건들 때문에 이것 또한 나의 주제가 되었습니다. 그리고 세번째로, 내가 점점 더 몰두하게 되는 것이 있습니다―세계가 어떻게 결합하는지 보여주고 싶은 욕망, 어떻게 여기가 저기와 연결되고, 어떻게 우리가 지금 살고 있는 작은 상자들이 열려서 때로는 아주 멀리 있는 다른 작은 상자들 속으로 들어가는지, 그리고 우리의 인생을 설명하기 위해 우리는 얼마나 자주 세계의 반대쪽에서 벌어지는 일들을 이해해야 하는지 보여주고 싶은 욕망입니다. 영국 역사의 너무 많은 부분이 해외에서 발생했기 때문에 영국 사람들은 자기들의 역사를 온전히 이해하지 못한다고 쓴 적이 있습니다. 이제 이것은 우리 모두에게 진실입니다. 그리고 나는 그 점들을 연결해주는 이야기들을 찾아냄으로써 그런 몰이해를 점점 줄여나가기를 스스로 원한다는 사실을 알게 되었습니다.

여기 그런 이야기가 하나 있습니다. 1662년 5월, 역사적으로는 브라간사의 캐서린으로 더 잘 알려진 포르투갈의 인판타 카타리나가 주정과 엽색 행각으로 소문난 왕정복고시대의 외향적 군주인 영국의 찰스 2세와 결혼합니다. 말하기는 슬프지만, 캐서린은 아름답지 않았습니다. 그래서 예쁜 얼굴을 유달리 좋아하는 찰스왕에게 매력적이게 보이자니, 그녀는 지참금이 더럽게도 많아야 했습니다. 영국은 포르투갈을 설득해서 그들의 초기 식민지인 봄베이의 섬들과 항구를 받아냈습니다. 이것이 그 결혼 근저에 줄곧 깔려 있던 동기였을 수도 있지요. 어쨌거나 영국은 즉시 봄베이섬에 요새를 짓고, 일곱 섬을 서로 연결하고 또 그것들을 본토와 연결하는 막대한 토지 간척 사업을 벌였습니다. 그 결과 장차 주요 항구와 경제 원동력이 되는 도시로 성장하게 되었습니다. 다른 한편 미국에서는 맨해튼섬의 강 건너 지역에 개발을 위한 두 개의 새로운 자치구 borough가 지정되었습니다. 처음에는 각각 찰스 2세와 브라간사의 캐서린 여왕의 이름을 따서 킹스버러King's Borough와 퀸스버러Queen's Borough로 불렸습니다. 오늘날에는 브루클린과 퀸스라고 불리지요. 세계가 예기치 않게 결합하는 방식이 보이시나요? 봄베이와 뉴욕은 탄생 시점 그 언저리에 똑같은 왕비를 가졌던 것입니다.

이 이야기에는 슬픈 후기가 하나 있습니다. 1988년 헌터스 포인트에 4.6미터 토대에 10.7미터 높이로 브라간사의 캐서린의 동상을 세우려는 계획이 있었습니다. 이 동상은 뉴욕에서 두번째로 큰 동상이 되어 자유의 여신상 다음으로 큰 동상이 될 터였습니다. 오드리 플랙이라는 조각가가 공모에서 이 동상 건설 권리를 따냈지요. 플랙은—아마도 캐서린의 초상화를 살펴본 후에—진실로 닮은 모습이 아니라, 입술이 두껍고 코가 넓적하고 드레드 헤어처럼 보이기 쉬운 곱슬머리 모습을 한 '다문화 이미지'를 만들기로 결정했습니다. 사태는 악화되었습니다. 향토사가들이 반대했습니다. 아일랜드 사람들이 반대했습니다. 캐서린이 개인적으로 인간을 소유하거나 거래한 증거가 없었음에도, 그리고 노예를 실제로 소유했던 미국 대통령 몇 명은 동상이 분명 있음에도 불구하고 노예제 반대 단체들은 캐서린을 노예 소유주로 낙인찍었습니다. 그리고 마침내 불쌍한 캐서린은 저 건너 자유의 여신상을 바라다보며 영광스럽게 서 있을 권리를 거부당했습니다. 그녀는 지금 원치 않는 예술과 잊힌 공주들을 위해 지정된 림보에서 고통받고 있습니다. (사실 그녀는 뉴욕주 업스테이트의 비컨이라는 곳의 한 주물 공장에서 아직도 청동으로 주조되지 않은 채로 있습니다. 거기에서 기다리고, 또 기다리고 있지요.)

원재료를 넘어선 이 모든 여행의 이야기, 근원이 없는 것 같고 또 설명할 수도 없는 작가의 독특함에 관한 이 모든 이야기, 예술적 감수성의 복잡한 형성과 사람, 장소, 역사, 군중이 소설을 쓰는 작가들에게 미치는 간접적 영향에 대한 이 모든 이야기들도 소설을 위장된 자서전이라고 확고히 믿는 사람들에게는 강한 인상을 주지 못할 것입니다. 게다가 이런 믿음으로부터 위장되지 않은 자서전이 어쨌거나 더 선호할 만하다는 결론까지 이르는 데는 몇 걸음도 채 되지 않습니다. 어쩌면 허구로부터 사실로 다시 이야기되는 삶의 표면상으로는 더 큰 진정성과 권위로 눈을 돌리는 것이 나을 수도 있겠습니다. 요즘 같은 논픽션의 시대에 회고록과 자서전의 확산은 소설이, 말하자면, 너무도 진실되지 못하며, 따라서 왠지 가치가 없다는 사람들의 의심이 강해졌다는 방증입니다. 그리고 모든 사람은 자신들 속에 책을 하나씩 가지고 있다는 오래된 경구가 문자 그대로 실현될 것만 같습니다. 왜냐하면 오늘날은 자신이 직접 쓰지 않았더라도, 그리고 심지어 읽어보지도 않은 것 같은 경우마저 누구나 책에다 자기 이름을 올릴 수 있게 되었기 때문입니다. 서점의 창을 들여다보십시오. 거기에는 가슴 축소 수술을 통해 자신을 찾았다는 이야기나 엄청난 체중 감량으로 행복을 찾았다는 이야기, 스포츠 우승이나 TV 리얼리티 쇼의 승리 이야기, 육체 또는 영혼의 아름다움으로 지독한 약점을 극복한 이야기, 또는 맹목적 야망이 보여주는 오염되지 않은 순수에 대한 이야기들이 있습니다. 거기에는 타락과 구원에 대한 영원한 이야기, 말하자면 범죄와 마약과 악인들의 꾐에 빠져서 자아가 바닥을 기다가 훌륭한 친구, 가족, 예수님, 디톡스 병원 등을 통해 빛으로 다시 인도되었다는 이야기들이 있습니다.

자존감이 지금처럼 존중된 적이 없습니다. 자기 노출이 지금처럼 인기 있었던 적도 없어서 자아가 많이 노출될수록 더 좋지요. 이토록 혼란스러운 계시의 시대에 예술이 어떻게 경쟁력을 갖겠습니까? 어떻게 진실이 소설보다 안 낯설어 보이겠습니까?

끔찍하지만 한편으로는 우스꽝스러운 제임스 프라이씨의 경우에서 알 수 있듯이, 이런 슬픈 책들에 제시된 것이 진실인지도 이제는 결코 확실치가 않습니다. 『백만 개의 작은 조각들*A Million Little Pieces*』—사실상 자신의 명성이 처한 현재 상황을 예시하는 예언적인 제목입니다—의 저자 제임스 프라이를 기억할 겁니다. 제임스 프라이는 처음에는 오프라 윈프리가 가장 사랑하는 작가였다가 나중에는 그녀에게 매맞는 소년이라는 자극적인 두 인물이 되었지요.* 우리가 이런 작은 책들

---

* 알코올과 약물에 중독되었다가 치료받았다는 내용의 회고록 『백만 개의 작은 조각들』을 썼으나 훗날 책의 상당 부분이 허구였음이 드러났다. 오프라 윈프리 북클럽 책으로 선정되었다가 오프라 윈프리 쇼에서 질책받았던 이야기다.

수백만 권에서 얻게 된 것은 진실이 아니라 스티븐 콜베어*가 인상적으로 이름 붙인 '진실스러움truthiness'입니다. 실제 삶이 충분히 섹시하지 않다면 그 답은—소설가다운 답을 하자면 당연히도—섹시하게 만들어야 한다, 입니다. 다르게 말하면 거짓말을 하라는 것입니다.

나는 '진실스러운' 작가**를 한 명 알고 지낸 적이 있습니다. 완벽한 거짓말쟁이에다 진정으로 총명한, 심지어 위엄 있는 거짓말쟁이인 그녀는 자기 진술의 비진실성이 명백히 드러났는데도 두 눈을 똑바로 뜨고 이렇게 반응했습니다. "그건 제가 얼마나 불행하다고 느꼈는지에 대한 은유였다니까요." 은유와 거짓말의 차이를 모르는 것은 정신이상의 정의 중 하나입니다. 또 어쩌면 진실한 책이 아니라 '진실스러운' 책을 쓰기 위해 필요한 무지일 수도 있습니다.

만약 우리가 소설의 죽음과 같은 유의 분위기에 빠져 있다면, 우리는 고백적 크나우스고르주의 시대, 이와 같은 회고록류memoir-abilia의 범람의 시대와 기꺼이 그런 책들에 눈길을 돌리는 독자들의 분명한 태도가 그저 단기간의 유행에 그치는 것이 아니라 사실은 소설의 미묘함을 곧 완전히 대체할 수

---

* 미국의 방송인으로 풍자와 패러디에 능하며 영향력 있는 〈레이트 쇼〉의 진행을 맡아 많은 사랑을 받았으나 갑작스럽게 프로그램이 종영되었다. 도널드 트럼프를 비판했다는 이유로 외압이 있었을 것이라는 의혹이 크며, 미국작가협회에서 반대 성명을 내기도 했다.

** 두번째 부인이었던 미국의 소설가 메리앤 위긴스를 가리킨다. 이 내용은 루슈디의 회고록 『조지프 앤턴』에도 나와 있다.

도 있다고 결론 내릴지도 모릅니다. 소설가는 무엇을 해야 할까요? 나는 다음과 같은 선택지가 있다고 생각합니다. (a)상관없이 계속 나아간다 (b)목매어 죽는다 (c)많은 새로운 회고록이 우수하다는 걸 마지못해 인정한다—또는 대부분의 소설보다 훌륭하진 않더라도 최소한 비슷하다고 인정한다 (d)회고록을 쓴다. 1981년 노벨문학상을 받은 엘리아스 카네티의 경우, 그의 세 권짜리 자서전『자유를 찾은 혀』『귓속의 횃불』『눈의 놀이』가 그의 걸작이라고 인정해야만 할 수도 있습니다. 그리고 미국에서는 아프리카계 미국인 작가들이 회고록을 자신들의 형식이라고 주장하고 있습니다. 마고 제퍼슨의『니그로랜드』, 세라 M. 브룸의『노란 집』, 트레이시 K. 스미스의『평범한 빛』, 키에스 레이먼의『헤비』, 록산 게이의『헝거』는 이 새로운 풍요로움의 예시들입니다.

이런 회고록은 문학 스펙트럼의 끝에서 조지 플림턴과 톰 울프의 뉴저널리즘이 1960~1970년대에 했던 일을 하고 있습니다. 그들은 소설가의 기교를 훔쳐서 새로운 종류의 논픽션을 쓰고 있습니다. 이것은 자화자찬의 '진실스러움'이 아니라 기교를 통해 더 많은 진실을 전달하기 위한 노력입니다.

전부 공개합니다. 나 자신도 회고록 작가들의 숫자에 가담했습니다. 하지만 나는 내가 어땠는지를 진술하는 것보다는 플라톤이 경멸스럽게 '존재하지 않는 것'이라고 부른 것을 상상하는 일이 더 만족스럽다는 사실을 계속해서 깨닫습니다. 자신들의 책은 칭송되지만 자신들은 나서지 않았던 18세기

대가들의 자유가 점점 더 부럽습니다. 나는 개인적 문헌들을 파괴한 작가들의 힘을 점점 더 존경합니다—그리고 나는 애틀랜타의 에머리대학교의 육필 원고 및 희귀본 도서관인 MARBL의 훌륭한 사람들의 손과 친절한 처분에 나의 원고와 일기와 낙서 쪼가리를 최근에 맡긴 작가로서 이런 말을 합니다. 나는 자신의 연인 모니카 존스에게 서른 권 이상의 일기를 파기하도록 한 필립 라킨을 생각합니다. 야릇하게도 존스는 그 일을 스스로 하지 않고, 1985년 12월 어느 날 긴 오후에 라킨의 다른 연인 중 한 명인 그의 전직 비서 베티 매커레스에게 그 일기책을 한 페이지씩 파쇄해달라고 부탁했습니다.

셰익스피어의 희곡은 우리에게 그의 인생에 대해 많은 것을 말해주지는 않습니다. 앤 해서웨이가 맥베스 부인이나 윈저의 즐거운 아낙네의 모델이었을까요? 알 수 없습니다. 셰익스피어의 유일한 아들 햄닛은 1596년 열한 살 때 역병으로 죽었다고 합니다. 아들의 죽음 이후 사오 년 후에 쓴 『햄릿』에서 셰익스피어는 아들의 죽음에 대한 자신의 슬픔과 분노를 아버지의 죽음에 대한 아들의 분노와 슬픔으로 옮겨놓았을까요? 우리는 알 수 없습니다. 셰익스피어의 인생에 대해 남아 있는 세부 정보로부터 셰익스피어의 성격에 관해 몇 가지를 추론해볼 수 있습니다. 1963년에 쓰인 괴팍하고 의심의 여지 없이 수상한 제목의 『셰익스피어는 그날을 어떻게 보냈는가』라는 책에서 영국 학자 아이버 브라운은 셰익스피어가 엘리자베스시대의 가장 성공적이고 부유한 극작가가 된 후에도 은퇴하는 그날까지 서더크 또는 그 가까이에 살았음을 지적합니다―초라한 서더크는 매음굴과 도박장이 있는 소란스러운 곳이었고, 닭싸움과 선술집과 극장이 있던 곳이었으므로 그곳에서 산 셰익스피어는 다운타운 쪽 사람이라는 것을 시사하며, 삶의 야생의 난폭함 속으로 뛰어들 때 가장 큰 행복을 느꼈다는 것입니다. 셰익스피어에 관해 중요한 사실은 그를 이런 식으로 끝없이 추론할 수는 있지만, 콕 집어서 규명할 수는 없다는 점입니다. 그래서 다시 관심은, 당연히 그래야만 하고 또 그래야 마땅하듯이, 작가의 일생에서 멀어져 작품 그 자체로 되돌아갑니다.

그러나 나는 셰익스피어의 영광스러운 전범을 따르는 데 실패한 사람 중 한 명입니다. 에머리대학교의 육필 원고 및 희귀본 도서관이 나의 문헌들을 모두 소유하고 있습니다. 나는 그것들이 근면하고 성실하게 목록으로 만들어지는 것을 보았으며, 그보다 더 훌륭하고, 책임감 있고, 신중한 사람들의 손에 맡겨질 수 없다는 걸 잘 압니다. 그리고 이제는 그 문헌들이 학술 연구를 위해 개방되는 날이 왔습니다. MARBL의 모든 분들과 에머리대학교에 감사하다는 말과 신께서 나를 도우시길 바란다는 말만 남기겠습니다.

각색

각색은 형체나 형태가 다르게 바뀌어 하나가 다른 하나로 발전되어 변화하는 과정을 말하며, 물론 아주 흔한 예술적 행위입니다. 책은 항상 연극이나 영화로 바뀌고, 연극이 영화로 또 더러는 뮤지컬로 바뀌며, 영화가 브로드웨이 쇼로 또는 심지어 '소설화'라고 알려진 추한 방식에 의해 책으로 바뀌기도 합니다. 우리는 이런 변형과 변신의 시대에 살고 있습니다. 훌륭한 영화―〈롤리타〉나 〈핑크 팬더〉―가 리메이크되어 나쁜 영화가 되고, 나쁜 영화는 더 나쁜 영화로 리메이크됩니다―이안 감독의 〈헐크〉(2003)가 오 년 뒤에 〈인크레더블 헐크〉로 돌아오고, 영국 TV 코미디 시리즈가 미국 TV 코미디 시리즈로 바뀝니다. 〈더 오피스〉가 다른 〈더 오피스〉가 됩니다. 오래전에 영국의 〈죽음이 우리를 갈라놓을 때까지〉의 노동계급 인종주의자 앨프 가넷이 미국의 〈올 인 더 패밀리〉에서 고집불통의 블루칼라 아치 벙커로 바뀌었던 것처럼, 리키 저베이스는 스티브 커렐로 바뀝니다. 영국의 리얼리티 프로그램이 미국의 시청자들에 맞게 각색되기도 합니다. 〈팝 아이돌〉이 대서양을 건너면 〈아메리칸 아이돌〉이 되고, 〈스트릭틀리 컴 댄싱〉이 〈댄싱 위드 더 스타〉가 됩니다. 여러분이 아시면 흥미롭게 여기실지도 모르겠습니다만, 〈댄싱 위드 더 스타〉에서 나에게 출연해달라고 초청한 적이 있습니다. 옳은지 그른지는 모르겠지만, 그 쇼에 나가면 내 경력이 끝장난다고 생각해서 거절했습니다.

위대한 예술가들의 노래가 덜 위대한 예술가들에게 맡겨집니다. 2009년 오바마의 취임식 날 에타 제임스의 고전 〈앳 라스트〉를 비욘세가 자기 버전으로 불러서 에타 제임스를 상당히 격앙시켰습니다(그러나 제임스 여사는 버락 오바마의 당선 때문에 훨씬 더 격앙되어 보였으니, 아마 이미 기분이 나쁜 상태였을 겁니다). 이 모든 것들은 각색의 수많은 변형의 예시인데, 가끔은 게걸스러워 보일 정도로 결코 만족할 줄 모르는 과정입니다. 우리는 동종을 끝없이 먹어치우는 듯한 문화에 살고 있어서 결국에는 스스로를 집어삼키게 될 것입니다. 누구든 자신이 경험한 재앙에 가까운 여러 각색을 목록으로 만들 수 있겠지만, 나는 『인도로 가는 길』을 각색한 데이비드 린의 터무니없는 영화를 최고로 꼽습니다. 그 영화에서 갈색 얼굴의 힌두교 현자로 출연한 앨릭 기니스는 신성한 물탱크의 물에다 두 발을 넣고 달랑거립니다. 또 머천트아이보리에서 가즈오 이시구로의 『남아 있는 나날』을 각색한 영화도 있습니다. 너무도 큰 죄를 지은 이시구로의 영국 나치 귀족은 이 영화에서 사랑스럽고 호도되고 속임수에 넘어간 늙은이, 우리의 경멸보다 동정을 더 많이 받을 만한 개자식으로 묘사되어 있습니다.

그러나 각색은 파괴적인 힘만이 아니라 창조적인 힘이 될 수도 있습니다. 로드 스튜어트가 부르는 〈다운타운 트레인〉은 톰 웨이츠에 못지않으며, 조 코커는 비틀스의 노래 〈위드 어 리틀 헬프 프롬 마이 프렌즈〉를 비틀스보다 더 잘 부르는 드문 위업을 성취했습니다. 원래 가수가 링고 스타였다는 사실을 기억하면 감동이 좀 적은 성취이긴 하지만 말입니다. 그리고 〈리스펙트〉는 오티스 레딩이 쓰고 녹음한 곡이지만, 아레타 프랭클린이 부른 후에는 그녀의 노래가 되었습니다. 나는 훌륭한 책이 똑같이 훌륭한 영화로 각색된 몇 가지 경우를 주목하는 강의를 한 적이 있습니다. 이디스 워턴의 『순수의 시대』는 마틴 스코세이지의 〈순수의 시대〉로 성공적인 변신을 했으며, 1860년의 시칠리아를 묘사한 주세페 디 람페두사의 『표범』은 루치노 비스콘티의 가장 위대한 영화로 바뀌었습니다. 플래너리 오코너의 『현명한 피』는 존 휴스턴에 의해 좋은 영화로 만들어졌으며, 데이비드 린은 영화 〈위대한 유산〉에서 어떠한 열등감도 없이 디킨스의 소설과 나란히 설 수 있는 영화의 고전을 만들어냈습니다. 나 같은 영화광에게 이 영화는 후기의 실패작인 〈인도로 가는 길〉에 대해 감독을 용서하게 해주는 작품입니다.

성공적인 각색의 예는 더 많습니다. 오늘날 영어권 독자 중에서 폴란드 작가 얀 포토츠키가 프랑스어로 쓴 19세기 명작 『사라고사에서 발견된 원고』를 아는 사람은 거의 없을 것입니다. 하지만 나는 이 책을 찾아서 그 장난기와 기괴함을 맛보기를 권합니다. 이 책에는 집시들과 도둑들과 환각과 종교재판의 초현실적이고 초자연적이고 고딕풍이며 피카레스크적인 세계가 있으며, 남성들을 유혹하는 믿을 수 없이 아름답지만 애석하게도 유령일 뿐인 두 자매도 등장합니다. 폴란드 영화 감독 보이체크 하스의 1955년 영화 〈사라고사 매뉴스크립트〉에는 이 소설의 훌륭한 특징들이 완벽하게 포착되어 있습니다. 세상 건너편 인도의 벵골 지역에서는 사티야지트 레이의 1955년 영화 〈파더 판찰리Pather Panchali〉(오솔길의 노래, "The Song of Little Road")가 원작인 비부티부샨 반도파드야이의 1929년 벵골어 고전에 버금가는 정도가 아니라, 심지어 더 훌륭합니다. 존 휴스턴은 훌륭한 문학적 재능이 탁월한 각색가였던 것 같습니다. 영어로 된 가장 위대한 단편소설이라고 볼 수 있는 조이스의 「죽은 사람들」을 원작으로 한 그의 영화는 원작을 생생하고 열정적으로 살려냅니다. 비록 마지막 장면에서 떨어지는 눈을 찍기 위해 카메라가 창문을 통해 밖으로 나오고, 조이스의 유명한 말이 휴스턴의 이미지로 대체될 때 우리가 탁월성과 천재성의 차이를 깨닫게 되기는 하지만 말입니다. 조이스는 이 장면에서 "아일랜드 전역에 내리는" 눈이 "전 우주에 희미하게, 모든 살아 있는 사람과 모든 죽은 사람들 위로 마치 그들의 마지막이 내려앉듯 그렇게 희미하게 떨어진"다고 말합니다. 〈죽은 사람들〉은 탁월한 영화입니다. 그러나 조이스의 소설 마지막 문장들은 힘들이지 않고 그것을 능가하지요.

각색이라는 개념에 대해 가장 근본적으로 탐구하는 영화는 스파이크 존즈와 찰리 코프먼의 2002년작 〈어댑테이션〉일 것입니다. 이 영화는 원재료인 수전 올리언의 논픽션 『난초 도둑』으로부터 이례적으로 자유롭습니다. 잡지 〈뉴요커〉를 위한 기사에서 시작한 원작은 플로리다의 패카하치 스트랜드 주립 자연보호 구역에서 희귀종 난을 훔치다가 잡힌 존 라로쉬라는 남자의 체포에 관한 올리언의 탐사 이야기입니다. 영화는 진실보다 빠르게, 그리고 느슨하게 흘러가면서 '수전 올리언'이라는 인물이 '라로쉬'라는 인물과 내연 관계에 빠지게 만듭니다. 두 인물 다 실제 대본 작가의 허구적 대체 자아이며, 그 이름도 찰리 코프먼입니다. 찰리 코프먼에게는 축복인지 저주인지, 도널드라는 가상의 쌍둥이 형제가 있습니다. 이 영화는 거울들, 가정들, 자의식적인 메타픽션 장치들로 이루어진 미로이며, 마지막에는 마약과 섹스와 총싸움으로 얼룩진 광란의 스릴러 세계 속으로 들어갑니다. 그리고 존 라로쉬, 영화 속의 존 라로쉬는 훅 선장처럼 악어에게 산 채로 잡아먹히고 맙니다. 이 모든 것 가운데 내가 가장 존경하는 사람은 수전 올리언이라고 말해야겠습니다. 메릴 스트리프가 연기하는 인물이 아니라, 자신의 작품 각색을 허락하고 훨씬 더 용감하게 자신의 인물이 이렇게 창조적으로 야만적이고, 소름 끼칠 정도로 제멋대로 취급받는 걸 허락해준 실제로 존재하는 수전 올리언 말입니다. 그녀는 말하자면, 존즈와 코프먼의 이전 영화 〈존 말코비치 되기〉*에서 자신이 그토록 무자비하고 우스꽝스럽게 말코비치가 되기를 허용하는 그 존 말코비치의 자매가 되는 것입니다.

영화 〈어댑테이션〉의 과잉 각색에 의해 제기되는 질문은 전체 주제의 핵심에 놓여 있는 각색 행위의 문제, 다시 말해 본질의 문제입니다. 로버트 프로스트는 "시는 번역 속에서 사라져버리는 것이다"라고 말했지만, 조지프 브로드스키는 "시는 번역 속에서 얻어지는 것이다"라고 반박했기 때문에 이보다 더 명확할 수 없는 전선戰線이 그어집니다. 나는 한 편의 시가 언어의 경계를 건너서 다른 언어 속의 다른 시가 되는 경우나 한 권의 책이 인쇄와 영화 필름의 경계선을 넘어설 때, 또는 인간들이 한 세계에서 다른 세계로 이주할 때 모두 프로스트와 브로드스키 둘 다 항상 옳다는 입장입니다. 번역 속에서 뭔가는 항상 사라집니다. 그리고 동시에 뭔가를 얻을 수도 있습니다. 여러분은 내가 각색을 매우 광범하게 정의한다는 것을

---

* 초현실주의 판타지이자 코미디 영화 〈존 말코비치 되기〉(1999)에서 배우 존 말코비치는 풍자적인 자신의 인물 존 말코비치를 연기한다.

느낄 겁니다. 번역과 이주와 변신 등 하나가 다른 하나로 되는 모든 수단을 포함할 수 있게 말입니다. 내 소설『한밤의 아이들』에서 화자인 살림은 피클 만들기를 이와 같은 일종의 각색 과정처럼 논의합니다. "나는 피클 만드는 과정의 불가피한 왜곡을 감수해요. 피클로 만든다는 건 결국 영원성을 부여하는 거니까요. 생선, 야채, 과일이 향신료와 식초에 들어가 방부 처리되지요. 특정한 변화, 맛을 살짝 강화하는 건 사소한 문제지요, 아닌가요? 여기서 기술은 풍미의 정도를 바꾸는 것이지, 종류를 바꾸는 게 아니에요. 그리고 무엇보다 (서른 개의 단지와 한 개의 단지 속에서) 형상과 형태를 주는 것이지요― 그러니까, 의미를 부여하는 거예요."

본질의 문제는 각색 행위의 핵심에 그대로 남습니다. 책, 영화, 시, 야채, 우리 자신 또는 그 어느 것이든 처음 것의 두번째 버전을 어떻게 만들 것인가? 그것은 훌륭하게도 그 자체로 새로운 것이면서 한편으로는 처음 것, 우리 자신이나 책이나 시나 영화나 망고나 라임의 원래 본질, 정신, 영혼은 유지하도록 만드는 데 있습니다.

불가능한 것일까요? 우리의 예술과 본성 속에 실재하지 않는 것들, 우리의 단어들 사이의 공간, 보여지는 것들 사이에서 보이는 것들은 리메이크 과정에서 불가피하게 버려지는 걸까요? 만약 그렇다면, 우리가 그 상실에 대해 신경쓰지 않을 만큼 충분히 만족스럽거나 우리를 풍요롭게 해주는 다른 공간, 다른 비전들로 채울 수 있을까요? 이처럼 광범한 스펙트럼의 방식으로 각색을 바라본다면, 그래서 각색을 예술의 영역 너머 나머지 삶의 영역 속으로까지 끌고 가는 것은 다른 형식으로 각색된 하나의 작품, 새로운 집으로 각색되는 개인, 새로운 시대로 각색되는 사회 속에서 말의 모든 의미가 본질의 문제를 다루도록 만드는 것입니다. 무엇을 유지하는가? 무엇을 버리는가? 무엇이 변할 수 있고, 어디에 선을 그을 것인가? 질문은 언제나 똑같으며, 그 질문에 대한 우리의 대답이 각색의 질을 결정합니다. 책이건 시건 우리 삶이건 말이지요.

나는 이 글을 2009년 오스카상 시상식 당일 밤에 쓰고 있습니다. 그러니 최근 크게 칭송받고 또 복수의 아카데미상 후보로도 올라와 있는 책을 영화화한 각색 두 가지를 살펴보겠습니다.

F. 스콧 피츠제럴드와 브래드 피트의 흥미로운 경우를 먼저 봅시다. F. 스콧 피츠제럴드는 1921년에 「벤자민 버튼의 기이한 사건」이라는 특이한 작은 이야기를 하나 씁니다. 이 글은 '젊은 로저 버튼 부부'에게 남자 아기가 일흔 살짜리 늙은이로 태어나는 이야기입니다. 그는 그때부터 거꾸로 살면서 계속 젊어지다가 인생의 마지막에는 아기 크기가 되어 흰 아기침대 속에서 천천히 쪼그라들다가 결국 무無 속으로 빨려들어가 버립니다. 2008년에 이 작은 풍자 이야기 토막이 브래드 피트와 데이비드 핀처에 의해 2억 달러짜리 영화로 만들어져서 내가 글을 쓰는 이 순간에는 열세 개나 되는 아카데미상을 두고

경쟁하고 있습니다. (미래에 덧붙이는 추신: 이 영화는 최종적으로 미술상, 분장상, 시각효과상이라는 단 세 개의 상만 수상했습니다.)

그러나 이 작품과 영화의 차이는 현저히 큽니다. 피츠제럴드의 이야기 속에서 벤자민은 온전한 크기의 칠십대 남성으로 태어납니다. 버튼 부인이 그렇게 큰 아기를 낳고도 어떻게 두 동강으로 찢어지지 않았는지는 설명되지 않습니다. 실은 버튼 부인에게는 조금도 관심이 주어지지 않고, 여러 페이지가 지나서야 그녀가 어떻게든 그 엄청난 분만을 하고도 살아남았다는 언급을 합니다. 그녀가 살아남은 방법에 대해서는 논하지 않습니다. 그러나 영화에서는 벤자민이 늙었지만 아기만한 크기로 태어납니다. 그는 브래드 피트를 약간 닮은 일흔 살의 로봇 베이비입니다. 그리고 편리하게 아기가 축소되었지만 버튼 부인은 유감스럽게도 살아남지 못합니다. 이야기에서는 남편 버튼이 아이를 키우고 교육하는 일을 담당합니다. 영화에서 남편 버튼은 자신이 이 세상에 태어나도록 일조한 포대기에 싸인 이 작은 괴물을 보고 겁에 질린 나머지 타라지 P. 헨슨이 키우도록 그의 현관 계단에 갖다 버립니다. 이야기에서 벤자민의 삶은 미국-스페인전쟁으로 떠나는 것을 제외하고는 대체로 사적 영역에서 전개됩니다. 반면에 영화에서 그는 자기 시대의 너무도 많은 공적 사건에 가담해서 영화가 거의 〈거꾸로 젤리그〉나 〈거꾸로 가는 포레스트 검프〉라고 불려도 좋았을 뻔했습니다. (윈스턴 그룹의 소설을 각색한 〈포레스트 검프)의 대본 작가 에릭 로스는 〈벤자민 버튼〉의 각본도 담당했습니다.)

이 두 작품의 가장 큰 차이는 아마 시간을 거슬러서 살아가는 남자라는 아이디어를 공유하는 것 말고는 두 작품의 이야기가 전적으로 다르다는 사실일 겁니다. 영화는 책의 각색이라기보다 에릭 로스의 거의 전적인 창작물입니다. 그리고 로스와 핀처의 영화는 본질적으로 브래드 피트와 케이트 블란쳇이라는 두 배우의 훌륭한 연기에 힘입은 휘황찬란한 특수효과의 기교일 뿐, 최종적으로 특별히 말하고자 하는 바가 없습니다. 이에 반해, 피츠제럴드의 이야기는 의도적으로 공허하고 가벼운 톤을 유지하면서 19세기 말, 20세기 초 볼티모어시의 사회적 태도를 즐겁게 풍자하는, 하다못해 속물근성과 곤혹스러움에 대한 풍자입니다.

영화 〈버튼〉을 이야기 「버튼」의 각색이라고 부르는 것은 이미 포괄적 의미를 갖는 '각색'의 의미를 극단적으로 확장하는 것입니다. 가장 흔한 정의를 반복하자면, 각색한다는 것은 낡은 병원이 현대 의학에 맞게 개조될 때처럼 뭔가를 수정해서 새로운 용도나 목적에 맞추는 것입니다. 지금 우리의 목적을 위해 좀더 구체적으로 말하면, 각색은 '텍스트를 영화, 방송, 무대에 맞게 바꾸는 것'입니다. 누구라도 이야기와 영화는 다르다는 사실과 새 매체에서 효과를 보기 위해서는 원재료가 수정되어야 하고, 심지어 근본적으로 수정되어야 한다는 사실을 인정합니다. 유일하게 흥미로운 질문은 '어떻게'와 '얼마나 많이'입니다. 하지만 사실상 원본이 버려지면 그 결과가 각색이라고 불릴 수 있기나 한지는 모르겠습니다.

시간 반전에 관해서는 어쨌거나 핀처 - 로스 영화 이전에 이미 유명했던 다른 이야기들이 있습니다. 마틴 에이미스의 1991년 소설 『시간의 화살 *Time's Arrow*』은 홀로코스트 이야기가 거꾸로 전개되는 이야기입니다. 그래서 집단 수용소의 친절한 나치 의사들이 자기들의 개인 비밀 상자에서 금을 찾아내 유대인 환자들의 충치를 때워주는 데 사용하는 특이한 장면이 있습니다. 그러나 『시간의 화살』에서는 한 인생만이 아니라 모든 것이 거꾸로 돌아갑니다. 〈버튼〉 스타일의 시간 반전으로 가장 잘 알려진 또다른 예시는 아마 T. H. 화이트의 1938년 고전 『아서왕의 검』에 나오는 마법사 멀린이라는 인물일 것입니다. 이 고전 자체도 디즈니식 각색의 주제가 되었지만, 이것에 대해서는 덮어두고 말하지 않는 게 좋겠지요. 미래에 아서왕이 될 워트라는 소년의 스승 멀린은 시간을 거슬러서 살기 때문에 과거에 대해서는 혼동하지만 미래는 안다는 큰 장점이 있습니다. 벤자민 버튼에게는 그런 행운이 없었습니다. 그는 늙고 뻣뻣하지만, 여느 갓난아기처럼 무지합니다. 그는 자라서 브래드 피트가 되니 한편으로는 전부 나쁜 것만은 아닙니다.

오스카상을 많이 수상한 대니 보일의 영화 〈슬럼독 밀리어네어〉에 대해서는 어떤 말을 할 수 있을까요? 오스카상을 여덟 개나 탔습니다! 영화 〈프린세스 브라이드〉에서 윌리스 숀

이 한 말을 인용하자면, "믿을 수가 없습니다!" 〈슬럼독 밀리어네어〉는 인도 외교관 비카스 스와루프의 소설 『Q&A』를 사이먼 뷰포이가 각색하고 대니 보일과 러블린 탄단이 감독한 영화입니다. 여러분 중에 많은 사람이 이 영화를 보았고 또 좋아했을 것입니다. 끔찍한 봄베이 슬럼가에 관해 행복감을 주는 영화이고, 극도의 빈곤을 부유하게 촬영한 영화이며, 혹독하고 비낭만적인 인도의 취약점을 낭만적이고 발리우드적인 관점으로 바라보는 영화이기 때문입니다—그러니 좋은 느낌을 주지 않겠습니까? 그리고, 그걸 확고히 보여주기 위해 마지막에는 멋진 발리우드식 춤 시퀀스가 있습니다. (사실 발리우드 기준에서 보더라도 거의 B급 춤 시퀀스지만, 신경쓰지 마세요.) 그런 대중적인 영화에 정색하고 반대하는 건 어렵고 무의미할 수도 있겠지만, 어쨌거나 시도는 해보겠습니다.

문제는 각색되는 작품에서부터 시작됩니다. 비카스 스와루프의 소설은 믿음을 거부하는 플롯의 진부한 상업 소설입니다. 슬럼가의 한 소년이 어떻게든 (어떻게?) 〈누가 백만장자가 되고 싶은가〉의 인도식 히트 프로그램 〈카운 바네가 크로레파티〉에 나가는 데 성공하고, 모든 질문에 정확하게 대답합니다. 얼토당토않은 우연의 연쇄 속에 소년의 인생에 발생한 우연한 사건들 덕분에 소년은 필요한 정보를 얻게 되고, 질문도 소년이 시간 순서에 따라 회상할 수 있도록 편리하게 주어지기 때문입니다. 이것은 분명 터무니없는 장치이며, 환상소설의 평판을 떨어뜨리는 환상소설입니다. 이 플롯 장치는 영화 제작자들에 의해 고스란히 보존되어 수상쩍게도 다시 〈슬럼독 밀리어네어〉라 이름이 붙여진 영화의 핵심에 자리잡고 있습니다. 그 결과, 이 영화는 누구도 믿을 수 없게 되었습니다.

이 영화는 불가능 위에 불가능을 쌓아올리는데, 심지어 형편없는 원작을 능가할 정도입니다. 자라면서 힌디어와 마라티어를 배운 봄베이 슬럼가 출신의 두 소년은 화재를 피해 도망치다가 갑자기 완벽한 영어를 구사하는데, 서양 여행객들에게 말을 걸 수 있을 정도(그리고 속입니다)입니다. 아, 게다가 화재가 난 슬럼가에서 도망칠 때 그들은 대단한 체력을 보여줍니다. 그들이 다음에 있는 곳은 수백 킬로미터 떨어진 아그라의 타지마할이기 때문입니다. 잠시 후에 그들은 봄베이로 돌아가고, 나이가 더 많은 소년은 기적같이 총과 실탄과 그것을 모두 사용할 재주와 용기를 획득합니다. 그는 총을 어떻게 구했을까요? 어떠한 설명도 없습니다. 인도는 미국이 아니기에 범죄 마피아의 소속원이 아니면 무기를 입수하기가 쉽지 않습니다. 그리고 이야기의 이 장면에서 소년은 마피아 소속원이 아니지요. 자기 고향의 이야기가 이렇게 우스꽝스럽게 불합리하고 천박한 방식으로 전달되는 것을 보는 건 화를 키우는 일입니다. 만약 서양 관객들에게 더 익숙한 어떤 곳이 배경이었다면 〈슬럼독 밀리어네어〉의 감상적인 면은 그런대로 진부한 실패로 인식될 수 있을 것입니다. 마피아 대부의 정부가 마피아로부터 도망쳐서 어린 시절의 자기 연인과 영원히 행복하게 살 수 있다고 진지하게 믿을 수 있을까요? 돈 코를레오네가 그런 걸 가만둘까요? 그렇지 않지요? 글쎄요, D-컴퍼니나 봄베이의 다른 범죄 집단의 대부들도 대체로 그렇게 두지는 않을 것입니다.

그리고 내가 인도 경찰 병력에 숨어 있는 잔혹성의 가능성을 잘 알고는 있지만, 게임쇼의 참가자가 정답을 너무 많이 맞혔다고 거꾸로 매달려서 고문을 당한다는 생각은 ... 그냥 신뢰성을 손상시킨다고 말해둡시다. 인도 경찰은 그런 짓을 할 만큼 TV 게임쇼에 관심이 많지 않습니다. 고문할 만한 다른 사람들은 이미 많이 있습니다.

한때 인도에 관한 서양 영화는 금발의 백인 여성이 인도에 도착해 거의 즉시 마하라자*를 발견하고 사랑에 빠지게 되는 내용인 경우가 많았습니다. 마치 그런 마하라자의 공급이 끝없고, 특히 영국이나 미국의 금발에게 잘 공급되는 듯이 말입니다. 아니면, 유럽의 여성들이 마하라자가 아닌 인도인들을 강간으로 고발하는 내용인 경우도 많았습니다. 아마 그 여성들이 마하라자가 아닌 사람들의 접근에 너무나 분개했기 때문일 것입니다. 또는, 위세당당한 백인 남성이 말을 타고 식민지 곳곳을 내달리며 권총을 쏘거나 칼집에서 칼을 뽑으며 가지각색의 효과를 보여주는 내용인 경우도 많았습니다. 그런 이국풍 취미는 이제 매력을 잃었습니다. 그 대신 사람들은 자

---

* 대왕·대군이라는 뜻으로, 영국령에 속하지 않고 현지인 전제 군주가 영국의 감독 아래 통치하던 나라의 군주.

신들이 보고 있는 것이 진정성 있다고 믿을 수 있을 정도의 담력과 폭력을 원합니다. 하지만 그것 역시 관광입니다. 초기 영화들이 라지*와 마하라자에 관한 관광이었다면, 오늘날에는 슬럼가 관광이 있습니다. 2008년 텔루라이드 필름 페스티벌에서 진행된 한 인터뷰에서 대니 보일은 왜 평소 소재와 그토록 다른 프로젝트를 선택했느냐는 질문에 자신은 인도에 한 번도 가본 적이 없고 아는 것도 전혀 없기 때문에 이 프로젝트가 엄청난 기회가 될 것이라 생각했다고 대답했습니다. 그의 말을 듣고 나는 뉴욕의 하층민 생활에 관한 영화를 만든 뒤에 뉴욕에 대해 아는 것이 전혀 없고 실은 가본 적도 없기 때문에 그 영화를 만들었다고 말하는 인도의 영화감독에 대해 상상해보았습니다. 그 감독은 평론가들의 비판을 받아 사지가 하나하나 찢겨나갔을 것입니다. 그러나 제3세계에 대해 그렇게 말하는 제1세계의 감독들에게는 칭찬받을 만한 예술적 도전의 표시로 간주됩니다. 분명 탈식민주의적 이중 잣대는 아직 완전히 사라지지 않았습니다.

나는 영화 각색 전반에 대해 반대하는 주장을 잠시 고려해보고자 합니다. 영화 애호가들 사이에서는 오리지널 스크린플레이**로 만들어지는 영화가 연극이나 책에서 각색되어 만들어

---

* 영국의 인도 통치를 가리키는 말.

** 각색이 아닌 처음부터 순수 영화를 목적으로 창작한 각본을 구분하여 '오리지널 스크린플레이'라고 지칭한다.

지는 영화보다 우월하다거나 우월하다고 평가받아야 한다는
관점이 널리 인정받고 있기 때문입니다. 많은 성공적인 책들
이 영화적 변신을 거쳤습니다―아주 불완전한 목록을 언급
하자면―귄터 그라스의『양철북』, 가브리엘 가르시아 마르케
스의『콜레라 시대의 사랑』『순박한 에렌디라』『예고된 죽음
의 연대기』, 필립 로스의『휴먼 스테인』, 레이먼드 카버의 이
야기들에 바탕을 둔 〈숏컷〉, 도나 타트의『황금방울새』, 에이
미 탠의『조이 럭 클럽』, 그리고 J. K. 롤링의 '해리 포터' 시리
즈가 있습니다. (영화 〈독립기념일〉은 리처드 포드 소설의 각
색이 아닙니다. 포드의 이 수상작 소설은 불행하게도 동명 영
화와 거의 똑같은 시기에 나오는 바람에 서점에서 고객이 이
책을 찾으면 직원이 이렇게 물을 수밖에 없었다고 하는 말이
있었습니다. "외계인 나오는 거 드릴까요, 안 나오는 거 드릴
까요?")

이 특정 목록에서 아마 폴커 슐뢴도르프의 영화 〈양철북〉만
이 유일하게 영화로서 언급할 만한 가치가 있는데, 훌륭한 각
색과 나쁜 각색의 이와 같은 불균형은 각색 반대 진영의 주장
을 강화해줍니다. 〈해리 포터〉 영화는 책에 철저히 충실하려
는 결단으로 인해 아마도 알폰소 쿠아론 감독의 〈아즈카반의
죄수〉를 제외하고는 바로 그 충실성 때문에 영화적 손상이 있
었습니다. 〈숏컷〉은 등장인물 대부분의 사회적 지위를 높게
잡는 바람에 그들의 간신히 억제된 좌절이 자기 탐닉처럼 보
이게 되어 레이먼드 카버의 관점을 저버립니다. 영화 〈더 골

드핀치〉는 점잖게 말해서 대실패작입니다. 그리고 찌꺼기를 끌어모은 바닥의 맨 아래에는 『휴먼 스테인』의 영화 버전 〈휴먼 스테인〉이 있습니다. 이 영화는 거의 일평생을 백인으로 패싱하는 데 성공한 밝은 피부색의 아프리카계 미국인 남성 역할로 밝은 피부색의 웨일스 사람 앤서니 홉킨스를 캐스팅했습니다. 내 생각에 이 위대한 배우는 단순히 흑인 부분만 연기하기로 기대되었던 것 같습니다. 〈휴먼 스테인〉 타입의 각색을 너무 많이 본 영국의 한 영화 제작자가 한번은 술이 좀 취한 상태에서 내게 굉장히 열렬하게 각색 반대, 오리지널 스크린플레이 옹호 주장을 상세히 설명한 적이 있습니다. 그는 집주인의 저녁 식탁을 주먹으로 내리치면서까지 명료한 언어로 이렇게 말했습니다. "책에서 영화로 만든 건 죄다 똥덩어리지요." 똥덩어리론을 강하게 옹호하는 주장은 확실히 가능합니다. 〈휴먼 스테인〉 하나만 있는 게 아닙니다. 내가 조금 전에 언급한 모든 책의 영화 버전은 맥빠진 실패작이지만, 그 원작들은 매력 있고, 힘이 넘치며, 팽팽한 긴장감이 있습니다. 특히 가르시아 마르케스의 걸작을 영화화한 것들은 서툰 희화화에 불과합니다. 그것들은 작가의 정확한 상상력을 나태한 이국풍으로 대체해 스스로 잘못을 알지도 못한 채 원작을 근본적으로 배신합니다.

그러나 슐뢴도르프의 〈양철북〉은 배설물 이론의 예외로 우뚝 서 있습니다. 그 핵심에는 데이비드 베넨의 짜릿한 오스카 마체라트 연기가 있습니다. 오스카 마체라트는 백만 명의 사라진 소년들과 나치 독일의 살인적인 해적들 사이에서 성장을 멈춰버린 피터 팬이며, 성장을 멈춘 오스카는 고전문학 속에서 더이상 자라지 않는 또하나의 소년입니다. 그 영국 제작자의 격언을 반증하는 영화는 더 있습니다—예컨대 코언 형제들의 〈노인을 위한 나라는 없다〉는 (해리 포터 시리즈와 대조적으로) 코맥 매카시의 소설을 아주 꼼꼼히, 한 장면 한 장면, 대화 한 줄 한 줄을 그대로 따름으로써 성공한 영화입니다. 그리고 정반대 방식에 따라 성공한 폴 토머스 앤더슨의 〈데어 윌 비 블러드〉는 업턴 싱클레어의 소설 『오일!*Oil!*』을 자유롭고 느슨하게 대폭 각색해 오히려 성공한 영화입니다. 그러나 성공보다 실패가 훨씬 더 많기 때문에 악취는 좀처럼 가시지 않습니다.

영화 제작에서 오퇴르 이론은 1950년대 말 영화잡지 〈카예 뒤 시네마〉에서 프랑수아 트뤼포에 의해 처음 제기되었습니다. 그후 처음에는 영화 이론으로, 나중에는 실제 영화 제작에서 훗날 세계의 가장 중요한 영화감독으로 변신하게 되는 일군의 영화평론가들에 의해 확산되었습니다. 프랑수아 트뤼포, 장뤼크 고다르, 클로드 샤브롤, 에릭 로메르, 그리고 자크 리베트 등에 의해서지요. 그러나 각색보다는 영화를 원작으로 쓰인 대본이 더 우수하다는 생각이 프랑스 누벨바그*의 중심

---

* 1950년대 말 프랑스에서 시작된 예술영화 운동으로 실험과 우상타파를 중

또는 그 언저리에 놓여 있었다 하더라도, 1950년대와 1960년대의 훌륭한 프랑스 영화, 심지어 세계의 영화가 사실은 성공적인 각색 작품들이었습니다. 오리지널 스크린플레이의 열성 애호가인 고다르는 알베르토 모라비아의 소설에 바탕을 둔 〈경멸〉로 가장 큰 상업적 성공을 거두었습니다. 샤브롤은 영국의 계관시인이자 (대니얼의 아버지인) 세실 데이루이스의 익명 스릴러 소설 『야수의 최후*Que la bête meure*』를 바탕으로 대단히 멋진 영화를 만들었습니다. 에릭 로메르는 하인리히 폰 클라이스트의 고전 노벨레 『O 후작부인』을 훌륭하게 영화화했습니다. 트뤼포는 오리지널 스크린플레이와 각색을 골고루 섞어서 했습니다. 그의 오리지널 스크린플레이 영화로는 〈400번의 구타*Les quatre cents coups*〉(글자 그대로의 잘못된 영어 제목은 'The 400 Blows'이지만, 이 특정 프랑스어는 'The Wild Life'로 번역하는 것이 더 좋았을 것입니다)와 〈아메리카의 밤〉이 있고, 각색 영화로는 레이 브래드버리의 저명한 책을 각색한 〈화씨 451도〉와 앙리피에르 로셰의 소설을 각색한 〈쥘 앤 짐〉이 있습니다. 로셰의 『쥘과 짐』은 우연하게도, 실제로 로셰, 마르셀 뒤샹, 그리고 미국의 도예 예술가 비어트리스 우드 사이의 삼각관계에 영향을 받은 소설일 것입니다. 비어트리스 우드는 다다이즘 세계의 중심 근처에 살았기 때문에 '다다의 마마*Mama of Dada*'로 알려져 있습니다.

시했다.

광장히 풍요로운 이 시기의 세계 영화는 또 "모든 각색은 똥덩어리" 원칙을 폭파하거나 적어도 희석시키는 쪽으로 상당히 멀리 나아갔습니다. 구로사와 아키라의 초기 사무라이 걸작인 〈요짐보〉와 〈츠바키 산주로〉는 문학 원작이 있는 반면, 〈7인의 사무라이〉는 오리지널 스크린플레이에서 나왔으며 〈라쇼몬〉은 아쿠타가와 류노스케의 단편소설 두 편을 결합해서 만들어졌습니다. 사티야지트 레이는 고전 벵골문학에서 많은 것을 취했고, 〈차룰라타〉와 〈가정과 세상〉 같은 그의 위대한 영화 몇 편은 라빈드라나트 타고르의 원작을 꽤나 충실하게 각색한 것들입니다. 잉마르 베리만과 페데리코 펠리니는 언제나 자신들의 오리지널 스크린플레이를 바탕으로 영화를 찍었지만, 루이스 부뉴엘은 덜 교조적이어서 자신의 무정부주의적이고 초현실주의적인 경향을 고전적인 유럽문학과 결합해 가장 성공적인 영화 몇 편을 만들었습니다. 그는 조제프 케셀의『벨 드 주르』와 베니토 페레스 갈도스의 소설『트리스타나』『나자린』, 그리고 옥타브 미르보의『어느 하녀의 일기』를 각색했습니다.

영화 각색에 반대하는 주장은 따라서 증명되지 않은 채로 남아 있습니다. 또, 위대한 문학의 아래를 보면, 많은 영화 각색이 그 산문문학의 원재료보다 훌륭하다는 그럴듯할 주장이 제기될 수도 있습니다. 어마어마한 톨킨 팬들의 군단을 자극할지도 모를 위험을 무릅쓰고 나는 피터 잭슨의 영화가 톨킨의 원작을 능가한다는 제안을 하고자 합니다. 조금 거칠게 말하면 톨킨이 글을 쓰는 것보다 잭슨이 영화를 더 잘 만들기 때문입니다. 광범하고, 서정적이며, 때로 친밀하기도 하고 서사적이기도 한 잭슨의 영화 언어가 톨킨의 산문보다 훨씬 낫습니다. 톨킨의 산문은 한편으로 허풍, 능글맞음, 거드름을 갖고 있고, 다른 한편으로는 참기 힘든 '귀하'나 '그대' 풍의 가짜 고전주의 사이를 놀랍도록 왔다갔다하기 때문에 이 모험담에서 인간성과 평범한 영어는 웅대하게 영웅적인(또는 투덜거리면서 비뚤어진) 인간들보다 훨씬 더 우리를 잘 대변해주는 작은 존재들인 호빗 부분에서만 성취됩니다.

각색에 대한 나의 개인적인 첫 경험은 팀 서플이 연출하고 로열 셰익스피어 컴퍼니가 영국과 미국에서 공연한 『한밤의 아이들』 무대 버전이었습니다. 연극은 영화와는 또다른 야수입니다―너무도 현재적입니다. 연극은 우리 바로 앞에서 펼쳐지기 때문에 너무도 일관되게 선언적인 형식을 취합니다. (통상적인 규칙을 거꾸로 뒤집어버리는 베케트나 핀터의 손에서는 예외겠지요.) 게다가 일반적인 연극에서 진실인 것이 서사 연극에서는 두 배로 진실이 됩니다. 그 결과 『한밤의 아이들』의 무대 각색은 두 가지에서 책과 현저하게 달랐습니다. 첫째, 소설에서 공적인 소재를 배경에서 좀더 암시적으로 사용하는 것과 달리 연극에서는 전면 혹은 중앙에 공적인 소재를 배치함으로써 훨씬 더 소란스럽고, 명백히 정치적으로 바뀌었습니다. 둘째, 훨씬 더 많은 섹스가 있었습니다. 정말로 많이 말입니다. 소설에서는 대부분의 성행위가 무대 밖에 점잖게 비켜 있었지만, 연극에서는 배우들이 계속해서 서로에게 덤비는 것처럼 보였고, 의식적으로 그러는 것처럼 보였습니다.

소설의 저자만이 아니라 각색의 공동 저자로서 말하자면, 나는 이런 차이를 좋아했습니다. 나는 그 연극을 내 책의 사촌 또는 어쩌면 사생아쯤으로 생각했습니다. 거울에 비친 이미지가 아니라 혈육으로 말이지요. 나는 더 뻔뻔하고 공격적으로 면전에서 도발하는 연극의 스타일이 책의 정신에 충실하면서도 효과적이고, 또 적절히 연극적이었다고 생각했습니다. 흥미롭게도 관객의 반응은 나뉘었습니다. 연극을 가장 즐긴 사람들은 소설을 읽지 않은 사람들이라는 사실이 곧 명확해졌습니다. 만약 사람들이 아무런 문학적 정보 없이 연극 관객으로만 극장에 온다면, 말하자면 새로운 연극을 하나 보려고 오는 사람들은 대체로 만족하고 심지어 감동마저 받고 돌아갔습니다. 책을 좋아하는 사람들은 좀더 복잡한 반응을 보였습니다. 그들은 대부분 스타일이나 각색 과정에서 누락된 부분들에 대해 뭔가 할말을 찾아냈습니다. 연극을 좋아한 사람도 있었고 싫어한 사람들도 있었는데, 만족한 사람은 거의 없었습니다.

각색되는 어떤 작품의 본질은 어느 곳에나 있을 것입니다. 슈퍼맨이 어떻게 슈퍼가 되고, 배트맨이 왜 제정신이 아니며, 조커는 왜 농담을 하는지 이야기해주는* 액자식 구성의 이야기에 있을 수도 있습니다. 또한, 이야기의 독특한 분위기—대공황 시대 앨라배마주 작은 시골의 완고함이 어린 소녀의 두 눈을 통해 보여지는 것—또는 한 등장인물의 내면에, 홀든 콜필드**나 프루스트의 화자 마르셀의 내적 삶 속에 있을 수도 있습니다. 이런 본질이 영화로 이해되고 포착될 수 있다는 사실은 프루스트를 영화화한 라울 루이스의 위대한 영화 〈되찾은 시간〉이나 로버트 멀리건의 영화 〈앵무새 죽이기〉 또는 〈다크 나이트〉에서 히스 레저의 탁월한 조커 구현에서 예시되고 있습니다.

각색자에게 가장 어려운 것은 본질이 언어 속에 있는 텍스트입니다. 이런 특성이 왜 가르시아 마르케스의 영화 버전이 그토록 형편없고, 이탈로 칼비노나 에블린 워의 작품을 바탕으로 한 좋은 영화가 없었는지(속물근성으로 숨이 막히는 〈다시 찾은 브라이즈헤드〉 버전이 여럿 있기는 하지만 말입니다), 왜 헤밍웨이의 영화화가 그렇게 자주 실패하는지(죽은 물고기와 함께 끔찍하게 표류하는 스펜서 트레이시 역의 〈노인과 바다〉가 떠오릅니다), 그리고 1967년 조이스의 『율리시스』를 영화로 만든 조지프 스트릭의 시도처럼 훌륭한 도전마

---

* 원문은 'how Superman became super, why Batman became batty, or why the Joker jokes'로 발음의 유사성을 이용한 언어유희가 포함되어 있다.
** J. D. 샐린저의 1951년 소설 『호밀밭의 파수꾼』의 청소년 주인공. 타락한 성인들의 세계를 비판하며 어린아이들의 순수를 지켜내는 '호밀밭의 파수꾼'이 되기로 결심한다.

저 완벽한 캐스팅에도 불구하고 결국에는 원작에 미치지 못하는지 설명해줄지도 모릅니다. 마일로 오셰이는 리어폴드 블룸을 섬뜩하리만치 훌륭하게 구현했고, 모리스 뢰브스는 스티븐 데덜러스로 너무나 적합했는데도 말이지요. 이 말은 반드시 해야겠습니다. 몰리 블룸 역의 바버라 제퍼드가 스트릭의 〈율리시스〉마지막 장면에서 부부 침대 위에서 빈둥거리고 난잡하게 뒹굴면서 그 어떤 소설 중에서도 가장 장엄한 독백을 보이스오버로 전달하며, 그래서 난 그래라고 말해줬지 그래 그렇게 그래, 하고 말할 때 조이스의 언어가 마침내 완전히 살아서 움직입니다.

무엇이 본질일까요? 그것은 인생의 가장 위대한 질문 중 하나이며, 앞서 내가 말했듯이 예술적인 것이 아닌 다른 각색에서도 제기되는 질문입니다. 이 글을 마치기 전에 나는 이와 같은 실제 삶 속의 다른 종류의 각색으로 돌아가보고자 합니다. 이 경우 각색되어야 할 '작품'은 우리 자신입니다. 그 텍스트는 고립 또는 집단 상태의 인간 사회와 인간의 자아이며, 유지되어야 할 본질은 인간의 본질이며, 그 결과는 우리 모두가 지금 살아가고 있는 다원적이고, 혼종적이며, 뒤섞인 세계입니다. 은유metaphor로서의 각색은 그리스어에서 파생된 '메타포'라는 말 그대로의 의미인 가지고 건너가기이며, 라틴어에서 파생된 이와 관련이 있는 단어 '번역translation'은 다른 형식의 가지고 건너가기라는 의미입니다.

무엇이 본질일까요? 소소한 방식으로 우리는 모두 매일같이 이 질문에 답을 합니다. 우리가 인생에서 본질적이라고 생각하는 것들은 무엇일까요? 그 답은 우리의 자녀들일 수 있고, 공원에서의 일상적인 산책일 수 있고, 좋은 독한 술일 수 있으며, 독서일 수도 있고, 일자리나 휴가나 야구팀이나 담배한 개비, 또는 사랑일 수도 있습니다. 그러나 인생은 우리로 하여금 다시 생각하도록 만듭니다. 자녀들은 집에서 멀리 나가고, 우리는 좋아하는 공원에서 멀리 이사가며, 의사는 우리에게 술과 담배를 금지시키고, 또 우리는 시력을 잃거나, 해고되거나, 휴가를 갈 시간과 돈이 없거나, 우리의 야구팀이 형편없기도 하고, 우리의 가슴이 찢어지기도 합니다. 그런 경우에 세상에 대한 우리의 그림은 비뚤어진 채로 벽에 걸립니다. 그러나 우리가 견딜 수 있고 삶을 각색한다면, 우리가 매일같이 간섭하는 부모일 필요가 없다는 생각이 좋아지고, 다른 식의 일상적인 산책에 적응하게 되고, 더이상 술이나 담배를 하지 않아도 되며, 브레일 점자를 배우게 되고, 새 일자리를 찾게 되고, 휴가가 필요 없다고 결정하게 되고, 사랑 없이도 사는 방법을 알게 되고, 그다음에는 다시 사랑에 빠지는 게 가능하다는 걸 알게 됩니다. 우리 야구팀은 여전히 형편없지만 그런게 인생이고, 우리는 거기에 맞게 각색하고, 살아남으며, 이런 것들은 우리에게 본질이란 이 모든 것보다 더 심오한 것, 바로 우리를 견디게 해주는 것이라는 사실을 보여줍니다. 찰스 다윈이 갈라파고스제도에서 발견한 각기 다른 열두 핀치새는 모두 그 지역에 각색해 적응한 것들이었습니다. 그러나 1837

년에 조류학자 존 굴드가 다윈의 표본들을 검토했을 때 이 새들은 동일한 조류의 열두 가지 다른 종이었음을 알게 되었습니다. 우발적 돌연변이와 자연선택에도 불구하고, 핀치새들의 속성, 그들의 본질은 변하지 않았습니다.

개인으로서, 공동체로서, 민족으로서 우리는 우리의 지속적인 각색자들이며, 지속적으로 질문을 제기해야만 합니다. 우리의 핀치적 속성은 어디에 있는가, 하고 말이지요. 우리의 본질은 무엇으로 구성되어 있는가? 우리가 우리 자신이 되기를 멈추고 싶지 않다면 결코 포기할 수 없는 것들은 무엇인가? 우리는 새 도시, 새 나라로 이사를 가며, 우리가 모르는 사람들, 우리를 모르는 사람들 속에 들어가게 됩니다. 우리는 그들의 언어를 완벽히 구사할 줄 모르고, 그들도 우리 언어를 말할 줄 모를 것입니다. 그들의 관습과 신념 체계는 우리와 다를 것입니다. 우리의 자녀들은 이 새로운 거리에서, 이 새로운 사람들 속에서, 새로운 언어를 말하며 자랄 것입니다. 자녀들이 우리를 낯설게 여기지 않도록 우리 스스로를 각색해야 할까요? 아니면 세대를 따라서 전수될 수 있도록 옛 방식을 고수해야 할까요? 우리가 만약 무신론자들 사이에서 종교를 가진 사람이라면, 그들 사이에서 쉽게 살아가기 위해 그들의 생각에 우리 생각을 적응시켜야 할까요? 아니면 심지어 우리가 영원히 이방인으로 간주된다고 하더라도 우리의 생각을 강화해야 할까요? 우리가 보수적인 사람들 속에서 살아가는 급진주의자라면, 우리는 우리 사상을 누그러뜨려야 할까요? 각색의 문제는 가장 오래된 질문의 근저에 있다는 사실을 알 수 있습니다. 우리는 누구이며, 어떻게 살 것인가? 본질의 문제는 결국 또한 윤리의 문제입니다—옳은 행동과 그른 행동 사이의 해묵은 논쟁을 필연적으로 제기하지요.

우리는 다른 사람의 시를 번역하는 시인들로부터, 종이 위의 단어들을 스크린의 이미지로 바꾸는 시나리오 작가들과 감독들로부터, 하나의 사물을 다른 상태로 가지고 건너가는 모든 사람으로부터 다음과 같은 것을 배울 수 있습니다. 각색은 옛것과 새것의 진정한 교환이 이루어질 때, 그 둘을 모두 이해하고 사랑하는 사람에 의해, 큰 격차를 건너뛰어 또다른 빛 아래에서 각색의 대상이 다시 빛나게 해주는 사람에 의해 이뤄질 때 가장 잘 작동합니다. 즉 사회적, 문화적, 개인적 각색의 과정도 예술적 각색과 마찬가지로 성공하기 위해서는 엄격하지 않고 자유로워질 필요가 있습니다. 각색되는 옛 텍스트에, 옛날 방식이나 과거에 지나치게 집착하는 사람은 불행, 소외, 말싸움, 실패, 상실 등 작동이 잘 안 되는 뭔가를 만들어내는 운명에 처하고 말 것입니다.

그러나 자신이 누군지 모르는 사람들도 실패할 운명에 처해 있습니다. 다른 사람들을 기쁘게 하겠다고 자신을 희생시키는 개인들, 유머가 사라진 세상에서 농담 던지기를 그만둔 코미디언들, 유머가 없다고 평가될까 두려워서 농담을 던지려고 애쓰는 진지한 사람들, 새로운 상황, 새로운 관계, 새로운 나라에서 수월하게 일하는 방식이랍시고 자신의 본성에 반해 행동하는 사람들 말입니다.

사회 전체가 나쁜 각색의 과정을 통해 길을 잃을 수도 있습니다. 자신을 구하겠다고 다른 사람들을 억압할 수도 있습니다. 자신을 방어하려는 행동이 스스로 공격받고 있다고 믿는 바로 그 자유에 해를 끼칠 수도 있습니다. 그런 사람들은 자유를 옹호한다고 주장하면서 자신들과 타인들을 덜 자유롭게 만들 수도 있습니다. 또는 그들 안에 있는 다혈질적이고 폭력적인 자아를 진정시키느라 사회가 그들을 유화적으로 대하는 바람에 오히려 폭력적인 사람들에게 그들의 폭력성이 효과적이라는 잘못된 관념을 심어줄 수도 있습니다. 사람들 사이의 이해 증진을 위해 일부 구성원들의 뜻에 맞지 않는 의견은 표현하지 못하게 막으려 들고, 그러다가 다른 사람들을 더욱 화나게 만들 수도 있습니다.

오늘날과 같이 급격한 변화의 시대, 움직이는 사회에서는 무엇이 본질인지, 무엇이 타협할 수 없는 것인지, 구성원이 되는 대가로 모든 시민이 받아들여야만 하는 것이 무엇인지 알아야만, 모든 훌륭한 각색이 그러하듯, 성공할 수 있습니다. 슬픈 말이지만, 너무 오랜 세월 동안 우리는 한편으로 유화정책과 굴복이라는, 다른 한편으로는 오만한 과잉과 강제라는 나쁜 사회적 각색의 시대를 살아왔습니다. 그 결과 위기의—정치적, 생태적, 의학적—시대에 우리는 스스로 그런 위기에 대처할 준비가 안 되어 있을 수 있습니다.

한 가지 낙관적인 첨언을 하자면, 인류는 심각한 위협에 처할 때마다 신속한 각색의 능력을 가진 종임을 스스로 보여주었습니다. 더 좋은 시대―그리고 더 훌륭한 영화!―가 우리 앞에 놓여 있으리라는 희망을 충족시키기 위해 우리에게는 그 어느 때보다 이와 같은 인류적 창의성이 절실합니다.

나태에 관한 소고:
살리지아에서 오블로모프까지

살리지아

'살리지아Saligia'는 모든 7대 죄악을 하나로 모은 존재다. 나는 그녀를 펠리니 영화의 그로테스크하고 풍만하고 살이 쪘으며 웃을 때면 몸을 흔들어대는 여자로 그려본다. 카메라가 그녀에게 다가가면 그녀는 방대한 가슴을 들이민다. 그녀의 치아 상태는 형편없으며, 떡진 머리는 뒤로 내려서 쪽을 찌고 있다. 그녀를 조각하려면 예술가는 거대 인간(그리고 동물)을 조각하던 콜롬비아의 조각가 페르난도 보테로여야 한다. 살리지아는 페데리코 펠리니의 고향인 리미니 또는 그와 유사한 동네에서 사춘기 소년들을 공포에 떨게 하지만, 그 사춘기 소년들은 그녀에게, 그녀의 강력한 가슴의 향기에 무자비하게 끌리기도 한다. 그녀는 소년들을 육욕의 신비 속으로 처음 인도하며, 그녀의 자매들은 카비리아*와 볼피나** 등등이다. 그녀가 우리를 향해 두 팔을 뻗으면 우리는 파멸한다.

살리지아는 13세기에 탄생했을 것이다. 그녀는 1271년에 처음 문헌에 등장하는데, 항구도시인 오스티아의 헨리시우스 드 바르톨로메이아스라는 사람이 쓴 『숨마 호스티엔시스 *Summa hostiensis*』에 언급된다─바르톨로메이아스의 고향 오스티아는 여러 세기 후에 펠리니 영화 속의 창녀 카비리아가 밤마다 열심히 일을 하는 곳이다. 바르톨로메이아스는 전통적인 7대 죄악의 순서를 조정해서 살리지아를 탄생시켰다. 기원후 6세기 그레고리 대제의 『마그나 모랄리아*Magna Moralia*』에서 정한 원래 순서는 수페르비아superbia, 인비디아invidia, 이라ira, 아바리티아avaritia, 아치디아accidia, 굴라gula, 룩수리아luxuria였다. 각각 교만, 질투, 분노, 인색, 나태, 탐식, 색정이다. 이것들은 살리지아의 일곱 가지 구성요소인데, 머리글자를 딴 SIIAAGL에서는 그녀가 아직 발견되지 않는다. 그녀의 DNA를 재조합해서 생명을 불어넣은 것이 바르톨로메이아스다. 그가 바로 그녀의 크릭과 왓슨***이자, 그녀의 피그말리온이다. 교만, 인색, 색정, 질투, 탐식, 분노, 나태. 오스티아에서 온 사람이 생각한 그녀의 유전자 코드를 해독하는 순서다. 수페르비

---

* 펠리니의 1957년 동명 영화 〈카비리아의 밤〉의 창녀 주인공.

** 펠리니의 1973년 영화 〈나는 기억한다〉에 등장하는 여성 인물. 2021년 페레 코니엑의 영화 〈볼피나〉는 이 인물을 중심으로 하고 있다.

*** 1953년 DNA의 이중나선 구조를 밝혀 이후 노벨물리학상을 수상한 과학자 프랜시스 크릭과 제임스 왓슨.

아, 아바리티아, 룩수리아, 인비디아, 굴라, 이라, 아치디아. 두문자어 SALIGIA가 살리지아를 생생하고 숨을 쉬는 생명체로 만든 것이다.

7대 죄악 중에서 가장 크고 사악한 것은, 최대 불명예의 위치인 마지막을 차지하며 대미를 장식할 권리가 주어진 나태다. 아체디아acedia 또는 피그리티아pigritia라고도 불리는 아치디아는 그것의 그림자 같은 존재들로 트리스티아tristitia, 즉 슬픔과 아노미anomie인 영혼의 부식이 있다. 펠리니는 활력을 잃은 나태에 관한 최고의 예술가다. 그의 주인공은 거의 언제나 모종의 비텔로네vitellone, 즉 게으름뱅이이며 때로는 가난하고 더러는 풍요롭지만 언제나 부랑아 신세다. 그 최고의 화신은 소외되고, 우울하고, 떠돌이인데다 수동적이고, 피폐한 〈달콤한 인생〉과 〈8과 1/2〉의 마스트로이안니다. 잘생기고 나약한, 지친 두 눈의 마르첼로가 한 손에는 담배를 들고 옆에는 여인을 두고 있다. 그가 점점 잃어가는 바로 그 여인 옆에서 마스트로이안니가 간다. 비아 베네토 거리를 방황하며 내려가다가 더러운 옆 골목을 따라서 내려가고, 다시 달콤한 삶의 세계로 올라가 부자들의 집으로 들어간다. 그는 무위에 사로잡혀 선택할 힘이나 인생을 살아갈 동력을 상실하고 영혼이 마비된 채 느릿하고 퇴폐적인 파티장 사이를 정처 없이 지나간다. 트레비 분수 광장에서 가슴이 풍만한 매력적인 영화배우 하나가 술에 취해 신이 나서 떠들어댄다. 마스트로이안니는 무기력의 심연에서 깨어나 그녀를 유혹하려 애써보지만 실패하고, 그

응당한 대가로 그녀의 남자친구가 날리는 주먹에 얼굴을 얻어맞는다. 그의 주위로 살롱과 식당에서, 약탈적 파파라치 사진사들의 밤의 도시에서, 무감각한 그의 세계의 주민들인 흐릿한 표정에 완벽한 머리 장식을 한 지친 미녀들이 배회한다. 이런 나태의 화신들은 저주만 받은 것이 아니다. 그들은 이미 지옥의 화염 속에서 살리지아와 춤을 추고 있다.

나태는 죄악인가?

한 소년이 집에서 멀리 떨어진 낯선 나라의 기숙학교에 보내진다. 그는 그런 추운 지역에서 번성하는 왕성하고 외향적인 기질이 부족하다. 그는 수줍고, 지적이며, 체구가 작고, 운동에 소질이 없으며, 섬세하고, 말이 없다. 곧이어 그는 이런 성격이 외국인이라는 사실이 더해지면 기숙학교 생활의 7대 죄악이 된다는 사실을 깨닫는다. 일곱 죄악에 모두 유죄인 그는 바깥의 어둠으로 던져진다. 말하자면 한마디도 하지 않고, 아무 행동도 하지 않았는데 인기가 없어진 것이다.

며칠 지나자 소년은 몸이 아프기 시작하고, 아주 생소한 방식으로 앓게 된다. 소년은 매일 아침 기숙사 방에서 잠에서 깰 때마다 팔다리가 무거워지는 걸 느낀다. 사실은 침대에서 빠져나와 옷을 입기도 힘들 정도지만, 일단 용을 써서 두 발로 서게 되면 성가시게 짓누르는 무게가 그에게서 사라지고, 정상적으로 기능할 수 있게 된다. 하지만 매일 아침 그 무게는 전날보다 무거워지고, 점점 더 일어서기가 힘들어진다.

소년이 침대에서 빠져나올 수 없는 날이 왔다. 방장 역할을 하는 나이가 좀더 많은 소년을 포함한 기숙사의 다른 소년들은 이 소년이 무거움을 호소하는 게 무슨 의미인지 이해하지 못하고, 그래서 애들인지라 그들은 조롱하고 놀리기 시작한다. "오 제 노 제 제기랄!" 그들은 소년의 외국인 발음과 그 지역의 속어에 익숙하지 못한 것을 끔찍하게 비꼬아 흉내내며 소리지른다. "오, 오! 저 팔다리가 제 무거워!"

기숙사 동료들이 뛰고 껑충거리며 그의 나태함을 흉내낼 때, 어떤 새로운 느낌이 소년을 사로잡는다. 그리고 놀랍게도 이 느낌은 그를 침대에 못박고 찍어누르는 것 같던 그 무게감에 유익한 효과를 가져다준다. 이 새로운 느낌은 소년에게 힘을 주고, 소년은 마치 적들이 자신을 꼼짝 못하게 묶어놓은 큰 바위를 밀쳐 올려버린 고대 이야기의 주인공처럼 무거움과 무기력을 떨쳐버린다. 소년은 침대에서 일어나 불같은 열정을 갖게 된다.

그 새로운 느낌은 분노다. 다른 소년들은 그의 두 눈에서 이글거리는 분노를 보게 되고, 그들의 입술에서 조롱은 사라진다. 그들은 조심스럽게 그에게서 물러선다. 그 순간부터 그는 이 새로운 세계에서 어떻게 살아야 하는지 알게 된다. 분노는 그에게 힘이 되어 학교에서, 적어도 교실에서는 두각을 나타내게 해주고, 그를 보호해주기도 한다. 여전히 인기는 없지만, 마치 떨어지면 폭발할 것 같은 폭탄처럼 이제는 조심스러운 대접을 받게 된다.

기독교인이라면 이 불행한 소년이 하나의 죄악을 극복하기 위해 다른 죄악을 이용했다고 말할지도 모르겠다. 그러니 이 소년은 여전히 죄악의 상태에 빠져 있는 셈이다. 그의 죄가 그에게서 사랑의 능력을 앗아가고, 따라서 신에게서 더 멀어졌으니까 말이다. (불교나 자이나교와 같은) 또다른 종류의 종교인이라면 세계에 적당한 균형을 가져다주고 내적 평화를 만들어줄 깨달음을 얻기 위해 노력하라고 이 소년에게 충고할 수도 있겠다. 다른 종교는 의심할 여지 없이 또다른 종류의 신성한 묘약을 들고 나올 것이다. 하지만, 이성의 지배를 받고 정신분석 교육을 받은 세속적인 사람에게 명백히 심리적인 질병을 죄악으로 묘사하는 건 틀렸다고 느껴진다. 나태는 악마의 작품이 아니다. 그것은 은유가 아니라 질병이다. 악마는 게으른 손에서 일한다? 그렇다, 옳은 말이다. 하지만 악마는 부지런한 손에서도 일한다. 또는 악마가 존재한다면 그렇게 할 것이다. 존재하지 않지만.

타이론 슬로스롭

미국의 은둔 작가 토머스 핀천의 작품에 나타나는 위대한 두 개의 정반대 사상은 망상증과 엔트로피다. 『브이』의 허버트 스텐슬이나 『제49호 품목의 경매』의 거의 대부분의 등장인물처럼, 그의 많은 망상적 인물들은 세계의 진짜 모양과 의미는 그들로부터 감추어져 있고, 막대한 세력들—정부나 기업이나 외계인—이 세계를 지배하면서도 동시에 자기들의 존재는 꿰뚫을 수 없는 장막 뒤에 숨기고 있다고 확신한다. 이런 인물들은 『브이.』의 '모조리 병든 선원들'인 베니 프로페인과 그의 친구 선원들과 같은 또다른 전형적 인물 집단의 대척점에 서 있다. 이들에게 인생은 결코 끝날 줄 모르면서 영원히 쪼그라들기만 하는 느릿느릿하고, 긴장증에 걸린 것 같은 맥주 파티처럼 보인다.

열역학 제2법칙은 열이 언제나 온도가 높은 물체에서 온도가 낮은 물체로 흐른다는 사실을 우리에게 말해준다. 그래서 온도가 높은 물체는 점점 온도가 낮아지고, 온도가 낮은 물체는 점점 온도가 높아진다. 이 원칙이 우주적 차원에 적용되면, 모든 뜨거운 물체—별이 그렇다—의 열에너지가 천천히 방사되어 덜 뜨거운 물질로 퍼져나가 최종적으로는 우주의 모든 물질이 똑같은 온도가 되고, 사용 가능한 에너지가 남아 있지 않게 된다는 것을 의미한다. 우주 전체가 최종적 쇠락의 희생자가 되는 것이다. 이것이 켈빈의 제1남작 윌리엄 톰슨(핀천이 지어낸 것이 아니고, 실존 인물이다)이 1851년 '우주의 열죽음'이라고 묘사한 것이다. 에너지의 우주적 방사는 모든 운동이 멈추는 어떤 시점을 초래할 것이다. 베니 프로페인의 끝없는 맥주 파티는 마침내 끝난다.

핀천에게 있어서 망상증은 고도의 제정신으로 표현된다. 환상이 아니라 인식이다. 그의 망상적 인물들은 힌두교에서 마야maya라고 부르는 것을 꿰뚫어보려고 애쓰는 사람들이다. 마야는 인간이 실체를 진실 그대로 인지하는 것을 방해하는 환상의 장막이다. 핀천에게 망상증이란 세계에 대한 그리 낙관적이지 못한 관점의 재현이라는 것을 알 수 있다. 이는 인간의 삶에는 진정한 의미가 있는데, 단지 그 의미가 우리로부터 감춰져 있어서 그것이 무엇인지 우리가 모를 뿐이라는 것을 암시한다.

엔트로피의 은유는 망상증의 비관적인 반대 측면이다. 핀천의 엔트로피적 주제는 세계는 무의미하며, 우리의 모든 행위는 쇠퇴하고, 에너지는 우리에게서 걸러져 나가며, 우리는 궁극적인 부조리를 향해 천천히 쪼그라들 운명일 뿐이라고 말한다.

이 두 가지 주제가 모두 결합된 등장인물이 핀천의 가장 복잡하고 야심찬 소설인 『중력의 무지개』의 주인공 타이론 슬로스롭*이다. 슬로스롭 이야기는 많은 망상적 요소를 포함하고 있다―예컨대, 그가 아직 영아였을 때 그는 라즐로 잼프라는 사람에 의해 '영점 너머'에서 신비롭게 조종당한다. 무엇보다도, 푸아송 분포라는 이상한 것이 있다.

푸아송 분포란 정해진 시간 내에 발생하는 사건의 확률을 나타내는 통계적 척도로, 이때 일련의 사건은 이미 알려진 평

---

* 슬로스롭(Slothrop)은 '나태(sloth)'의 철자를 바꿔 주제와의 연관을 보여주는 이름이다. 핀천의 작품 속 인물들은 대체로 이렇게 만들어진다.

균 비율로, 그리고 직전의 마지막 사건 이후의 시간과 독립적으로 발생해야 한다. 『중력의 무지개』에서 문제의 이 푸아송 분포는 타이론 슬로스롭이 런던의 여러 지역에서 여자들을 만나는 지점들을 확정해준다. 헤아릴 수 없이 심오하며, 따라서 감춰진 이유들 때문에 이 차트는 며칠 후 독일의 V2 로켓이 타격할 지점들을 예측하게 해준다.

비록 두 가지 경향을 모두 가지고 있지만 하나의 인격을 갖추고 있다는 점에서 타이론 슬로스롭은 핀천의 망상적 인물보다는 엔트로피적 인물의 무리에 가깝다. 그는 쇠퇴하고 있으며, 나태로 충만한 방랑자이고, 일을 하기보다 일이 그에게 행해지는 사람이며, 마침내 그의 마음은 네 가지 이상의 인격으로 분해되어 책 속에서 사라진다. 그 자신의 개인적 열죽음인 것이다.

슬로스롭은 어떻게 생겼는가? 나는 그를 키가 크고 깡마르며 붉은색과 흰색 체크무늬의 럼버잭 셔츠와 통이 좁은 청바지를 입고 있는, 아인슈타인처럼 둥근 머리에 혀를 내밀고 있으며 벅스 버니처럼 뻐드렁니를 가진 사람이라고 상상한다.

나는 토머스 핀천을 한 번 만난 적이 있지만, 그 만남의 조건 때문에 이런 묘사가 저자의 모습과 일치하는지 아닌지는 말할 수 없다.

나는 이 저자가 아직은 엔트로피적 휴면기로 떨어지지 않았고, 에너지 상실에 관한 엄청나게 역동적인 작품들을 계속 쏟아내고 있다고 말할 수 있다. 나는 또 '타이론Tyrone 슬로스롭'이라는 이름이 철자를 재조합하면 '나태 또는 엔트로피sloth or entropy'라는 구절이 되는 일종의 철자 바꾸기라는 사실도 말할 수 있다.

엘시노어의 우유부단

셰익스피어는 자신의 모든 위대한 비극의 시작에 가까운 시점에서 우리에게 대답할 수 없는 질문에 대한 답을 요구한다. 이런 질문이다. 오셀로는 왜 이아고의 말을 믿고 사랑하는 데스데모나를 배신하는가? 그에게는 심지어 유죄의 증거라고 여겨지는 손수건이 제시되지도 않았는데, 그저 단순히 증거가 있다는 이아고의 말 때문에 부인을 살해한다.

이런 질문에는 여러 다양한 대답이 가능하다. 오셀로의 분노ira가 너무 쉽게 격발되었는지도 모른다. 아니면, 그는 데스데모나를 진실로 사랑하지 않고 단지 명예(자존심amour propre이라는 의미에서의 교만, 허영심)의 측면에서 트로피 와이프로만 여겼고, 그녀의 정조가 논박당하자 곧바로 자신이 수치를 느껴 그런 주장의 불명예에 대한 복수를 해야 했던 것이다. 이중 어느 분석도 절대적으로 옳지도, 틀리지도 않다. 다만, 어떻게 설명할지 한 방향으로 정해지지 않으면, 그 연극은 공연할 수 없다.

몇 년 전에 나는 크리스토퍼 히친스에게 실없는 문학 게임을 하나 소개한 적이 있다. 그것은 셰익스피어의 연극에 로버트 러들럼의 소설과 같은 방식으로 새 제목을 붙이는 게임이었다. (『라인만 익스체인지』 『본 아이덴티티』 『홀크로프트 카비넌트』 또는 일반적으로 '누구 또는 어디 무엇'이라는 식이다.) 그러니 이 게임은 우리에게 '리알토 제재'(『베니스의 상인』), '손수건의 함의'(『오셀로』), '던시네인 조림造林'(『맥베스』) 같은 제목을 남긴다. 그리고 『햄릿』은 '엘시노어의 우유부단'이 되겠다.

『햄릿』의 경우 덴마크 왕자의 한없는 연기delay에 관한 문제가 있다. 그의 연기는 너무 길어서 『햄릿』을 셰익스피어의 가장 긴 연극으로 만들어버릴 정도다. 그렇다면, 햄릿은 아버지의 유령이 아들에게 자신이 어떻게 죽었는지 명확히 말하고난 뒤에도 왜 복수를 그토록 오래 미루는가? 불확실성과 방황이 왜 그토록 많은가? 이 경우에는 저자 자신이 답을 제시한다. 햄릿은 나태의 희생자다.

나는 최근—영문은 모르겠지만—모든 활력을 잃어버렸다네. 모든 일상 활동을 삼가게 되고, 내 기질도 실은 너무 무거워져서 훌륭한 틀인 이 지구도 내게는 척박한 낭떠러지처럼 보일 뿐이고, 가장 훌륭한 이 하늘의 공기도, 보시게, 이 하늘을 드리운 용맹한 창공도, 황금의 불로 이글거리는 위엄 있는 이 천장도, 내게는, 글쎄, 부패한 역병의 증기 덩어리에 불과해 보인다네. 인간이란 얼마나 걸작인가! 이성은 얼마나 고귀한가! 능력은 얼마나 무한한가! 형상과 움직임은 얼마나 뚜렷하고 존경할 만한가! 행동은 얼마나 천사 같은가! 이해력은 얼마나 신과 같은가! 세상의 아름다움이여! 동물의 귀감이여! 그런데, 내게는, 이 먼지의 진수가 무엇이란 말인가! 인간은 나를 즐겁게 하지 못한다네, 아니, 그 어떤 여인도 . . .

햄릿을 마비시키는 것은 아치디아 또는 아체디아다. 의지를 무력화하고, 실존적 쇼크에 의해 격발될 수 있는 절망적 무기력, 의학적 우울증이다. 숙부가 아버지를 죽였고, 어머니는 그 숙부와 결혼했다는 사실을 발견했을 때 작동되는 우울증인 것이다.

그리고 만약 이것이 하나의 죄악으로 여겨져야 한다면, 죄인인 햄릿은 죽어야 마땅할 것이다. 그러나 셰익스피어는 우리에게 이런 감정을 느끼게 하지 않는다. 한 번도 신성한 작가였던 적이 없는 그는 자신의 등장인물에 대한 종교적 저주를 거부하고, 그 대신 우리에게 매우 세속적인 비극을 선사한다.

나태 찬성론과 반대론

문학은 전반적으로 나태를 친절하게 다루지 않았다.

『신곡』에서 단테는 인생에서 아무것도 성취하지 못한 사람은 심지어 지옥에도 들어갈 가치가 없다고 생각한다.

로마의 사랑의 시인 가이우스 발레리우스 카툴루스는 자신에게 이렇게 말한다.

Otium, Catulle, tibi molestum est:
Otio exsultas nimiumque gestis.
Otium et reges prius et beatas
Perdidit urbes.

(카툴루스여, 그대는 할일이 아무것도 없다, 그것이 그대의 문제다. 게으름의 세계 속을 그대는 너무 유쾌하게 돌아다닌다. 게으름은 과거의 왕들과 그들의 부유한 도시를 파괴했나니.)

미셸 드 몽테뉴는 베스파시아누스황제가 임종의 순간까지도 자신의 제국을 계속 통치했다고 해서 그를 칭송한다. "황제는, 그가 말하기를, 서서 죽어야 한다 . . . 가만히 서서 자기 직분을 수행하는 조종사는 없다."

콘래드의 『나시서스호의 검둥이』에서 주인공인 서인도 출신 흑인 선원 제임스 웨이트는 배가 봄베이에서 런던으로 가는 도중 폐결핵이 심해져서 죽을 운명에 처한다. 자신이 병든 것을 분명 알았을 텐데 왜 그 상태로 여행을 시작했느냐고 묻자 이 선원은 유명한 대답을 한다. "죽을 때까지는 살아야 하지요, 그렇지 않소?"

죽을 때까지는 살아야 한다. 어떤 조타수도 가만히 서서 자기 직분을 수행하지는 않는다. 단테와 카툴루스에게처럼, 몽테뉴와 콘래드에게도 나태함은 비난받아 마땅한 일이다. 행동은 좋은 것이고, 무위는 악이며, 그게 전부다.

나는 이와 반대되는 견해를 소개해준 작가 나심 니콜라스 탈레브에 감사하게 생각한다. 그는 이렇게 쓴다. "조지 스펜서 브라운은 아이작 뉴턴 경에 대해 이런 유명한 말을 했다. '뉴턴이 알고 또 실행한 대로, 가장 단순한 진리에 도달하기 위해서는 오랜 사색이 필요하다. 활동도 없이. 추론도 없이. 계산도 없이. 어떠한 바쁜 행위도 없이. 독서도 없이. 대화도 없이. 어떤 노력도 하지 않고. 생각도 하지 않고. 알아야 할 것이 무엇인지만 가슴속에 새긴 채로.'" 탈레브는 계속해서 자신이 '무위to glander'* 또는 '빈둥거리기glandouiller'라고 부르는 정신 활동의 가치를 옹호한다. "그것은 게으르되, 게으른 상태가 아닌 것 . . . 빈둥거리기는 사커맘**이 없을 때 아이들이 방과후에 하는 것이다." 그는 나아가 이렇게 주장한다. "나는 싫증이 날 때마다 빈둥거리는데, 그러면 아주 멋진 생각이 떠오른다! 그중에는 심지어 큰돈을 버는 데 사용될 수도 있는 실용적인

---

* 프랑스어 단어 glandouiller의 뜻을 가져와 영어식 표현으로 만든 단어.
** 하루종일 학원에 아이들을 보내는 엄마를 일컫는 말.

상품 아이디어도 있다."

몽테뉴 선생님, 이 말을 들으시지요.

(그러나 '나태 반대론'의 저자 몽테뉴는 스스로를 나태하다고 비난하곤 했다는 사실에 주목하자. 그래서 그는 온전한 책을 쓰지 못하고 작은 에세이만 쓰게 되었다고 말했다.)

그래서 이제 우리는 드퀸시까지 오게 된다. 그렇다, 자신의 나태함에 대해 전혀 부끄러워하지 않는 그 영국의 아편쟁이, 자신이 아편을 먹는다고 설명하고, 아편이 주는 환각을 '유용하고, 교훈적'이라고 묘사한 바로 그 사람 말이다. 그는 겸손하게도 자신을 '철학자'이자 '지적인 존재'라고 부르며, 어떤 죄책감도 느끼지 않는다. 그는 아편을 먹고 꾼 꿈을 설명하는데, 꿈은 꽤 좋고 그 안에는 가장 괴기스러운 취향마저도 만족시킬 만한 주마등이 펼쳐진다. 그러나 그는 내 고향인 남아시아에 대해 '잔혹'하다고, 그 문화가 자신으로 하여금 '치를 떨게' 한다고, '그 지역에서 인간은 잡초다'라고 말한다.

여기서 말을 하는 것은 마약이 아니라 사람이다. "나는 그들의 삶의 양식, 생활 방식에 공포를 느낀다. 그리고 내가 분석할 수 없는 더 깊은 느낌에 의해 우리 사이에는 철저한 혐오와 공감 부족이라는 장벽이 놓여 있다는 사실에 공포를 느낀다. 차라리 미치광이나 금수와 함께 사는 게 낫겠다." 드퀸시는 우리에게 말한다—내게 말한다. 환각 속의 원숭이와 앵무새와 신 들에도 불구하고, 이 고백 이후에는 그의 환각 이야기에 이상하게 흥미가 떨어진다. 환각 속에서 끈질기게 그를 괴롭히며 흘겨보는 유명한 그 악어, 그가 그토록 혐오스럽다고 느낀 그 모든 동양적인 것의 상징이 되는 그 악어는 말할 것도 없다.

문제는 아편에 있는 게 아니라 아편쟁이에게 있다. 『나시서스호의 검둥이』의 늙은 선원 싱글턴의 말처럼 "배는 문제가 없다. 문제는 배 안의 사람들이다." 7대 죄악보다 더 나쁜 죄악들이 있다. 편협은 그 목록의 상단에 있다.

오블로모프시나*

나태를 옹호하는 최고의, 강력하고, 가장 재밌고, 가장 심오한 주장이자 나태라는 주제에 관한 검토를 완성하기 위해서는 이 단어가 빠질 수 없다. 오블로모프Oblomov.

일리야 일리이치 오블로모프는 러시아의 게으른 19세기 토지 귀족 중에서도 가장 나태한 사람이었다. 그의 이름을 딴 이반 알렉산드로비치 곤차로프 소설의 주인공—그렇다, 주인공!—인 그는 프루스트의 불면증 환자 마르셀과 정확히 정반대의 인물이다. 우리가 알고 있듯이 마르셀은 아주 오랫동안 일찍 잠자리에 드는 습관이 있지만, 실제로 잠이 들기까지는

---

* Oblomovshchina. 곤차로프 소설의 주인공 오블로모프에게서 유래한 단어로, 19세기 러시아 사회의 낙후성과 무력감 등을 표현한다.

양심이 허용하지 못할 만큼 오랜 세월이 걸려서, 한없이 많은 졸린 긴 문장들이 수십 페이지를 넘고 또 넘어간 끝에야 잠이 들었다. 이와 대조적으로 오블로모프는 때로는 눈을 뜬 채, 때로는 잠이 든 채 온종일 침대에 누워 있다. 그는 잠들기 위해서가 아니라, 일어나기 위해서 백오십 페이지나 필요하다. 그가 마침내 침대에서 일어날 때는 프루스트식 문장의 감미로운 가락에 둘러싸여 있지 않다. 그는 사색에 잠긴 것이 아니라 화가 나 있는데, 분노의 이유는 꽤나 명백하다. 널브러져 누워 있는 주인에게 결국 참을성을 잃어버린 그의 남자 하인 자하르에게 책임이 있다. 이 하인에 대한 오블로모프의 격노는 간결하고 직접적으로 표현된다.

"일어나세요! 일어나시라고요!" 그[자하르]는 두 손으로 오블로모프의 잠옷 자락과 소매를 움켜쥐며, 목소리를 한껏 높여 소리쳤다.

오블로모프는 갑자기 침대에서 뛰어내리며 자하르에게로 돌진했다.

그가 말한다. "기다려라. 상전이 잠을 자고 싶을 때 방해하면 어떻게 되는지 가르쳐주마."

우리는 오블로모프의 나태, 오블로모프시나, 오블로모프주의, 오블로모프병을 나약하고 막돼먹은 그의 어린 시절의 산물, 또는 그가 대표하는 계급의 쇠퇴와 무기력의 은유로 이해할 수 있다. 충분히 타당하지만, 이런 협소한 해석은 요점을 간과한다―꼬마 오블로모프가 우리 모두 안에 살고 있으며, 우리는 나머지 인생 동안 시들시들해져서 책임과 관심으로부터 자유롭기를―그렇지!―행복한 기생충이 되기를 갈망한다. 오블로모프는 멀리 있는 자기 재산에 문제가 생겼다는 사실, 자신의 재정 문제를 잘 관리해야 한다는 사실, 그리고 자신이 직접 수천 마일을 가서 그 문제를 해결해야만 한다는 사실을 정말로 잘 알고 있다. 하지만 아니다! 그의 미국계 후손 바틀비처럼, 오블로모프는 하지 않는 편을 택한다. 그리고 또 심지어 사랑에 빠져 있고, 젊은 여인 올가는 매력적이며, 정말로 결혼을 해야 하지만, 그럼에도 그는 올가가 자기 대신 그 결정을 내려줄 때까지, 그래서 약혼을 깨뜨려줄 때까지 결정을 미룬다. 오블로모프는 바틀비이자, 꾸물거리는 햄릿이며, 그는 우리 모두이다. 세상이 어떤지 상태를 바라보면 우리는 장막 아래로 숨고 싶어진다. 오블로모프는 우리 대신 숨어준다. 우리가 이성을 바라보면, 우리는 압도당한다. 오블로모프가 우리 대신 물러서준다. 우리는 우리 자신의 문제를 알고, 그런 문제가 천 마일 바깥에 있기를 바란다. 우리는 그럴 수 없지만 그럴 수 있기를 바라기 때문에 오블로모프가 문제를 멀리 보내주고, 대면하기를 거부해준다. 오블로모프주의는 우리의 나태를 정당화하고, 그 가치를 인정한다.

린다 에반젤리스타

린다는 슈퍼모델이다. 아니, 린다가 바로 슈퍼모델이다. 여기 그녀에 관한 중요한 사실들이 있다.

린다는 업계에서 카멜레온으로 알려져 있지만, 사실은 파충류가 아니다.

그녀는 한때 슈퍼모델 노동조합 창립자라 불렸지만, 사실 그런 노동조합은 존재하지 않는다.

그녀는 〈보그〉 기자 조너선 밴 미터에게 1990년에 이렇게 말했다. "우리[슈퍼모델들]는 하루 만 달러 이하로는 잠을 깨지 않아요." 이 말은 "나는 하루 만 달러 이하로는 침대에서 나오지 않아요"라고 자주 잘못 인용된다.

어느 쪽 버전이건, 이 문장에는 7대 죄악 중 세 가지인 수페르비아, 아바리티아, 아치디아―교만, 인색, 나태―가 결합되어 있다. 한편 이 문장에 대한, 그리고 미스 에반젤리스타 자신에 대한 통상적인 반응은 색정, 질투, 분노라는 요소의 결합이다. 탐식만 빠져 있다. 나쁘지 않다!

일리야 일리이치 오블로모프와 린다 에반젤리스타

나는 빛이 가득하고 꽃향기가 넘치는 로코코양식의 침실 안에 가까이 놓인 각자의 침대 위에 두 사람이 누워 있는 모습을 그려본다. 오블로모프는 남자 하인이 가지고 오는 재정

위기에 대한 메시지를 읽지 않으려 몹시 애쓰고 있다. 린다는 자는 척하면서 만 달러 이상의 제안이 담긴 전화가 울리기를, 그래서 일어날 수 있기를 기다리고 있다.

전화가 울린다. 제안은 오블로모프를 위한 것이다. 침대에서 나오기로 동의하면 그는 만 달러를 받게 될 것이다. 그가 지고 있는 빚을 모두 갚고도 세상사에 신경쓰지 않고 누운 채로 행복하게 살게 해줄 만큼 큰돈이다.

오블로모프는 그 제안을 거부한다. "하지 않는 편을 택하겠습니다." 그는 말한다.

두 사람은 계속 침대에 누워 있다. 오블로모프는 만족스럽고, 졸리다. 린다는 불행하고, 긴장한 채로 두 눈을 뜨고 있다. 그러나 헤라클레이토스가 말한 것처럼 성격이 곧 운명이고, 이 두 사람은 각자가 스스로가 되어야 할 끔찍한 숙명의 손아귀에 잡혀 있다. 하루가 흘러간다. 두 사람은 마치 보름스의회에 출두한 마르틴 루터처럼 조용히 말한다. "우리는 여기 누워 있고, 다르게 할 수는 없습니다." 두 사람은 움직이지 않는다.

남자 하인 자하르가 움푹 파인 은쟁반에 음식을 가지고 들어온다. 그러나 두 사람은 모두 아치디아, 곧 나태의 죄악에 사로잡혀서—린다는 전화를 받지 못했기 때문에, 오블로모프는 전화를 받았음에도 불구하고—음식을 먹지 않는다.

한스 크리스티안 안데르센

위대한 독일 비평가 발터 벤야민에 따르면, 스토리story와 소설novel은 같은 곳에서 시작하지 않았습니다. 벤야민은 스토리는 집단적 행위이며, 여러 입을 통해서 말해지고, 여러 손에 의해 기록되고, 아래로 전해지며, 손에서 손으로, 입에서 입으로 전달되는 이야기tale라고 주장합니다. 이와 같은 정의에서 우리가 얻는 것은 문학비평의 성배에 가장 가까운 것, 즉 저자가 없는 텍스트입니다. 이야기가 수집되고 정리되면서 때로는 이런저런 버전이 정전으로 간주되며, 우리는 거기에 저자를 부여합니다. 『일리아스』나 『오디세이아』에 호메로스라는 저자의 이름을 부여하고, 『마하바라타』와 『라마야나』에 음유시인 브야사와 발미키의 이름을 더합니다. 그러나 이 작가들은 존재했을 수도 있고 존재하지 않았을 수도 있으며, 존재했더라도 자신들보다 그 기원이 앞서는 이야기들을 하고 있었습니다. 스토리는 만인에 의한 이야기이며, 어느 누구의 소유도 아닙니다.

이와 반대로, 발터 벤야민은 이렇게 주장합니다. "소설과 다른 산문문학―동화, 전설, 심지어 노벨라까지―의 차이는 소설이 구술 전통에서 나온 것도 아니며, 그 전통 속으로 들어가지도 않는다는 데 있다. 이것이 소설을 특히 스토리텔링과 구별짓는 지점이다. 스토리텔러는 경험에서 나오는 이야기를 취한다―자신의 또는 다른 사람이 전해주는 이야기... 소설가는 스스로를 고립시켰다. 소설의 출생지는 고독한 개인이다." 여기에다 우리는 스토리가 공동체, 지역 의식에서 탄생한다는 사실, 소설은 민족성의 의식에서 탄생한다는 사실을 덧붙일 수 있습니다. 그림 형제가 수집한 것과 같은 독일의 스토리는 독일 남부 삼림지대에서 나오고, 독일문학은 독일에서 나옵니다.

이렇게 서로 아주 다른 기원에도 불구하고, 스토리텔링에 관한 강력한 관심이 오랫동안 소설 속에 포함되어 있었습니다―가장 훌륭한 대부분 소설의 중심 또는 그 근처에 말이지요. 18, 19세기 소설가들에게 스토리는 소설의 엔진이었다는 사실을 제외하고 디킨스나 오스틴이나 새커리의 작품을 읽는 것은 불가능합니다. 이들의 많은 소설이 매우 길었고, 그것을 끌고 가기 위해서는 강력한 스토리라인이 필요했습니다. 나도 이런 작가들로부터 훌륭하고 강력한 스토리가 책에 어떤 작용을 하는지 결코 잊지 말아야 한다는 걸 배웠습니다. 큰 자동차를 만들려면 그 안에 큰 엔진을 장착해야 한다고 나는 항상 생각해왔습니다.

거칠게 일반화하자면 이렇습니다. 20세기 하이 모더니즘 시기쯤 소설은 스토리텔링 전통으로부터 스스로를 분리시켰습니다. 나는 『율리시스』와 『잃어버린 시간을 찾아서』에 대한 나의 존경을 누구에게도 양보할 수 없지만, 정직하게 말하면 이 두 이야기가 플롯에 의해 추동된다고 어느 누구도 말할 수 없습니다. 조이스나 프루스트에게는 형식, 등장인물, 언어, 심리, 사회 묘사에 비해 이야기는 부차적 위치를 차지합니다.

문학 소설이라고 불리는 것을 스토리텔링 전통으로부터 분리한 것은 언제나 불필요하고 동시에 해로운 것으로 보였습니다. 대중소설, 펄프픽션은 스토리를 결코 잊지 않습니다. 이런 책은 술술 넘어가는 서사에 결정적으로 의존하며, 독자를 유혹하는 장면과 수수께끼와 드라마로 가득차 있습니다. 내게는 언제나 진지한 문학이 이런 것들을 없앨 이유가 없어 보였습니다. 그리고 나는 지난 반세기 정도의 문학에서 고대 예술에 관한 관심, 심지어 가장 오래된 형식인 신화와 전설, 우화와 동화에 관한 관심이 새롭게 커져가는 것을 흥미롭게 지켜봐오고 있습니다.

이런 현대문학에서 한스 크리스티안 안데르센의 작품은 중요한 이정표로 서 있습니다. 원래의 유럽식 구현에서 민담, 동화, 또는 우화는 대체로 하나의 교훈을 가리키고 있었습니다.

'탐욕을 부리지 마라'라는 게 그림 형제의 어부와 그의 아내와 말을 하는 넙치 이야기의 교훈입니다. 흥미롭게도 인도에서는 많은 고대 민담이 도덕주의에 이보다 관심을 덜 두고 있습니다. 『라마야나』와 『마하바라타』의 웅대한 서사에서는 주인공들에게 결점이 있고, 그들의 적이 반드시 악당은 아니며, 주인공과 마찬가지로 영웅적 자질도 지니고 있습니다. 호메로스 또한 이 사실을 알고 있었습니다. 그리스의 아킬레우스와 단 한 번의 전투에서 쓰러지는 트로이의 헥토르는 아킬레우스보다는 덜 훌륭한 전사지만, 많은 면에서 아킬레우스보다 훌륭한 인간입니다.

영감을 얻기 위해 우화와 민담에 기대는 현대 작가들은 대체로 이솝 같은 단순한 도덕관은 회피해왔습니다. 이탈로 칼비노는 우화 작가이자 민담 수집가지만 도덕주의자는 아닙니다. 우화를 교훈으로부터 분리하면 우리는 마술적 사실주의라고 알려진 것을 얻습니다. 약간 짜증스럽지만, 내게도 책임이 있는 부분이지요.

내가 한스 크리스티안 안데르센의 스토리들에 관해, 과거에서 현재까지의 문학의 여정 속에 그의 이야기들이 어디에 서 있는지에 관해 흥미를 느끼는 점은 그것들이 과거와 미래 양쪽을 모두 바라보고 있다는 사실입니다. 그의 이야기들은 과거의 종교적이고, 엄격하며, 선과 악의 도덕관―부족의 집단적 지혜라고 불러도 좋을―을 향해 있으며, 동시에 현대적이고 개인주의적 감수성의 결점이 있는 모호성, 말하자면 벤야민이 소설가의 감수성이라고 부른 것을 향해 있기도 합니다. 「분홍신」 같은 어떤 이야기는 공공연히 ― 또는 우리가 보수적이라고 말할 만큼 ― 종교적이고, 이는 신성한 미덕과 악마적 소행을 대비시킵니다. 「인어공주」에서는 왕자에 대한 여주인공의 낭만적 사랑이 승리하지 못합니다. 하지만 그녀의 희생정신 또는 자신보다 타인을 더 보살피는 태도가 신의 축복을 얻어서 인어는 불멸의 기회를 얻게 됩니다.

그러나 다른 스토리에서 안데르센의 도덕관은 더 이상해집니다. 「공주와 완두콩」에서 공주는 수없이 많이 쌓인 담요 아래에서 완두콩 단 한 알의 존재를 알아채고 불편을 느낄 수 있습니다. 이 '예민함'으로 인해 그녀는 칭찬받고, 진짜 공주라는 것이 증명됩니다. 오늘날 이 스토리를 읽으면 우리는 이 공주가 되바라진 꼬마애이며, 골칫덩어리라고 좀 덜 자비롭게 결론지을 수도 있겠지요.

「벌거벗은 임금님」은 존재하지 않는 옷을 '지어' 바치고 상당한 양의 돈을 버는 사기꾼들을 처벌하는 것보다 황제와 그의 신하들에게 응당한 벌을 내리는 데 더 큰 관심을 두고 있습니다. 그 사기꾼들이 자신들의 범죄에 대해 실제로 처벌을 받았을지라도, 그 사실을 언급하지 않고 있습니다.

훨씬 더 어둡고, 따라서 더 현대적인 것은 「부시통」의 도덕적 우주입니다. 이야기의 시작쯤에서 주인공은 마녀를 죽이고, 그에 대해 아무런 생각도 없습니다. 이야기 끝에서 공주는 부시통에서 나온 큰 개들이 방금 자기 부모를 죽였는데도 주인공과 결혼을 합니다. 이것은 분명히 기이하고, 그래서 환멸을 느끼는 우리의 현대적 감수성에 큰 흥미를 유발합니다. 뚜렷한 도덕적 메시지보다 비도덕성이 이 스토리를 더욱 매력적으로 만듭니다.

안데르센의 가장 위대한 스토리 두 가지는 그의 대조적 측면을 잘 보여줄 것입니다. 정말 무서운 「눈의 여왕」은 독자에게 행복한 결말의 구원을 허용합니다. 게르다의 사랑이 카이의 얼어붙은 심장과 심장에 박혀 있는 얼음조각들을 녹이고, 그녀가 그의 마음속에 풀어놓는 눈물은 그의 눈에 박혀 있던 다른 얼음조각을 씻어냅니다. 이 모든 공포스러움에도 불구하고, 이 스토리는 본질적으로 동화의 관습적 전통의 일부로 남습니다.

그러나 내가 안데르센의 가장 위대한 이야기라고 생각하는 「그림자」의 마지막은 오래오래 행복하게보다는 카프카적입니다. 주인으로부터 분리된 그림자는 공주의 사랑 속에서 인간을 대체할 뿐 아니라, 공주와 그림자는 자신들의 결혼식날 합심해 실제 사람을 사형에 처하게 만듭니다. 여기에는 전통적인 스토리텔러에 관한 발터 벤야민식 개념의 흔적이 전혀 없습니다. 이것은 현대 작가의 고독하고, 개인적이고, 어두운 비전입니다.

한스 크리스티안 안데르센은 가장 고대의 이야기에서 카프카까지 길게 이어지는 상상력과 우화적 전통 속에 서 있습니다. 그것이 그가 가진 최고의 가치입니다.

데이비드 렘닉의 『세계의 왕 무하마드 알리』

나는 무하마드 알리의 경기에 가본 적은 없지만 그를 두 번 만난 적이 있다. 처음 만난 것은 2000년, 알리가 트레버 버빅 (누구더라?)과의 승부에서 마지막 패배를 한 지 거의 이십 년이 지난 때였다. 겁쟁이 사자*식으로 말하면, 그 슬픈 마지막 10라운드는 한때는 두 눈을 감고 한 손을 뒤로 묶고도 거뜬히 이겼을 상대로 알리에게 결코 일어나서는 안 될 일이었다. 그러나 그런 당당한 위엄의 시절은 이미 오래전에 끝났고, 버빅 (누구더라?)이 알리의 시대를 끝낸 지 이십 년이 지난 후에 나는 로스앤젤레스의 한 친구를 방문하고 있었다. 우리가 세탁물을 찾으러 웨스트 할리우드의 어떤 세탁소에 들어갔더니,

---

* 〈오즈의 마법사〉의 등장인물.

알리가 몇몇 측근과 함께 다른 여느 사람처럼 양복이 자동 레일을 따라서 나오기를 기다리고 있었다.

알리는 확실히 여느 사람 같지 않았다. 나를 포함한 세탁소 안의 모든 사람이 눈을 반짝였고 말문도 막혔지만, 내 친구는 대담하게도 안녕하세요, 잘 지내세요, 하며 말을 건넸고, 알리는 멋쩍은 미소를 짓더니 떨리는 큰 손을 내밀며 악수를 청했다. 좋아요, 아주 잘 지냅니다, 그는 이렇게 말했다. 하지만, 아주 명백히 그것은 사실이 아니었다. 많은 사람들처럼 나도 생각했다. 어떻게 그게 가능했을까, 그 누구보다 훌륭하고, 가장 빠르고, 가장 멋진 이 사람이 너무나 어리석게도 권투를 그토록 오래, 치유할 수 없는 손상을 입을 때까지 계속하다니. 그러나 그들은 모두 너무 오래한다. 가장 현명한 선수마저도. 그 옛날 알리는 "눈으로 볼 수 없는 걸/ 손으로 만질 수는 없다네"라고 노래했다. 그러나 가장 잘 날아다닐 수 있는 나비도, 가장 잘 쏘는 벌마저도 마침내 속도가 느려지고, 세게 두들겨 맞고, 치유할 수 없는 손상을 입는다.*

"L.A.에는 어쩐 일이세요?" 대답을 짐작할 수 있었지만, 나는 그에게 물었다. 영화감독 마이클 만이 그해 그 도시에서 윌 스미스를 주연으로 그의 전기 영화 〈알리〉를 찍고 있었다. 아마 그게 관계가 있었을 것이다. 알리의 미소가 장난스러워졌

---

* '나비같이 날아서 벌같이 쏜다' '눈으로 볼 수 없는 걸 손으로 만질 수는 없다'는 말은 알리의 권투를 설명할 때 자주 인용되는 경구다.

다. "윌 스미스씨에게 알리 셔플*을 어떻게 밟는지 가르쳐주려고 해요." 그가 말했다. "그 친구에게 춤추는 걸 가르쳐주려고요." 그리고 그는 양복을 찾아서 밖으로 나갔고, 모든 이의 눈에서 반짝거리던 별빛은 희미해지며 사라졌고, 나는 다시는 그를 보지 못했다.

그런데, 그를 다시 보았다. 두어 해가 지난 어느 날 오후, 나는 양키 스타디움에 갔다. 3루에서 몇 줄 뒤쪽에 앉아 야구 경기가 시작되기를 기다리는데, 반대쪽 그라운드에서 낮은 웅성거림이 일었고 거기 알리가 있었다. 그는 다른 사람이 운전하는 골프 카트에 앉아 스타디움 둘레를 돌면서 손을 흔들며 고개를 끄덕였고, 확성기에서는 그의 이름이 흘러나왔다.

무우우우우하마드 알리이이이이이이이이!!!!!!!!!

대형 전광판은 우리에게 **"소리** 지르세요!"라고 지시했고, 우리는 소리를 질렀다. 그러나 **"알리! 알리!"** 하는 갈채와 환호와 연호 속에 실제로는 야유 소리도 꽤 많이 섞여 있었다. 환호 소리만큼 많지는 않았지만, 야유 소리도 많았다. 충격적일 정도였다. 이 모든 시간이 흐른 뒤에, 영웅이 왕관을 되찾기 위해 유배로부터 돌아오고, '정글의 결투'와 '마닐라의 공

---

* 알리가 개발한 권투 스텝. 상대방이 무시하지 못할 정도로 두 발을 앞뒤로 빨리 움직여서 결국 상대의 눈길이 밑으로 내려오는 찰나의 순간에 파고들며 KO 펀치를 날린다.

포'와 '알리 보마예'* 가 지나가고, "충격과 놀라움을 줄 거야/조 프레이저를 때려눕힐 거야"라고 그가 말한 후에, 심지어 파킨슨병으로 몸이 쇠약해진 채 오랜 세월이 흐른 후에도 그에게 야유를 보내는 사람들이 여전히 있었다. 알리는 베트남전쟁 참전을 거부하고("나는 그 베트콩 녀석들과는 아무 불화가 없다고요"), 일라이자 무하마드와 맬컴 엑스와 관계를 맺고,** 자기 인생을 걸고서 그 모든 위대한 거부를 했다―이런 것들로 그는 미국인들과 미국 너머의 많은 사람들의 영웅이 되었지만, 동시에 이런 것들이 야유를 보내는 관중들의 마음속에는 용서할 수 없는 일들이었다.

알리가 나타날 때까지 나는 권투에 전혀 관심이 없었다. 몇몇 이름은 익숙했지만―루이스, 뎀프시, 플로이드 패터슨, 잉에마르 요한손―권투 경기에 관해서는 크게 신경쓰지 않았다. 봄베이에서는 레슬링 보는 것을 선호했으며, 위대한 레슬링 선수 다라 싱은 나의 영웅 같은 존재였다. 나는 봄베이에서 학창 시절, 딱 한 번 강제로 권투 링에 올라간 적이 있었는데

---

* '정글의 결투'는 조지 포먼 상대의 1974년 경기(자이르 킨샤사), '마닐라의 공포'는 조 프레이저 상대의 1975년 경기(필리핀 마닐라)를 가리킨다. '알리 보마예'는 1974년 미국의 인종주의와 베트남전쟁에 맞서 싸우던 알리를 영웅시한 아프리카 군중들이 링갈라어로 "알리, 그를 죽여버려(Ali, Bomaye!)"라고 외친 구호이며, 2012년 미국의 래퍼 The Game의 동일 노래 제목이 된다.

** 일라이자 무하마드를 지도자로 하고 맬컴 엑스가 소속되어 있던 '네이션 오브 이슬람' 운동에 감화되어 이슬람으로 개종하고 이름을 캐시어스 마셀러스 클레이 주니어에서 무하마드 알리로 개종한 일을 말한다.

겁에 질렸었다. 나는 상대 선수에게 "네가 살살 하면, 나도 안 때릴 거야"라고 말했고, 그애도 좋다고 고개를 끄덕였다. 그런데 순전히 우연으로 경기 초반에 내가 상대의 코를 때려버렸고, 그애는 살기등등하게 내게 달려들었다. 나는 다시는 링 안으로 올라가는 실수를 저지르지 않았다.

하지만 내 시대의 젊은이들에게 입과 목소리가 큰 젊고 잘생긴 권투선수—루이스빌의 입술, 가스입 캐스*—는 즐거움의 원천이고 오락거리였다. 존 F. 케네디 암살 당시에 나는 열여섯 살이었는데, 세 달 후 스물두 살의 캐시어스 클레이**가 불가능할 것 같았던 소니 리스턴을 물리쳤다. 그저 이기기만 한 것이 아니라 수치를 안겨주며 헤비급 세계 챔피언 타이틀을 거머쥐었던 그때도 나는 여전히 겨우 열여섯 살이었다. 그리고 그가 징집에 저항하며, 베트남에 가기를 거부해 챔피언 타이틀을 빼앗기고 감옥에 갈 위험에 처하고도 자신의 원칙을 지켜냈을 때, 정말이지 그는 경이로웠다. 그 시절에는 '엄청난 존경과 외경심을 불러일으킨다'는 말이 실제로 의미하는 바를 그대로 의미했고, 알리가 실제로 그렇게 했다. '하나, 둘, 셋, 우리는 무얼 위해 싸우나.'*** 우리는 컨트리 조 앤드 더 피

---

* 알리의 출생지인 켄터키의 루이스빌(Louisville)과 입술(Lip)을, 원래 이름인 '캐시어스'(Cassius)와 허풍(Gas)이라는 단어와 결합한 별명이다.
** 캐시어스 클레이는 리스턴과의 경기에서 이긴 후 '알리의 사랑을 받는 자'라는 뜻의 '무하마드 알리'로 개명했다.
*** 베트남전쟁 당시 사이키델릭 록 밴드 '컨트리 조 앤드 더 피시'가 부른 베트남전쟁 반전 노래 〈I-Feel-Like-I'm-Fixin'-to-Die Rag〉의 후렴구 첫 구절.

시와 함께 노래 불렀고, 전사 알리는 스스로를 '가장 위대한 자'라고 불렀지만 베트남전쟁에서의 전투를 거부함으로써 링 위에서는 결코 이룰 수 없었던 영웅적 행위를 성취해냈다.

'60년대'는 어리석음이 난무했다. 마약이 멍청했으며, 동양의 지혜 하레 크리슈나* 같은 헛소리도 멍청했으며, 베트남전쟁은 이 모든 것 중에서 가장 멍청한 짓이었다. 그러나 그 모든 멍청함 속에서도 세상을 바꾼 용기가 있었고, 페미니스트의 용기가 있었고, 민권운동의 용기가 있었고, 무하마드 알리의 용기가 있었다. 그래서 우리가 교훈을 얻지 못할 만큼 마약에 취해 있지만 않았다면, 우리가 '60년대'에서 얻은 교훈은 자신의 개인적, 직접적 행동을 통해 우주를 우리의 의지대로 구부려서 사회를 새로 만들고, 개조하고, 우리 사회에 더 좋은 음악과 더 고귀한 이상과 자유를 가져다줄 수 있다는 사실이었다. 알리가 이에 큰 역할을 했다.

데이비드 렘닉이 『세계의 왕 무하마드 알리』에서 우리에게 말해주듯이, 알리는 폭도들의 손아귀에서 벗어난 최초의 헤비급 챔피언이었다. 그래서 다른 사람들이 그가 인도하는 대로 따를 수 있게 되었고, 그 결과 알리는 권투를 갱단의 손아귀에서 벗어나게 했다. 이 혁명은 당시의 일반 대중에게는 잘 보이지 않았지만 그의 당당함, (알리의 견해에 따르면, 플로이드

---

* 1965년 미국에서 설립된 힌두 조직. 마하 만트라를 노래 부르듯 읊어 생기는 소리의 진동으로 영적인 발전을 이룰 수 있다고 믿는다.

패터슨이라고도 불리는) 온순한 흑인이 되기를 거부한 알리의 태도, 반쯤 미친 듯 소리지르는 그의 입, 우리는 그 모든 걸 그대로 들었고, 그의 주먹에 실린 힘에 의해 증명되었다. 그리고 알리는 베트남전 참전 거부 싸움을 연방 대법원까지 끌고 갔으며, 백악관의 상당한 압력에도 불구하고 대법관들을 설득해 승리를 거머쥐었다. 비록 저항문화가 여가 시간에 이루어낸 대부분의 성과를 알리는 인정하지 않았겠지만, 그럼에도 알리의 승리는 그를 저항문화의 일부로 만들었다. (렘닉은 우리에게 알리의 청교도적 기질을 잘 보여주는 재주를 가졌다.)

나는 알리의 자서전 『가장 위대한 자: 나 자신의 이야기』가 나왔을 때 읽은 기억이 난다. 그것은 훌륭한 책도 아니고, 대필 작가가 형편없이 썼지만, 렘닉의 『세계의 왕 무하마드 알리』는 알리의 이야기를 알리보다 더 훌륭하고, 더 진실되게 말해주는 수고를 해주고 있다는 훌륭한 덕목을 지니고 있다.

『가장 위대한 자』에서 알리는 올림픽경기에서 목에 금메달을 걸고 루이스빌로 돌아왔을 때 식당에서 식사를 거부당했던 일에 대해 이야기하며, 그 지역의 인종주의적 행동에 너무도 감정이 상해서 금메달을 강물에 던져버렸다는 이야기도 한다. 자기 신화화는 알리의 상투적 수단의 일부였으며, 렘닉은 이 이야기가 진실이 아님을 분명히 밝힌다. 그리고 렘닉은 랜덤하우스 출판사에 토니 모리슨이 편집진으로 참여하고 있었음에도 불구하고 그 이야기가 『가장 위대한 자』에 들어가게 된 이유에는 일라이자 무하마드와 네이션 오브 이슬람의 욕망과 많은 연관이 있었다는 사실도 분명히 밝힌다. 그들은 알리가 스스로를 백인 문화 속의 흑인 거부자라고 묘사하길 바랐다. 『세계의 왕 무하마드 알리』의 가장 큰 장점은 알리와 네이션 오브 이슬람의 관계에 대한 묘사에 있다. 네이션 오브 이슬람은 일라이자 무하마드가 급조해낸 절반은 비뚤어지고 우스꽝스우며, 절반은 원조 사이언톨러지처럼 이슬람이 추가된 우주선이다. 그것은 백인은 나쁘고, 흑인은 선하다는 명료한 분리주의로 알리를 유혹했으며, 그 결과 알리는 민권운동과 그 지도자들이 백인의 게임을 하고 있다고 생각해 그들과 거리를 두었다. 그는 또 남녀 분리주의도 설파했는데, 아마 불가피한 이유로 그걸 실천하지는 못했다. 렘닉은 모든 것을 빨아들여 숨이 막히게 하는 네이션 오브 이슬람 사람들과 그들에 대한 알리의 의존을 탁월하게 묘사하고 있다. 맬컴 엑스와 일라이자의 사이가 틀어지자 알리도 맬컴과 단절한 것이 이 이야기의 결정적 순간이다. 렘닉은 또 알리식 브랜드의 '이슬람' 때문에 알리가 자기 인생의 여인들을 꽤 엄하게 대했고, 심지어 그들에게 친절하지도 않았음을 명확히 한다. 이 책은 단연코 위인전이 아니며, 우리는 의심할 여지 없이 알리의 흠결에 노출되어 있다. 그러나 소니 리스턴이 크고 많은 결점들로 인해 인간화되듯이, 그런 흠결들이 알리를 인간답게 만든다.

이 책에서 리스턴은 내가 읽은 어떤 책에서보다 입체적인 등장인물로 생명력을 얻는다. 우리는 리스턴을 어린 클레이가 공포를 느꼈어야 마땅하지만 신비롭게도 그렇지 않았던, 무시무시한 헐크이자 살인자, 그리고 말이 없는 괴물로 기억한다. 우리는 그 경기에서 클레이가 실제로 무참하게, 심지어는 치명적으로 손상을 입을 것이라고 한목소리로 걱정하던 당시의 스포츠 기자들을 기억한다. 그러나 인간 리스턴은 그때부터 지금까지 거대한 어두운 부재 상태에 놓여 있었다. 렘닉의 책에서 우리는 자신의 야수성에 갇혀서 갱단에 조종당하던, 언어라고는 유일하게 주먹의 언어밖에 몰랐던 상처 입고, 말이 불분명하며, 교육받지 못한 사나이 리스턴의 모습을 본다. 리스턴이 거의 클레이만큼이나 연민이 가는 사람으로 묘사되었다는 점이 이 책이 이룬 상당한 성취다. 리스턴의 비극적 침묵은 알리의 영웅적 유창함에 대비되며, 그의 파멸과 궁핍으로의 추락이 클레이/알리의 운명과의 날과 평형을 이룬다.

캐시어스 클레이에게서 우리가 처음 알게 되는 것은 그에게 광기의 자락이 있는 것 같다는 사실이다. 입을 크게 벌린 채 질러대는 모든 날카로운 비명 뒤에는 균형이 맞지 않는 부분이 있었지만, 데이비드 렘닉은 여기서도 우리를 이면으로 데리고 가서 사실은 알리가 스스로를 흥분시키기 위해, 공포와 패배의 걱정을 떨쳐버리고 승리만이 유일한 가능성이 되도록 만들기 위해 그런 절규를 어떻게 사용했는지, 그리고 그것이 얼마나 잘 계산된 행동이었는지 우리에게 알려준다. 알리는 그 자신이 매표소였으며, 자신의 입이 돈을 끌어들인다는 사실을 알고 있었다. 그러나 카메라에서 멀어지면 그는 완전한 프로 선수였다. 그는 연습하고, 연습하고, 또 연습했다.

이것 또한 전에는 우리가 명확히 보지 못했던 알리의 모습이다. 끝없는 훈련, 헌신, 근면. 재능을 영광으로 바꾸기 위해 무엇이 필요한지 알았고, 또 그것에 필요한 시간을 투여했기 때문에 마침내 정상에 오르고야 만 그런 사람.

그 시절은 위대한 스포츠 기자들의 시대였고, 렘닉도 몇 사람—플림턴, 테일리스, 메일러 등등—을 언급한다. 그러나 이 책과 더불어 렘닉도 그들과 어깨를 나란히 한다. 렘닉은 글쓰기에 관한 글을 쓰면서, 글쓰는 사람이 영웅과 악당, 부상과 추락, 권투의 신화를 창조하는 과정에서 차지하는 지위를 보여줌으로써 즐거움을 느낀다. 그리고 알리와 리스턴의 두 차례 경기를 설명하면서 렘닉의 산문도 최고조에 달한다. 그는 살아 있는 경기 속으로 우리를 데리고 가서 링 안에서 자신이 땀과 피에 흥건히 적셔진 채로 주먹이 내리꽂히는 소리를 듣는 것처럼 우리에게 경기를 전해준다. 이 책은 내가 읽은 경기 관련 글 중에서 가장 훌륭한 글에 속하며, 알리가 정상에 오르는 모습을 우리가 매 순간 느낄 수 있게 해준다—알리의 스텝, 허공을 쉭 하고 가로지르는 리스턴의 야성의 주먹, 덜컹하며 목표지점을 강타하는 알리의 주먹, (첫 경기에서) 의자나 (두번째 경기에서) 링 바닥에서 일어나기를 거부하는 리스턴의 충격적인 모습, (첫 경기에서) 알리의 눈을 때려 반쯤 실명하게 만든 리스턴의 불법 글러브 소재에 관한 진실, 그리고 (두번째 경기에서) 이 모든 것을 일거에 완전히 끝장낸 '유령 펀치'에 관한 진실. 그리고 자신을 얕잡아 보았던 위대한 스포츠 기자들에게 고래고래 소리를 지르는 젊은 챔피언. "그 말 취소해! 그 말 취소하라고!" 간단히 말하면, 그것은 KO승이었다.

그렇다면 나 스스로 모순되게 하리라

톰 스토퍼드의 연극 〈점퍼스〉에서 주인공인 철학자 조지 무어는 이렇게 말한다. "복도에서 친구를 만난 비트겐슈타인이 이렇게 말했지요. '지구가 돌고 있는 게 아니라 태양이 지구 주위를 돌고 있다고 생각한 게 인간에게는 더 자연스러웠다고 사람들이 항상 말하는 이유가 뭔지 얘기해주시겠소?' 친구가 대답했지요. '글쎄요, 그건 명백히 태양이 지구 주위를 도는 것처럼 보이기 때문이겠죠.' 이 말에 철학자가 다시 말했어요. '그럼 만약 지구가 도는 것처럼 보였다면, 그땐 어때 보였을까요?'" 이것은 천천히 끓어오르는 아름다운 농담이다. 결국은 실제로 일어나는 현상과 똑같이 보일 것이므로, 정확히 똑같이 보이게 될 거라는 사실을 청중이 인지하면서 웃음이 만들어진다. 이것은 역설이 주는 웃음이다. 그리고 역설이 없다면 문학, 그리고 인생은 통탄할 정도로 의미가 줄어들 것이다. 실제로 일부 평론가는 역설과 시가 너무도 긴밀한 관계라서, 둘은 똑같은 것이라고 말하기도 했다.

역설은 동정 잉태설이 신앙의 역설적 성격을 구현하는 성경에서 시작되어 오늘날까지 계속된다. 오늘날 대중문화 문헌을 대강 검색해보기만 해도 '비틀스의 역설'(그들은 어린 반항아였지만 금세 대영제국의 기사 작위를 받고 체제 내적 인물이 되었다)이나 '오프라 윈프리의 역설'(그녀는 가까운 가족인 양 친근하게 우리에게 삶에 대해 조언해주지만, 자신은 저멀리, 수수께끼처럼, 알려지지 않은 곳에 있다), 그리고 '에미넴의 역설'(그는 진짜 슬림 셰이디이기도 하고 동시에 아니기도 하다*)에 관한 분석들을 볼 수 있다.

돈키호테는 지쳐 쓰러진 말을 타고 있는 역설이다. 그는 떠돌이 방랑기사이지만 그의 방랑은 방랑기사라는 관념 그 자체를 해체시킨다. 그는 어리석음을 통해 기사도보다 더 큰 어리석음을 폭로하는 어리석은 기사다. 「죽음과 나침반」에서 보르헤스의 탐정 에릭 뢴로트는 신비로운 연쇄살인의 수수께끼를 해결하고 다음에 벌어질 살인의 시간과 장소를 알아내지만, 자신이 의도된 피해자이며 이전의 다른 범죄는 자신을 죽음의 장소로 유인하기 위해 저질러진 것이라는 사실을 너무

---

* 미국 래퍼 에미넴은 슬림 셰이디라는 또다른 자아를 만들어 선정적이고 폭력적인 성격의 음악을 표현했다.

늦게 발견해 스스로를 구하지는 못한다. 유혹을 제외하고는 무엇이든 견딜 수 있다고 말한 오스카 와일드는 쾌락주의의 역설을 구현한다. 그리고 조지프 헬러의 소설『황금같이 훌륭한*Good as Gold*』에서 대통령 보좌관 랠프 뉴섬이라는 인물은 부정직한 정치의 화신인데, 문장의 마지막이 처음을 부정하는 전적으로 모순어법적인 문장으로 말한다. "우리 대통령은 할 필요가 있을 때까지 여러분을 지원할 것입니다. 비록 우리가 천천히 움직여야겠지만, 이 문제를 최대한 신속히 진척시키겠습니다. 우리 대통령은 예스맨을 원하지 않습니다. 우리는 진실함을 가진 독립적인 사람들, 우리가 결정하고 나면 우리의 결정에 동의할 사람을 원합니다."

내 생각에 가장 아름다운 역설은 휘트먼의 「나의 노래」의 유명한 마지막 부분이다.

나는 나와 모순되는가?
그렇다면 나 스스로 모순되게 하리라.
(나는 거대하고, 나는 많은 것들을 포함한다.)

인간의 본성은 모순적이고, 인간의 자아는 용량이 크며 형태가 다양하다. 우리는 동시에 많은 자아가 될 수 있고, 또 실제로 많은 자아다. 자녀들에게는 친절하되 직원들에게는 가혹할 수 있고, 신을 사랑하되 인간을 싫어할 수 있으며, 환경을 염려하지만 집을 나설 때는 전등을 켜놓고 나갈 수 있다. 우리는 평화로운 영혼들이지만 축구팀에 대한 열정에 휘둘려 공격적으로, 심지어 때로는 극단적인 훌리건이 될 수도 있다. 또 우리가 개인의 존엄성—이 개념은 르네상스 시기 피렌체에서 탄생한 사상으로, 이탈리아가 세계 문명에 부여한 가장 위대한 선물일 것이다—을 아무리 강하게 옹호하고 싶어도 한 자아는 다른 자아들과 동시에 존엄하며, 그들에 의해 침습을 받는다. 자아는 또 독립적이면서 동시에 독립적이지 않다. 우리 가운데 빈손으로 세상에 온 사람은 없다. 우리는 생물학적 유산과 문화적 유산의 수하물을 가지고 왔으며, 그 유산이 우리를 제약하기도 하고 우리에게 능력을 주기도 하며, 우리에게 손상을 입히기도 하고 자유롭게 해주기도 한다. 우리는 우리가 선택의 자유를 가지며 우리의 선택에 도덕적 책임을 진다고 생각하고, 또 우리 자신을 그렇게 이해하는 것이 정당하다. 그러나 그런 선택을 하게 되는 틀과 실제로 우리가 선택해야 한다고 느끼는 구체적인 것들은 우리에 의해서만 결정되는 것이 아니다.

따라서 우리는 역설적 존재다. 우리는 개인적이면서 동시에 사회적이고, 우리 시대의 존재이며 동시에 역사 흐름의 일부다. 우리는 유한하지만, 셰익스피어의 클레오파트라처럼 우리 안에 무한한 갈망을 가지고 있다. 그리고 모순이 우리 생명력의 근원이다. 자아의 이런 광범한 정의는 큰 사회적 이점들을 가진다. 우리가 우리 안에서 더 많은 자아를 발견할수록 다수의, 다수를 포함하는 다른 자아들과 공통분모를 발견하기가 더 쉽기 때문이다. 우리는 서로 다른 종교적 신념을 가지면서도 똑같은 팀을 응원할 수 있다. 그러나 우리는 우리 자신을 더욱더 협소하게 정의해 우리의 다차원성을 일차원의 민족적, 인종적, 부족적, 종교적 정체성의 구속복 속에 욱여넣을 것을 강요받는 시대에 살고 있다. 나는 이것이 우리 시대에 흘러나오는 모든 악 중의 악이라고 생각하게 되었다. 우리가 이렇게 정의의 협소화에 굴복해서 세르비아인, 크로아티아인, 이슬람교도, 힌두교도로만 단순화되는 것을 허용한다면, 우리는 쉽게 서로를 적으로, 서로의 대타자로 보게 되고, 그러면 나침반의 바늘이 서로 다투게 되며, 북반구와 남반구만이 아니라 동양과 서양이 충돌하게 되기 때문이다.

문학은 걸핏하면 다투기 좋아하는 세계가 우리에게 망각하길 강요하는 것들로부터 눈길을 뗀 적이 없다. 문학은 모순을 향유한다. 소설과 시 속에서 우리는 인간의 복잡성을 노래하며, 동시에 예스면서 노도 되고, 이것이면서도 저것이 될 수 있는 우리의 능력을 조금의 불편도 느끼지 않으면서 노래한다. '옛날 옛적에'에 상응하는 아랍어 표현은 칸 마 칸kan ma kan인데, 번역하면 '그건 그랬고, 그건 그렇지 않았다'라는 뜻이다. 이 위대한 역설이 모든 위대한 소설의 심장에 놓여 있다. 소설은 사물들이 그렇고도 동시에 그렇지 않은 바로 그런 장소이며, 존재하지 않고, 존재한 적도 없으며, 결코 존재하지 않을 것임을 알면서도 우리가 심오하게 믿을 수 있는 세계들이 존재하는 바로 그런 장소다. 그리고 과잉 단순화가 지배하는 우

리 시대에는 이 아름다운 복잡성이 그 어느 때보다 더욱 중요
해졌다.

3부

진실

"뭐라고, 그대 미쳤소? 미쳤어?" 셰익스피어의 『헨리 4세:
1부』에서 폴스타프가 할 왕자를 다그친다. "진실이 진실이 아
니란 말이오?" 그가 밥먹듯이 거짓말을 해왔고, 왕자는 그가
거짓말쟁이였음을 폭로하는 중이라는 걸 보여주는 농담이다.

현재와 같이 진실이 모든 곳에서 공격받는 시대에는 진실
에 대한 폴스타프의 불성실한 관념이 권력을 가진 지도자들
의 공통된 생각 같다. 내가 내 인생을 보내고 또 관심을 두고
있는 세 나라―인도, 영국, 미국―에서는 자기 이익을 노리
는 거짓말이 감쪽같이 사실이라며 제시되고, 반대로 좀더 믿
을 만한 정보가 오히려 '가짜 뉴스'라고 폄하된다. 한편, 우리
에게 범람해 오는 허위 정보를 차단하려고 애쓰는 진실의 옹
호자들은 진실이 반대받지 않고 보편적으로 수용되던 전성기

를 갈망하거나 행복한 합치 상태로 되돌아가야 한다고 주장하는 실수를 자주 저지른다.

진실을 말하자면, 진실은 언제나 논쟁의 여지가 있는 개념이다. 케임브리지에서 역사를 전공한 학생으로서 나는 어떤 것들은 '기본적 사실'로서—헤이스팅스전투는 1066년에 발생했고, 미국의 독립선언은 1776년 7월 4일에 선포되었다는 사실—논쟁의 여지가 없지만, 역사적 사실을 창조한다는 것은 한 사건에 부여되는 특정한 의미의 산물이라는 사실을 이른 나이에 배웠다. 율리우스 카이사르가 루비콘강을 건넌 것은 역사적 사실이다. 다른 많은 사람도 그 강을 건넜지만, 그들의 행위는 역사의 관심에서 벗어나 있다. 그들이 루비콘강을 건넌 것은 이런 의미에서 사실이 아니다. 또한, 시간의 경과가 어떤 사실의 의미를 종종 변화시킨다는 것도 배웠다. 대영제국 시기에는 1857년의 무장 항쟁이 '인도 반란Indian Mutiny'이라고 알려져 있었고, 반란은 당국에 대한 '반역rebellion'을 의미하기 때문에 그 이름과 그에 따른 사실의 의미는 '반란에 가담한' 인도인들을 잘못된 곳에 위치시켰다. 오늘날의 인도 역사가들은 이 사건을 '인도 봉기Indian Uprising'라고 지칭하기 때문에 그 사건을 전적으로 다른 종류의 사실로 만들고, 따라서 의미도 달라진다.

역사는 반석에 새겨지지 않는다. 과거는 현재의 태도에 따라 지속적으로 수정된다.

19세기 서양에서는 사실의 본질에 관해 상당히 광범한 합치가 있었다는 개념도 어느 정도 진실이다. 당시의 위대한 소설가들—플로베르나 조지 엘리엇 등—은 자신과 독자들이 넓은 의미에서 사실의 본질에 관해 합의하고 있다고 간주할 수 있었고, 장엄한 사실주의 소설의 시대는 그런 기초 위에 건설되었다. 그러나 그 합치는 여러 가지 예외 위에 세워진 것이었다. 그것은 거의 전적으로 중산층, 대체로 백인의 것이었다. 피식민 민족이나 인종적 소수자들의 관점—『순수의 시대』나 『미들마치』나 『마담 보바리』에 묘사된 부르주아적 사실과는 아주 다르게 보는 관점—은 주로 서사에서 지워졌다. 거대한 공적 문제들의 중요성도 주변화되는 경우가 많았다. 제인 오스틴의 전작에는 나폴레옹전쟁이 거의 언급되지 않고, 찰스 디킨스의 방대한 전작에는 대영제국의 존재가 부수적으로만 언급된다.

20세기에 들어와서는 엄청난 사회 변화의 압력으로 인해 19세기에 이뤄졌던 합치의 근거가 빈약했음이 드러났다. 사실에 관한 19세기식 관점은 거짓처럼 보인다고 말해도 될 정도였다. 몇몇 위대한 문학예술가들은 토마스 만의 『부덴브로크가의 사람들』과 다니자키 준이치로의 『세설』처럼 사실주의 소설의 기법을 활용해 변화하는 현실을 연대순으로 기록하려고 노력했다. 그러나 사실주의 소설은 문제가 많다는 것이 점차 드러났고, 프란츠 카프카에서부터 랠프 앨리슨과 가브리엘 가르시아 마르케스까지, 옥타비아 버틀러의 SF에서부터 마거릿 애트우드의 악몽 같은 디스토피아에 이르기까지 작가들은 명백한 비진실을 통해 진실을 말하는 더욱 낯설고 비사실적인 텍스트를 창조해냈으며, 마치 마법으로 만든 것 같은 새로운 현실을 만들어냈다.

작가로서 나는 사실에 관한 낡은 합의의 붕괴가 오늘의 가장 중요한 사실이며, 이제 세계는 서로 충돌하거나 자주 양립할 수 없는 서사들의 관점에서 가장 잘 설명될 수 있으리라고 오랜 세월 주장해왔다. 카슈미르와 중동에서, 진보적인 미국과 트럼피스탄* 사이의 전투에서 우리는 이와 같은 양립불가능의 예시들을 본다. 또한 사실에 관한 새롭고, 논쟁적이며, 심지어 격론을 벌이는 사고방식으로 인한 결과가 문학에 너무도 큰 함의를 갖기 때문에 이런 논쟁이 존재하지 않는 것처럼 행동할 수 없으며, 그래서도 안 된다고 나는 주장해왔다. 나는 더욱 다양한 목소리가 공적 담론에 영향을 미치는 것은 긍정적이며, 그로 인해 우리의 문학이 풍요로워지고 세계를 더 복합적으로 이해하도록 만들어주리라 믿는다.

오늘날 미국문학은 모든 곳으로부터 오는 목소리들을 포함한다—몇 명만 꼽자면 주노 디아스, 이윤 리, 남 레, 줌파 라히리, 에드위지 당티카 같은 작가들이 있다. 그리고 모든 형태로 떠오르고 있는 아프리카계 미국인 작가 세대—트레이시 K. 스미스, 타네히시 코츠, 제스민 워드—는 자신들만의 다차

---

* 도널드 트럼프의 나라라는 뜻으로, 민주주의로 대표되는 미국과 대비하는 의미가 내포되어 있다.

원적 사실을 제시하며 막대한 영향력을 행사하고 있다.

그럼에도 불구하고 우리 모두가 그렇듯이, 나는 진정으로 난제에 부딪히고 있다. 어떻게 한편으로는 현대의 사실이라는 것은 필연적으로 다차원적이고, 균열되어 있으며, 파편화되어 있다고 주장하면서 다른 한편으로는 그것이 매우 구체적인 것이며 솔직히 말해서, 인도의 모디 행정부와 영국의 브렉시트 패거리들, 미국의 마흔다섯번째 대통령 등에 의해 유포되는 논란적인 것들에게 받는 공격으로부터 변호받을 필요가 있는, 논박할 수 없는 것들이라고 주장할 수 있겠는가? 인터넷의 가장 나쁜 측면들, 다시 말해 중요한 정보와 완전한 쓰레기가 언뜻 보기에 동일한 수준의 권위를 가지고 나란히 공존하며, 사람들이 그것들을 구별하는 것이 더욱 어려워지고 있는 평행우주에 우리는 어떻게 맞서 싸울 것인가? 코로나 바이러스, 기후 변화, 아동의 예방접종과 같은 사안에 대한 '기본적 사실', 과학적 사실, 증거에 의해 뒷받침되는 사실에 관해서마저 대중의 수용이 약화되는 현실에 우리는 어떻게 저항할 것인가? 권위주의 정치인들이 항상 원했던 것들을 추구하는 정치적 선동에 어떻게 맞서 싸울 것인가—증거에 대한 대중의 신뢰를 잠식해 유권자들에게 사실상 "내 말이 진실이니, 나 말고는 어떤 것도 믿지 마시오"라고 하는 말에 대해서는? 그런 것에 우리는 무엇을 하는가? 특히 예술의 역할, 작가의 역할, 그리고 문학예술의 역할은 구체적으로 무엇이 될 수 있는가?

나는 완전한 답이 있는 것처럼 가장하지 않는다. 나는 진실에 대한 모든 사회의 관념은 항상 논쟁의 산물이라는 걸 인정하고, 우리가 그런 논쟁에서 더 잘 이겨야 한다고 생각한다. 민주주의는 공손하지 않다. 광장에서 소리지르기 시합인 경우가 많다. 논쟁에서 이길 기회를 잡고 싶다면, 그 논쟁에 참여해야 한다. (나는 2016년 11월, 미국의 등록 유권자 수의 절반에 조금 못 미치는 큰 숫자의 사람이 투표장에 나타나지 않았다는 사실을 잊을 수가 없다. 여기에는 나중에 결과에 항의하며 열정적으로 행진한 젊은이들도 포함되어 있다.) 그리고 작가의 경우에는, 증거에 근거한 주장에 대한 우리 독자들의 믿음을 재건하고, 소설이 항상 잘해오던 일, 작가와 독자 사이에서 사실이 무엇인지에 관한 이해를 구축하는 일을 해야 한다. 협소하고 배타적인 19세기의 합치를 말하는 게 아니다. 나는 사회에 관한 더 넓고, 더 논쟁적인 관점이 현대문학에 나타났으면 한다. 그러나 우리가 좋아하거나 심지어 사랑하는 책을 읽을 때, 우리는 그 책에서 묘사하는 인간의 삶에 동의하는 자신을 발견하게 된다. 우리는 그래, 이게 바로 우리 모습이지, 이게 우리가 서로를 대하는 방식이고, 이게 진실이지, 하고 말한다. 문학이 가장 큰 도움을 줄 수 있는 지점은 아마 여기에 있을 것이다. 우리는 이 극단적 이견의 시대에 사람들로 하여금 인간의 본성이라는 위대한 불변의 진실에 대해 동의하게 할 수 있다. 여기서 시작해보자.

제2차세계대전 이후 독일에서는 폐허문학Trümmerliteratur*

이라 불린 것에 속하는 작가들이 폐허가 된 나라와 나치즘에
의해 오염된 그들의 언어를 재건해야 할 필요성을 느꼈다. 그
들은 폭격 맞은 도시가 재건되어야 하듯이 진실과 현실도 새
로운 언어로, 바닥에서부터 재구성되어야 한다는 사실을 깨달
았다. 나는 그들의 전례로부터 배울 수 있다고 생각한다. 이유
는 다르지만, 우리는 다시 진실의 폐허 한가운데에 서 있다.
그리고 우리 독자들의 진실에 대한 신뢰와 사실에 대한 믿음
을 재건하는 과업을 담당해야 할 사람들은 바로 우리 작가들,
사상가들, 언론인들, 철학자들이다. 그리고 새로운 언어로, 바
닥에서부터 재건하는 것이다.

---

* 제2차세계대전 직후 독일에서 시작되어 1950년까지 지속된 문학운동. 고귀
한 이상의 잔해와 고국의 폐허를 마주해야 했던 귀국 병사와 전쟁포로의 운
명에 주된 관심을 가졌으며, 단순하고 직설적인 언어와 서사의 시공간, 간결
한 등장인물을 특징으로 한다. 잔해문학이라고도 불린다.

용기

이 혼돈의 시대에 우리는 도덕적 용기보다 육체적 용맹을 존경하기가 더 쉽다. 도덕적 용기는 정신적 삶의 용기 또는 공인의 용기다. 소방관은 다른 사람들이 도망갈 때 불타고 있는 건물을 향해 달려간다. 우리는 전선에서 돌아오는 군인에게, 또는 사람을 무력화하는 질병이나 상해를 극복하려 애쓰는 사람들에게 하듯이 소방관의 용맹에 기꺼이 경의를 표한다.

넬슨 만델라 외에는 오늘날 그렇게 용기 있는 정치인을 보기가 더욱 어렵다. 아마 우리가 불가피한 권력의 타협을 너무 많이 보고, 따라서 지나치게 냉소적으로 변했기 때문일 것이다. 이제 더이상 간디도 없고, 링컨도 없다. 누군가의 영웅(우고 차베스나 피델 카스트로)이 다른 사람에게는 악당이다. 우리는 훌륭하다, 원칙이 있다, 용기가 있다는 게 어떤 의미인지에 대해 더이상 쉽게 동의할 수도 없다. 정치 지도자들이 용감한 발걸음을 뗄 때—당시 프랑스 대통령 니콜라 사르코지가 리비아의 카다피에 반대하는 봉기를 지원하기 위해 군사적으로 개입했을 때—그것을 지지하는 사람만큼이나 의심하는 사람도 많다. 오늘날 정치적 용기는 거의 항상 모호하다.

더욱 이상하게도, 우리는 권력 남용이나 도그마에 맞서 저항하는 사람들에 대해서도 의심하게 되었다.

항상 그랬던 것은 아니다. 공산주의에 반대한 작가들과 지식인들—알렉산드르 솔제니친, 안드레이 사하로프, 안나 아흐마토바, 나데즈다 만델시탐 등—은 그들의 저항으로 널리 존경받았다. 위태로운 지하 네트워크에 의해 전파된 지하출판문학Samizdat은 진실을 말하고, 소비에트 국가의 공식적인 거짓말을 폭로해 존경받았다. (미국 망명 당시 솔제니친이 변덕스러운 인물임이 드러난 건 사실이지만, 그것으로 인해 『수용소군도』에 대한 우리의 존경이 줄어들지는 않았다.) 시인 오시프 만델시탐은 1933년의 스탈린 풍자시로 많은 존경을 받았다. 그는 이 시에서 스탈린의 콧수염을 '윗입술 위에 앉아서 웃고 있는 거대한 바퀴벌레'로 바꾸고, '그는 사형 처분을 혀 위의 베리처럼 굴려댄다네'라고 덧붙이며 그 두려운 지도자를 두려움 없는 용어로 묘사했다. 그것은 용감한 시였고, 그 시로 인해 만델시탐은 체포되어 소비에트 강제노동 수용소에서 죽음을 맞이하게 되었다.

꽤나 최근이라고 할 수 있는 1989년, 톈안먼광장에서 쇼핑

백 두 개를 든 채 탱크에 맞서는 사람의 이미지는 거의 즉시 용기의 지구적 상징이 되었다.

그러고는 모든 게 달라졌다. '탱크 맨'은 중국에서 대체로 잊혔고, 7월 4일 톈안먼 대학살 당시 죽은 사람을 포함한 민주화 시위자들은 중국 당국에 의해 용케 반혁명분자로 재명명되었다. 이런 재명명은 톈안먼 순교자들 같은 사람들의 영웅주의마저도 무색하게 만드는 힘이 있다. 그리고 명명 전투는 계속되어 '용기 있는' 사람들이 어떻게 판단되어야 하는지에 대한 우리의 이해를 무색하게 하거나 적어도 혼란스럽게 만든다. 이것이 중국 당국이 가장 유명한 비평가들인 아이웨이웨이와 류샤오보 같은 사람들을 취급하는 방식이다.

류샤오보에 대한 '전복' 혐의의 기소나 아이웨이웨이에 대한 탈세 범죄 혐의는 그들의 용기에 대해 사람들의 눈을 멀게 하고, 그 대신 그들을 범죄자로 묘사하려는 정교한 시도다.

이 문제는 결코 중국에만 국한된 것이 아니다. 러시아 내에서는 러시아정교회의 영향이 큰데, 투옥된 푸시 라이엇* 그룹의 멤버들이 정교회 성당 시설 안에서 그들의 유명한 시위를 주도했다는 이유로 부도덕한 문제아들로 인식되고 있다. 그들이 주장하고자 한 것—러시아정교회 지도부가 안락을 위해 푸틴과 너무 밀착되어 있다—은 그들의 비방자들에 의해 잊

---

* 러시아의 여성주의 펑크록 집단. 러시아의 정치 상황에 대해 도발적인 즉석 퍼포먼스를 열곤 한다. 2012년 모스크바대성당에서 허가 없이 푸틴 반대 공연을 한 죄로 체포되자 세계적인 구명운동이 벌어졌다.

히고, 그들의 행위는 용감한 것이 아니라 부적절한 것으로 보여진다.

2006년 이탈리아 작가 로베르토 사비아노는 『고모라』를 출간했는데, 이 책은 나폴리의 '마피아'인 카모라의 활동에 대한 상세한 폭로였다. 그 이후 그는 살해 협박 속에 살고 있지만, 그는 끔찍한 궁핍과 매일매일의 위험한 상황에도 불구하고 자신의 과업을 계속해오고 있다. 사비아노는 이로 인해 널리 칭송받고 있지만, 그가 스스로 지적하듯이 이탈리아 권력 구조의 일부 세력이 그의 평판을 떨어뜨리려는 노력을 계속하고 있다. 총리로 재직하던 당시 실비오 베를루스코니가 사비아노를 비난했으며, 많은 다른 장관들과 정치평론가들도 애국적이지 않다며 그를 비난했다. 사비아노마저도 새로운 반영웅주의에서 자유롭지 않다. 전직 내무장관인 우익 정치인 마테오 살비니는 반복적으로 그를 공격해왔다.

2011년 파키스탄에서는 펀자브 주지사인 살만 타시르가 파키스탄의 가혹한 신성모독법에 따라 부당하게 사형선고를 받은 기독교도 여인 아시아 비비를 변호했다는 이유로 자신의 경호원에게 총을 스물일곱 발 맞고 살해당했다. 그를 살해한 후에 경호원 뭄타즈 카드리는 널리 칭송받았으며, 법정에 출두했을 때는 장미꽃잎 세례를 받았다. 살해당한 타시르는 그에 상응하는 정도로 비난을 받았고, 대중 여론은 그에게서 등을 돌렸다. 그의 용기는 종교적 열정에 의해 지워졌다. 파키스탄 사람들에게는 원칙이 있는 정의의 수호보다 그 끔찍한 신성모독법이 더 중요하다는 사실이 증명되었다. 영웅이라 불린 사람은 살인자였다.

2012년 사우디의 시인 겸 언론인 함자 카시가리가 선지자 무하마드에 관해 트위터에 글을 세 개 올렸다.

"당신의 생일에 나는 당신의 반란자를 사랑한다고 말하고, 당신이 항상 내 영감의 원천이었다고 말하고, 당신 주위의 신성한 후광을 좋아하지 않는다고 말하겠습니다. 나는 당신을 위해 기도하지 않겠습니다."

"당신의 생일에 나는 어디를 가든 당신을 볼 수 있습니다. 나는 당신의 어떤 면을 사랑했고, 다른 면들은 싫어했지만, 많은 면을 이해하지 못한다고 말하겠습니다."

"당신의 생일에 나는 당신에게 절하지 않겠습니다. 나는 당신의 손에 키스하지 않겠습니다. 차라리 동등한 사람끼리 하듯이 나는 당신과 악수하고, 당신이 내게 미소 지을 때 나도 당신에게 미소 짓겠습니다. 나는 친구로서 당신에게 말하겠습니다. 그 이상은 아닙니다."

카시가리는 그후에 자신이 표현과 사상의 자유에 관한 '자신의 권리를 요구'하고 있었다고 주장했다. (그는 또 사우디 아라비아에서 여성이 처한 환경을 비판하고 아랍의 봄을 지지했다.) 그는 대중의 지지를 거의 받지 못했고 배교자로 비난받았으며, 그를 사형에 처해달라는 요구가 많았다. 2013년 10월 29일, 그는 마침내 감옥에서 석방되었다.

프랑스 계몽주의 시기의 작가들과 지식인들도 당대의 정통 종교에 도전했으며, 그렇게 현대적인 개념의 자유 사상을 창조했다. 우리는 볼테르나 디드로, 루소 등을 지적 영웅들이라 여긴다. 애석하게도 이슬람 세계에서 함자 카시가리를 그렇게 말하는 사람은 극소수에 불과하다.

이 새로운 사상―정통 종교나 편협한 신앙에 맞서는 작가, 학자, 예술가 들은 사람들을 불편하게 만들기 때문에 비난받아야 한다―은 빠르게 퍼져나가고 있으며, 심지어 한때 자신들이 누리는 자유에 대해 자랑스러워했던 인도 같은 나라에까지 퍼져나가고 있다. 최근에는 인도 회화의 위대한 원로 M. F. 후사인이 힌두교 여신 사라스바티를 누드로 그렸다는 이유로 외국으로 추방되어 망명지에서 죽음을 맞이했다. (심지어 고대 힌두교의 사라스바티 조각을 아주 형식적으로만 검토해 보아도 사라스바티 여신은 보석과 장식으로 자주 장식되지만, 그에 못지않게 옷을 벗고 있는 경우도 많다는 사실을 알 수 있음에도 말이다.) 로힌턴 미스트리의 칭송받는 소설 『그토록 먼 여행』은 주변의 극단주의자들이 그 내용에 반발하여 봄베이대학교의 강의계획서에서 빠져버렸다. 자이푸르 문학 페스티벌에서는 아시스 난디라는 학자가 카스트 하층계급의 타락에 대해 비정통적 견해를 발표했다는 이유로 공격받았다. 카말 하산의 영화 〈비스와루팜〉은 무슬림들의 반대로 인해 검열 당했다. 그리고 이 모든 경우에 공식적 입장—여기에 많은 논평가들과 상당한 규모의 대중 여론이 동의했다—은 본질적으로 예술가들과 학자들이 문제를 자초했다는 것이었다.

미국도 이런 경향에서 자유롭지 않다. 월스트리스 점거 운동의 젊은 활동가들이 많은 비방을 당했다(물론 허리케인 샌디 상륙 당시 그들이 매우 효과적인 구호활동을 벌여 이후에 그런 비판이 약간 잦아들기는 했다). 노엄 촘스키나 고故 에드워드 사이드처럼 시류에 발맞추지 않는 지식인들은 미친 극단주의자, '반미주의자'로 치부된다. 게다가 사이드의 경우에는 심지어 엉뚱하게도 팔레스타인 '테러리즘'의 옹호자라고 비난받았다. (우리가 촘스키의 미국 비판에 동의하지 않을 수도 있지만, 미국의 권력에 맞서서 그 면전에 비판을 퍼부을 수 있는 용기는 인정할 수 있어야 한다. 우리가 친팔레스타인 성향이 아닐 수도 있다. 그러나 사이드가 미국을 비판한 만큼이나 웅변적으로 아라파트에 맞서서 목소리를 냈다는 사실도 알아야 한다.)

예술가, 지식인, 그리고 모욕당한 일반 시민들이 한계를 넘어서 위험을 감수하고, 그 결과 우리가 세상을 바라보는 방식을 바꿀 권리가 있다고 믿는 우리에게 오늘날은 포위당한 시대다. 이런 용기가 중요하다는 사실을 반복적으로 언급하고, 억압된 개인들—아이웨이웨이, 푸시 라이엇, 로베르토 사비아노, 함자 카시가리와 같은 사람들—이 어떤 사람들인지 정확히 보이도록 노력하는 일이 가장 시급하다. 이들은 자유의 최전선에 서 있는 사람들이다. 어떻게 할 수 있는가? 그들의 처우에 반대하는 탄원서에 서명하자. 항의 시위에 참가하자. 목소리를 높이자. 작은 일도 중요하다. 고대 중국의 철학자 노자에 따르면, "천 리 길도 한걸음부터"다.

추신: 이 에세이를 쓰고 난 후에 류샤오보가 간암으로 사망했다. 그는 2017년 세상을 뜨기 불과 십칠 일 전에 병보석으로 풀려났다.

PEN 관련 글들

1. 펜과 칼: 1986년 국제 PEN 총회

1986년 1월에 나는 문학계의 전설이 된 작가들의 모임에 참석하기 위해 뉴욕에 왔습니다. 제48회 국제 PEN 총회는 엄청난 대회였습니다. PEN은 문인들의 말을 전파하고 그들을 변호하기 위한 세계적인 작가 조직입니다. 당시 PEN 아메리카 회장이었던 노먼 메일러는 기금 모금을 위해 설득력과 호소력을 총동원해 세계의 주요 작가 오십 명 이상을 맨해튼으로 불러모았습니다. 그들은 미국 최고의 작가 백여 명과 숭고한 주제 '작가의 상상력과 국가의 상상력'에 대해 토론했고, 그레이시 맨션과 메트로폴리탄미술관의 덴두르 신전에서 와인을 마시고 식사를 했습니다.

당시 가장 젊은 참가자 중 한 명이었던 나는 분위기에 상당히 압도되었습니다. 센트럴파크사우스의 에식스하우스와 세인트모리츠호텔에서 서로의 작품을 읽고 논의한 거물급 작가들 중에는 브로드스키, 그라스, 오즈, 소잉카, 바르가스 요사, 벨로, 카버, 닥터로, 모리슨, 사이드, 오직, 페일리, 스타이런, 업다이크, 보니것, 그리고 메일러가 포함되어 있었습니다. 어느 날 오후에 사진작가 톰 빅터가 나에게 말이 직접 끄는 공원의 마차 의자에 앉아 사진을 찍자고 했습니다. 마차 위에 올라타니 수전 손택과 체스와프 미워시가 있었습니다. 나는 평소에 말문이 막히는 편이 아닌데도, 그날은 마차를 타는 동안 말을 많이 한 기억이 없습니다.

대회의 분위기는 처음부터 충격적이었습니다. 메일러는 국무장관 조지 슐츠를 뉴욕공공도서관에서 개최된 개회식에 연사로 초청해 많은 PEN 회원들이 못마땅해했습니다. 남아프리카 작가인 네이딘 고디머, J. M. 쿳시, 시포 세팜라는 슐츠가 아파르트헤이트를 지지한다고 비난하며 항의했습니다. E. L. 닥터로, 그레이스 페일리, 엘리자베스 하드윅, 존 어빙과 많은 작가들도 닥터로의 표현대로 작가들이 '레이건 행정부를 위한 포럼'에 동원되었다며 슐츠의 참석을 반대했습니다.

이어지는 행사 기간에는 더 많은 논쟁이 일어났습니다. 신시아 오직은 총회 참가자인 오스트리아의 유대계 전 총리 브루노 크라이스키가 아라파트와 카다피를 만났다는 이유로 그를 공격하는 탄원서를 회람했습니다.* 크라이스키를 옹호하는

---

* 신시아 오직은 크라이스키가 반유대주의자인 아라파트와 카다피를 만난 것

사람들은 그가 총리로 재직하던 기간에 오스트리아가 러시아의 유대인 난민을 그 어느 나라보다 더 많이 받아들였다고 지적했습니다. 그러나 오직은 패널 토론시 플로어에서 일어나 크라이스키를 비난했고, 크라이스키가 상황에 점잖게 대처하면서 그 문제는 지나갔습니다.

대회에 참가한 많은 여성들은 패널에 왜 그토록 여성이 적은지 알려달라고 요구했고, 그 요구는 상당한 정당성이 있었습니다. 패널 참가자였던 손택과 고디머는 둘 다 그 저항에 동참하지 않았습니다. 손택은 '문학은 양성 평등 고용주가 아니다'라는 주장을 들고 나왔습니다. 이 언급이 항의자들의 기분을 누그러뜨리지는 못했습니다. 나의 개입도 그러지 못한 것 같습니다. 나는 다양한 패널에 어쨌거나 여성들은 여러 명 있지만, 인류의 1/5을 차지하는 인도 아대륙의 대표자는 달랑 나 하나뿐이라고 지적했습니다. (1986년의 세계 인구는 약 오십억이었는데, 그중 인도만 팔억을 차지했습니다. 파키스탄과 방글라데시를 더하면 십억인 인구를 이 고독한 작가 한 명이 대변하고 있었습니다.)

말하라, 기억이여.* 나는 업다이크가 미국의 자그맣고 파란 우체통에 관한 4음절 단시를 낭독해서 세계의 작가들을 상당히 당혹스럽게 한 일을 기억합니다. 사상의 자유 교환을 상징

에 강력히 항의했으며, 루슈디는 크라이스키 역시 유대인이라는 사실을 짚고 있다.

* 블라디미르 나보코프의 회고록 제목과 같은 표현을 사용했다.

하는 그 메일 박스 말입니다. 나는 또 도널드 바셀미를 만난 기억이 납니다. 나는 그의 작품을 좋아했지만, 그는 그날 너무 취해 있어서 실제로 그를 만났다는 느낌은 들지 않았습니다. (내가 미국인 작가 친구에게 이 말을 하니 그는 이렇게 대답했습니다. "아니, 자넨 바셀미를 만난 거야. 그 사람 원래 그래.") 나는 또 니카라과의 산디니스타 정권 대통령 다니엘 오르테가의 혁명동지campañera이자 시인인 로사리오 무리요도 만난 기억이 납니다. 놀랍게도 잘생기고 위험해 보이는 산디니스타 남성 무리에 둘러싸인 채 그녀는 덴두르 신전 옆에 서 있었습니다. 그녀는 콘트라전쟁을 직접 보라며 나를 초대했고, 나는 그해 말에 그 초대를 수락했습니다. 그 여행의 결과가 나중에 내 책 『재규어의 미소*The Jaguar Smile*』가 되었습니다. 마나과에 도착할 때까지 나는 로사리오 무리요가—지금처럼 그때도—니카라과 사람들이 가장 증오하는 여자라는 사실을 알지 못했습니다.

그리고 나는 솔 벨로와 귄터 그라스 사이의 헤비급 권투 경기 속으로 끌려들어간 기억이 납니다. 벨로가 미국의 물질주의적 성공이 어떻게 미국인들의 정신적 삶을 망가뜨렸는지에 관해 익숙한 벨로식 리프*가 포함된 연설을 하고 나자, 그라스가 자리에서 일어나더니 많은 사람이 아메리칸드림의 구멍으

---

* '벨로식 리프(Bellovian riff)'는 벨로의 글과 말에 기대어 그라스가 명명한 용어로, 미국의 물질주의가 정신적 삶에 끼친 부정적 영향을 비판하는 글이나 표현을 가리킨다.

로 매일같이 추락한다고 지적하며 벨로에게 진짜 미국, 예컨
대 사우스브롱크스의 빈곤을 보여주겠다고 제안했습니다. 독
일 작가로부터 미국의 빈곤에 관한 이야기를 듣게 되어 짜증
이 난 벨로는 날카롭게 반박했고, 우연히도 내 옆자리였던
그라스는 자기 자리로 돌아오며 화가 나 몸을 부르르 떨었습
니다.

"뭐라고 말을 좀 해보세요." 그라스가 다그쳤습니다.

"누구, 저요?" 내가 말했습니다.

"그래요. 뭐든지 말씀을 좀 하시라고."

그래서 나는 자리에서 일어나 마이크로 다가가 왜 그토록
많은 미국 작가들이 미국이 이 세계에서 가진 막대한 힘을 주
제로 다루는 과업을 회피해왔다고—실제로는 회피가 아니라
좀더 도발적으로 '책무 유기'라고 말했던 것 같습니다—생각
하는지 벨로에게 물었습니다. 벨로는 고개를 치켜들었습니다.

"우리에게는 과업이 있는 게 아닙니다. 영감이 있는 거지
요." 벨로는 위엄 있게 말했습니다.

이런 기억이 즐겁긴 하지만, 그 당시 대회의 진짜 중요한 의
미는 더 깊은 곳에 있었습니다. 냉전의 마지막 시절에 우리에
게는 비전이 사라진 소비에트 정권에 맞서 자기 자신들의 비
전을 제시하던 다닐로 키슈, 체스와프 미워시, 콘라드 죄르지,
그리고 리샤르드 카푸시친스키 같은 동유럽 작가들의 목소리
를 듣는 일이 중요했습니다. 산디니스타 게릴라로서 자기 인
생에 대한 회고록을 갓 출간한 당시 니카라과의 내무부 차관

오마르 카베사스와 팔레스타인 시인 마흐무드 다르위시는 미국의 연단에서는 자주 듣지 못한 견해를 표명하고자 그곳에 와 있었습니다. 로버트 스톤과 커트 보니것 등의 미국 작가들은 미국의 권력에 대한 비판을 제기하고 있었으며, 반면에 벨로나 업다이크 같은 작가들은 미국 영혼의 내면을 들여다보고 있었습니다. 네이딘 고디머는 이렇게 말했습니다. "국가는 상상력을 국가가 부려먹을 수 있는 무엇이라 여깁니다." 토니 모리슨은 소외와 국가에 대해 말했습니다. "제가 만약 애초에 국가가 정해준 대로 살았더라면 . . . 저는 다른 사람의 땅 위에 있는 누군가의 부엌에서 살고 죽었을 것이며, 단 한 글자도 쓰지 못했을 것입니다. 그게 국가가 흑인이자 여성인 나에게 정해준 계획이니까요." 결국에는 그 행사의 경박함이 아니라 중대성 때문에 기억 속의 장소에 대해 계속 자부심을 갖게 되는 것입니다.

1986년은 셸리가 말했듯이 작가란 '인정받지 못한 세상의 입법자'*라고 주장하는 것이, 문학예술을 권력에 대한 적절한 균형추라고 믿는 것이, 그리고 문학을 고결하고 초국가적이며 초문화적 힘이라고 여기는 것이 당연하던 때였습니다. 자신들이 신에게 기름부음 받아 신성한 권리로서 권력을 지니고 있다고 생각하는 지도자들의 손아귀에 있는 시대, 지나치게 단

---

* 영국 시인 퍼시 비시 셸리(1792~1822)가 1821년에 쓴 에세이 「시의 옹호A Defense of Poetry」 일부를 인용한 것이다.

순화되고 획일화되었으며 공포에 휩싸인 오늘의 문화 속에서는 문장가들에 불과한 사람들이 그런 고결한 주장을 하기가 더욱 어려워졌습니다. 더 어렵지만, 그만큼 더 필요합니다.

세계 여러 곳에서—예컨대 중국, 이란, 아프리카의 많은 지역에서—자유로운 상상력은 여전히 불온한 것으로 간주됩니다. PEN 사업의 핵심에는 작가들을 두려워하며 위협하는 강력한 이해집단들의 공격으로부터 작가들을 보호하려는 우리의 노력이 있습니다. 한때 소비에트의 반체제 인사들이 그랬던 것처럼 아랍이나 아프간, 라틴아메리카, 러시아에서도 그런 목소리를 더욱 높여서 더 크고 명확하게 들려주어야 합니다. 그러나 유럽에서와 달리 미국에서는 다른 언어로 출판되는 소설과 시 중에서 영어로 번역되는 작품이 한탄스러울 정도로 적습니다. 지금 미국 내에서 세계의 목소리들이 울려퍼지는 것이 그 어느 때보다 중요해졌으며, 세계의 사상과 꿈들이 알려지고 사유되고 토론되는 것이 그 어느 때보다 중요해졌으며, 지구적 대화가 형성되는 것이 그 어느 때보다 중요해졌습니다. 그러나 우리가 그 목소리를 증폭시켜야 할 바로 이 순간에 모든 것이 정지되고, 장벽이 세워지고, 대화는 숨막히게 억눌린다는 느낌이 듭니다. 냉전은 끝났지만, 더 이상한 전쟁이 시작되었습니다. 소외가 지금처럼 만연했던 적은 없었습니다. 이것이 우리가 더욱더 함께하며 어떤 다리를 건설할 수 있을지 찾아보아야 할 이유가 됩니다.

1986년 PEN 대표단을 뉴욕으로 초대하면서 노먼 메일러는 이렇게 썼습니다. "뉴욕이 만약 우리 문명의 위대한 도시 중 하나라면, 이 도시는 그 문명처럼 위로부터, 아래로부터, 옆으로부터의 위험에 노출되어 있습니다." 바로 어제 썼어도 될 만한 인사말입니다. 위험에 맞서 작가들은 진부한 방어책을 제시해서는 안 됩니다. 우리는 상처 입고 혼란스러워진 이 도시에 새로운 사상, 새로운 견지, 더 나은 이해의 순간들을 제안할 수 있습니다. 세계에서 가장 위대한 도시인 뉴욕은 마땅히 그래야 합니다.

2. PEN 월드 보이스의 탄생

PEN 아메리카는 『악마의 시』와 그 저자, 출판사, 번역자, 서점 주인들이 공격받은 후 내가 절실할 때 고귀한 지원을 해주었습니다. 내가 뉴욕에 와서 살기 시작한 뒤로 지난 이십 년 동안 나는 PEN에 깊이 관여해왔습니다. 삼십 년 전에 내가 보호받았던 것처럼 표현의 자유와 다른 작가들을 보호하는 일을 함으로써 당시 내가 받은 지원에 보답하기 위해 최선을 다해왔습니다. 2004년 내가 PEN 아메리카 회장이 되었을 때는 1986년 당시 메일러 회장이 열었던 대회에 대한 기억에 영감을 받아 PEN 세계문학 월드 보이스 페스티벌을 조직했습니다.

9·11 테러 공격 이후 조지 W. 부시와 딕 체니의 연립 대통령제처럼 느껴졌던 그 시기에 미국과 나머지 세계 사이에, 심

지어 미국과 서방의 전통적인 연합국들 사이에도 균열이 생겼습니다. 때때로 세계가 미국의 노래를 들을 능력이 사라지고 미국 또한 나머지 세계의 말과 생각에 귀를 막은 것처럼 보이기도 했습니다. 우리 PEN에서는 그것이 미국에도, 나머지 세계에도 나쁘게 작용할 것이라고 생각했으며 우리는 우리가 할 수 있는 일을 하기로, 적어도 문학 담론과 지식 담론의 차원에서라도 차단되었던 대화를 재개하기로 결심했습니다.

그 결과가 PEN 월드 보이스였습니다. 월드 보이스의 목적은 세계문학의 가장 훌륭한 목소리들이 매년 뉴욕에 며칠간 머물면서 서로, 그리고 가장 훌륭한 미국의 작가들과 대화하고 토론할 자리를 마련하자는 것이었습니다.

나는 당시 PEN 아메리카 CEO였던 마이크 로버츠와 뉴욕을 돌아다니며 공손한 태도로 모금 활동에 나섰습니다. 처음부터 이 페스티벌은 PEN이 하는 통상적 업무와는 별도의 사업으로—그래서 이 일이 기존 사업을 축소시키지 않게 하기로—진행하기로 합의했고, 그러자면 당연히 별도의 기금을 조성해야 했기 때문입니다. 마이크와 나는 훌륭한 콤비였습니다. 나는 대국적 차원의 팔을 흔들고 노래하면서 춤추는 부분을 맡았고, 마이크는 세밀한 부분을 맡았습니다. 꽤 잘 작동하는 것 같았습니다. 게다가 많은 다른 사람들이 이 페스티벌에 착수할 수 있도록 도움을 주었습니다. 특히 다이앤 폰 퓌르스텐베르크가 훌륭한 동맹이었던 것을 기억합니다. 그녀는 기부할 사람들을 소개해주고, 우리가 길을 제대로 닦을 수 있도록 멋진 이벤트도 열어주었습니다. PEN의 직원들도 관대하게 업무 외 시간을 보태주었습니다. 그래서 점차 공상이 현실이 되었습니다.

우리는 메일러의 행사와 한 가지 큰 차이를 두었습니다. 이번에는 우리 페스티벌의 모든 행사를 PEN 회원들에게만 제한하는 것이 아니라 대중에 공개했습니다. 문을 활짝 열고 모든 사람을 초대하기로 했습니다.

나는 우리가 월드 보이스를 만듦으로써 케빈 코스트너* 같은 뭔가를 하고 있다고 항상 생각했습니다. 그것은 PEN만의 꿈의 구장이었고, 우리의 모토도 '그걸 지으면, 그들이 올 거야'였습니다. 사실 우리는 누가 올지 결코 확신이 서지 않았습니다. 뉴욕은 문화 행사 일정이 많아서 행사 하나를 기존 일정에 추가하기가 쉽지 않았습니다. 그럼에도 우리는 그걸 지었고, 정말 그들이 왔고, 그들이 계속해서 왔고, 우리는 관중들에게 그들이 보내준 지지에 감사해야 합니다. 그들의 지지가 없었다면 우리 일은 아무런 의미를 갖지 못했을 것이기 때문입니다.

PEN 아메리카의 일부이며, 과거에도 일부였던 우리 모두는 PEN의 핵심 가치와 필수 과업이 새 세대 뉴요커들에게 다가

---

* 영화 〈꿈의 구장〉에 주연으로 출연한 배우. 〈꿈의 구장〉은 주인공이 경기장을 짓고 관중들을 불러모아 야구 경기를 꾸려가는 내용이다.

가서 영감을 주는 무대를 만들어낸 것에 대해 자랑스럽게 여겨야 합니다.

이것을 새로 온 뉴요커의 새 고향에 대한 선물로 생각해주시기 바랍니다. 뉴욕시 또한 꿈의 구장입니다. 그 안에서 문학의 꿈이 오래 번성하고 미국과 세계의 활발한 대화가 오래 지속되기를 희망합니다.

3. 아서 밀러 렉처, 2012년 PEN 월드
보이스 페스티벌에서

나는 오늘 검열에 관해 이야기하러 여기 온 것으로 알고 있습니다만, 어떤 작가도 진실로 검열에 관해 말하고 싶지는 않을 것입니다. 작가들은 창작에 대해 말하고 싶어합니다. 검열은 반反창작이고 부정적 에너지이며, 비非창작이자 비존재를 존재 속에 탄생시키는 것이며, 톰 스토파드의 죽음에 관한 묘사를 인용하자면 '현전의 부재absense of presence'입니다.* 검열은 우리가 원하는 것을 하지 못하게 중단시키는 것이며, 작가들은 자기들이 하는 일에 대해 말하고 싶어하지, 그걸 못하게 막는 것에 대해 말하고 싶어하지는 않습니다. 작가들은 자기

---

* 영국의 대표적인 극작가 톰 스토파드는 『로젠크란츠와 길덴스턴은 죽었다 *Rosencrantz and Guildenstern Are Dead*』에서 "죽는다는 것은 낭만적이지 않으며 죽음은 곧 끝날 게임도 아니다. 죽음은 아무것도 아니다. 죽음은 현전의 부재일 뿐이다"라고 말했다.

들이 얼마나 버는지 이야기하고 싶어하며, 다른 작가들에 대한 이야기와 그들이 얼마나 버는지 수군거리는 것을 좋아합니다. 작가들은 비평가들과 출판사, 정치인들에 대해 불평하고 싶어하고, 자기들이 사랑하는 것과 자기들이 사랑하는 작가, 자기들에게 의미가 있었던 이야기와 문장들에 관해 말하는 것을 좋아합니다. 그리고 마지막으로 작가들은 자신들의 생각과 이야기에 대해 말하고 싶어합니다. 자기의 것을요. 영국의 유머 작가 폴 제닝스는 실존주의를 풍자한 「저항실존주의 Resistentialism」에 관한 명석한 에세이에서 세계가 '존재Thing'와 '비존재No-Thing'라는 두 가지 범주로 나뉘어 있으며, 이 둘 사이에는 결코 끝나지 않는 전쟁이 벌어지고 있다고 주장합니다. 만약 글쓰기가 '존재'라면 검열은 '비존재'입니다. 리어왕이 코딜리아에게 말했듯이 "무無는 무無만 낳을 뿐"입니다. 제닝스 선생이었다면 셰익스피어의 대사를 바꿔서 "비존재는 비존재만 낳을 뿐이니 다시 생각해보거라"라고 말했을 것입니다.

공기를 한번 생각해보시지요. 여기에, 온통 우리 주위에 공기가 있습니다. 풍부하며 자유롭게freely* 사용할 수 있고, 넓게 숨쉴 수 있습니다. 그렇죠, 저도 압니다, 완벽하게 깨끗하거나 완전히 순수하지는 않지만, 그래도 여기에 있습니다. 꽤 많이,

---

* 영어 단어 free에는 '자유로운'과 '공짜의'라는 두 가지 뜻이 있지만, 문맥상 '공짜'를 의미하는 경우에도 일관성을 위해 모두 '자유'로 옮겼다.

우리 모두가 쓰고도 남을 만큼 충분하지요. 숨쉴 수 있는 공기가 그렇게 자유롭고 많을 때는 그것을 모두에게 자유롭게, 필요한 만큼 충분히 제공해달라고 요구할 필요가 없습니다. 우리는 우리가 가지고 있는 것에 대해서는 너무도 쉽게 당연하다고 여기며 무시합니다. 법석을 떨 필요가 없으니까요. 자유롭게 사용할 수 있고, 널리 숨쉴 수 있는 공기를 들이마시며 하루를 살아갈 뿐입니다. 공기는 주제가 되지 않습니다. 토론할 만한 것이 아니란 말입니다.

이제는 저 위쪽 어딘가에 거대한 수도꼭지 같은 것들이 있고, 우리가 숨쉬는 공기, 뜨거운 공기, 차가운 공기, 미지근한 공기가 거기 하늘에 있는 온냉수 혼합 수도꼭지 같은 데서 흘러나온다고 상상해보십시오. 그리고 우리에게 알려지지 않은, 또는 우리에게 어쩌면 알려졌을 수도 있는 저 위의 어떤 실체가 특정한 날에 그 꼭지들을 하나씩 잠가서 우리가 사용할 수 있는 공기, 아직까지는 숨쉴 수 있고 자유로운 공기가 점점 희박해지고 있다는 사실을 우리가 서서히 눈치채게 된다고 상상해보십시오. 우리는 숨쉬는 것이 가빠질 것이고, 공기를 마시려고 숨을 헐떡이고 있다는 사실을 알아채는 순간이 올 것입니다. 이때가 되면 많은 사람이 공기 공급의 감소를 비난하며 항의하고, 또 자유롭게 사용할 수 있고 널리 숨쉴 수 있는 공기에 대한 권리를 강력히 주장하기 시작했을 것입니다. 희소성이 수요를 창출합니다.

자유는 우리가 숨쉬는 공기이며, 그 공급이 완전하지 못한 세계에 살고 있습니다. 후드티를 입은 마이애미의 흑인 젊은 이가 아니라면 자유롭게 사용할 수 있고, 자신의 신체에 대해 자유로운 선택을 하려고 애쓰는 레드 스테이츠*의 여성들이 아니라면 널리 숨쉴 수 있는 세계에 살고 있습니다. 불완전하게 자유롭고, 불완전하게 숨쉴 수 있습니다. 그러나 숨쉴 수 있고 자유롭다면 우리는 그것에 관해 노래를 짓고 춤출 필요가 없겠지요. 그것을 당연하게 여기고 하루를 살아갈 테니까요. 그리고 밤에 잠들면서도 우리는 오늘이 자유로웠으므로 내일도 자유로울 것이라고 가정합니다.

창작 행위에는 자유만이 아니라 자유에 관한 이런 가정도 필요합니다. 창의적인 예술가가 만약 내일도 자유로울지 걱정해야 한다면, 그들은 오늘도 자유롭지 않습니다. 예술가들이 만약 자신의 주제를 선택하는 것이나 그 주제를 다루는 것에 대해 두려워한다면 그들의 선택은 재능이 아닌 두려움에 의해 결정될 것입니다. 만약 자유에 대해 확신할 수 없다면 우리는 자유롭지 않은 것입니다. 공기는 공급되지 않고, 우리는 숨쉴 수 없게 되는 것이지요.

검열이 예술에 개입하게 되면, 검열이 예술의 주제가 되어

---

* 2000년 미국 대통령 선거 때부터 사용된 '레드 스테이츠(red states)'와 '블루 스테이츠(blue states)'라는 용어는 상대적으로 보수적인 공화당(레드)과 진보적인 민주당(블루)중 하나의 당을 압도적으로 지지하는 주를 지칭한다. 레드 스테이츠는 주로 미국의 중부와 남부에, 블루 스테이츠는 주로 동부와 서부 연안에 분포되어 있다.

버린다는 사실이 더욱 심각합니다. 예술은 '검열당한 예술'이 되고, 그게 세상이 예술을 바라보고 이해하는 방식이 되어버리지요. 검열관은 작품이 부도덕하다거나 신성모독이라거나 외설적이라거나 논쟁적이라는 딱지를 붙이고, 이런 단어들은 마치 저주받은 선원의 목에 매달린 앨버트로스*처럼 작품에 영원히 매달려 있게 됩니다. 작품에 대한 공격은 그 작품을 규정하는 것 이상의 작용을 합니다. 어떤 면에서 일반 대중에게는 그 검열이 바로 작품이 되어버립니다. 『채털리 부인의 연인』이나 『남회귀선』을 읽은 독자, 〈파리에서의 마지막 탱고〉나 〈시계태엽 오렌지〉를 본 관객 중에는 이런 작품들이 과도하게 외설적이거나 지나치게 폭력적이거나, 또는 둘 다라고 '알고 있는' 사람이 열 명, 백 명, 천 명은 될 것입니다.

유죄 추정이 무죄 추정을 대체합니다. 인도의 그 이슬람 예술가는 왜 그 힌두교 여신을 누드로 그려야 했을까요? 그가 이 여신의 정숙을 존경할 수는 없었을까요? 그 러시아 작가는 왜 주인공이 님펫**을 사랑하게 만들었을까요? 법적으로 허용되는 나이의 여성을 택할 수는 없었을까요? 왜 그 영국 극작가는 시크교 사원 구드와라에서 벌어진 성폭행을 묘사했을까

---

* 영국 시인 새뮤얼 테일러 콜리지(1772~1834)의 시 「노수부의 노래The Rime of the Ancient Mariner」를 인용한 것으로, '목에 매달린 앨버트로스(albatross around one's neck)'는 부담이 되는 것 혹은 걸림돌을 의미한다.
** 나보코프의 소설 『롤리타』에서 성적 매력이 있는 소녀를 이르는 말로 사용된다.

요?* 그 폭행이 신성한 장소를 비켜갈 수는 없었을까요? 왜 예술가들은 그렇게 문제를 야기할까요? 우리에게 아름다움과 도덕성과 지독하게 좋은 이야기만 줄 수는 없을까요? 예술가들은 왜 자기들이 그렇게 행동해도 우리가 그들 편에 설 거라고 생각할까요?

"그리고 사람들이 모두 앉으라고 말했다,
앉아요, 당신이 배를 흔들고 있으니까."**

검열관의 거짓이 가장 효과적일 때, 그것은 예술가의 진실을 성공적으로 대체합니다. 검열당한 작품은 검열받을 만했다고 여겨집니다. 배를 흔드는 일은 널리 비난받습니다. 검열관의 최종 승리는 바로 이것입니다. 사람들이 검열 없는 사회를 상상하지 못하는 것이지요.

금지된 위대한 작품들은 때로는 검열관의 묘사를 이겨내고 스스로를 세상에 선보입니다. 『율리시스』『롤리타』『아라비안 나이트』. 때로는 소련의 지하출판의 경우처럼 위대하고 용감한 예술가들이 검열관을 물리치고 지하에서 훌륭한 문학을

---

* 영국의 극작가 거프리트 카우르 바티가 쓴 희곡 「불명예Behzti」를 의미한다. 2004년 버밍엄레퍼토리극장에서 상연될 예정이었으나 시크교도의 폭력 시위로 인해 취소되었다. 영국에서는 이 사건으로 예술이 갖는 표현의 자유에 관한 논의가 활발해졌다.
** 1950년의 브로드웨이 뮤지컬 〈아가씨와 건달들〉에서 처음 소개된 프랭크 레서 작곡의 노래 〈앉아요, 당신이 배를 흔들고 있으니까〉의 일절이다.

창작해내거나, 현대 이란과 중국 영화의 많은 경우처럼 검열관의 칼날 끝을 피해서 섬세한 영화를 만들어냅니다. 심지어 검열은 예술가의 상상력을 자극하기 때문에 예술가들에게 좋은 것이라고 주장하는 사람도 볼 수 있습니다. 만약 우리가 어떤 사람의 팔을 잘라버리고 그 사람이 잇새에 펜을 끼워서 글을 쓰는 법을 배웠다고 추어올리는 격입니다. 검열은 예술에 좋지 않으며, 예술가에게는 더욱 나쁩니다. 시인 오비디우스는 불쾌해진 아우구스투스황제에 의해 흑해로 추방되어 토미스라 불리는 지옥 같은 작은 구멍에서 여생을 보냈지만, 오비디우스의 시는 로마제국보다 오래 살아남았습니다. 시인 만델시탐은 스탈린의 강제노동 수용소에서 죽었지만, 만델시탐의 시는 소련보다 오래 살아남았습니다. 시인 로르카는 스페인의 프랑코 총독이 보낸 불량배들에게 살해당했지만, 로르카의 시는 파시스트당 팔랑헤보다 오래 살아남았습니다. 그러니 우리는 예술이 검열보다 강하다고 주장할 수 있을 것이며, 실제로도 자주 그렇습니다.

그러나 예술가들은 약합니다.

여기 PEN에서 우리의 과업은 예술과 더불어 예술가들도, 다시 말해 작가들의 감금되고 금지된 말뿐 아니라 감옥 속의 작가들도 변호하고, 또 보호하려고 노력하는 것입니다. 백 명의 작가가 모여 각자의 방식대로 온갖 이야기를 하는 월드 보이스 같은 모임이 불가능한 나라가 아직도 많습니다. 이곳의 공기가 깨끗하지는 않지만, 그래도 숨을 쉴 수는 있습니다.

이것에 안주할 수는 없습니다. 최근 영국에서는 노벨평화상 수상자인 류샤오보와 PEN 회원인 주위푸를 포함해서 정권에 의해 투옥된 서른다섯 명이 넘는 작가들의 목소리가 침묵당한 채 무시되고 있는데도 런던 북 페어에서 국가가 인정한 '공식적인' 중국 작가들만 초청한 것에 대해 영국 PEN이 항의했습니다. 미국에서는 매년 종교 광신도들이 커트 보니것과 J. K. 롤링─마술과 흑마술의 명백한 옹호자─처럼 전혀 공통점이 없는 작가들마저 금지시키려고 합니다. 지적 설계론* 옹호자들로 하여금 계속해서 반대 행진을 벌이게 하고 하느님을 노하게 만든 불쌍한 찰스 다윈은 말할 것도 없습니다. 나는 미국 일부, 적어도 캔자스 지역**에서는 자연선택설이 언제나 작동하지는 않는다는 것을 보여줌으로써 진화론에 대한 공격이 다윈의 이론이 틀렸다고 입증하는 데 도움이 되고 있다고, 인류는 때로 미싱 링크를 향해 역진화할 능력도 있다는 사실을 증명하고 있다고 쓴 적이 있습니다. 지금도 여전히 그렇게 생각합니다.

훨씬 더 심각한 문제는 배를 흔드는 예술가들에게 배를 흔들지 말라는 반응이 점점 더 호응을 얻고 있으며, 특정 이해집

---

* 생명이 지적 존재의 의도적 설계에 의한 것이라고 주장하며, 이를 과학적으로 설명하고자 하는 가설.

** 캔자스주에서는 2005년 5월 진화론 청문회가 열렸는데, 다윈의 진화론은 하나의 가설에 불과하며 진화론과 지적 설계론을 교과 과정에 나란히 실어야 한다는 보수 정치인들의 시도가 있었다.

단이나 젠더, 신앙이 예술작품에 의해 모욕을 당했다고 선언하면 검열이 정당화될 수도 있다는 주장이 점점 더 동의를 얻고 있다는 사실입니다. 그러나 위대한 예술은—또는 좀더 겸손하게 말해서 독창적인 예술은—결코 안전한 중립 지대가 아닌, 변두리에서 창조됩니다. 독창성은 불온합니다. 독창성은 도전하고, 심문하고, 가설을 전복하고, 도덕률을 뒤흔들고, 신성한 암소나 그와 유사한 실체들을 경멸합니다. 그것은 충격적이거나, 추하거나, 선정적인 언론이 애용하는 만능 용어를 사용하자면 논쟁적입니다. 그리고 우리가 만약 자유의 가치를 믿는다면, 우리가 숨쉬는 공기가 풍부하게 숨쉴 수 있게 남아 있길 원한다면, 예술의 권리가 존재할 수 있도록 보호해야 할 뿐 아니라 그 권리를 널리 공표해야만 합니다. 예술은 오락거리가 아닙니다. 최고의 예술은 혁명입니다.

4. PEN 월드 보이스 페스티벌 2014 오프닝 나이트

지금 인도에서는 총선거가 실시되고 있습니다. 나라의 거대한 크기로 인해 모든 사람이 투표를 하려면 6주나 걸립니다. 선거는 대체로 공정하고, 대체로 자유로우며, 투표는 평화롭고, 사건은 거의 없으며, 결과는 거대한 유권자 집단의 의지를 신뢰할 만하게 반영할 것입니다. 세계 최대의 민주주의 국가라는 인도의 자랑스러운 주장은 이 선거 과정에 달려 있습니다. 가난한 나라가 자유로운 나라가 되기는 더욱 어렵고, 인도의 동서남북 모든 이웃 국가의 오랜 내정 불안과 잦은 시민들의 자유 박탈이 이와 같은 인도의 장담을 더욱 자랑스럽게 만들어주기 때문입니다. 이것이 좋은 일이라는 데 우리는 모두 동의할 수 있습니다.

그러나 민주 사회란 단순히 사오 년마다 투표가 시행되기만 하는 사회가 아닙니다. 민주주의는 단순히 다수결주의에 그치는 것이 아닙니다. 민주주의는 자유입니다. 진정으로 자유로운 사회에서는 선거에서 이기는 쪽이든 지는 쪽이든, 모든 시민이 항상 자유롭다고 느껴야 합니다. 자신이 선택한 대로 자유롭게 표현할 수 있어야 하고, 원하는 대로 자유롭게 섬기거나 섬기지 않을 수 있어야 하고, 위험과 공포로부터 자유로워야 합니다. 표현의 자유가 공격받으면, 종교적 자유가 위협당하면, 그리고 사회의 상당 부분이 안전에 대한 물리적 공포 속에 산다면, 그런 사회는 진정한 민주 사회라고 할 수 없습니다. 오늘날 인도에는 이 모든 문제가 존재하며, 점점 더 악화되고 있습니다.

문학적, 학술적, 그리고 예술적 자유에 대한 공격은 힘을 키워왔습니다. 수십 년간 델리대학교 라마야나 연구의 기본서가 되어온 A. K. 라마누잔의 고전적 에세이 「삼백 가지 라마야나」가 힌두교 극단주의자들에 의해 공격을 받자, 당국은 비겁하게 굴복해 그 책을 강의계획서에서 배제했습니다. 마라타제국의 전사이자 태조이며 시브 세나Shiv Sena의 아이콘인 시바지Shivaji*에 대한 제임스 레인의 연구가 공격받고 금지되었을 뿐 아니라, 레인이 연구한 푸네의 위대한 고대문헌 도서관마저 공격을 받고 많은 고대 원고들이 파괴되었습니다. 그리고 가장 최근에는 라마누잔의 에세이를 공격했던 힌두교 광신도가 웬디 도니거의 중요한 학술 저서 『힌두교도』에 반대하는 행동을 취했는데, 우스꽝스럽고 비문법적이게도 그는 그녀를 '섹스에 굶주린 여자'라는 죄목으로 제소했습니다. 그는 법정에서 조롱당하며 쫓겨나기는커녕 강력한 펭귄북스를 겁박해 이 책을 시장에서 회수하게 만들었습니다. 그리고 게이 예술가인 발비르 크리샨은 '동성애를 전파'한다는 이유로 처음에는 인도의 수도 뉴델리에서 물리적 위협을, 다음에는 물리적 공격을 받았습니다.

이와 같은 사례들은 매일, 매주, 매달 증가하고 있지만 한탄스럽게도 당국은 표현의 자유라는 권리를 보호할 의무에 실패하고 있습니다. 사실, 정치인들과 경찰 간부들이 함께 피해자들을 문제를 일으키는 사람들이라며 반복적으로 비난해왔습니다. 내가 언급한 몇몇 사례에서 알 수 있듯이 그 결과로 공포스러운 분위기가 조성되었으며, 표현의 자유를 수호해야 할 사람들의 와해 속에 그들에게는 훌리건과 검열관들에 의해 일어날 만한 일이 자주 발생하고 있습니다. 랜덤하우스와의 합병으로 세계 최대, 최강의 출판사로 태어난 펭귄북스는

---

* 시브 세나는 인도의 극우 정당 중 하나로, 마라타제국의 황제인 시바지의 군대라는 뜻이다.

과거 1988년에는 내 책을 보호할 각오가 되어 있었지만*, 이번에는 이렇다 할 만한 싸움 한 번 없이 도니거 비판자들에게 굴복해버렸습니다.

이미 그런 조짐이 보이지만, 만약 이번 선거 결과 힌두교 민족주의 정당인 인도인민당이 집권해 극도의 분열주의자인 나렌드라 모디가 인도의 차기 총리가 된다면 이미 한탄스러운 지경이 된 사태가 더욱 악화될 것 같습니다. 나렌드라 모디는 강경파 중의 강경파로, 자신이 총리직을 맡았던 지역인 구자라트주의 2002년 반이슬람 학살**에 대한 책임이 있다고 기소되었습니다.*** (2002년 이후 이 공격을 다룬 영상은 구자라트에서 줄곧 상영이 금지되고 있습니다.) 표현의 자유에 대한 위협은 이미 구자라트의 경계선 너머로 확산되기 시작했습니다. 유력 영어 일간지 〈더 힌두〉의 편집자 싯다르트 바라다라잔은 이 신문의 소유주가 보기에 충분히 친모디적이지 않다는 이유로 강제로 사임해야 했습니다. 얼마 지나지 않아 그의

---

* 1988년 『악마의 시』 출간으로 인도에서는 수입을 금지하는 등 큰 비난을 받고 저항에 부딪혔지만 펭귄북스는 루슈디의 책을 철수하지 않았다.

** 2002년 2월 성지순례를 마치고 돌아오던 힌두교도 58명이 열차에서 화재로 숨진 사고가 발생했는데, 당시 주 정부에서 이 화재가 무슬림에 의해 발생한 것이라 발표하여 격분한 힌두교도들이 구자라트주 전역에서 반이슬람 시위를 벌였다. 이 폭동으로 이천 명이 넘는 사람들이 죽은 것으로 추정하고 있으며, 당시 구자라트주 총리였던 모디가 자신의 정치적 기반인 힌두교도들을 자극하여 사실상 폭동을 조장하고 방치한 것이 아니냐는 의혹을 받고 있다.

*** 그는 그후 인도 대법원이 지명한 특별 조사팀에 의해 무혐의 처분을 받았다. (원주)

아파트 관리인이 델리의 한 길거리에서 자객들에게 기습 공격을 당했습니다. 습격자들은 이렇게 말했습니다. "TV에서 말 조심하라고 네 사장에게 전해." CNN의 인도 지사인 IBN의 메인 앵커 사가리카 고시는 상급자들로부터 모디에게 비판적인 트위터 게시물을 그만 올리라는 지시를 받았습니다. 그에 대한 반응으로 그녀는 많은 언론인이 생각하는 바를 트위터에 올렸습니다. "저기 바깥에 악이 있습니다. 모든 언론의 자유를 짓밟고, 독립적인 언론인들을 침묵시키는 악입니다. 언론인들이여, 단결합시다!"

위협이 표현의 자유에만 국한된 것도 아닙니다. 4월 초에 모디의 선거운동 매니저 아미트 샤는 작년에 종파 간 분쟁이 일어났던 북부 도시 무자파르나가르에서 연설을 했습니다. 그는 이번 총선이 이슬람교 소수자들에게 '복수'할 기회라고 말했습니다. 인도인민당의 고위 지도자이자 모디의 토디*의 최고 원로 중 하나인 기리라지 싱은 북부 비하르주의 선거운동 집회에서 모디를 반대하는 사람은 인도에서 설 자리가 없을 것이라고 말했습니다. 그는 이렇게 외쳤습니다. "그들은 파키스탄에서나 자리가 있을 것입니다." 또다른 힌두교 극단주의

---

* 모디 총리의 이름과 운율이 맞는 '두꺼비' 또는 '아첨꾼'을 뜻하는 'toad'의 파생어 'toady'를 결합하여 만든 '모디의 토디(Modi's Toadies)'는 소셜 미디어 극성 지지자들을 지칭하는 말로, BBC 등에 따르면 인도 언론인 미히르 S. 샤르마가 2012년에 처음 만들어 사용한 후 루슈디 등에 의해 사용되었다.

자 프라빈 토가디아는 자신의 지지자들에게 힌두교도가 다수인 구자라트 인근 지역에서 무슬림이 재산을 매입하는 것을 막으라고 말했습니다. 불길한 전조는 이미 드리워졌습니다.

두어 주 전에 조각가 애니시 커푸어와 나는 인도의 예술가, 학자, 지식인 여러 명과 함께 모디의 권력 장악을 우려하는 공개 서한에 서명했습니다. 그후 인도의 소셜 미디어에서는 우리에 대한 무차별적 공격이 가해졌고, 역설적으로 우리의 두려움이 입증되었습니다. 우리는 약자를 괴롭히며 관용적이지 못한 새 정권의 등장을 우려했는데, 이러한 초기 조짐들이 있습니다. 위협적이며, 추잡하고, 분노를 쏟아내고, 복수심에 불타 진정한 토론을 전부 인신공격으로 대체해버리기. 모디의 승리 후에 이런 일은 줄어들지 않을 것입니다.

모디씨의 지지자들은 다시 투표함을 가리킵니다. 그들은 그가 인기가 높기 때문에 승리할 것이라고 말하는데, 그들이 옳습니다. 인도의 유권자 집단 가운데 불안할 정도로 높은 비율이 이 독재자 지도자를 원하며, 심지어 인종학살이 포함된 모디의 지난 과오에 대해서는 기꺼이 한쪽 눈을 감을 태세입니다. 그들은 반대하는 지식인들의 콧대를 꺾어놓고 비판적인 언론인들의 입을 틀어막아야 한다고, 예술가들은 스스로 행실을 조심해야 한다고 생각합니다. 많은 정치평론가들이 의심하고 있는 모디씨의 이른바 경제적 천재성에 기꺼이 모든 것을 걸고자 하는 의지, 자유로운 사회의 아름다운 모든 것을 기꺼이 감수하려는 태도는 모디씨에게 승리의 커다란 파도만 제공해주는 일이 될 수 있습니다.

인도는 결국 자기 수준에 맞는 정부를 갖게 되리라고 말하기는 쉬울 것입니다. 그러나 사라지는 것을 소중히 여기는 사람들, 공포로부터 자유로운 나라, 숨막히는 사회가 아니라 열린 사회를 원하는 사람들, 그런 인도인들은 전부 마땅하지 않은 인도를 갖게 될 것입니다. 라빈드라나트 타고르가 위대한 시 「내 조국을 깨어나게 하소서」에서 갈망한 인도를 높이 평가하는 사람들은 타고르를 공포에 떨게 할 인도를 갖게 될 것입니다.

타고르는 이렇게 썼습니다.

마음속에 두려움 없이 머리를 높이 들 수 있는 곳;
지식이 자유로운 곳;
마음이 당신에게 이끌려 드넓은 사상과 행동 속으로 나아가는 자유의 천국 속으로, 오 아버지시여, 내 조국을 깨어나게 하소서.

인도는 건국의 아버지들과 라빈드라나트 타고르와 같은 가장 위대한 예술가들의 유산을 배신할 위험에 처해 있습니다.

추신: 이 글을 쓴 후에 인도에서 많은 일이 일어났습니다. 또 한번의 총선거가 있었고, 나렌드라 모디 총리와 인도인민당의 놀랄 만한 승리가 한번 더 있었습니다. 아티시 타시르가

2020년에 〈애틀랜틱〉에 썼듯이 "인도는 더이상 인도가 아닙니다." 과거의 세속적 이상들은 나날이 파괴되고 있습니다. 모디 총리와 그의 친구 아미트 샤는 선거 승리에 도취해서 비힌두교도에 대한 차별 확대라는 자신들의 의제에 봉사하는 법안—특히 CAA 즉 시민권 수정법 입법—을 밀어붙여왔습니다. 카슈미르주는 인터넷 서비스를 차단하고 시민들을 잔혹한 보안요원들의 처분에 자주 내맡김으로써 민주주의 사회에서 설 자리가 없는 권위주의 통치의 고통을 겪고 있습니다.

나는 인도인민당이 결코 힌두교가 아닌 '힌두이즘'을 발명해냈다고 주장해왔습니다. '힌두이즘'은 여러 신앙체계들의 혼합물입니다. 단일 경전도 없고, 단일 신도 없으며, 집단적 신앙 행위를 위한 어떤 요구도 없습니다. 그 대신, 이 새로운 이데올로기는 『라마야나』를 책 중의 책이라고 선언합니다. (왜일까요? 『베다』가 더 오래되었고, 적어도 똑같은 권리를 가질 텐데 말입니다.) 또 라마가 가장 중요한 신이며, 라마 라지야, 즉 라마 왕자의 통치기로의 회귀가 가장 바람직하다고 선언합니다. (비슈누의 화신인 라마 왕자가 그런 우월한 역사를 갖지 못하는 지역이 인도에 많이 있었는데도 말입니다.) 뉘른베르크 집회와 썩 크게 다르지 않은 집단적 숭배 의식이 통상적인 이벤트가 되어버렸습니다. 이런 주장이 진실이라는 장점이 있음에도, 모디씨와 그 주변인들은 이 새로운 힌두이즘에서 과거의 진실을 타당하지 않게 만들어버리는 운동을 창조해냈습니다. 이 새로운 힌두이즘이 오늘의 힌두이즘이며,

그것의 불관용이 인도의 불관용이 되어버렸습니다.

희망이 있다면, 그것은 정부의 과잉에 맞서는 궐기, 특히 CAA에 대한 궐기에 있습니다―위협과 실질적인 폭력을 거부해온 여성들과 대학생들을 필두로 한 궐기입니다. 가장 감동적인 것은 이 시위자들이 독립 투쟁 당시의 언어로 돌아가서, 네루와 간디와 인도 세속주의의 언어와 정서로 돌아가서, 그 언어를 현재 권력을 쥐고 있는 자들의 훨씬 조악한 혀에 대립시키는 모습을 보고 듣는 일입니다. 인도의 영혼을 건 전투가 벌어지고 있습니다. 누가 승리할지 모르지만, 나는 내가 어느 편에 서 있는지는 압니다.

5. PEN 월드 보이스 페스티벌 2017 오프닝 나이트

PEN 월드 보이스는 2005년에 탄생했는데, 부분적으로는 모든 것의 국제 페스티벌이 열리는 뉴욕시에 국제 문학 페스티벌은 없다고 생각했기 때문입니다. 월드 보이스 첫해에는 나이지리아의 치마만다 응고지 아디치에, 브루클린의 폴 오스터, 남아프리카공화국의 브레이튼 브레이튼바흐, 소말리아의 누르딘 파라, 폴란드의 리샤르드 카푸시친스키, 튀르키예의 엘리프 샤팍, 레바논의 하난 알 샤이크, 나이지리아의 월레 소잉카, 케냐의 응구기 와 티옹오, 브라질의 시쿠 부아르케가 참가했습니다. 아주 초기부터 단순한 문학 페스티벌보다는 큰 것이었습니다. 그때나 지금이나 월드 보이스 페스티벌은 PEN

의 사명이 촉진되는 곳이고, 미국 안팎의 권력 남용이 도전받고 저항받는 곳입니다.

월드 보이스의 열세번째 행사에서 우리는 2005년 조지 W. 부시 시대의 도전보다 더 크지는 않을지라도, 최소한 그 정도로 큰 도전에 직면하고 있습니다. 미국의 가장 높고 권력이 강한 곳에서 우리는 예술에 대한 공격, 예술 너머의 저널리즘에 대한 공격, 그리고 저널리즘 너머의 진실이라는 관념 그 자체에 대한 공격을 마주합니다. 이 공격은 객관적이며 개인의 견해와 편견 너머에 있는, 사실을 우선하는 진실에 대한 것입니다―증거에 의해 뒷받침되는 사실 말입니다. 우리는 비진실이 우리의 삶을 매일같이 오염시키고, 편협한 사람들이―미디어에 반하는 편협이며, 그렇습니다, 그러나 멕시코인 이민자와 소수자들, LGBT 공동체, 여성과 이른바 엘리트에 대한 편협입니다―대통령 선거 결과로 인해 해방된 것처럼 보이고, 결과적으로 우리의 공적 담론이 크게 변질된 그런 순간을 직면하고 있습니다.

'엘리트'라는 단어의 의미 왜곡에 반대한다고 덧붙여도 될까요? 미국사의 과거 어느 정부보다도 큰 부를 축적한 억만장자와 은행가들의 정부가 어떻게 대중을 대변한다고 주장하며 엘리트를 적으로 몰아서 내쫓는 일이 허용되는 걸까요? 플로리다와 뉴저지에 개인 전용 비행기나 골프장을 소유하고 있는 소설가나 언론인은 극소수입니다. 현 정부의 억만장자 각료들만큼 보통 사람들로부터 철저히 분리된 삶을 산다고 주장되는 별세계의 엘리트는 정말이지 극소수입니다. 그런데도 우리가 엘리트라고요? 이 단어의 의미를 되찾으면서 이야기를 시작해보겠습니다. 사물을 각각의 적절한 이름으로 부르기로 합시다. 우리는 미국사에서 가장 치욕스러운 엘리트주의 행정부를 직면하고 있습니다. 그것을 보지 못하는 사람은 스티븐 킹이 일전에 한 말을 다르게 표현하자면 주의를 기울이지 않고 있는 것입니다.

현 행정부가 미국 입국을 훨씬 더 어렵고 불쾌한 경험으로 만들어버린다면, 나는 이 월드 보이스 페스티벌의 미래가 걱정됩니다. 세계의 작가들이 미국 출입국에 도전할 용기를 내고 싶어할까요? 입국 지점에서 사람들이 괴롭힘을 당한다는 증거가 되는 일화가 이미 많습니다. 마치 미국 입국을 위한 권리가 결정되는 기준이나 되는 듯이, 사람들은 국경을 통과할 때 출입국 관리소 직원들로부터 대통령을 어떻게 생각하는지 질문을 받습니다. 이미 우리는 미국 방문객 수의 필연적인 감소에 관해 듣고 있으며, 특히 금년에는 20퍼센트 이상 감소했습니다. 2005년 우리로 하여금 월드 보이스를 착수하게 했던 이 나라와 세계 사이의 균열이 다시 벌어지고 있습니다. 나는 작가들이 여기 미국에서 우리와 함께하는 일이 방해받지 않기를, 그래서 우리가 그 심연을 가로질러 대화하는 일을 계속할 수 있기를 희망합니다.

더 좋은 미국, 말하자면 다양하고, 개방적이고, 관용적이고, 문명화된 미국이라는 관념이 도처에서 공격받고 있는 이 시대에 나는 우리 작가와 출판인과 서점 주인과 독자와 시민인 우리 모두가 문화의 수호자가 되어야 한다고 생각합니다. 말하고 행동하는 방식에서 우리는 더 나은 미국의 표상이 되고 보호자가 되어야 합니다. 미국은 트럼피스탄보다는 더 나은 곳이기 때문입니다. 미국은 수정헌법 제2조는 신성불가침으로 여기면서 수정헌법 제1조는 그렇게 신성하게 여기지 않는 사람들보다는 나은 곳입니다.* 미국은 괴롭힘과 편협과 혐오보다는 더 나은 곳입니다. 만약 이 어두운 순간에서 한 가지 좋은 것이 있다면, 너무도 많은 미국인이 과거 어느 때보다 더 정치적으로 각성해 있다는 사실일 것입니다. 그래서 선량한 사람들의 군대, 평화와 정의의 군대가 증오에 맞서 연대하고 우리가 맞서야 할 세력들을 막아설 것입니다. 나는 이런 존재가 있다고 믿으며, 오래된 표현을 빌리자면, 우리는 흔들리지 않을 것입니다.

---

* 수정헌법 제1조는 종교, 언론, 출판, 결사의 자유를 보호하는 데 반해 수정헌법 제2조는 시민의 무장권과 무기 소지권을 보호하는 문제적인 조항이다.

크리스토퍼 히친스(1949~2011)[•]

2010년 6월 8일 나는 뉴욕의 92번가 Y*에서 여느 때와 같은 크리스토퍼 히친스의 완판 독자들 앞에서 그의 회고록 『히치-22』 출간을 기념하기 위해 그와 '대화중'이었다. 그날 밤 히친스는 대단했는데, 그 어느 때보다 날카롭고 유쾌했다. 행사 후의 오붓한 축하 만찬에서도 그의 명석함은 계속되었다. 며칠이 지나고 히친스는 자신이 암에 걸렸다는 소식을 처음 들은 것이 Y 행사 당일 아침이었다고 내게 말해주었다. 개인적으로 그토록 끔찍한 날 어떻게 공석에서 그토록 멋있을 수

• 2011년 12월 15일, 크리스토퍼 히친스가 타계한 날 씀.

* 뉴욕 맨해튼 92번가에 있는 유대교 청년문화센터로, 기독교의 YMCA와 유사하지만 문학과 철학에도 많은 관심을 기울이고 있다. 루슈디, 돈 드릴로, 이창래 등 문인들의 독회를 정기적으로 개최한다.

있었는지 믿기 힘들었다. 그가 보여준 것은 극기 이상의 것이었다. 그는 죽음의 얼굴에 웃음과 지성을 날리고 있었다.

『히치-22』는 우리가 실없이 하던 단어 게임에서 탄생한 제목이다. '그다지 성공적이지 못한 책 제목 붙이기' 게임이었는데, 예를 들자면 『병창이여 잘 있거라』『누구를 위하여 좋은 딸랑대나』『벌새 죽이기』『보리밭의 파수꾼』『미스터 지바고』그리고 『모비거시기』 등이 있었다. 그리고 조지프 헬러의 코믹한 걸작 『캐치-22』의 '그다지 못한' 버전이 『스낵-22』 또는 『히치-22』였다.* 히친스는 우리의 그 실패투성이 문답의 형편없는 말 무더기에서 이 마지막 제목을 구출해냈고, 지금은 그의 최고 기념비로 우뚝 선 텍스트에 이 제목을 부여함으로써 되살려냈다.

웃음과 히친스는 떼어놓을 수 없는 동료였고, 희극성은 그의 무기고에서 가장 강력한 무기 중 하나였다. 우리 둘은 〈리얼 타임 위드 빌 마허〉에 모스 데프와 함께 출연한 적이 있었는데, 그때 래퍼인 모스 데프가 오사마 빈라덴과 알카에다에 관해 비뚤어진 비평을 연쇄적으로 내놓기 시작했다. 그러자 히친스는 격렬하게 공손한 태도로 모스 데프의 생각을 발기 발기 찢어놓으며 그를 '미스터 명백히'라는 거짓 존경의 호칭으로 불렀다. 그 이름이 너무도 우스꽝스러워서 상대를 하찮

---

* '캐치-22'는 조지프 헬러가 작품을 통해 만들어낸 고유명사로, 부조리하거나 진퇴양난의 상황을 이르는 대명사가 되었다. 이를 '문제'라는 뜻을 가진 단어 '스낵(snag)'과 '히치(hitch)'라고 바꾸어 부른 것이다.

아 보이도록 만들었는데, 데프씨가 제시하려고 하는 우스운 개념들보다 훨씬 더 우스웠다.

그의 웃음 이면에는 그의 친구 이언 매큐언이 '롤스로이스 마인드'라고 부른 것이 자리잡고 있는데, 이는 가끔은 흠이 있지만 번뜩이는 박식함과 자주 드러나는 명석함을 가리키는 말이다. 히친스의 정신은 우아한 부속품을 장착한 채 매끄럽고 낮은 소리로 달리는 기계였지만 고상한 감수성을 지니지는 않았다. 그는 길거리 말싸움꾼의 본능을 가진 지식인이었고 도덕적, 정치적 주먹다짐에 뛰어들 때 가장 행복해했다. 내가 존 르 카레와 공개적 논쟁에 휘말리게 되었을 때, 히친스는 초청받지 않았는데도 그 난투에 뛰어들어 모욕의 수준을 여러 단계 높여버렸다. 그는 이 위대한 작가의 행실을 두고 "자신의 모자에 볼일을 보고서는 분비물로 넘쳐흐르는 모자를 꽉 쥐려고 허둥대는 꼴"에 비유했다.* 이렇게 말하기는 미안하지만, 그 논쟁은 히친스의 개입 후에 더 추해져버렸다.

르 카레와의 분쟁은 내 소설 『악마의 시』가 출간된 후의 지난한 논쟁과 위험의 시기에 벌어졌다. 『악마의 시』 출판 후에 이란의 신정정치 폭군 아야톨라 호메이니의 부하와 후계자들

---

* 1997년 카레가 『악마의 시』 출간 이후 위험에 처한 루슈디에게 위대한 종교를 비난하면서 무사할 수는 없다고 비판하며 시작된 논쟁으로. 이후 카레가 반유대주의 혐의로 기소되었을 때 루슈디는 카레가 연민이 부족하다고 〈가디언〉에 기고했고, 카레는 이에 대해 '진실을 따르는 길은 언제나 자기 잇속만 챙기는 일'이라며 루슈디를 다시 한번 힐난했다. 그러자 히친스가 루슈디의 편을 들며 한 말이다.

은 이 책의 저자, 출판사, 번역가, 서점 주인에게 공격을 퍼부었다. 1980년대 중반부터 좋은 친구로 지냈지만 절친하지는 않았던 히친스와 내가 더 가까워지게 된 계기가 바로 이 시기였는데, 그는 그후 불굴의 동맹이자 가장 웅변적인 변호인이 되었다.

나는 히친스가 나의 절친한 친구였기 때문에 나를 옹호했는지에 대해 자주 질문을 받아왔다. 진실은 그가 나를 옹호해주었기 때문에 나의 절친한 친구가 되었다는 것이다.

낡은 사상으로 무장한 전제적인 성직자가 다른 나라에 사는 작가에 대한 사형집행 영장을 발부하고, 그 칙령을 수행하기 위해 암살단을 파견하는 광경이 히친스 내면의 뭔가를 바꾸어놓았다. 그는 지구에 새로운 위험이 도사리게 되었다는 사실, 새로운 전체주의 이데올로기가 뒤축이 닳아빠진 소비에트 공산주의의 신발 속으로 기어들어왔다는 사실을 깨달았다. 영국과 미국 보수주의자들(존 포더레츠, 찰스 크라우트해머, 휴 트레버로퍼, 그리고 폴 존슨)의 맹목적 적대감이 서구 좌파의 유화정책 분파와 합심해 양측에서 그 공격에 대한 동정적인 분석을 내놓기 시작했을 때 히친스의 분노가 치솟았다. 우파의 눈에는 내가 문화적 '배신자' 또는 히친스의 용어를 빌리자면 '거만한 외국인'이었고, 좌파에 따르면 인민은 결코 과오를 범할 리 없기 때문에 내 소설(과 '미국의 헤게모니적 권력')에 대한 이슬람주의적 반대파들이 속한 피억압 인민의 명분은 재차 정당화되었다. 교황, 뉴욕 추기경, 영국의 최고위

랍비, 존 버거, 저메인 그리어에 이르기까지 다양한 목소리가
'그 모욕을 이해했을' 뿐 격분하지는 않았다. 그리고 히친스가
전쟁에 나섰다.

히친스와 나는 서로 의논하지 않았는데도 거의 동일한 용
어로 우리의 사상을 묘사하고 있었다. 나는 내가 이 싸움을 선
택하지 않았지만, 적어도 정의로운 싸움이었다. 왜냐하면 이
안에는 내가 사랑하고 가치 있게 여기는 모든 것들(문학과 자
유, 불경과 자유, 무종교와 자유)이 내가 혐오하는 모든 것들
(광신, 폭력, 편협, 엄숙주의, 속물근성, 그리고 당대의 새로운
모욕 문화)과 대립하고 있었기 때문이다. 곧 나는 히친스도
자신이 사랑하는 모든 것 대 자신이 혐오하는 모든 것이라는
정확히 동일한 수사법을 사용하는 걸 읽게 되었고, 그래서 나
는 느꼈다 . . . 이해했다.

히친스 또한 『악마의 시』에 대한 공격이 단독으로 발생한
것이 아니라, 이슬람 세계 전반에 걸쳐 작가와 언론인과 예술
가들이 동일한 죄를 범했다고 비난받는다는 사실을 알았다.
신성모독, 이단, 배교, 이와 관련된 현대적 관념으로는 '수치'
와 '모욕' 등의 죄목이었다. 그리고 그는 이 지적인 공격 너머
에 더 넓은 전선에서 공격해올 가능성이 있다는 것을 직감했
다. 그는 내게 하이네를 인용했다. "책을 불태우는 곳에서는
그다음에 사람을 태워 죽일 것이다." (그리고 그는 아이러니
에 대한 심오한 감각으로 하이네의 이 유명한 시구를 그의
희곡 『알만소르』에서 인용한 것이며, 거기서는 쿠란을 태우

는 걸 가리킨다고 내게 상기시켜주었다.) 그리고 2001년 9월 11일에 히친스는, 그리고 우리 모두는 요크셔의 브래드퍼드에서 책 불태우기로 시작된 것이 이제는 전 세계의 의식 위에 비극적으로 불타는 건물의 형태로 터져나왔다는 것을 깨닫게 되었다.

파트와에 맞서는 운동으로 영국 정부와 다양한 인권 단체는 대의를 지지하는 새 행정부의 힘을 보여주기 위해 나의 백악관 방문을 강력히 압박했다. 방문 제안이 왔다가 지연되고, 다시 제안이 왔다. 클린턴 대통령이 직접 나를 만나줄지, 아니면 국가안보 보좌관 앤서니 레이크에게 이 만남이 맡겨질지, 또는 국무장관 워런 크리스토퍼에게 맡겨질지는 마지막 순간까지 불투명했다. 히친스는 클린턴측 사람들에게 미국의 대통령이 직접 나를 환영하는 것이 중요하다는 사실을 지치지 않고 강조했다. 조지 스테퍼노펄러스와 히친스의 친교가 효과가 있었던 것 같다. 스테퍼노펄러스의 주장이 설득력을 얻게 되어 나는 대통령 앞으로 인도되었다. 스테퍼노펄러스는 득의양양해져서 즉시 히친스에게 전화를 걸었다. "독수리 착륙."

(워싱턴 D.C.를 방문했을 때 나는 히친스의 아파트에 머물렀는데, 그는 나중에 국무성의 비밀요원으로부터 내가 그의 집에 손님으로 머문 사실이 그에게 위험을 초래할 수도 있다는 경고를 받았다. 이사를 가는 게 좋은 생각일 거라나? 히친스는 경멸하며 이사를 가지 않았다.)

히친스는 이슬람 급진주의에 의한 위험을 이해한 사람들이 우파고, 그의 옛 좌파 동지들은 상당히 명백한 것을 애써 보지 않으려 서로 작당하고 있다고 믿게 되었다. 일을 결코 뜨뜻미지근하게 하는 법이 없는 그는 조지 W. 부시 행정부의 전쟁광들과 힘을 합치게 되었고, 이는 많은 사람들에게 많은 정치 고속도로를 가로질러 유턴하는 것 같은 행보로 보였다. 그는 이상하게도 폴 울포위츠에게 홀딱 반했다. 내가 워싱턴 D.C.에 있는 그의 아파트에 머물던 어느 날, 부시 행정부를 막 떠난 울포위츠가 한잔하려고 늦은 밤에 들러서는 이라크전쟁 비판론(명백히 럼스펠드의 과오였다고)을 차근차근 전개했고 나는 말문이 막혔다. 울포위츠는 울포위츠 독트린이 자신의 생각이 아니었다고 말했다. 사실, 울포위츠는 처음부터 울포위츠 독트린에 반대했다는 것이다. 『캐치-22』의 등장인물에게나 어울릴 만한 주장이었다. 나는 히친스가 그런 동료를 얼마나 오래 용인할 수 있을지 궁금했다.

역설적이게도, 크리스토퍼 히친스를 미국의 우파들로부터 구원해낸 것은 신이었다. 그 누구보다 노골적으로, 지적으로, 독창적으로, 그리고 코믹하게 신을 혐오하는 사람인 히친스는 신을 두려워하는 미국 보수주의의 고립지대에 오래 머물 수 없었다. 과거에 헨리 키신저와 테레사 수녀와 빌 클린턴을 향해 송곳니를 드러냈던 것처럼, 히친스는 이제 송곳니를 드러내고 신의 목덜미를 향해 나아갔다. 그 결과물인 그의 책 『신은 위대하지 않다』가 히친스를 다시 자연스럽고, 자유주의적이며, 불경스러운 지지자들에게 돌아오게 만들었다. 그는 말년에 특히 사랑받는 인물이 되었다. 오판으로 인한 이라크전쟁으로부터 그를 마침내 '고향'으로 돌아오게 한 것은 신에 대한 그의 장엄한 전쟁과, 동일하게 장엄한 죽음과의 논쟁이었다.

마지막 것들.

내가 회고록 『조지프 앤턴』 초고를 완성했을 때, 나는 히친스에게 한 부를 보냈다. 그때 그는 이미 상태가 아주 좋지 않았다. 그가 대충 훑어보는 것 이상은 기대하지 않았다. 그런데 그는 내 원고에서 발견한 사실관계의 오류와 루퍼트 브룩과 P. G. 우드하우스의 잘못된 인용을 지적해주는 완전한 비판이 담긴 상당히 긴 이메일을 보냈다.

뉴욕에서 마지막 저녁식사가 있었다. 거기서 시인 제임스 펜턴과 나는 사전 합의에 따라 히친스를 가능한 한 최대한 웃게 만들기 시작했다. 애처롭게도 이것이 끔찍한 기침 발작을 몇 번 촉발시켰다. 그러나 히친스는 그날 저녁을 즐겼다. 그것이 친구들이 거의 마지막 순간에 그에게 줄 수 있는 유일한 선물이었다. 자신이 항상 원했던 대로 한두 시간 동안 자기 자신이 되는 것, 생명의 파괴자에 의해 생명이 서서히 빨려나가서 쪼그라드는 히친스가 아니라 사랑하는 사람들 속에서 강력하고 풍요로운 히친스가 되게 해주는 것.

히친스가 타계하기 열흘 전에 리처드 도킨스가 그에게 편지를 써서 소행성 하나가 그의 이름을 따서 명명되었다고 알려주었다. 히친스는 크게 기뻐하며 모든 친구들에게 '히친스 소행성'에 관해 이야기했다. 그는 우리에게 이렇게 이메일을 보냈다. "마침내, 반짝반짝 작은 박쥐!" 나는 루이스 캐럴의 시 마지막 줄을 수정해서 이렇게 답했다. "브라보! 자네는 하늘의 찻쟁반일세!" 그것이 우리의 마지막 대화였다.

히친스의 예순두번째 생일—이 말을 쓰기 고통스럽지만, 그의 마지막 생일이었다—에 나는 그와 캐럴과 다른 동료들과 함께 휴스턴에 있는 그의 친구 마이클 질카의 집에 있었다. 우리는 볼테르의 흉상 양쪽에 서서 사진을 찍었다. 그 사진이 지금 나에게 가장 소중한 물건 중 하나다. 그 사진 속에는 나와 두 명의 볼테르가 있다. 하나는 돌로 되어 있고, 다른 하나는 여전히 아주 생생히 살아 있다. 이제 두 볼테르는 모두 떠났고, 우리는 나이가 더 많은 볼테르의 걸작 속 철학자 팡글로스가 캉디드에게 주장했듯이 이렇게 믿으려 애를 쓸 수 있을 뿐이다. "모든 가능한 세계 중에서 가장 훌륭한 이 세계에서는 모든 것이 최고로 훌륭하다."

오늘만은 그런 기분이 아니다.

자유 본능

크리스토퍼 히친스가 『신은 위대하지 않다』 집필을 끝내고 나에게 그 책을 읽어보라며 보내주었습니다. 그래서 나는 제목의 한 단어가 너무 길다며 '위대하지'를 삭제하는 게 좋겠다고 반쯤 농담삼아 말했습니다. 히친스는 내 충고를 무시했습니다.

미국에서 신을 부정하는 것은 흔치 않습니다. 영국과 유럽에서는 정말 흔한 일이라서, 신을 믿지 않는다고 선언하면 사람들이 머리를 긁적이며 왜 그렇게 시시한 말을 하는지 의아해합니다. 무신론의 표명은 굳이 명백한 것을 말하는 느낌을 줍니다. 종교적 신념의 표명이 기이해 보입니다. (당신이 무슬림이 아닌 한 그렇습니다. 무슬림들은 무신론을 곤란해합니다.) 영국에서 토니 블레어가 수상이었을 당시, 그의 공보비서관들은 그가 철저히 종교적인 사람이라는 사실을 숨기기 위해 최선을 다했습니다. 그 사실이 널리 알려지면 선거에서 불리해질 것이기 때문이었지요. 공개적인 신앙, 심오한 종교적 신념은 정치적 패배의 지름길이었습니다.

작년에 나는 호주에서 열린 '세계 무신론자' 대회에 초청받았습니다. 리처드 도킨스, 대니얼 데닛 등 많은 저명 연사들이 참석하게 되어 있었습니다. 그런데 나는 그들이 표를 판매하지 못해 대회를 취소해야 했다는 말을 듣게 되었습니다. 놀랍게도 그들은 표를 거의 한 장도 팔지 못했습니다. 호주 사람들은 자기들이 당연하게 여기는 것에 대해 우리 같은 사람들이 대거 참석하여 강연하는 걸 돈을 내고 듣고 싶지는 않았을 겁니다. 차라리 해변에 가서 브렛 캐버노처럼 맥주나 좀 마시고 그뒤에 일어나는 일은 책임지지 않는 걸 선호했습니다.* 슬프게도 '맥주와 그후의 일'을 빼면 미국은 호주만큼 발전하지 못했습니다.

미국에서는 강단에서 종교를 부정하면 충격으로 인한 소음을 자주 듣게 됩니다. 숨을 헐떡거리거나 급하게 숨을 들이마시는 소리가 나지요. 미국에서는 매주 일요일마다 교회에 가고 교회 목사들과 가까운 사이라는 걸 증명할 수 없으면, 들개

---

* 트럼프 1기 행정부 때 연방대법원 대법관으로 임명되어 재직했던 브렛 캐버노는 대법관 후보 청문회 당시 성폭력 및 주취 폭력 의혹이 불거진 바 있다. 당시 캐버노가 자신은 "맥주를 좋아하지만 정신을 잃을 정도로 마시지는 않는다"고 항변해 조롱거리가 되었다.

포획인으로도 선출될 수 없습니다. (좀더 명확히 말하자면 그 정도까지는 아닙니다. 어쨌거나 젊은 사람들을 선호할 테니까요.)

심지어 도널드 트럼프마저도 종교적인 척해야 했는데, 그에게는 쉽지 않은 일이었습니다. 국립대성당의 동영상 자료에서 볼 수 있듯이 그는 주기도문도 제대로 모르는 것 같았기 때문입니다. (추가적으로 말씀드리자면, 전체적으로 트럼프는 뭔가를 안다는 것이 강점인 사람은 아닙니다. 어떤 보수 정치평론가가 지적했듯이, 트럼프는 뭔가를 모르는 정도가 아니라 '뭔가를 안다는 것' 자체가 뭔지를 모릅니다.)

몇 년 전, 마지막 이라크전쟁 전에 나는 워싱턴 D.C.에서 민주당과 공화당 상원의원 그룹들과 이야기를 나누고 있었습니다. 두 그룹의 놀라운 차이 하나는 공화당 의원들의 발언은 기도회와 신앙에 관한 언급으로 가득차 있는 반면, 민주당 의원들은 세속적인 정치 언어로 말을 한다는 사실이었습니다. 공화당 의원 모임에서 공화당 상원의원 한 명이 크게 분개하며 오사마 빈라덴이 미국을 신앙심이 없는 나라라고 말하는 것을 본 적이 있다고 공표했습니다. 그 상원의원은 정말로 화가 나서 내게 이렇게 물었습니다. "그자가 어떻게 그런 말을 할 수가 있지요? 우리가 얼마나 신앙심이 깊은데!" 나는 그의 열정에 놀랐습니다. 그는 자신의 정체성에 관한 본질적인 무언가가 공격받는 것처럼 느꼈습니다. 나는 오사마 빈라덴의 목표는 그 상원의원이 자기 자신에 대해 가진 이미지보다 더 크다고 생각했지만, 그 생각을 드러내진 않았습니다.

그러나 나는 이 '자유의 나라'에서 왜 사람들이 온통 신이라 불리는 낡은 이데올로기에 갇혀 있는지 의아해하며 자리를 떴습니다. 내가 생각해낸 싸구려 이론이 여기 있습니다. 그것은 사람들이 자유에 관해 생각하는 방식과 깊은 관계가 있습니다. 유럽에서는 사상과 표현의 자유를 위한 투쟁이 국가가 아닌 교회를 상대로 전개되었습니다. 교회는 교회 자체의 억압 장치들—파문, 저주, 금서 목록, 고문, 마녀 익사시키기*, 신체 절단, 이단자 화형—로 어떤 것들을 생각하고 말해도 되는지 한계 지점을 정해놓았으며, 만약 그 경계선을 넘으면 조르다노 브루노나 사보나롤라처럼 화형주에 묶어 화형시키거나** 가장 약하게는 갈릴레이처럼 진실이라고 알고 있는 것을 강제로 철회하게 만들었습니다. 따라서 유럽 사상에서는 '자유'가 곧 '종교로부터의 자유'로 받아들여지게 되었습니다. 프랑스 계몽주의 작가들과 철학자들은 이 점을 잘 알고 있었으므로, 신성모독을 무기로 삼아 표현을 침묵시키는 교회 권력을 약하게 만드는 일을 과업으로 삼았습니다. 그들의 업적이 자유에 관한 현대 사상의 초석이 된 것이지요.

---

* 중세 유럽에서는 마녀인지 검증하기 위해 물에 빠뜨려 시험했는데, 익사하면 마녀 혐의를 벗을 수 있었고 살아남으면 마녀로 간주했다.

** 이탈리아의 철학자 조르다노 브루노(1548~1600)는 지구가 자전하고 있다는 주장을 담은 무한우주론을 철회하지 않아 화형당했으며, 이탈리아의 종교개혁가 지롤라모 사보나롤라(1452~1498)는 교회의 부패를 신랄하게 비판하며 민주정치를 주장하다가 화형당했다.

그러나 유럽에서 미국으로 건너온 초기 정착민들은 대체로 종교 박해로부터 탈출한 것이었고, 그들이 새로 찾은 땅 미국은 그들에게 두려움 없이 자신들이 선택한 대로 신앙을 자유롭게 실천할 수 있는 곳이었습니다. 그래서 미국의 '자유'는 아주 초기부터 종교로부터의 자유가 아니라 종교를 위한 자유로 여겨지게 되었습니다. 종교와 자유가 서로 반대쪽에 있는 것이 아니라, 같은 쪽에 있었던 것입니다. 그렇게 수정헌법 제1조가 만들어질 때 이 두 가지는 영원히 함께 묶이게 되었습니다. "의회는 특정 종교를 국교화하는 법률 또는 자유로운 종교적 실천을 금지하는 법률을 제정해서는 안 되며, 표현의 자유나 언론의 자유를 제한하는 법률을 제정해서는 안 되며, 평화로운 집회를 개최할 권리나 불만의 교정을 위해 정부에 탄원할 수 있는 권리를 제한하는 법률을 제정해서는 안 된다." 종교의 자유가 언론의 자유보다 선행하는 것을 알 수 있습니다. 종교의 자유가 가장 중요하며, 표현의 자유는 두번째로 중요합니다. 이것이 미국에서 무신론의 뿌리가 그토록 얕은 이유와 관련이 있습니다. 북미대륙에서 종교와 자유는 결혼했으며, 수정헌법 제1조는 그 결혼증명서이고, 미국이라는 나라가 그 결과입니다.

종교적 자유의 욕망이 모든 사상과 표현의 자유를 포함하도록 확장된 미국의 예는 규칙의 예외라고 생각합니다. 종교와 자유가 불화한 경우가 더 흔합니다. 그리고 심지어 오늘날 미국에서마저 자유와 종교 사이의 단층선을 발견하기는 어렵지 않습니다. 한편에서는 수정헌법 제1조가 피츠버그 유대인들의 종교적 자유를 수정헌법 제2조의 현대적 해석에 따라 신성시되는 총기의 광기로부터 보호하지 못하고 있습니다. 다른한편에서는, '자유'라는 단어를 '신성하게 허락된 편협성'과 같은 것을 의미하도록 재정의함으로써 종교 집단들이 다른집단의 자유를 공격할 수 있습니다. 가게에서 동성애자들에게 응대하기를 거부하거나 그들의 결혼 증명을 거부하는 것은 이런 종류의 바이블 벨트*식 '자유'의 예시들입니다. 우리는 단어의 의미가 도처에서 부정직하게 왜곡되고, 그렇게 왜곡된 의미가 폭력으로 이어질 수 있으며, 그 어떤 단어도 개인적 자유freedom와 사회적 자유liberty**보다 진실하지 못한 폭력적인 시대에 살고 있습니다. 잠시 후에 이 문제로 돌아오겠습니다. 우선, 종교의 기원과 개인의 자유라는 개념의 기원으로 돌아가보고자 합니다.

신들은 인간이 세계를 이해하지 못했기 때문에 탄생했습니다. 태양은 무엇이며 어떻게 하늘로 떠올랐는가? 달은 무엇이

---

* 미국 내 보수 개신교의 영향이 큰 지역을 일컫는 말. 텍사스, 오클라호마, 캔자스부터 아칸소, 미주리, 루이지애나, 미시시피, 테네시, 켄터키, 앨라배마 등 중남부에서 동남부의 여러 주를 포함한다.

** 본문 전체에서 'freedom'과 'liberty' 두 단어를 모두 '자유'라고 번역했으나 최소한의 의미 차이를 적시하기 위해 여기서만 구분했다. 'liberty'는 좀 더 공식적으로 개인의 삶의 방식, 행위, 정치적 견해 등에 대해 사회적 권위에 가해지는 억압적 제약으로부터의 자유를 말하며, 'freedom'은 일상적이고 광범한 의미에서 개인이 원하는 대로 행동하고 말하고 생각할 수 있는 권리나 상태를 의미한다.

고 별들은 무엇이었는가? 우리는 신비로운 빛이 들어오는 커다란 구멍이 뚫린 거대한 돔 아래에 살고 있었는가? 누가 비를 오게 했으며, 우리는 왜 살고 죽었는가? 우리는 어떻게 여기에 왔으며, 우리가 오기 전에 여기는 어떻게 여기로 오게 되었는가? 가장 초기부터 우리는 의인화의 오류로 고통받고 있었습니다—식물과 바다처럼 인간이 아닌 것들이 감정 같은 인간적 특징을 가져서 하늘이 화를 낼 수 있고, 산들바람이 친절할 수 있다는 그런 믿음 말입니다—가장 초기부터 우리는 또한 서사의 동물이었습니다. 우리는 우리가 이해하지 못하는 것들을 설명하기 위해 스스로에게 이야기를 했습니다. 우리는 우리보다 크고, 힘도 더 센 우리를 닮은 존재들을 발명해냈습니다. 하늘에 숨어 있으며, 산꼭대기에서 우리에게 번개를 집어던지거나 심해의 왕좌에 앉아 바다 표면을 휘젓는 존재들 말입니다. 그리고 우리는 신들을 사랑과 두려움에 관한 논의의 중심으로 삼았습니다. 때로는 신들이 우리를 사랑했고, 그들이 가장 사랑하는 민족과 도시가 있었지만, 그들의 애정이 서로 충돌해서 어떤 신은 그리스인들을 좋아하고, 다른 신은 트로이인들을 선호할 때면 조심해야 했습니다. 때때로 인간 여성이 개입될 경우, 신의 사랑은 거의 성폭력과 같았습니다. 그리고 신들은 자주 공포를 심어주거나 복수심에 불타곤 했는데, 특히 신들과 동등해지기를 꿈꾸는 대담한 인간들에게 그랬습니다. 자신의 베 짜는 솜씨가 아테나 여신과 비등하다고 생각한 아라크네에게처럼 말이지요. 그 결과 그녀는 거미로 변해버렸습니다. 신들은 인간이 자기들이 가진 힘과 경쟁하거나 누군가 그들의 마법을 훔치려 들면 결코 좋아하지 않았습니다. 불을 훔친 죄로 티탄족인 프로메테우스에게 가해진 처벌은 우리 모두를 위한 본보기로 삼으려는 의도였습니다. "네 분수를 알라"는 신들의 초창기 메시지였습니다. 그러나 자유는 자신의 분수를 알 필요 없이, 자신을 위해 옳다고 생각하는 영역을 만들어나간다는 사상입니다.

초기 다신교에서는 두려움이 전반적으로 사랑을 능가했습니다. 그렇습니다. 다신교에는 연인들의 인생을 관장하고 그 대가로 존경을 받는 사랑의 신들이 포함되어 있지요. 그러나 우리 선조들은 대체로 신성함이 힘의 전형이라고 보았습니다. 그것은 대답할 수 없는 거대한 질문에 대한 답이었습니다. 우리 인간을 포함한 모든 것을 누가 만들었는가? 그리고 인간의 자유에 관해서는 어떤 헛소리도 없었습니다. 우리는 신들의 피조물이므로 신들을 경배하고 우리 스스로를 낮춰야 할 뿐이었습니다. 우리 선조들이 발명한 이야기들은 매우 아름답고 신기합니다. 인드라는 우주의 원초적 우유를 휘저어서 은하들을 창조해냈고, 거대한 거북이가 세계를 떠받치고 있으며(그 거대 거북이는 무엇이 떠받치고 있을까요?) 코끼리 머리를 한 가네샤는 인도의 호메로스 격인 성자 브야사의 문하생으로 들어가 그가 암송하는 위대한 『마하바라타』 대서사시를 받아 적었습니다. 신들의 황혼이었습니다. 우리가 지금 너무도 아름답게 여기는 그런 이야기의 원천이 된 죽은 종교들도 한때는 살아 있는 종교였으며, 살아 있는 종교가 갖는 억압 장치들도 모두 가지고 있었기 때문에 신성모독을 하려면 위험을 감수해야 했습니다. 사람들이 한마디 한마디가 진실이라고 믿지 않게 되고서야 이 종교들은 '아름다운 이야기들'이 될 수 있었습니다. 이런저런 성스러운 텍스트가 전부 적힌 그대로 진실이라는 생각은 가장 위험한 관념 중 하나로 남아 있습니다.

명확히 해봅시다. 신들이 자기들의 이미지대로 우리를 창조한 것이 아닙니다. 우리가 우리의 이미지대로 신들을 창조한 것입니다. 이런 창조 행위를 한 첫번째 이유는 우리가 이해하지 못한 더 큰 창조에 설명을 부여하려는 우리의 욕망, 말하자면 과학의 부재 속에 최초의 거대 질문인 우리의 기원에 대한 답을 하려던 우리의 욕망이었다고 할 수 있습니다—두번째 이유는 우리 인생에 대한 윤리적 틀을 제공하는 것, 두번째 거대 질문인 윤리 문제에 답하기 위함이었습니다. 지금 여기의 우리는 어떻게 살아야 하는가? 무엇이 옳은 행동이고 무엇이 그른 행동인가? 무엇이 악이고 무엇이 선인가? 흥미롭게도 이집트, 북유럽, 그리스, 로마, 힌두교의 판테온에서는 두번째 질문에 크게 관심을 두지 않았습니다. 그들의 신은 도덕적 모범이 아니었으며 도덕성에 관해 어떤 이론도 제시하지 않았습니다. 이 신들은 우리와 같은, 단지 확대된 버전일 뿐이었습니다. 그들의 행실은 바르지 않았습니다. 탐욕스러웠고, 성적으로 약탈적이었으며, 허영심이 많고, 옹졸하고, 복수심에 불타고, 배신을 잘했으며, 외설적이었습니다. (생각해보니 인간은 태곳적 안개 속에서도 그들의 신보다 훨씬 나았습니다.)
중요한 것은 이 신들은 자신을 따르는 신자들에게 우리가 하
는 것처럼 하라고 말하지는 않았다는 사실입니다. 그들은 너
희가 행동해야 하는 방식을 보여주겠노라 말하지 않았습니다.
그들은 그저 우리는 신이다, 우리는 우리가 하고 싶은 대로 한
다, 그리고 너희는 우리를 섬겨야 한다는 등의 말을 했을 뿐입
니다.

파시즘은 아스가르드산에서 탄생했습니다. 그리고 카일라
스산에서요. 그리고 올림포스산에서 탄생했습니다.

윤리의 문제를 다루게 된 것은 위대한 일신교들이었습니다.
이제 산에서 내려오는 것은 번개가 아니라 설교였습니다. 이
제 우리가 윤리에 관한 산타클로스적 접근이라고 불러도 좋
을 당근과 채찍 사업이 시작되었습니다. 도리에 어긋난 것들
을 멀리하세요, 그러면 나무 아래에 선물이 있을 것입니다. 그
러나 만약 당신이 착한 사람 목록에 없다면 심판의 날에 실망
하게 되겠지요. 선하게 행동하면 에덴동산이 기다립니다. 그
에덴은 이렇게 그려집니다. 구름, 잠옷, 날개, 하프 음악, 축복
이 있습니다. 나쁘게 행동하면 당신이 보게 될 지옥은 이렇습
니다. 그런데 이걸 보는 동안 견뎌야 할 세속적인 형벌도 잔뜩
있습니다. 모든 일신교가 좋아하는 지옥과 지상의 처벌에 관
한 이 그림들은 우리가 오늘날 예고편이라 부르는 것입니다.
그리고 그들은 이렇게 묻습니다. 천국과 지옥의 예고편을 본
여러분, 어느 영화를 보고 싶은가요? 여기 당근이 있습니다.

여기 채찍이 있습니다. 선택하세요.

이것은 옛날의 육아법처럼 들립니다. 우리는 태어나면 이해하는 것이 거의 없고, 필요한 것은 많습니다. 언어를 갖기 전에 우리는 보호와 보살핌이 필요합니다. 자라면서 우리가 운이 좋아 보호자를 얻게 되면, 우리는 보호자에게 의존하며 우리가 살아가며 따라야 할 법률도 그들에게 배웁니다. 모든 자녀들은 부모의 경계에 맞서보지만, 그 경계가 어디에 있는지 알아야 합니다. 우리는 우리 부모의 허락 속에 은혜를 입고, 그들의 반대를 두려워합니다. 부모는 우리에게 신들과 같습니다. 그렇지 않을 때까지는 말이지요.

성장은 우리가 최초로 경험하는 자유라는 현상입니다. 자유의 다른 용어는 '자신을 위해 생각하기'이기 때문입니다. 세계에 대한 우리 자신의 그림을 형성하는 순간이 찾아옵니다. 그리고 만약 그것이 부모님이 우리에게 만들어준 그림과 일치하지 않으면, 대체로 우리는 새 그림을 위해 낡은 그림을 버립니다. 만약 이로 인해 우리와 부모 사이에 문제가 생기면 우리는 그 문제에 직면해야 하지요. (아니면 부모로부터 도망치거나요.) 신들은 신이기를 멈추고 우리는 독자적인 존재가 됩니다.

몇몇 종교적인 옛이야기들은 인간이 신 없이 살아야 할 순간이 온다는 것을 이야기해줍니다. '신들의 황혼'이라는 말은 거의 확실히 인쇄상의 오자 때문에 파생된 구절입니다. 소위 『운문 에다』에 나오는 「뵐루스파Völuspá」라는 시는 이런 일들을 묘사합니다. 그런 일들을 지칭하기 위한 단어는 줄곧 라그나로크Ragnarâk로 표기되어 있는데, 이는 신들의 몰락 또는 파괴라는 뜻입니다. 단 한 번, 이 단어의 철자가 라그나뢰크Ragnarøk로 적혀 있는 부분이 있습니다. 그러면 단어의 의미가 '황혼'으로 바뀝니다. 그러나 신들은 아름다운 황혼 속에서 우리를 기다리지 않습니다. 오딘은 늑대 괴물 펜리르를 살해하고 또 살해당합니다. 토르는 바다를 가르고 지상으로 올라온 요르문간드를 죽이지만, 그 뱀의 독니에 물려 죽습니다. 프레이가 수르트에 맞서지만 이 거인의 불을 뿜는 칼 아래에 쓰러집니다. 마지막에는 거인족들이 모두 죽지만, 신들도 죽습니다. 이것은 황혼이 아닙니다. 몰락입니다. 그후에 우리는 모든 걸 스스로 해나가야 하지요.

불교에는 애초부터 신이 없습니다. 그러니 곧바로 우리의 주제로 들어갈 수 있습니다.

고백하건대 나는 오래된 신앙의 이런 측면이 매력적으로 느껴집니다. 결국은 종교가 그 안에 내장된 자체적인 파괴력을 포함하고 있다는 개념 말입니다. 마치 낡은 세탁기처럼요. 우리가 종교를 내던져야 할 시간이 온다는 것이지요.

이것이 내게는 일신교가 사랑하는 '영원성', 즉 신의 영원성과 그가 우리를 위해 마련해두신 보상과 처벌 체계의 영원성보다 훨씬 더 바람직해 보입니다.

신들의 세계에서 벗어나는 것이 개인적, 사회적 자유의 시작입니다.

그후에는 두 가지 거대한 질문에 대해 어떻게 해야 할까요? 기원의 문제와 관련된 첫번째 질문에 우리가 고도의 확신을 가지고 말할 수 있는 것 한 가지는 세계의 위대한 모든 종교와 작고 비뚤어진 종교들이 주는 답은 모두 100퍼센트 틀렸다는 사실입니다. 그렇습니다, 세계는 7일째에 휴식을 취한 어떤 실체에 의해 6일 만에 창조되지 않았습니다. 네, 제누 Xenu*라 불린 은하계 연합의 폭군 통치자는 없었습니다. 제누는 칠천오백만 년 전에 더글러스 DC-8형 항공기를 닮은 우주선에 인간 수천만 명을 싣고 지구로 와서 화산 주위에 내려놓고는, 화산 속에 수소폭탄을 터뜨려서 '테탄thetan'들을 창조했으며, 그 테탄들이 살아 있는 사람들의 육체에 달라붙었다고 전해집니다. 예, 지구 표면을 걸으며 원하는 대로 풍경을 창조해낸 호주의 거인 '조상들' 완드지나도 없었습니다. 이런 이야기들—사이언톨로지의 헛소리를 제외하면—이 매력적일 수는 있지만, 진실은 아닙니다.

우리는 더이상 무지하지 않습니다. 우리는 이런 이야기가 필요하지 않습니다. 과학이 더 훌륭한 이야기를 가지고 있으며, 많은 것들이 증명됩니다. 증명할 수 없는 것들은 작업가설로 인정됩니다. 스스로의 한계를 인정하는 지식 체계를 지키는 일이 훨씬 더 좋지 않은가요! 우리는 모든 것에 관한 모든

---

* 사이언톨로지 교회에서 말하는 초고도 기술력을 가진 외계적 존재로, 인간을 지구로 데려왔다고 전해진다.

것을 알지 못합니다. 그러나 이것을 인정하는 것이 어떤 것에 관해 아무것도 모른다는 뜻은 아닙니다. 우주의 기원에 대한 문제에 대해 우리는 이미 많은 것을 알고 있습니다. 나는 일주일의 어느 요일이든 '세계를 떠받치는 거북이'보다 '빅뱅'을 선택하겠습니다.

윤리 문제인 두번째 질문과 관련해, 나는 오래전에 이 주제에 관한 가톨릭 신부나 와하비 물라*의 충고가 필요하지 않다고 결정했습니다. 가톨릭교회의 아동학대 추문이나 와하비 이슬람의 가장 강력한 후원자인 사우디아라비아의 왕족이 자행한 권위주의적이고 심지어 살인적이기까지 한 범죄를 보면, 그들이 고수하는 이데올로기가 윤리적 세계관을 발전시켜나가기 위한 최고의 원천이 아니라는 사실을 확신하게 해줍니다. 미얀마의 불교 승려들이 로힝야 주민들을 공격한 사실 역시 평화를 사랑하는, 신이 없는 신앙인 불교마저도 똑같이 최악의 죄를 저지를 수 있다는 사실을 드러냈습니다. 그러나 종교의 윤리적 지침을 거부하는 근본적인 이유는 자유라는 문제와 관련이 있습니다.

사회가 바뀌면 윤리도 바뀝니다. 자유로운 사회란 도덕성이 새로운 사상에 대한 토론과 논쟁과 점검을 통해 신장될 수 있는 사회라고도 정의할 수 있습니다. 한순간에는 노예제를 수

---

* 와하비는 수니파의 한 분파로, 극단적 이슬람주의로 분류된다. 쿠란의 가르침대로 살 것을 주장하며 이슬람의 순수성을 회복하고자 한다. 물라는 율법학자를 의미한다.

용했던 사회가 다른 순간에는 거부할 수 있습니다. 그 사회가 한순간에는 여성들의 투표권을 부정하다가 그 입장이 잘못되었다고 인정할 수 있습니다. 한 시대에는 LGBTQ 사람들을 차별하다가 어떤 시기에 이르러 그 차별을 철회하기 시작할 수도 있습니다. 우리가 '민주주의'라고 부를 수 있는 이 체제의 모든 결점에도 불구하고—오늘날 우리가 목격하듯이 민주주의의 가장 큰 결점은 논쟁이 진보적인 방향만이 아니라 퇴행적인 방향으로도 이어질 수 있다는 사실입니다—나는 여전히 민주주의가 최고의 가능한 수단이며, 여기에서 윤리적 사회가 창조될 수 있다고 봅니다. 윈스턴 처칠이 말했듯이, 민주주의는 지금까지 실행되었던 모든 것을 제외하면 최악의 정부 형태입니다.

자유는 윤리 체계의 제1원칙들에 대한 지속적인 심문에 달려 있습니다. 만약 우리가 지배적인 사상체계의 제1원칙들에 대해 문제를 제기하는 것이 허용되지 않는다면, 즉 그렇게 하는 데 대한 처벌이 가혹하다면, 우리는 폭정에 갇혀 있는 것입니다. 이것은 종교에만 국한된 문제가 아닙니다. 과거의 스탈린주의에 문제를 제기하면 심각한 처벌을 받았으며, 지금의 중국 정권에 문제를 제기해도 그렇습니다. 그러나 종교는 이러저러한 신성한 원천으로부터 논쟁할 수 없는 권위가 나온다고 주장하고, 나아가 옳고 그른 것을 확립하는 최고 중재자가 없으면 윤리적 삶을 살아갈 수 없다고 주장함으로써 이 이야기를 더욱 왜곡합니다. 그래서 무신론자는 그 정의상 비도덕적이게 됩니다. 이런 관점은 오늘날 이슬람 세계에 광범하게 퍼져 있으며, 결코 광신도들 사이에만 퍼져 있는 것도 아닙니다.

(추가적인 이야기 하나. 영국의 토니 블레어 행정부 시절인 2006년에 블레어는 종교 비판을 불법화할 수 있는 법률을 도입하려고 시도했습니다. 나는 이 법안의 반대 시위를 주도한 사람 중 한 명이었고, 이 법안은 결국 하원에서 단 한 표 차이로 부결되었습니다. 시위자 중에는 코미디언 로언 앳킨슨도 있었습니다. 나는 그와 함께 장관들과 공무원들을 만나러 다녔는데, 어느 날 로언은 전형적인 조용하고 기품 있는 목소리로 테헤란의 금요일 기도 영상을 최근 자기의 TV 코미디 쇼에서 사용했다고 말했습니다. "그리고 말이지요, 저는 이 영상위에다 이런 보이스오버를 입혔습니다. '그리고 아야톨라의 콘택트렌즈를 찾기 위한 탐색은 계속된다.'" 발의된 새 법률에 따르면 이것이 허용될지, 아니면 금지될지 그는 점잖게 물었습니다. 장관들과 공무원들은 자기들도 코미디를 좋아한다고, 그건 문제가 될 게 없다고 서둘러서 미스터 빈 역할의 이 코미디언을 안심시키며 말했습니다. 로언 앳킨슨이 물었습니다. "하지만 제가 그걸 어떻게 알 수 있습니까?" 그들은 이 질문에 적절한 답을 내놓지 못했습니다.)

나는 비종교적인 시공간, 1950년대 봄베이에서 자랐습니다. 부모님은 내가 태어나기 얼마 전, 델리에 종교 갈등이 발생할까 두려워 인도가 독립하기 전에 봄베이로 이사했는데,

실제로 델리에서 종교 갈등이 일어났습니다. 봄베이는 다르다는 평판이 있었고, 실제로도 달랐습니다. 그해에 인도 아대륙의 다른 곳에서는 힌두와 이슬람 간의 문제로 수백, 수천 명이 죽어갔지만 봄베이에는 그런 문제가 거의 없었습니다. 봄베이 사람들은 그런 사실에 자부심을 느꼈습니다. 우리 도시는 사람들이 조화롭게 이웃하며 살아가는 도시라는 데 자부심을 느꼈습니다. 서로의 종교 축제를 기념하고 다수가 하나가 되는, 그리고 어떻게 해서건 서로를 상쇄하면서, 그래서 도시의 정신이 강력하게 세속적인 것에 대해 말입니다. 이것이 더이상 진실이 아니라는 사실, 지금은 뭄바이로 바뀐 이 도시에서 힌두 민족주의의 부상이 종파주의를 급성장시켰다는 사실이 내 세대 사람들을 슬프게 합니다.

그래서 나는 우리가 모든 것을 논쟁할 자유가 있고, 모든 것에 대해, 심지어 종교의 제1원칙들에 대해서도 문제를 제기할 수 있는 가족과 장소와 시간 속에서 자랐습니다. 누구도 '모욕'당하지 않았습니다. 당연히 누구도 그런 말을 금지할 생각도 하지 않았습니다. 더욱 당연하게는, 그 누구도 사상의 자유에 대해 보복하려 생각하지 않았습니다. 이것이 1980년대 중반에 자신의 네번째 소설인 『악마의 시』를 쓰기 시작한 바로 그 젊은이의 정신적 기질이었습니다.

그 소설은 실제로 종교에 관한 것도 아니었습니다. 이주에 관한 것이었으며, 이주는 우리 시대의 거대한 주제이자 내 작품의 중심 주제입니다. 남아시아에서 영국으로의 이주, 그리고 이제는 우리가 대처주의의 절정기라고 부르는 시기의 런던 이주민들이 처한 상황 말입니다. 나는 스스로에게 말했습니다. 이주는 자아에 대해 근본적인 질문을 제기하는 것이며, 그러므로 소설 자체도 그 문제의식을 구현해야 한다고 말이지요. 그리고 소설은 종교, 즉 개인의 신념의 정당성에 대한 가정에도 이의를 제기해야 합니다.

이것이 우리가 제1원칙들의 심문에 도달하게 되는 곳입니다. 나는 나 자신에게 물었습니다. 내가 만약 산 위의 그 선지자 옆에 서 있었다면, 선지자가 계시를 가지고 오는 천사 가브리엘을 보았을 때 나 또한 그 천사를 보았을까? 가브리엘은 정말 엄청나게 크다고 묘사되어 있습니다. 그는 "지평선 위에 서서 하늘을 가득 채웠"습니다. 대천사입니다. 그럼에도 나는 내가 그를 보지 못했을 것이라는 상당한 확신이 들었습니다. 종교적인 사람은 나의 신앙이 약하기 때문이라고 말할 수도 있겠습니다. 나는 계시가 외적인 일이 아니라 내적인 일이기 때문이라고 말하겠습니다. 스스로에게 그렇게 말하고 나면 우리는 선지자의 이야기와 그의 예언을 인간의 이야기, 자신의 구체적 장소와 시간이라는 환경에 반응해 자신의 경험으로부터 계시를 형성해가는 한 사람, 한 성격의 이야기라고 말할 수 있습니다. 역사의 바깥이 아니라, 역사 속의 한 인간과 하나의 사상이라고 말입니다. 그것은 우리가 제1원칙에 맞서게 만듭니다. 만약 계시가 신이 직접 전한 말이 아니라면, 그것은 선지자의 성격과 환경의 산물도 아니게 됩니다. 그리고 이렇게 말하는 것은 신성모독이지요. 여기에 대해 항의할 수도 있지만, 현재의 정전화된 쿠란은 상당 기간 동안 확립되지 않았습니다. 예루살렘의 '바위의 돔'에 새겨진 쿠란 구절은 이 정전화된 텍스트와 몇 가지 측면에서 다릅니다. 누구도 귀담아들으려 하지 않을 것입니다. 결국 소설가가 말합니다. 나는 이런 사람이기 때문에 이렇게 해야 합니다.

기원 이야기에 대해 내가 질문을 던진 것이 문제를 야기했습니다. 그러나 이것은 어떤 사상도 울타리로 보호되어 질문 너머에 있을 수는 없다는 세속적 인본주의 세계관의 본질적 측면입니다. 나는 이슬람 사상도 여기에 포함된다고 상정했습니다. 여전히 나는 그렇게 상정합니다.

종교 교리는 말합니다. 복종하라. 위대한 책이 말하는 것을 받아들이라. 이미 그 안에 모든 답이 들어 있고, 그 뒤에는 신의 권능이 있다. 그것이 없이 너는 자유롭지 않다. 길을 잃는 것이다.

비종교적인 사상가는 이렇게 말합니다. 나는 복종하지 않는다. 나는 받아들이지 않는다. 질문은 제기되어야 한다. 질문 자체가 답이다. 논쟁을 할 수 있는 능력이 자유다. 이 자유를 포기하는 것은 자신을 속박하는 것이다.

두 경우 모두 자유라는 사상을 목표로 합니다.

그러나 이 글 첫 부분에서 말했듯이 '자유'라는 말은 얼마나 불안정하며, 얼마나 이상한 것들을 의미하게 만들 수 있는지요. 프렌치프라이를 '프리덤 프라이'라고 부르는 것은 그 안에 자유가 들어 있다고 말하는 것이 아닙니다. 지금 우리가 프랑스 사람을 싫어한다고 말하는 방식입니다.* 새로 지은 월드트레이드센터를 '프리덤 타워'라고 부르는 것은 철학적 진술이라기보다 애국주의적 구호 만들기입니다. '자유인들의 나라' 그 자체가 힘들게 '자유'—노예제나 가난으로부터—를 얻은 많은 집단을 포함하며, 아프리카계 미국인이 매일같이 직면하는 문제들과 선조들의 자유가 철저히 침해된 역사가 증명하는 북미 원주민들의 쓰라린 역사는 이 자유를 끝없이 의심합니다.

그럼에도 이 단어는 강력합니다. 그렇다면 우리의 기질에서 자유의 필수 요건 같은 것, 제약과 제한으로부터 속박받고 싶지 않은 욕구 같은 것이 있을까요? 우리는 내재적으로 자유를 추구하게 되어 있나요? 스티븐 핑커는 우리가 세상에 나올 때 로제타스톤의 도움 없이도 언어를 해독하고 습득하게 해주는, 그래서 우리가 듣는 소리들을 이해할 수 있게 해주는 언어본능이 있다고 말합니다. 우리는 우리에게 이와 유사한 자유의 본능이 있어서 우리의 천성적 성향이 자유를 지향하고 자유를 선택한다고 말할 수 있을까요?

---

* 2001년 발생한 9·11 테러 공격 이후 미국은 곧바로 '테러와의 전쟁'에 돌입했지만 프랑스는 미온적인 태도를 보였는데, 이에 분노한 미국 시민들이 프랑스의 상징인 와인을 쏟아버리는 운동과 더불어 감자칩을 지칭하는 '프렌치프라이'의 이름을 '프리덤 프라이'로 바꾸는 운동을 전개했다.

이런 생각을 지지해주는 강력한 일화적 증거가 있습니다.

자유가 억압받는 모든 곳의 사람들은 자유를 돌려받길 원합니다. 탈레반의 아프가니스탄에서, 샤 시대와 아야톨라 시대의 이란에서, 아랍의 봄 당시 이집트에서, 자유의 욕망이 장벽을 무너뜨렸던 소련에서 사람들은 나이를 불문하고 똑같은 것을 원했습니다. 마음속에 있는 것을 말할 수 있는 자유, 사랑하는 사람과 손을 잡을 수 있는 자유, 원하는 옷을 입을 수 있는 자유, 자신과 가족들이 덜 제약받고 더 나은 삶을 살 수 있는 자유를 원했습니다. 자유에 대한 요구가 항상 이루어지는 것은 아닙니다. 아랍의 봄과 이란의 녹색 운동*의 실패, 그리고 러시아와 구소련의 많은 부분에서 부활한 권위주의가 그 증거입니다. 그러나 우리는 도처에서 자유를 향한 의지를 봅니다. 쇼핑백을 들고 중국의 탱크 앞에 서 있던 남자를 봅니다.

그러나 우리 모두가 이 첫번째 욕망과 상충하는 두번째 욕망도 가지고 있다는 것 또한 사실입니다. 바로 공동체를 향한 욕망, 함께하고자 하는 욕망입니다. 우리는 인종이건, 민족이건, 그렇습니다, 종교건 간에 우리가 뭔가 우리보다 더 큰 것의 부분이라는 인식을 가지고 있습니다. 우리 안에는 영원한 투쟁이 일어나고 있습니다. 사회적인 것과 개인적인 것 사이

---

* 2009년 이란 대통령 선거를 계기로 촉발된 시민 불복종 운동. 개혁파 후보였던 미르호세인 무사비의 지지자들이 그 상징색이던 녹색을 사용해 대규모 반정부·민주화 시위를 벌였다.

의 투쟁, 이탈리아 르네상스의 인본주의 철학이 인식한 독립적 자아와 모종의 집단의 부분이자 궁극적으로 더 작은 것으로서의 자아 사이의 투쟁이 있습니다. 이것은 단수와 복수 사이의 투쟁이라고 말할 수도 있겠습니다. 혁명적 이데올로기는 흔히 혁명이 민족 전체의 해방으로, 또는 적어도 계급 전체의 해방으로 이어질 수 있다고 말해왔습니다. 나는 인도의 독립운동으로 대영제국이 축출되기 8주 전에 태어났습니다. 그래서 나는 그런 주장에 어느 정도 진실이 담겨 있다고 생각합니다. 그러나 내가 앞서 언급했듯이 그 시기는 분할 대학살의 시기이기도 했습니다. 그래서 나는 많은 사람들에게 혁명의 약속은 거짓일 수도 있다는 사실 또한 알고 있습니다.

존 F. 케네디와 넬슨 만델라 둘 다 자유는 분리할 수 없는 것이라고 말했습니다. "한 인간이 노예 상태에 있으면, 모두가 자유롭지 못합니다." 케네디 대통령은 이렇게 말했습니다. 만델라도 똑같이 말했습니다. "내 민족 어느 한 사람을 옥죄는 사슬은 내 민족 모두를 옥죄는 사슬이었습니다. 내 민족 모두에 대한 사슬은 나를 옥죄는 사슬이었습니다."

이것은 나의 관점이기도 하며, 수정헌법 제1조에 소중히 간직된 관점이기도 합니다. 그러나 우리는 많은 사람이, 특히 젊은이들이 표현의 자유에 제약이 가해질 필요가 있다고 느끼게 된 검열의 시대에 살고 있습니다. 사람들의 감정을 상하게 하고 사람들의 감수성에 모욕을 주는 정도가 너무 심하다는 생각이 폭넓은 신뢰를 받고 있습니다. 그리고 선량한 사람들이 그런 말을 하는 걸 들으면 나는 종교적 세계관이 세속적 세계에 다시 태어났다는 느낌을 받습니다—신성모독, 이단 심문, 저주, 이런 낡은 종교적 장치들이 돌아오고 있다는 생각이 듭니다.

열린 사회는 그 사회의 구성원 일부가 불쾌하게 여길 수 있는 의견도 표출할 수 있도록 허용해야 한다고 나는 주장할 수 있으며, 또 그렇게 주장합니다. 그렇지 않고 우리가 불쾌한 정서를 검열하기로 합의한다면, 우리는 그 검열의 권한이 누구에게 주어져야 하는가 하는 문제에 봉착합니다. 라틴어로 말하자면, "감시인은 누가 감시하는가Quis custodiet ipsos custodies?"*

우리는 진실에 대해 전례없는 공격이 가해지는 시대, 거짓말의 가면을 벗기려는 사람들을 거짓말쟁이로 몰아붙이는 비난 속에서 의도적인 거짓말이 오히려 보호받는 시대에 살고 있습니다. 우리는 거꾸로 뒤집힌 세상에 살고 있습니다. 미치광이가 정신병원을 운영하고 있습니다. 내가 옹호해온 표현의 자유라는 관념에 엄청난 시련을 부과하는 시대입니다. 그러나 나는 끝까지 나의 의견을 고수할 것입니다. 나는 광포한 공격을 받으면서도 핵심 사상—진실은 진실이고 거짓은 거짓이다—을 고수하며 꿋꿋이 자기 사명을 다해온 뉴스 미디어의 근면함을 존경할 뿐입니다. 만약 이들이 민중의 적이라면 나

---

* 유베날리스가 남겼다고 알려진 풍자시의 구절을 인용한 것.

도 기꺼이 그들 중 하나가 되겠습니다. 진실은 진실이고, 진실을 말하는 사람은 사람들의 가장 위대한 친구들이기 때문입니다.

내가 만약 십 년 전에 여러분들 앞에 섰다면, 우리가 직면한 자유의 가장 큰 위협은 종교적 극단주의라고 주장했을 것입니다. 나는 그런 광신주의의 세속화로 보이는 것들을 예견하지 못했습니다. 트럼프 현상은 종교적 컬트의 모든 속성을 가지고 있는데, 그 안에서는 지도자가 진리라고 말하는 것, 오직 그가 말하는 것만이 진리이며 그 컬트 바깥에 있는 모든 것은 악이 됩니다. 이 컬트는 폭스와 갭과 브라이트바트와 깅그리치랜드에 추종자들을 거느리고 있으며,* 그들은 진실로 강력한 추종자들입니다. 이 컬트는 위협을 가하고 있으며, 이 공포의 시대에 우리가 깨닫기 시작한 것처럼 그 위협은 영향력을 행사하고 있습니다. 이것이 지금 우리가 맞서야 하는 종교이며, 우리가 깨뜨려야 하는 환상이고, 우리는 이 정체를 폭로해야 할 선지자입니다. 한스 크리스티안 안데르센의 이야기 「벌거벗은 임금님」의 말미에 나오는 꼬마 아이처럼 우리 또한 "하지만 임금님은 벌거숭이예요!"라고 말할 수 있는 방법을 찾아내야 합니다. 이 말이 주술을 깨뜨린 것을 기억할 겁니다.

---

* 폭스(Fox)와 갭(Gab)은 유명한 미국의 우파 뉴스 채널 및 소셜 미디어이며, 브라이트바트 뉴스는 2007년 미국에 등장한 극우파 방송 미디어다. 깅그리치랜드는 우파 정치인 '뉴트 깅그리치'의 이름과 땅이라는 뜻의 '랜드'를 결합한 단어다.

주술이 깨지자 온 동네가 소리쳤습니다. "임금님은 벌거숭이예요!"

이것이 지금 작동해야 하는 마법입니다. 진실의 언어라는 마법이 내가 믿는 유일한 마법입니다. 그리고 마침내 진리가 우리를 자유롭게 하리라는 것을 나는, 우리 모두는 믿어야 합니다.

오사마 빈라덴

오사마 빈라덴이 2011년 악마의 연회와 도깨비불의 밤인 발푸르기스의 밤 바로 다음날 죽었다. 마녀의 대왕이 격렬한 싸움 끝에 빗자루에서 떨어져 죽기에 좋은 시간이다. 이 소식이 알려지자 페이스북에 가장 많이 업데이트된 소식은 '딩동, 마녀가 죽었다'였고, 이런 먼치킨 부족의 축제 분위기*는 백악관과 그라운드 제로** 등지에서 "U.S.A.!"를 연호하는 군중들의 얼굴에 뚜렷이 나타났다. 9·11 테러의 공포가 발생한 지 거

---

* 『오즈의 마법사』에서 회오리바람에 휘말린 도로시는 집째로 키 작은 종족 먼치킨들의 나라에 떨어지는데, 이들을 지배하던 동쪽의 나쁜 마녀가 그 집에 깔려 죽자 먼치킨들이 기뻐한다.
** 핵폭탄이 투하되어 아무것도 남지 않은 땅을 뜻하는 말로, 여기서는 9·11 테러로 사라진 세계무역센터 자리를 가리킨다.

의 십 년이 지난 후에야 오랜 추적 끝에 사냥감을 찾아낸 것이다. 그 소식을 들은 미국인들은 덜 무기력하다고 느꼈으며, 그의 죽음을 알리는 메시지를 듣고 기뻐했다. "우리를 공격하면 우리는 끝까지 당신을 쫓아갈 것이고, 당신은 도망칠 수 없다." 그러나 진정한 종결을 맞이하기 위해서는 한 인간을 죽이는 것 이상이 필요할지 모른다.

우리 중 많은 사람은 구멍이 숭숭 뚫린 파키스탄과 아프간 국경 지역의 황폐한 어느 동굴에서 풀뿌리와 곤충을 먹으며 살아가는 '방랑하는 산악의 늙은이'라는 빈라덴의 이미지를 믿지 않았다. 남자의 평균 키가 약 175센티미터인 나라에서 195센티나 되는 어마어마하게 큰 키의 사내가 지구 상공의 위성 절반이 그를 찾고 있었는데도 십 년 동안이나 눈에 띄지 않고 주위를 돌아다녔다고? 말이 되지 않았다. 빈라덴은 태생이 더럽게 부유했고, 최고로 섬세한 설계에 따라 공들여 지은 부자의 집에서 죽었다. 미국 행정부도 은신처의 정교한 모습에 "충격을 받았다"고 고백했다.

우리는—나 또한 파키스탄 언론인 여럿에게—물라 오마르가 강력하고 무시무시한 파키스탄의 비밀 정보기관 ISI에서 운영하는 은신처에서 보호받고 있다고 들었다. (오마르는 최장 이 년 전에 이미 죽었을 수도 있지만, 2015년에 이르러서야 마침내 그의 죽음이 발표되었다.) 빈라덴 역시 자신의 집을 구했을 것으로 보였고, 실제로 그랬다.

아보타바드 기습 이후, 파키스탄이 모든 중대한 질문에 답을 해야만 했다. 오래된 헛소리(누구, 우리요? 우리는 아무것도 몰라요!)는 이제 통하지 않는다. 오랫동안 파키스탄의 이중 게임을 알고 있었으면서도 일관되게 동맹으로 대접해온 미국 같은 나라들도 이 헛소리가 통하게 놔두면 안 된다—파키스탄은 아프가니스탄 내에서 수백 명의 미국인을 죽인 하카니 네트워크*를 지원하는 이중 게임을 해왔다.

이번에는 사실이 너무도 크게 외치고 있어 조용히 뭉갤 수 없다. 세계에서 가장 중요한 지명 수배자 오사마 빈라덴이 미국의 웨스트포인트나 영국의 샌드허스트 격인 파키스탄의 아보타바드 군사학교에서 불과 칠백여 미터 떨어진 비포장도로 끝에 살고 있었다. 파키스탄의 수도 이슬라마바드에서 불과 백 킬로미터 떨어진 그곳에서 그는 길모퉁이마다 병사들이 배치되어 있는 군사기지 내에 살고 있었던 것이다. 어마어마하게 큰 이 집에는 의심스럽게도 전화와 인터넷이 연결되어 있지 않았다. 이런 사실에도 불구하고 그가 거기에 살고 있었다는 사실을 파키스탄이 알지 못했으며, 빈라덴의 아보타바드 체류를 위해 절대로 파키스탄 정보당국, 군부나 민간 당국 또는 이들이 공모해 편의를 봐주지 않았다는 말을 우리가 믿어야 한다고 말한다. 빈라덴이 거기서 호화로운 방석에 앉아 오년간이나 알카에다를 운영하고, 밀사들이 들락거렸는데도 말이다.

---

* 아프가니스탄을 거점으로 활동하는 탈레반 계열의 무장 단체.

2008년 11월 26일 뭄바이에서 행해진 파키스탄발 테러 공격으로 심각한 피해를 입은 파키스탄의 이웃 인도는 이미 대답을 요구하고 있다. 반反인도 성전 참여 단체들—라슈카르에 타이바, 자이시 에 무함마드—에 대한 파키스탄의 지원, 그들에게 기꺼이 안전한 은신처를 제공하려는 의지와 대리전쟁 수행 수단으로 카슈미르와 뭄바이에서 그런 단체들을 격려하고 있다는 것은 주장을 넘어서 이미 입증된 사실이다. 최근에는 이런 단체가 새로운 폭력 네트워크를 구축하기 위해 소위 파키스탄 탈레반에까지 손을 뻗치고 있다. 그리고 빈라덴의 죽음에 대한 최초의 복수 위협이 알카에다 대변인이 아닌 파키스탄 탈레반에 의해 제기되었다는 사실을 주목해야 한다.

파키스탄의 병적인 망상으로 인해 언제나 인도가 이중 게임의 원인이 된다. 파키스탄은 아프가니스탄에 대한 인도의 영향력 증대에 놀라고 있으며, 아프가니스탄에서 탈레반이 사라지고 나면 인도의 의존국이 되어 파키스탄이 적대적인 두 나라 사이에 긴 샌드위치가 될까 우려한다. 의심되는 인도의 검은 책략에 대한 파키스탄의 망상은 결코 과소평가되어서는 안 된다.

지금까지 오랫동안 미국은 아프가니스탄 사업에 파키스탄의 지원이 필요하다는 인식과 파키스탄 지도자들이 자신들에게 심각한 착오가 있다는 사실을 이해하게 되리라는 희망 속에 파키스탄의 이중 게임을 묵인해왔다. 핵무기를 가진 파키스탄은 가난한 아프가니스탄보다 훨씬 더 귀중한 존재이며, 오늘날 알카에다의 게임을 벌이고 있는 파키스탄의 장군들과 첩보전 수장들은 최악의 사태가 발생하면 극단주의자들의 다음 피해자가 될 수 있다.

파키스탄의 핵심 권력이 곧 정신을 차릴 것 같은 증거는 별로 많지 않다. 오사마 빈라덴의 은신처는 파키스탄의 위험한 어리석음에 대한 더 큰 증거일 뿐이다. 세계는 지도자의 죽음에 대한 테러리스트들의 반응에 대비하면서, 파키스탄에는 지금 당연히 물어야 할 아주 어려운 질문들에 대한 만족스러운 답을 요구해야 한다. 파키스탄이 답하지 못하면, 파키스탄을 테러 국가로 선언하고 국제 친교국에서 추방해야 할 시기가 도래한 것일지도 모른다.

추신: 대통령이 된 후에 도널드 트럼프는 파키스탄에 대해 거친 말을 하고 있다. 2017년 8월에 그는 이렇게 선언했다. "우리가 지금까지 파키스탄에 수십억 달러를 지불해왔는데도 그들은 우리가 싸우고 있는 테러리스트들을 안전하게 보호하고 있습니다. 하지만 그것은 바뀌어야 하고, 즉시 바뀌어야 할 겁니다. 미국의 군인과 관료를 타깃으로 삼는 전사들과 테러리스트들에게 은신처를 제공하는 나라와는 어떠한 파트너십도 지속할 수 없습니다." 그리고 2018년 1월에 그는 트위터에 이렇게 썼다. "그들은 우리 지도자들을 바보라고 여기며 우리에게 거짓말과 속임수만 내놓고 있습니다. . . 더이상은 안 됩

니다!" 하지만 실제로는 미국의 파키스탄 정책이 위에 말한 것과 똑같은 이유, 바로 아프가니스탄 때문에 변하지 않고 있다. 파키스탄이 탈레반에 대해 가진 영향력 때문에 미국은 어떤 아프가니스탄의 평화와 화해 프로세스에서 파키스탄을 핵심 파트너로 생각하고 있다―결국 파키스탄은 전쟁 시기에 그들에게 안전한 은신처를 제공했다. 근본적으로 바뀌는 것은 없다.

아이웨이웨이와 다른 작가들:
2011년 중국의 탄압

과거에는 발전소였던 런던 테이트 모던 갤러리의 거대한 터빈홀은 예술가가 권위 있게 채우기 어렵기로 악명 높은 공간이다. 그 광대함은 규모의 신비를 이해하는, 그래서 정말로 거대한 무언가를 이야기할 때도 흥미롭게 말할 줄 아는 엄선된 부류의 현대 예술가들을 제외한 모두의 상상력을 위축시킨다. 2000년 터빈홀이 처음 개관했을 때 루이즈 부르주아의 거대한 거미 〈마망〉이 이 홀을 압도했다. 2002년에는 애니시 커푸어의 〈마르시아스〉가 터빈홀을 웅대하게 압도했다. 〈마르시아스〉는 벗겨진 살가죽을 암시하는 소재를 길게 늘여서 만든 거대하고 속이 텅 빈 트럼펫처럼 생긴 형상이었다. 이와 유사하게 2019년에는 카라 워커가 그녀의 거대한 분수인 〈폰스 아메리카누스〉를 전시했다.

2010년에는 중국의 선도적 예술가 아이웨이웨이가 설치미술 〈해바라기 씨〉로 터빈홀 바닥을 채웠다. 그것은 어느 것도 똑같지 않은 일억 개 이상의 작은 도자기 형상이 하나하나 장인에 의해 만들어진 작품이었다. 〈해바라기 씨〉는 군중의, 설명할 수 없는, 최고의 현실주의적 의미에서 이상한 생명의 카펫이다. 씨앗들은 사람들이 밟고 지나갈 수 있도록 설치되었지만, 더 이상한 것이 뒤를 이었다. 씨앗들이 밟혀서 뭉개지면 폐에 해를 끼칠 수 있는 미세먼지를 발산한다는 사실이 알려졌다. 생명의 이와 같은 상징적 재현들은 살아 있는 사람들에게 위험해 보였다. 전시물에는 차단선이 쳐지고, 관람객들은 조심스럽게 주위를 돌아야 했다.

예술은 위험할 수 있다. 예술적 명성이 예술가들에게 위험을 초래할 수 있다는 사실은 아주 자주 증명되었다. 아이웨이웨이의 작품은 논쟁적이지 않았다—〈해바라기 씨〉처럼 그의 작품은 신비로움을 지향했다—그러나 예술가로서 그가 받은 엄청난 대중적 각광(그는 베이징올림픽의 주경기장 '냐오차오'의 공동 설계자였으며, 최근 〈아트리뷰〉 매거진의 가장 강력한 예술계 인물 100인 중에서 13위를 차지했다)은 그로 하여금 인권 문제를 다루도록 허용했으며, 재난에 대한 중국의 잦은 부적절한 대응(쓰촨 대지진으로 희생된 아동들과 상하이 자오저우거리의 대화재 피해자들의 곤경 등)에 관심을 환기하게 했다. 그는 과거에도 당국을 난처하게 만들어 그들로부터 괴롭힘을 당했지만, 이제 그들은 그를 공격하기 시작했다.

2011년 4월 4일, 아이웨이웨이는 홍콩행 비행기에 탑승하려다가 중국 당국에 체포되었다. 그는 사람들의 시야에서 사라졌다. 그의 스튜디오도 급습당해 컴퓨터와 여타 물건들이 제거되었다. 중국 정권은 그의 '범죄'를 암시하는 출판을 허가했다―탈세와 포르노라는 죄목이었다. 그를 아는 사람들은 이런 기소를 믿을 수가 없었다. 중국 정권은 자기들의 가장 칭송받는 예술 수출인이 거리낌없이 말하는 데 화가 나서 명성에 의해 오랫동안 보호받던 그를 가장 잔혹한 방식으로 침묵시키기로 결정한 것이다.

같은 날, 프리랜스 언론인이자 아이웨이웨이의 파트너 중 한 명인 원타오가 베이징 거리에서 정체불명의 사람 몇몇에게 납치되었지만, 경찰은 그의 실종이 누구의 책임인지 언급하기를 거부했다.

아이웨이웨이의 실종은 그가 '실토하기' 시작했다는 보도로 인해 더욱 악화되었다. 그의 석방은 극도로 긴박한 문제가 되었다. 게다가 그해에 비참한 곤경에 처해 있는 중국 예술가는 웨이웨이만이 아니었다. 작가 랴오이우는 뉴욕의 PEN 월드 보이스 페스티벌에 참가하기 위해 미국으로 가는 것이 허용되지 않았고, 우리는 그가 중국 정권의 다음 목표가 될까 우려하고 있었다. 그는 더이상 자신의 '불법적인' 작품을 중국 바깥에서 출판하지 않겠다고 맹세하는 문서에 서명할 것을 요구받았다. (우리가 위대한 책으로 알고 있는『저 낮은 중국』을 포함한 모든 그의 작품이 여러 해 동안 중국 내에서 금지되었다.) 그의 새 작품집 『붉은 하나님』의 미국과 유럽 출판이 임박했으므로 우리는 랴오이우마저 실종될까봐 정말 걱정이 많았다. 그러나 그는 2011년 베트남 국경선을 건너서 육로로 중국을 벗어나는 데 성공했고, 지금은 독일에 살고 있다.

작가 예두는 2011년 3월에 낚아채여 웨이웨이처럼 실종되었다. 그에게는 아무런 기소도 하지 않았다. 그는 가족이나 변호인과의 접촉이 허용되지 않았다.

작가이자 인권 변호사인 텅뱌오는 2월 이후 실종된 몇몇 걸출한 인권 변호사 중 한 명이었다.

작가 류셴빈은 국가전복을 선동한 죄로 징역 10년을 선고받았다. 그것은 노벨평화상 수상자인 류샤오보에게도 씌워진 죄목인데, 류샤오보는 사망 직전까지 감옥에 갇혀 있었다. 그 밖에도 가혹한 탄압으로 체포되거나 실종된 작가, 예술가, 그리고 활동가들이 많다. 주위푸는 3월 5일 이후 감금되어 있다가 4월 10일에 공식 체포되었다. 류정칭은 3월 25일 이후 알려지지 않은 곳에서 불법적으로 연락 두절 상태에 놓여 있다. (그의 부인 또한 연락이 되지 않았다.) 양퉁옌(12년형 선고)과 스타오(10년형 선고)도 있다.

모든 작가와 예술가가 공적 역할을 추구하거나 그것을 능숙하게 수행하는 것은 아니다. 그리고 그렇게 하는 사람들—해럴드 핀터, 수전 손택, 귄터 그라스, 그레이엄 그린, 가브리엘 가르시아 마르케스, 아모스 오즈—은 자유로운 사회에서조차 불명예와 조롱을 당할 위험이 있다. 보스니아 내전에 대해 거리낌없이 말하는 평론가인 수전 손택은 때로 자신이 사라예보라는 주제를 '소유한' 듯 말한다며 비웃음을 당했다. 핀터의 '샴페인 사회주의'도 엄청나게 조롱당했다. 그라스가 제2차세계대전 끄트머리에 무장 친위대에 징집병으로 잠깐 복무한 사실을 숨기고 있었음이 드러나면서 공적 지식인으로서의 높은 유명세와 독일 통치자들의 웅징은 어느 정도 샤덴프로이데* 취급을 당했다. 가르시아 마르케스의 피델 카스트로와의 우정, 그린과 파나마의 독재자 오마르 토리호스의 친교는 그들을 정치적 공격의 타깃으로 만들었다. 이스라엘-팔레스타인 분쟁에 대한 아모스 오즈의 두 국가 해결책은 그를 이스라엘 우익들의 혐오 인물로 만들었다.

예술가들이 정치적 개입을 감행할 때는 명성과 인격에 가해질 위험이 항상 있다. 그러나 자유세계 바깥에서는 권력 비판이 최소한 어려우며, 최악의 경우에는 거의 불가능하다―중국에는 프리드먼이나 다우드나 크라우트해머가 없다. 아이웨이웨이나 그의 동료와 같은 창조적인 몇몇 인물만이 폭군의 거짓에 맞서서 진실을 말할 수 있는 용기를 가진 소수다. 우리는 소련의 추악한 모습을 폭로한 지하출판문학처럼 진실을 말하는 사람들이 필요하다. 오늘날 중국 정부는 표현의 자유에 대한 세계 최대의 위협 중에서도 높은 순위를 차지하고 있다. 우리는 아이웨이웨이와 랴오이우와 류샤오보가 필요하다.

---

* 타인의 불행을 고소해하는 마음으로, 독일어에 연원을 둔 단어다.

절반의 여성 신

그리스신화에 따르면, 헤르메스와 아프로디테의 자녀인 헤르마프로디토스는 살마키스라는 이름의 님프와 너무도 정열적인 사랑에 빠진 나머지 두 사람은 제우스에게 자기들이 영원히 결합하게 해달라고 간청해 두 성별이 명확히 남은 채로 하나의 몸속에서 결합한다.* 힌두교 전통에도 그 어떤 것보다 강력한 버전으로 이와 같은 이야기가 힌두교 만신전의 정점에 올려져 있다. 양성의 육체적 결합의 아름다움을 칭송하는 데 그치지 않고 우주의 남성적 원칙과 여성적 원칙의 결합을 칭송하며, 생물학을 훨씬 넘어서는 은유에 이른다. 봄베이 항

---

* 일반적으로는 님프 살마키스가 일방적으로 헤르마프로디토스를 갈망해 그와 영원히 떨어지지 않게 해달라 빌었다고 알려져 있다.

구의 엘레판타섬에 있는 동굴 속에는 아르다나리 또는 아르다나리시바라라고 불리는 신상이 있다. 이 신의 이름은 세 가지 요소로 이루어져 있다—절반을 의미하는 아르다ardha, 여성을 의미하는 나리nari, 그리고 신을 의미하는 이시바라ishvara. 따라서 아르다나리시바라는 절반의 여성 신을 의미한다. 엘레판타 조각의 한쪽은 남성이고 다른 한쪽은 여성인데, 이는 시바와 샥티의 결합, 즉 존재의 힘과 행위의 힘, 불과 열의 힘이 이중 젠더인 제3의 신의 몸에서 하나가 되는 것을 상징한다. 성적 결합의 강력한 가능성이 이토록 풍부한 문화사라면, 생물학적 자웅동체뿐 아니라 현대의 히즈라hijra 공동체*의 젠더 블렌더마저도 당연히 쉽게 이해하고 수용해야만 한다. 그러나 히즈라는 지금까지도 매력과 혐오, 공포의 혼합으로 여겨진다.

오래전 봄베이의 어린 소년 시절, 나는 키가 크고 화려하게 꾸민 히즈라 걸인을 보고 매력과 두려움을 동시에 느꼈던 기억이 있다. 그는 바다의 여왕처럼 옷을 입은 채 은으로 만든 긴 삼지창을 들고 마린 드라이브의 차량 행렬 속으로 자랑스럽게 걸어가고 있었다. 그리고 다른 사람들처럼, 나 역시 히즈라가 혼주와 하객들의 어중간한 허락 속에 결혼식에서 축하 공연을 하는 것을 본 적이 있다. 그때 그들은 더 시끄럽고, 더

---

* 원래 남자로 태어났으나 거세 등을 통해 여성의 삶을 살아가는 제3의 성을 가진 사람들의 공동체를 말한다.

날카롭고, 더 밝고, 더 위험한 세상에서 온 방문객들처럼 보였다. 그들은 . . . 외계인 같았다.

물론 그 문제에는 그 수술이 있다. 곡선으로 휜 칼과 긴 고통의 결과가 따르는 그 수술의 실체는 받아들이기가 어렵다. 존 어빙의 1994년 소설 『서커스의 아들』에는 수술이 어떻게 진행되는지에 대한 생생한 묘사가 적혀 있다. "히즈라의 '수술'―그들은 영어로 '오퍼레이션'이라 부른다―은 다른 히즈라들이 한다. 환자는 어머니 여신 바후차라 마타의 초상을 응시한다. 그는 술과 아편을 진정제로 투여했지만, 마취제는 없으므로 자신의 머리카락을 물고 있으라는 조언을 듣는다. (외과의사가 아닌) 외과의사가 깨끗하게 잘라내기 위해 음경과 고환 둘레에 끈을 맨다―단칼에 고환과 음경이 모두 제거되어야 하기 때문이다. 환자가 충분히 피를 흘리도록 놔둔다. 남성다움은 출혈을 통해 정화되는 일종의 독이라 여겨지기 때문이다. 꿰매지는 않는다. 넓게 드러난 속살은 뜨거운 기름으로 지진다. 상처가 아물기 시작하면 바늘로 반복적으로 쑤셔 요도를 열어둔다. 그 결과로 생긴 주름잡힌 상흔은 여성의 질을 닮았다." 어이쿠.

어빙은 또 이렇게 말한다. "히즈라에 대해 우리가 어떻게 생각하고 무슨 말을 하건, 그들은 제3의 젠더였다―단순히 (또는 그렇게 단순하지 않게) 또다른 성이었다. 봄베이에서는 축하 공연이나 구걸로 생계를 유지할 수 있는 히즈라가 점점 더 줄어들고 있는 것도 사실이었다. 점점 더 많은 히즈라가 매춘부가 되고 있었다." 이 묘사는 지금까지도 들어맞는다. 그리고 그 결과, 더 큰 세계의 불신과 혐오와 불쾌감으로 포위된 히즈라의 세계는 오늘날 HIV 감염 위험과 그에 따른 에이즈 발병 위험의 증가로 위협받고 있기도 하다.

히즈라에게는 세 가지 형태의 전통적인 일이 있다. 만티(또는 바스티), 이것은 구걸을 의미한다. 바다이, 결혼 축하. 그리고 푼, 즉 성의 판매다. 고층 건물과 정문에 경비가 서 있는 오늘날의 봄베이에서는 히즈라의 바다이에 대한 관심이 줄어들었고, 거지를 체포하고 만티 금지법을 적용해 이를 어기면 벌금 1200루피(약 15달러)를 부과하는 경찰력이 있기 때문에, 살아남을 정도로 돈을 벌 방법은 푼밖에 없다. 구걸을 금지하는 법은 있지만, 성 노동을 금지하는 법은 느슨하다. 하지만 여기에는 더 큰 위험, 감염과 죽음의 위험이 따른다.

히즈라 세계는 놀랍도록 구조적이고 위계적이다. 인도에는 우리가 마피아 영화를 봐서 익히 알고 있는 '패밀리'와 유사한 일곱 개의 히즈라 가라나(문자 그대로의 뜻은 '가정')가 있다. 물론 마피아보다는 훨씬 덜 강력하고, 훨씬 덜 잔인하고, 훨씬 더 취약하다. 각 가라나의 제일 위에는 나이크라고 하는 최고 구루가 있는데, 이들은 인도 전역에 퍼져 있으며, 봄베이에 사는 나이크는 단 한 명이다. 각 가라나에는 최고 구루를 필두로 피라미드형 구조 안에 더 낮은 구루와 첼라(생도)가 있는데, 서로 보호와 착취의 관계로 단단히 묶여 있다. 만약 생도가 체포되면 구루가 보석금을 지불한다. 히즈라들 사이에 분쟁이 생기면, 실제로 자주 생기는데, 구루가 판결을 내리고 해결한다. 구루를 바꾸는 것은 쉽지 않다. 어떤 식으로든 위계를 바꾸는 것은 쉽지 않다. 히즈라 공동체에 들어가기 위해서는 다른 히즈라의 소개를 받아야 하고, 나이크나 그 아래 구루의 축복을 받아야 한다. 일단 들어가면 정말로 빠져나갈 길은 없다. 히즈라 가라나는 패밀리와 같다. 패밀리에서 사퇴할 수는 없다.

이와 같은 패밀리 구조는 히즈라의 삶에 의미를 부여하며 가장 강력한 호소력을 갖는다. 그들은 이것이 젠더 전환 자체보다 더 크게 그들을 빨아들이는 것이라고 말한다. 봄베이 히즈라의 60퍼센트 정도만 실제로 '오퍼레이션'을 거쳤지만, 그들의 말에 따르면 "구자라트에서는 강요되고 있다". (존 어빙 씨에게는 미안하지만, 그것이 항상 영어로 '오퍼레이션'이라 불리지는 않는다. 가장 흔한 용어는 '니르바나'다.) 더 놀라운 것은 여성 히즈라가 있다는 사실이다. 여성으로 태어난 그 여성들은 가정생활을 대체해주는 위계의 매력과 표면상의 안전에 매료되어 가라나로 빨려들어간다. 그들은 히즈라가 된다는 것의 의미는 바로 가라나의 일부가 되고 구루에게 봉사하는 것이라고 내게 거듭해서 말해주었다. 젠더 문제는 부차적인 것이다. 패밀리가 전부다.

그리고 때로는 패밀리가 문제가 되기도 한다. 가라나 피라미드의 가장 아래에서 하급 구루는 생도들에게 일정 액수의 돈을 매일 가지고 돌아오라는 임무를 준다. 그리고 그 하급 구루는 자신의 구루에게 돈을 바쳐야 하고, 이런 식으로 피라미드를 타고 올라간다. 매일 할당 금액을 벌어야 한다는 압박감은 히즈라로 하여금 하루에 대여섯 차례씩 성행위를 하게 만들며, 다급하고 부주의하게 성행위에 동의하게 된다. 고객이 콘돔 사용을 원치 않아도 때로는 논쟁할 시간이 없다. 그래서 그들의 취약성은 증가한다. 그들을 보호해야 하는 사람들이 그들의 치명적인 감염 노출에 어느 정도 책임이 있다는 것이다. 그런 것이 히즈라의 패밀리 생활이다.

히즈라는 자기들의 숫자를 과장해서 봄베이에만 십만 명이 있다고 주장한다. 실제로는 봄베이에 오천 명 정도 있을 것이며, 십만은 인도 전체의 히즈라 총 인구수에 가깝다. 그들은 전국의 행사를 따라 여기저기 움직이며 이동을 아주 많이 한다―한 히즈라는 지난 두 달 동안에만 가지아바드, 하리야나, 네팔, 아지메르, 구자라트에 다녀왔다고 말했다―그리고 자신의 고향에 정착하는 히즈라는 거의 없는 것 같다. 봄베이에서 내가 만난 히즈라 중 단 한 명만 봄베이 출신이었는데, 이런 현상은 이례적이다. 가족의 거부와 반대가 그들이 고향을 떠나는 이유일 것이다. 원래 가족이 대체로 거부하는 존재로 자신들을 재창조함으로써 히즈라는 주로 새로운 장소에서 새로운 정체성을 가지며, 그들 주변에는 새로운 패밀리가 형성되어 그들을 품어준다.

반세기 전에 죄수들을 내려놓던 쓰레기장이었던 말라드 구역의 말와니 지역은 도시의 험한 지역으로, 오늘날 많은 봄베이 히즈라들이 사는 슬럼가다. 적절한 주거시설이 문제다. "안드라에서에서는 주 장관이 히즈라에게 집을 제공하지만, 여기서는 그렇지 않아요." 내가 만난 히즈라들은 이렇게 말했다. 배급 카드도 문제다. 카드 하나를 손에 쥐게 되면 그건 보물이다. 배급 카드나 소득세 카드, 유권자 신분 카드, 은행 계좌가 없으면 존재하지 않는 사람이 되고, 국가는 그들을 무시할 수 있다. 그러니 히즈라가 취약성을 느끼며, 경찰관만이 아니라 병원도 두려워하는 게 놀랍지가 않다. 내가 듣기로는, 경찰관들마저도 개선의 조짐이 있는데 의사들은 더 무례하고 잘 도와주지도 않는다고 한다. "요즘은 경찰이 우리를 마담이라 부르기도 하고, 갈리스(모욕)만 주는 건 아니에요."

구트는 히즈라의 다양한 위험, 그중에서도 특히 건강의 위험에 맞서 싸우기 위해 조직된 자활 구조 조직이다. 말와니 지역의 아스타 구트도 그런 조직이다. "지금까지 아주 성공적이었어요. 한 명이 체포되었다고 열다섯 명이 경찰서에 찾아가면 경찰의 대우가 나아져요." 구트의 도움으로 히즈라 그룹은 '동료 교육자'가 되어 공동체 전체에 말을 전파할 수 있다. 현재 인도에는 칠천 명 정도의 동료 교육자가 있으며, 각각의 교육자는 공동체 구성원 오십 명을 '추적'할 수 있다. 그 결과 점점 더 많은 히즈라가 건강 검진소를 알게 되고, 검진소를 정기적으로 방문해 혈액 검사를 받도록 권유받는다.

그러나 해야 할 일이 많이 남아 있다. 히즈라 고객들의 콘돔 사용률은 50퍼센트 정도로 여전히 낮다. 임질과 클라미디아 감염이 5퍼센트 이하로 감소한 것으로 보아 콘돔 문제가 개선되고 있는 것 같기는 하지만, 위험은 여전히 남아 있다. 아아스타 구트는 판(빈랑자) 향기가 나는 콘돔을 만들어 보급하고 있으며, 히즈라들은 (나무로 만들어진 매력적인 물건을 이용해) 사람들이 좋아하는 향기가 나는 콘돔을 입에 물고 재빨리 고객의 물건에 씌워주는 훈련을 받는다. (나는 이 기술을 인상적일 만큼 민첩하고 능숙하게 시연하는 것을 두어 번 보았다. 급하게 덧붙이자면, 나무로 된 물건 모형에 씌우는 것만 본 것이다.)

말와니의 히즈라들은 자신들의 이미지를 걱정한다. "경찰이 우리를 오해하고 있어요."

그들은 특히 "밤에는 남자 옷을 입지만, 낮 동안에는 여자 옷을 입고 물건을 빼앗거나 훔치는 사람들이 있어서 히즈라가 욕을 뒤집어쓴다"고 걱정한다. 이 가짜 또는 나클리 히즈라들에 대한 적대감은 이미 널리 퍼져 있었다.

"우리는 당연히 나클리들을 구별할 수 있어요. 우리를 보면 도망치거든요."

"길거리에서 비디 담배를 피우고 술도 마셔요."

"구루가 누구냐고 물으면 대답도 못해요."

"남자처럼 걸어요."

"그들은 특수 언어를 몰라요." (히즈라들은 단어와 기호를 결합한 암호화된 소통법을 가지고 있어서, 위험을 알리는 경우 등에 사용할 수 있다.)

"우리는 나쁜 사람들이 아니에요." 그들은 말한다. 그들은 자기들이 완벽하지 않다는 사실도 인정한다. "몇몇 히즈라들이 잘못을 저지르더라도, 그 사람들을 보고 우리 모두를 판단하지는 마세요."

"아무도 마을에 가서 아이들을 [히즈라로 만들기 위해] 훔쳐오진 않아요. 사람들이 그런 말을 하지만, 그런 일은 없어요."

내가 만난 히즈라들은 대부분 사춘기에 '인식을 하게 되었'고, 일부는 사춘기가 몇 해 지난 뒤에 자신의 본성을 알게 되었다. 흔히 거부와 두려움이 뒤따랐다.

"어릴 때는 여자애들을 따라 했고, 사람들이 여자애 같다고 비웃고 꾸짖었어요."

"가끔 나도 남자애처럼 살아야 한다고 생각했어요. 그래서 열심히 애썼지만, 그럴 수가 없었어요."

"유전자 속에 있는 거예요."

"제 가족은 항상 알고 있었지만, 지금까지도 부정해요."

"가족의 이자트(명예) 때문에 나를 쫓아냈어요."

"내가 대학 다닐 때 아버지가 나를 때렸어요. 나는 말했지요. 때리세요, 어떡하시겠어요."

"공동체가 없었다면 나는 살아 있지 못했을 거예요. 집에서는 내게 소리지르고, 욕하고, 온갖 짓을 다 했어요."

그러나 예외적인 경우도 드물게 있다. "저는 밤에만 제 가족을 만나러 가지만, 그래도 가긴 가요."

그리고 정치의식이 눈뜨기 시작한다. "여성들의 권리는 옹호해주는 사람이 있지만, 우리를 옹호해주는 사람은 없어요, '이등 여성' 취급도 안 해줘요."

"우리도 피조물이에요."

호반 도시인 타네는 말와니의 슬럼가나 특수한 히즈라 거리가 있는 카마티푸라 홍등가보다 훨씬 매력적인 장소다. (한때는 히즈라들이 홍등가 전체를 소유했지만, 가라나들이 가난해지면서 골목을 하나씩 팔아넘겨야 했다고 한다.) 나는 자기 생각을 극도로 명확히 표현하고, 강력한 성격을 가진 락슈미라는 독특한 히즈라를 만나러 타네에 갔다. 동네 스타 격인 락슈미는 먼 옛날 처음 히즈라 생활을 시작했을 때 매일 저녁 타네의 탈라오 팔리 호숫가에서 '런웨이 워킹'을 했다. 락슈미는 히즈라 중에서는 특이한 사람이다. 그녀는 자기 집에서 살고, 부모님을 불쾌하게 하지 않기 위해 부모님과 있을 때는 남자 옷을 입는다. 부모님은 그녀를 남자 이름인 락슈미칸트라고 부르거나 성을 줄여 '라주'라고 부른다. 그리고 남자로서 그녀는 집에서 바라타나티아*를 가르친다. 그러나 집에서 나가면 그녀는 락슈미이며, 타네에서는 모두가 그녀를 안다.

그녀는 짙은 선홍색 입술을 가진 관능적인 사람이다. 눈에 띄지 않을 수 없다. 그녀의 시작은 평범했다. "아홉 살인가 열살 때 나는 게이라고 말했어요. 사람들이 나를 여러 가지 호칭으로 불렀어요. '거르', 여보. '미타', 당신. 어느 날 나는 마헤시와리 가든에서 아쇼크를 만났어요. '뭔가 잘못됐어요, 어떻게 하죠.' 내가 말하자 그는 '세상이 비정상이야. 네가 정상이고'라고 말해줬지요."

아직 학생이던 때에 그녀는 돈을 벌기 위해 게이 바에 가서 춤을 췄다. "그러다가 십오 년 전에 봄베이 제1의 드래그퀸이 되었어요." 곧이어 그녀는 히즈라 세계로 들어가는 문을 열어준 글로리아라는 여자를 만났다. "내 남동생이 너처럼 그래." 글로리아가 말했다. 락슈미는 봄베이의 빅토리아 터미너스 기차역 공중전화 부스에서 글로리아의 동생 히즈라 샤비나를 만났다. (옛 이름 VT가 아직 사용되긴 하지만, 빅토리아 터미너스 기차역은 차트라파티 시바지 터미널 또는 CST로 이름이 바뀌었다.) "보통 그녀는 사리를 입지만, 그날 VT에서는 청바지를 입고 있었어요." 락슈미는 샤비나를 카페 몬테카를로로 데리고 갔다. 샤비나는 카페에 들어가고 싶어하지 않았다. "나는 그녀의 손을 잡고 '넌 너야, 스스로를 즐겨야 돼' 하고 말했어요. 그렇지만 카페에 들어가서 나는 샤비나에게 과거에 히즈라를 싫어했었다고 말했지요. 나는 '왜 손뼉을 치고 구걸을

---

* 인도의 전통 춤.

하지?' 하고 물으며 '제대로 된 일을 해야지'라고 말했어요. 그러자 샤비나는 히즈라의 가라나 조직에 대해 설명했어요. 그게 나에겐 매력적이었어요. 단순히 성에 관한 이야기 이상이었지요."

샤비나는 락슈미를 데리고 다른 히즈라들을 만나러 갔다. 뚱보 만줄라라고도 알려진 만줄라 아마를 만났는데, 그녀는 라타 나이크가 최고 구루인 라시카 가라나 소속의 히즈라였다. 락슈미는 그 패밀리에 합류했다. "비쿨라에서 히즈라 세계에 입문했어요. 라타 나이크도 거기 있었지요. 나는 진땀이 났어요. 한 노인이 어디로 가야 할지 말해줬어요. 나는 라타 나이크를 만났어요. 그녀는 쉰다섯 살이었지만 마흔다섯 살처럼 보였어요. 그녀 주위에 무서운 히즈라 여섯 명이 있었어요. 라바나를 연상시켰지요." 라바나는 『라마야나』에서 라마의 부인 시타를 납치해 자기 왕국인 랑카로 데리고 가는 마왕이다. "나는 '입문하고 싶습니다. 회비가 얼마인가요? 기부금 말이에요?' 하고 말했어요. 라타 나이크가 웃음을 터뜨렸어요. 그녀는 돈을 받지 않고 말로 받아줬어요. 당시에는 아무것도 작성하지 않을 때였어요. 라타 나이크는 그후에 기록을 남기기 시작했지요. 그녀의 글씨는 아름다워요. 그녀가 기록하고 있는 히즈라 책에서 필체를 봤어요."

라타 나이크 이전에는 찬드 나이크가 있었다. 다른 나이크가 찬드의 첼라가 되길 원했지만, 무례한 사람이라 찬드는 그녀를 거부했다. 그래서 두 가라나로 쪼개져서 몇 년을 갔지만,

나중에 두 집안은 다시 통합되었다. "그런 분쟁이 생기면 라시카 쪽이 항상 중재자가 되지요." 그러다가 십삼 년 전에 다시 갈라섰다. "내가 첼라가 되었을 때는 우리가 분리되기 바로 전날이었어요. 세 가라나가 한 쪽으로, 네 가라나가 다른 쪽으로 갔지요. 이 상태가 아주 최근까지 지속됐어요. 그리고 이제 사람들은 아주 흥분한 상태예요. 분위기가 엄청 크게 바뀌었으니까요. 전쟁은 끝났어요. 이제 더이상 경쟁은 없어요."

락슈미의 아버지는 '우타르 프라데시 출신의 브라만계급 군인 타입'이다. 그는 특히 락슈미가 〈지 뉴스〉에 인터뷰를 하는 등 처음부터 매우 급진적인 히즈라였던 탓에 그녀의 변신을 받아들이기가 무척 힘들었다. 〈지 뉴스〉 인터뷰 후에 그녀의 아버지는 그녀를 결혼시키려고 했다. 그녀는 결혼에 반대하며 싸웠고, 결국 그녀의 아버지는 울면서 포기했다. "우리 아버지는 집안의 기둥이에요. 그런 사람이 운 거예요." 그녀는 어머니의 사랑을 의심한 적이 없다. "내게는 엄마가 전부예요."

지금은 부모도 그녀를 받아들였다. 심지어 그녀의 가슴 확대 수술에 대해서도 궁금해한다. 한번은 집에서 티셔츠 입는 것을 까먹고 가슴을 드러낸 채 앉아 있었다. 아버지가 그녀를 꾸짖으며 말했다. "이왕 만들었으면 그걸 존중하는 법을 좀 배워라." 그녀가 말했다. "이제는 아버지가 내 절친이에요."

락슈미는 자기 목소리를 내고, 확신에 차 있고, 자신만만한 사람이다. 그녀는 HIV/에이즈 운동의 대변자를 자처하며, 그녀 자신도 '인도 제3의 젠더'라 부르는 사람들을 보호하는 데 도움을 주고 싶어한다. 그녀는 이렇게 말한다. "히즈라들의 목소리가 커졌어요. 하지만 문제는 활동가들이 우리를 MSM 문화 속에 가두려 든다는 거예요." (MSM은 남자와 섹스를 하는 남자를 말하는데, 위에 올라가는 코티스, 밑에 가는 판티스, 그리고 설명이 필요 없는 더블 데커라는 세 종류가 있다.) 락슈미가 말한다. "MSM 부문이 너무 강해지고 있어요. 하지만 우리는 그냥 MSM이 아니에요. 심지어 TG(트랜스젠더)도 아니고요. 우리는 . . . 히즈라입니다. 나는 내 안에 문화 전체를 지니고 있어요. 그건 집단적 측면이고, 그게 히즈라 문화지요. 이게 중요한 거예요. 그걸 희생할 수는 없어요. 우리는 다르니까요."

봄베이와 인도 다른 지역의 히즈라는 HIV 감염 위험이 가장 높은 공동체다. 조직, 봉사활동, 교육, 자구책 개선이 많이 이루어졌지만 여전히 많은 히즈라들의 삶은 조롱과 수모와 낙인과 두려움과 위험으로 특징지어진다. 타네의 락슈미와 말와니의 '동료 교육자'들은 자신들의 운명을 책임지고 동료들을 도우려 애쓰는 히즈라들의 성공담이지만, 많은 히즈라들은 가난과 질병의 수렁에 빠져 있다.

시바파 성자 시인들에 따르면 시바는 아마이 아파르로, 어머니와 아버지를 결합한 것이다. 브라마는 자신을 최초의 남자 마누 스바얌부바와 최초의 여자 사타루파, 두 사람으로 변화시켜서 인간을 창조했다고 한다. 인도는 언제나 여자 몸 안의 남자, 남자 몸 안의 여자인 자웅동체에 대한 이해가 항상 있었다. 그러나 우리들 사이에서 걸어다니는 아르다나리, 인도 제3의 젠더에게는 여전히 우리의 이해와 도움이 필요하다.

2006년 노바 사우스이스턴 대학교 졸업식 축사

위대한 프랑스 소설가 귀스타브 플로베르는 1881년에 출간한 자신의 마지막 소설『부바르와 페퀴셰』에서 책을 통해 너무 많은 걸 배우는 것의 위험에 대해 말합니다. 어리석은 두 주인공은 은퇴한 회사원들인데, 이들은 실용서에서 수집한 정보를 바탕으로 생계를 꾸려가려 애쓰지만 우스꽝스럽고 재앙에 가까운 결말을 맞이합니다. 여러분들도 책에서 뭔가를 배우며 여러 해를 보내셨으니 내가 그런 공부를 너무 급진적으로 비난하는 이 선동적인 외국 텍스트를 권하는 게 부적절하다는 생각이 들 수도 있겠습니다. 그럼에도 나는 플로베르가 이야기의 본문 뒤에 추가한 부록 때문에라도 여러분에게 이 책을 권하는 바입니다. 부록인「통상 관념 사전」은 온당한 칭송을 받고 있습니다. 플로베르는 인간 대부분의 전반적인 명청함에 매료되었습니다. 진부한 것들과 빛 좋은 개살구 같은 것들을 신들의 지혜라도 되는 양 흡수해서 앵무새처럼 읊조리는 능력에 대해서 말입니다. 이 사전에서 그는 우리에게 윈덤 루이스가 바보의 지옥이라고 부른 것*들 중 훌륭한 예시를 몇 개 보여줍니다. 조금 발췌해왔습니다.

미국: 불공정의 멋진 예. 콜럼버스가 발견했는데, 아메리고 베스푸치의 이름을 따서 명명되었다. 미국이 발견되지 않았다면 우리에게 매독은 없었을 것이다 . . . 이 모든 것에도 불구하고 미국을 칭송하라. 특히 당신이 거기에 가본 적이 없다면.

예술가들: 모두 허풍선이들 . . . 예술가들이 하는 것은 일이라 부를 수 없다.

작가들: 우리는 '몇몇 작가들을 알아'야 한다. 그들의 이름을 알 필요는 없다.

(사회의) 기초: 다시 말해서 재산, 가족, 종교, 그리고 권위에 대한 존경. 이것들이 공격받으면 분노를 표하라.

베토벤: '비트오븐'으로 발음하지 마라.

브루넷: 블론드보다 섹시함.**

유명인사: 그들의 사생활의 가장 미세한 것들을 알아내라,

---

* 영국의 소설가이자 평론가이자 화가인 윈덤 루이스(1882~1957)가 당대 두 차례의 세계대전을 겪으며 팽배해진 데카당스적 분위기를 표현한 말. 이후 솔 벨로, 마틴 에이미스 등이 차용했다.
** 브루넷은 갈색 머리, 블론드는 금발을 의미한다.

그래서 그들을 비난할 수 있게.

검열: 좋은 것, 사람들이 뭐라 말하건.

헌신: 다른 사람들이 얼마나 이걸 보지 않는지 불평하라.

공론가: 그들을 경멸하라. 왜? 아무도 모른다.

영국 여인: 그들이 예쁜 자녀를 가질 수 있음에 놀라움을 표하라.

프랑스인: 세계에서 가장 위대한 민족.

구球: 여성의 가슴을 품위 있게 지칭하는 단어.

호메로스: 존재한 적이 없음.

얼간이: 당신과 다르게 생각하는 사람들.

상상력: 그것을 경계하라.

혁신: 언제나 위험한 것.

이탈리아: 매우 실망스럽다.

정의: 절대 신경쓰지 마라.

쿠란: 모하메드의 책으로, 모든 것이 여성에 관한 것임.

자유: "자유여, 그대 이름으로 얼마나 많은 죄가 저질러졌던가!" 우리는 우리가 필요로 하는 모든 자유를 가졌다. "자유는 방종이 아니다."(보수적 격언)

학생: 절대 공부하지 않는다.

청춘: 얼마나 멋진 것인가!

그만하겠습니다. 1881년에는 삶이 아주 달랐습니다. 어쩌면 그렇게 아주 다르지 않았을지도 모르지요.

여러분이 플로리다에서 여러 해를 보낸 뒤 돌아가게 될 현실세계는 경이와 광명으로 가득차 있습니다. 이런 말을 할 수 있어 행복합니다. 하지만 그와 동시에 여러분은 사방에 음울함과 어리석음이 뒤덮고 있다는 걸 알게 될 겁니다.

여러분은 인도의 노벨경제학상 수상자 아마르티아 센 교수와 같이 진정으로 독창적인 사람들을 만날 수도 있습니다. 센 교수는 우리가 우리의 정체성을 인종, 종교, 계급, 민족, 또는 부족의 관점에서 너무 협소하게 정의하면, 우리는 자신을 '극소화'해 갈등과 폭력의 가능성을 더 키울 것이라고 주장합니다. 다른 한편, 여러분은 그의 라이벌 교수인 새뮤얼 P. 헌팅턴 교수를 만날 수도 있습니다. 그는 우리가 '문명의 충돌'을 직면하고 있다고 말하며, 정확히 센 교수가 하지 말라고 하는 대로 우리 자신을 극소화하라고 부추깁니다.

누가 옳고 누가 그른지 어떻게 구별할까요? 우리는 타자로 여겨지는 사람들과 많은 공통점을 가진 복수의 자아들입니까, 아니면 서로 문을 닫은 채 적대적이며 우리가 희생되고 있다고 느끼면 공격적으로 바뀌는 그런 단일의 존재들입니까? 우리는 누구를 따라야 하고―이보다 훨씬 더 어려운 질문은― 어떻게 이끌어가야 할까요?

여러분은 '미래의 지도자들'입니다. 또는 현대의 통상 관념 사전에 따르면 그렇습니다. 여러분이 리더십이라는 주제를 찾아보면 엄청난 양의 지식을 볼 수 있을 겁니다. 지도자란 사람들로부터 등을 돌린 다음 그들이 모두 자기 뒤에 서 있다고 주장하는 사람이라고 말하는 무명의 풍자가, 사랑보다 두려움이 더 효과적인 통치술이라고 말하는 마키아벨리의『군주론』의 냉혹함, "리더십은 사람들을 한군데에 모으는 사람을 말한다"라는 인상적인 말을 남긴 조지 W. 부시까지. 그는 또 인생에서 두 가지를 모두 가질 수는 없기 때문에 "높은 말을 타고 낮은 길로 갈 수는 없다"는 말도 했지요.

현명한 교훈과 어리석은 말은 어떻게 구별할까요? 만약 여러분이 이 질문을 스스로에게 이미 던져봤다면, 축하할 일입니다. 만약 이 질문이 가치가 없다고 느낀다면, 파티나 계속 즐겨라 이 녀석아, 라고 말하겠습니다. 하지만 여러분이 이 두 극단 사이 어디쯤에 있다는 생각이 든다면, 이 이야기가 조금이나마 도움이 될 겁니다.

내가 오늘 여러분에게 권하려고 하는 유용한 아이디어는 스스로 생각하기입니다만, 그것은 '주어진 것'이 아닙니다. 여러분은 다양한 집단의 훌륭한 멤버가 되라고 격려받거나 괴롭힘당하는 등 여러 방향으로 내몰리는 경험을 하게 될 것입니다. 가족, 국가, 직업, 사회적 계급, 젠더, 야구 팬, 여러분의 신앙 집단에서 말이지요. 세계에는 개인의 자유보다 집단적 책임에 더 높은 가치를 부여하는 정신도 있습니다.

여러분은 여러 집단에서 그들의 생각을 적절하게 수용하고 따르라고 강요당할 것입니다. 무엇보다도 그룹에 대한 소속감을 더 가치 있게 여기라고 요구할 것입니다. 만약 아내의 생일날 월드 시리즈 야구 티켓이 한 장 주어지면, 여러분은 야구팀에 대한 사랑보다 결혼에 대한 충실을 더 우위에 놓거나 그 반대를 선택해야 합니다. 종교적 신념과 국가 사이에 갈등이 생기면 여러분은 신의 요구에 응답하고 국가의 요구를 거부해야 할 수도 있습니다. 우리는 집단적 사유, 옳고 그름에 대한 우리의 생각, 허용되는 것과 허용되지 말아야 할 것들을 견주어보는 시대에 살고 있습니다. 우리의 관념은 놀랍게도 그런 사유들에 의해 형성되기 때문에 이제는 즐겁지 않은 일이 되어버렸습니다.

1938년에 E. M. 포스터는 「내가 믿는 것」에서 이렇게 썼습니다. "내가 만약 조국에 대한 배신과 친구에 대한 배신 사이에서 선택해야 한다면, 조국을 배신할 용기를 갖기를 희망한다." 이 말은 우리 내면에 그렇게 할 용기만 있다면, 괴테의 용어인 '선택적 친화력', 우리에게 부과된 충성이 아니라 우리가 선택하는 충성을 따르는 것이 가치 있고 도덕적이며 자유로운 자아를 건설하는 토대가 되어준다는 뜻입니다. 군중과 함께 또는 군중의 앞쪽에서 행진한 사람들을 존경하는 것보다 비정통적인 사람들, 말하자면 세계의 반항아들과 거부자들의 사상과 행동을 살펴보는 것이 더 큰 교훈을 줄 수 있다는 뜻이기도 합니다. 1633년에 갈릴레오 갈릴레이는 가톨릭교회로부터 지구가 태양 주위를 돈다는 이단적 관념을 철회하라고 강요받았습니다. 가톨릭교회가 이 생각을 받아들이는 데는 삼백오십구 년밖에 걸리지 않았습니다. (1992년 10월 31일 교황 요한 바오로 2세는 갈릴레이에 대한 교회의 조처에 유감을 표했습니다.) 넬슨 만델라는 아파르트헤이트에 맞서 싸웠다는 이유로 감옥에서 이십칠 년을 보냈지만, 자기 나라와 세계를 바꾸어놓았습니다.

만약 여러분이 개인적 자유라는 주제에 관심을 두고 있다면, 여러분 시대의 통상적인 관념을 거부하고 정통에 맞서는 능력인 이단이야말로 여러분의 길을 찾는 데 도움이 될 것입니다.

정통의 힘은 쇠퇴하지 않았습니다. 정부는 매일같이 반대자들을 애국심이 부족하다는 죄목으로 기소하고, 종교 지도자들은 비판자들을 신속히 파문하며, 기업들은 내부 고발자들과 독립적 지식인들을 싫어합니다. 대중매체를 통해 얻을 수 있는 생각의 범주는 꾸준히 축소되고 있습니다. 그러나 옳고 그름, 선과 악은 권력이나 이런저런 이해집단에 대한 지지로 결정되는 것이 아닙니다. 최선을 위해 어떻게 행동해야 하는지 알아내기 위한 투쟁은 영원히 끝나지 않습니다.

지도자들을 따르지 마십시오. 그 대신, 꾸준히 엇박자로 행진하는 괴짜를 찾으십시오. 경청해주셔서 감사합니다. 그리고 여러분 모두에게 행운을 빕니다.

2015년 에머리대학교 졸업식 축사

2015년 졸업생 여러분, 우리에게는 한 가지 공통점이 있습니다. 나도 오늘 에머리를 떠납니다.* 그리고 내가 여러분 누구보다 여기에 더 오래 다녔다고 말해도 될까요. 내게 에머리는 꽤 좋은 곳이었습니다. 여러분도 에머리가 꽤 좋았다고 생각하길 바랍니다. 나는 좋은 친구들을 사귀었고, 많은 것을 배웠습니다. 처음 온 날 특이하게 생긴 해골 둘리**에 대해 알게 되었는데, 지금 여기에는 둘리가 안 보여서 서운하군요. 아마 곧 나타나겠지요.

---

* 살만 루슈디는 2007년 에머리대학교에서 강의를 시작했고, 2011년부터 2015년까지 교수로 재직했다.
** 에머리대학교의 마스코트.

주로 학생들 덕분에 나는 블라인드 윌리에서 음악을 들을 수 있었고, 뷰퍼드 하이웨이에서 타코를 먹을 수 있었습니다. 도착한 지 며칠 되지 않았을 때 초대를 받아 멋진 소울 푸드를 먹었던 선스 플레이스는 지금은 문을 닫았지만, 여러분은 분명 다른 장소들을 찾아냈겠지요.

오늘 같은 날에는 약간의 노스탤지어가 적절할 겁니다. 끝과 새로운 시작은 아무리 설렌다고 하더라도 상실, 즉 과거의 상실을 포함하니까요. 그러므로 잠시 시간을 내서 과거에 대해 마땅한 회고를 하는 게 바람직하겠습니다.

. . .좋습니다, 이제 과거는 끝났으니 나는 여러분이 배고파하면 좋겠습니다. 여기서 해야 할 여러분의 공부는 끝났고, 이제 저기 밖으로 나가서 세상을 삼켜야 할 때가 되었으니까요. 그건 엄청나게 큰 식사가 될 테니 여러분의 식욕은 엄청나게 커야 할 겁니다.

토니 모리슨이 학생들에게 이런 말을 한 적이 있습니다. "세상은 흥미롭고도 어렵습니다." 그녀는 말했지요. "행복이요? 거기에 안주하지 마세요." 토니 모리슨이 여러분에게 행복해지지 말라고 한 말은 아니라고 생각합니다—결국 행복이나 행복을 추구하는 것이 미국에서는 헌법적 권리니까요. 모리슨은 행복만으로는 충분하지 않다고 말하는 것 같습니다. 왜냐하면 저 바깥에는 웅대하고 소름 끼치는 인간의 현실, 그것의 환희, 그것으로 인한 낙담, 그것의 위험, 그것의 이빨이 여러분을 기다리고 있으니까요. 그것을 갈구하세요. 양손 가득히 움켜쥐고 주머니와 입, 그리고 채워넣을 수 있는 모든 곳에 전부 가득 채우세요. 방대한 미지의 세계에 대한 최고의 반응은 그 세계보다 더 커지는 것입니다. 토니 모리슨의 말처럼 인생이 어렵고도 흥미롭다면, 여러분은 그것보다 큰 존재가 되세요. 더 어려워지고, 더 흥미로워지세요. 그러면 됩니다.

작아지지 않도록 노력하세요. 인생보다 커지도록 노력하세요.

작가로서 내가 배운 한 가지는 폭식입니다. 소설가의 예술은 많은 면에서 저속한 예술입니다. 그것은 실제로 살아가는 삶에 관한 것이며, 상아탑의 정반대 형태이죠. 내가 보는 방식이긴 하지만, 소설가라는 직업은 삶의 실체 속으로 할 수 있는 최대한 깊이, 팔꿈치 깊이까지, 심지어 겨드랑이 깊이까지 두 손을 깊이 담갔다가 그 삶의 실체—사람들의 머릿속에서 실제로 벌어지고 있는 일, 사람들 안에 어떤 음악, 어떤 영화, 어떤 꿈, 어느 카다시안이 들어 있는지—를 가지고 올라와서 전달하는 것입니다.

인생에서도 그렇게 나쁜 계획은 아닙니다. (카다시안 부분은 빼고 말이지요. 가능하면 그 부분은 피하세요.)

뛰어드세요. 깊은 바닥 끝까지 들어가세요. 가라앉거나 헤엄치세요. 가능하면 가라앉지는 마시고요. 여러분이 에머리에서 배운 게 있다면, 수면 위에 떠 있는 방법을 알 겁니다.

세상은 조심성 없는 선원들을 유혹해서 암초로 데려가는 세이렌의 노래로 가득차 있습니다. 거짓 약속과 빛 좋은 개살구로 가득합니다. 아이들을 유혹해서 탐욕스럽고 제멋대로 행동하는 '쾌락의 섬'으로 데려가는 여우와 고양이와 마부들이 많습니다. 피노키오 영화를 봤다면 알겠지만, 쾌락의 섬에서 아이들은 스스로 멍청이가 됩니다.

여러분은 스스로 멍청이가 되지 마세요.

그런 운명을 피할 수 있는 도구를 하나 알려주겠습니다. 의심입니다. 헤밍웨이가 모든 작가에게 반드시 있어야 한다고 말한 것을 가져야 하고, 다듬어야 하고, 연마해야 합니다. 바로 헛소리 탐지기*입니다. (다시 한번 말하지만, 작가들에게 좋은 충고는 인생을 위해서도 탁월한 충고입니다.) 여러분은 유별나게 헛소리가 가득한 세계에서 자랐습니다. 정보의 시대에 허위 정보는 기하급수적으로 늘어났습니다. 진실을 찾고 있다면 조심하십시오. 아마 에이브러햄 링컨의 유명한 말을 들어본 적이 있을 겁니다. "인터넷은 거짓 인용으로 가득차 있다."**

총장님의 말씀을 들으세요. 여러분이 삼키는 것들을 의심하세요. 그게 소화에 좋습니다. 나는 우리가 남의 말에 매우 잘 속는 시대에 살고 있다고 종종 생각합니다. 사람들은 어떤 것이라도 믿을 태세입니다. 물론 신도 마찬가지입니다. 그토록

---

* 헛소리 탐지기(shit detector)란 헤밍웨이가 언급한 훌륭한 작가가 필수적으로 가져야 할 타고난 재능 또는 자질을 말한다.

** 인터넷에 떠도는 가짜 인용구를 비웃는 표현으로, 어떤 이름을 넣어도 사람들은 허위 정보를 찾아내지 못한다는 풍자를 담고 있다.

많은 미국인이 그 오래된 이야기를 받아들이는 것은 정말 충격적입니다. 여러분은 아마 그 오래된 헛소리를 넘어서는 세대가 될 겁니다. 존 레넌이 제안했듯이 천국이 없다고 상상해보세요. 시도해보세요. 그것이야말로 여러분이 진실로 맞바꿀 수 있는 오래된 '진실스러움'일 겁니다.

신뿐만이 아닙니다. 요가, 채식주의, 정치적 올바름, 비행접시, 오바마가 미국에서 태어나지 않았다고 주장하는 사람들, 9·11 테러 부인론자, 사이언톨로지, 그리고 맙소사, 에인 랜드도 있습니다. 모던 라이브러리가 모든 시대를 통틀어 최고의 소설이 무엇인지 독자들에게 투표하라고 했더니, 에인 랜드의 책이 1, 2, 7, 8위에, L. 론 허버드의 책이—L. 론 허버드의 경우 종교에 관한 논픽션 책들보다는 소설을 말하려고 했습니다만, 대체 무슨 차이가 있나요?—3, 9, 10위에 들었다고 하더군요. 그 밖에 10위권에 올라간 작가들이라곤 톨킨, 하퍼리, 그리고 조지 오웰이 전부였습니다. 이게 섬찟하다고 느껴지지 않는다면, 미국에서 가장 신뢰하는 뉴스 네트워크는 폭스 뉴스라는 여론조사 결과가 정기적으로 보도되고 있습니다. 사실로 가장하는 정말로 아주 나쁜 허구를 포함한 나쁜 허구에 대한 미국인들의 식성은—이라크의 대량 살상 무기나 힐러리 클린턴의 벵가지 은폐*—지칠 줄 모르는 것 같습니다.

* 2012년 9월 11일 이슬람 무장세력의 공격으로 리비아 주재 미국 영사관 직원들이 숨진 사건이 힐러리에게 책임이 있다는 의혹을 말한다. 사실로 확인된 바가 없어, 힐러리를 향한 정치적 공격일 뿐이었다고 해석된다.

여러분은 의심스러운 눈초리로 허위 정보와 잘못된 상상으로 만들어진 허튼소리, 거짓말을 간파해내기 시작하는 세대가 될 것입니다. 여러분이 그럴 수만 있다면, 세상의 경이로운 것들 위로 매일같이 쏟아지는 겹겹의 횡설수설을 긁어내버릴 수만 있다면 여러분은 정말로 이 세상이 경이로운 곳이라는 사실을 세상에 보여주는 세대가 될 것이며, 자기들의 이익을 위해서 꾸며낸 세계를 팔러 돌아다니는 다양한 허풍쟁이 장사꾼들을 제거해버릴 수 있을 것입니다.

나는 여러분이 그런 세대가 되길 희망합니다. 우리는, 내 세대의 우리는 지상에서의 시간을 그렇게 성공적으로 보내지 못했습니다. 생태적 문제가 가득하며, 광적이고, 독재 정치가 있는 세계를 물려주는 것에 대해 여러분에게 공개적으로 사과하는 것이 옳다고 생각합니다. 나라의 1퍼센트가 모든 것을 소유하고 있는 데 반해 흑인이라는 죄로 아이들이 매일같이 죽어가는 그런 세계, 종교적으로 편협한 이 나라의 사람들은 예수께서 게이 커플에게 컵케이크를 팔지 않기를 원하신다고 생각하고, 종교적으로 편협한 다른 나라의 사람들은 자기들의 신이 무고한 사람들의 머리를 톱으로 썰어버리는 데 동의한다고 생각하는 엉망진창인 세계를 넘겨주게 되었습니다.

우리는 우리 세대가 관용적이고 진보적이라고 생각했습니다. 그런데 우리는 여러분에게 관용적이지 않고 퇴행적인 세계를 물려주고 있습니다. 그럼에도 세상은 탄력성이 있는 곳이고, 아직도 숨이 멎을 만큼 아름다우며, 놀라운 잠재력이 있습니다. 여러분은 우리가 만든 엉망진창의 세계를 바꿀 수 있으며, 여러분이 바꿀 것이라고 나는 믿습니다. 나는 여러분이 우리보다 낫다고 생각합니다. 여러분은 지구를 더 사랑하고, 덜 편협하고, 더 관용적입니다. 여러분의 이상은 우리의 이상보다 더 오래갈 것입니다.

틀림없습니다. 여러분은 바꿀 수 있습니다. 여러분이 바꿀 수 없다고 말하는 사람은 믿지 마세요. 이렇게 하면 됩니다. 모든 것을 의심하세요. 어떤 것도 당연한 것으로 여기지 마세요. 모든 통상적 관념과 논쟁하세요. 존경할 가치가 없는 것들은 존경하지 마세요. 마음속의 이야기를 하세요. 스스로를 검열하지 마세요. 상상력을 사용하세요. 그리고 상상력이 시키는 대로 표현하세요.

여기 이 아름다운 캠퍼스에서 이뤄진 교육을 통해 여러분은 이 도구들을 받았습니다. 그것들을 사용하세요. 이 도구들은 여러분의 정신적 무기입니다. 스스로 생각하세요. 여러분의 정신이 다른 누군가가 닦아놓은 궤도를 따라서 달리게 놔두지 마세요. 우리는 언어를 가진 동물입니다. 우리는 꿈꾸는 존재입니다. 꿈꾸세요. 말하세요. 세상을 재창조하세요.

인간이란 얼마나 대단한 작품인가! 이성은 얼마나 고귀하며, 능력은 얼마나 무한한가! 형상과 움직임은 얼마나 뚜렷하고 존경할 만한가! 행동은 얼마나 천사와 같고, 이해력은 얼마나 신과 같은가! 세상의 아름다움이여! 동물의 귀감이여!*

믿기 힘들겠지만, 이것이 여러분입니다. 졸업을 축하합니다!

＊ 셰익스피어의『햄릿』2막 2장에서 햄릿이 하는 독백.

4부

복합 예술가:
아크바르 대제와 〈함자나마〉의 탄생

　16세기 중엽의 인도. 티무르제국의 흉포한 군사 지도자였
던 자히르우드딘 무하마드 바부르가 북서쪽의 본거지에서 쫓
겨난 뒤 남쪽으로 내려가 무력으로 델리에 새 왕국을 건설하
고, 아시아 최초의 장엄한 자서전을 쓴 지 삼십일 년이 겨우
지났습니다. 그는 칭기즈칸과 타메를란의 후손으로, 본거지는
오늘날 우즈베키스탄이라 부르는 페르가나였으며 뛰어난 문
학적 재능을 가지고 있었습니다. 권력이 약했던 바부르의 아
들 후마윤이 왕위에서 쫓겨나 갓난아기였던 자신의 아들을 아
프가니스탄의 숙부가 키우도록 내버려두고는 치욕스러운 페
르시아 망명길에 오른 지 갓 십사 년이 지난 때였습니다. 이
망명객의 의기양양한 복귀와 왕조의 재건 이후로는 겨우 이
년, 그리고 복귀한 이 군주가 계단에서 굴러떨어져 우스꽝스

러운 익살극처럼 한순간에 죽음을 맞이하고 아버지를 거의 모르는 채 남겨진 그의 열세 살짜리 아들이 아버지의 위태로운 왕좌를 물려받은 지는 일 년이 지난 때입니다. 있을 수 없는 일에 가깝지만, 끝없이 대격변이 일어나던 시기 이후로는 정치적 안정, 경제적 번영, 종교적 관용, 문화적 개방, 법치, 그리고 예술적 문예부흥의 시대가 뒤따랐습니다. 당시 세계에서 가장 주목할 만한 통치자 중 하나가 반세기라는 긴 시간을 통치한 시대이기도 합니다. '아크바르 대제'라고도 알려진 잘랄루딘 무함마드는 자한파나, 즉 세계의 보호자라 불리기도 했습니다. 후마윤 치세의 페르시아 미술의 거장이었던 압두스 사마드가 그린 초상 속에는 어린 아크바르가 왕이 되기 직전 확신에 찬 모습으로 황소 마차를 몰고 있습니다. 이 아이는 엄청난 족적을 남기게 되지요.

16세기 후반은 예외적인 시기였습니다. 우리 시대와 비슷하게 전 세계가 급속히 변화하는 역사의 '중추적 순간'이었습니다. 16세기는 어쩌면 우리 시대와는 다르게 예술의 중추적 순간이기도 했습니다. 아크바르의 통치 시기는 영국의 엘리자베스 1세 여왕의 통치 시기와 거의 정확히 일치합니다. 아크바르는 엘리자베스여왕보다 약 1년여 전에 왕위에 올랐고, 두어 해 더 오래 살았습니다. 이 시기 이탈리아는 전성기 르네상스로, 미켈란젤로와 티치아노와 아리오스토 시문학의 시대였습니다. 스페인은 세르반테스와 그의 『돈키호테』 2부작의 시기였으며, 엘리자베스 치하의 영국은 당연히 셰익스피어의 시대였습니다. 그 밖에 어떤 세계적 변화의 지표가 있을까요? 그렇네요, 1560년대 어느 시점에 흑연 연필이 발명되었고, 처음에는 영국에서 양떼를 표시하는 데 사용했습니다.

(미안한 이야기지만, 신세계는 약간 뒤처져 있습니다. 이 시기 신세계에는 탁월하다고 할 만한 것이 많지 않았습니다. 프랜시스 드레이크가 1562년에 아메리카대륙과 노예무역을 시작했고, 로어노크 식민지는 1584년에 건설되었다가 1590년이 되기 전에 사라졌습니다. 보고할 만한 게 딱히 없습니다.)

무굴 인도는 아크바르 왕궁의 '사실상의' 영토이자, 무사 왕들, 남자 옷을 입는 궁녀들, 궁정 기사들, 교활한 첩자들, 그리고 수없이 많은 마녀, 마귀, 마법으로 가득찬 16세기의 상상력이 아주 환상적으로 구현된 공간이기도 했습니다.

그 당시 서양은 동양에 대해 아는 것이 거의 없었습니다. 르네상스 시기의 운문—루도비코 아리오스토의 위대한 이야기 서사시 『광란의 오를란도』와 그것의 선구인 아리오스토의 동료 페라란 마테오 보이아르도의 『사랑에 빠진 오를란도』—에는 무지를 환상으로 채워두었습니다. 아리오스토는 어떤 왕을 '인도와 케세이의 통치자'로 묘사하는데, 시인은 그런 황당한 이야기가 독자에게 충분히 그럴듯하게 통할 것이라고 생각합니다. 박진성은 불필요하며, 심지어 셰익스피어에게도 이것은 고려 사항이 되지 않습니다. 자신도 무어인인 오셀로는 여행에서 "서로를 잡아먹는 식인종들이며, / 인육을 먹는 자들"만이 아니라 "머리가 / 어깨 아래에서 자라는 인간"을 만난 이야기를 합니다. 유럽 전역에서는 17세기 말에 이르기까지 강력한 기독교 왕 프레스터 존의 전설이 너무도 널리 믿겨서, 젊음의 샘이 있다는 그의 잃어버린 왕국이 동양의 무슬림과 이교도들 사이 어딘가에 존재했다는 것이 거의 허구가 아닌 정도에 이르렀습니다. 그런 왕이 존재한 적이 없다는 사실을 빼고는 말이지요.

예술에 재현되어 있듯이, 동양의 상상력도 서양만큼이나 환상을 좋아했습니다. 16세기 유럽은 정말로 부지런히 동양을 이국적으로 묘사해 '오리엔탈리즘화'했습니다. 그러나 동양 세계 또한 스스로에 대해 기꺼이 환상화하고 이국적으로 묘사했지요. 흥미롭게도 이 두 가지 상상의 우주는 본질적으로 똑같거나, 최소한 놀랄 정도로 겹칩니다. 양쪽 모두 무용담과 방랑(영웅은 언제나 방랑자여야 했습니다)을 강조했고, 첩자와 마법사의 은밀한 세계에 매료되었으며, 악의 물리적 크기가 커진 것을 고집스럽게 주장했습니다. 바위 뒤에서는 언제나 도깨비와 거인이 나타나고, 용들은 하늘에서 날아서 내려오며, 리바이어던은 심해로부터 솟아오릅니다. 오컬트가 도처에 깔려 있고, 많은 서양 민담의 반향과 반영도 곳곳에 있었습니다. 자기를 해방시켜준 어부를 기쁘게 해주려는 그림 형제의 마법의 넙치처럼, 요술병에서 빠져나온 정령들은 구원자의 소망을 이뤄줍니다. 마치 하멜른 마을의 피리 부는 사나이가 마법으로 바위산을 열어서 아이들을 그 안에 잡아 가둔 것처럼, 마법의 주문이 보물의 동굴을 열면 사악한 마법사는 어린

알라딘을 가두려고 할 것입니다.

괴물 퇴치, 고귀한 것에 대한 욕망, 마법에 대한 애호, 탐구의 필요성, 이야기 중독. 이런 것들은 인류가 공통적으로 가진 가장 심오한 것들이며, 꿈속의 삶이나 깨어 있는 상상 속에서 우리가 같은 종이라는 것을 알 수 있습니다. 이것은 분명 인도에서 지금까지 창작된 위대한 예술 걸작들에 묘사된 바로 그 환상의 세계입니다. 모든 예술의 정전에서 기념비적 성취가 될 인도의 이 작품은 무려 천사백 개의 놀라운 연작 작품으로, 지금은 이백 개도 되지 않는 작품만 남아 있습니다. 아크바르 대제가 왕위 계승 직후에 지시한 그림으로 1557년과 1572년 사이에 제작된 '함자의 모험', 곧 〈함자나마Hamzanama〉입니다.

명령을 내린 때는 겨우 열네 살이었고 작품이 완성되었을 때는 스물아홉 살이 된 군주의 명에 따라, 그리고 페르시아 미술의 두 거장의 감독 아래 각각 백 개의 이절판으로 이루어진 열네 개의 거대한 도첩을 완성하기 위해 백 명이 넘는 인도 화가들이 작업에 동원되었고, 무굴 인도 회화의 독특한 양식, 기교, 미학이 살아 있는 작품이 탄생했습니다―놀라운 공동 창작을 통해서지요.

나는 이것을 『악마의 시』에서 이렇게 묘사했습니다.

무굴인들은 인도 각지에서 화가를 데려다놓고 그림을 그리게 했다. 화가 개개인의 개성이 모여 수많은 머리와 수많은 붓을 가진 초인적 화가가 탄생했는데, 그것이야말로 문자 그대로 인도의 미술이었다. 한 손은 모자이크가 깔린 방바닥을 그렸고, 한 손은 사람들을 그렸고, 또 한 손은 중국을 연상시키는 구름 낀 하늘을 그렸다. 천의 뒷면에는 각각의 장면에 얽힌 사연을 적어놓았다. 이 그림들은 영화처럼 보여줄 수도 있다. 그림을 높이 치켜들고 영웅의 이야기를 읽으면 된다. 이 〈함자 나마〉를 보면 페르시아의 세밀화법과 칸나다 및 케랄라의 화풍이 한데 어우러졌음을 확인할 수 있고, 또한 무굴제국 후기와 같이 힌두교와 이슬람교의 사상이 하나로 융합되었음을 확인할 수 있다.*

아크바르의 통치 기간은 무굴 시대의 전성기였습니다. (여섯 명의 '무굴 대제' 중 여섯번째인 훗날의 무굴 황제 아우랑제브는 우상 파괴자이자 성전 파괴자였는데, 그는 아크바르가 창조하고자 했던 관용과 종교 통합의 문화에 엄청나게 많은 손상을 입혔습니다.) 또한—내 예전 작품의 각주로 말하자면—황제로서 아크바르는 이슬람 철학만이 아니라 힌두 철학, 기독교 철학에도 관심을 가졌습니다—그는 고아에 와 있던 포르투갈의 예수회 목사들을 왕궁으로 초대해 자신의 철학자들과 논쟁을 시키기도 했습니다—그러나 내 생각에는, 예술 후원자로서 아크바르는 인도의 종교보다 모든 지역을 통합하는 데 더 큰 관심을 가졌던 것 같습니다. 그의 화실과

---

* 살만 루슈디, 김진준 옮김, 『악마의 시 1』, 2022, 문학동네, 115쪽.

기록실에는 신앙보다 훨씬 중요한 예술 사조의 통합이 있습니다.

이야기를 계속 진행시키기 전에 우리는 사실 확인을 위해 몇 세기 정도 거슬러올라가서 이렇게 질문해야 합니다. 아미르('왕') 함자는 누구였는가? 그는 실존했는가, 아니면 신드바드나 프레스터 존처럼 환상 속의 인물이었는가? 답은 그가 양쪽 모두에 조금씩 해당된다는 겁니다. 역사상 가장 칭송받는 함자는 7세기에 아라비아에 살았던 함자 이븐 압둘 무탈리브입니다. 그는 선지자 무함마드의 사랑하는 숙부 '젖먹이 형제'였으며 가까운 동료이자 조언자였습니다. 함자가 선지자의 숙부였지만, 두 사람은 나이가 거의 같아서 함께 자랐습니다. 함자는 전사로도 크게 칭송받았습니다. 그는 624년 바드르전투의 영웅이었으며, 일 년 후에 우후드전투(625년)에서 끔찍한 운명을 맞이했습니다. 그는 바드르전투에서 조카를 잃은 에티오피아의 노예 와흐시가 던진 투창에 맞아 쓰러졌습니다. 그다음에 메카의 지도자 아부 수피안의 아내인 잔혹한 힌드가 함자의 사체를 갈라서 간과 심장을 꺼내 먹었다는 이야기도 전해집니다. 힌드는 또 함자의 코와 귀와 사지를 잘라서 승리의 목걸이로 만들어 걸고 메카로 개선했습니다. 피로 얼룩진 이런 자세한 이야기들에 타당성이 없지는 않습니다. 허구화된 함자의 모험에는 이런 유형의 핏빛 사건들이 아주 많습니다.

죽은 뒤에 함자는 빠르게 전설 속으로 유입되어 '아미르 함자'가 되었습니다. 그는 이제 환상 이야기 속의 유랑 영웅이 되었고 그의 이야기는 키사*, 즉 아미르 함자의 역사로 진화해 어떠한 형태로도 고정되지 않고 여러 언어와 나라의 다양한 버전들 속에서 피카레스크** 모험담으로 존재하게 되었습니다. 어떤 함자 이야기는 '진짜' 함자보다 앞선 시기에 나타나기도 하고, 어떤 이야기는 바그다드의 유사한 전설을 가진 칼리프 하룬알라시드와 전투를 벌인 8세기 말의 전혀 다른 함자를 가리키기도 합니다. 하룬알라시드 자신은 『천일야화』 속 많은 이야기의 주인공이기도 합니다.

선지자 무함마드와의 관련성에도 불구하고 허구적 함자의 모험은 거의 전적으로 세속적이며, 신앙보다는 마법과 더 가깝습니다. 칭송받는 〈함자나마〉 천 그림—놀랍게도 종이가 아니라 무명천에 그려졌습니다—하나는 악당 두목 주무르드 샤가 영웅 함자에게 쫓겨 특이한 형태의 이동수단을 타고 하늘을 가로질러 도망가는 모습을 묘사하고 있습니다. 그의 마법사 친구들이 보내준 하늘을 나는 마법의 항아리입니다. 아주 가끔은 강력한 종교적 경건함도 있습니다. 아미르 함자의 동맹인 사이드 파루크니즈하드 왕자가 한 손으로 코끼리 한 마리를 들어올리는 모습을 그린 부분도 있는데, 이 재주가 적인

---

* 아랍어로 '지어낸 이야기'라는 뜻.
** 악당이 주인공인 이야기를 뜻했으나, 지금은 한 인물이 여러 버전의 이야기에 등장하는 것들을 모아 한 계통을 이룬 이야기를 뜻하기도 한다.

두 사람을 크게 감동시켜서 그들은 곧바로 이슬람으로 개종합니다. 그러나 믿는 자에게 초인적인 힘을 부여하는 이런 신앙 이야기에서마저 환상적인 것이 영적인 것을 압도한다는 걸 여러분도 알 겁니다. 함자의 모험 대부분에는 이야기와 그림 형태에 모두 영적인 차원이 빠져 있습니다. 태양을 숭배하는 조로아스터교도들과 기타 나부랭이들에 대한 이슬람의 승리라는 주제가 근저에 깔려 있지만, 그것이 표면으로 올라오는 경우는 드물고, 표면으로 올라올 경우에는 경외심을 자아내는 방식으로 나타납니다—예를 들어, 모든 종류의 환상적인 바다 생물을 해안에 남겨두고 바다가 말라버리는 모습을 묘사한 그림에는 이교도 우상들이 자발적으로 스스로를 파괴하는 것 같은 장면이 보이는데, 이 모든 것이 선지자 무함마드의 탄생을 칭송하기 위한 것입니다.

남아 있는 그림에는 대체로 얼굴이 지워져 있습니다. 무굴 제국이 쇠퇴한 후에 〈함자나마〉 일곱 권이 파괴되었고, 천사백 개의 그림은 그림에 묘사된 영웅과 악당들의 여행만큼이나 위험한 여행을 떠났습니다. 천사백 개의 그림 중에서 천이백 개 이상이 소실되었는데, 파괴된 것으로 추정됩니다. 이백 개가 되지 않는 남은 그림들 중 많은 것은 아크바르보다 더 엄격한 이슬람 사상 추종자들의 손에 의해 말 그대로 얼굴이 지워져버렸습니다—분명 남자들이었을 테지요—그들은 재현 예술에 대한 모든 생각에 반대하며, 모든 것들 가운데 가장 불명예스러운 인간의 얼굴 이미지를 지우기로 한 것이지요.

얼굴을 지우라는 공식적 명령은 내려지지도 않았을 겁니다. 〈함자나마〉 보물의 일부는 이슬람 세계 전역의 값싼 여관이나 커피하우스 같은 공적인 장소에 걸리게 되었고, 누구든지 분노한 손으로 얼굴을 긁어 없앨 수 있었을 테니까요. 남은 그림 중에서 가장 잘 보존된 것들은 페르시아에서 오랫동안 안전한 은신처를 찾은 것들이었습니다. 오늘날의 시끌벅적한 소문들과 반대로, 그곳에는 인물을 표현하는 미술에 대한 반대가 거의 없었으며 선지자 무함마드 자신의 모습도 회화의 흔한 주제였습니다.

함자의 '액자 이야기'는 소박하게도 메소포타미아의 왕 크테시폰의 아누시르반에서 시작합니다. 아누시르반왕은 아직 태어나지 않은 아라비아의 어린아이가 자신을 전복시킬 것이라는 계시를 듣습니다. 그는 부관에게 끔찍한 사명을 내려 파견 보냅니다─아라비아의 임신한 여성을 모두 죽이라고 했지요. 함자는 이 참화를 피한 운좋은 태아입니다. 함자는 자라서 병법의 대가가 되고, 이 이야기를 들은 아누시르반은 함자를 자기의 궁전으로 끌어들여 자기 딸과 결혼할 것을 제안하기까지 합니다. 그러나 미르니가르 공주와 함자의 사랑은 이십 년 동안이나 성사되지 못하는데, 부분적으로는 아누시르반이 일련의 위험한 사명을 위해 그를 파견했기 때문이고, 또 부분적으로는─으흠─함자가 요정들 사이에서 십팔 년이나 살면서 이름이 아스마 혹은 아스만 페리라는 요정 공주와의 사이에서 치사하게 딸까지 두었기 때문입니다. 그러나 결국에는 함자와 미르니가르는 재결합합니다.

무용담의 나머지는 필사적인 용기에 관한 연속된 이야기들인데, 그 세계는 마법의 잦은 개입과 아야르의 중요성이 특징적입니다. 아야르는 첩자입니다. 〈함자나마〉에 그려진 이미지에는 첩자들이 궁궐로 들어가 경비병들의 목을 따거나 중요한 정보를 주군들에게 가지고 오거나, 장면의 주변을 미끄러지듯 다니거나 쉿 하는 소리를 내고 돌아다닙니다. 어떤 비극적 장면—얼굴은 지워졌습니다—에서는 크테시폰의 아누시르반왕의 명령을 잘못 이해한 한 아야르가 자고 있는 함자의 아들 쿠바드의 정자로 들어가 그의 목을 땁니다. 그 아야르의 이름은 아주 적절하게도, '깔개' 또는 '천으로 된 귀를 가진 자'로 번역될 수 있습니다.

마법과 배신이 이 세계의 진정한 기둥이라면, 신앙과 배교, 선과 악은 한참 뒤에 오는 것들입니다.

서양 미술의 개념과 방법을 훈련받은 학도들이 처음 보기에는 아크바르 황제의 화실과 기록실의 집단주의적 접근이 이상하게 느껴질 수 있습니다. 아크바르 화실의 철학은 르네상스의 지배적인 철학으로 출현한 인본주의적, 개인주의적 감수성과 현저히 상반되는 것을 보여주는 듯합니다. 르네상스 시기 이탈리아에서는 개인 예술가들의 손이 모든 곳에서 칭송받고 존경받았으며, '천재성'은 후원자들에 의해 큰 값이 매겨지는 자질이었습니다. 그럼에도 두 세계 사이에는 많은 유사성이 있었습니다. 동양과 서양 모두에서 예술가는 권력자나 혈통이 귀한 사람들, 왕이나 교황의 후원에 의존하고 있었습니다. 그리고 뛰어난 르네상스 예술가들은 도구를 만들거나 물감을 섞어줄 도제들을 화실에 두었습니다―초기 르네상스 시기에는 템페라를, 나중에는 유화물감을 사용했습니다―그리고 도제들은 대가들의 캔버스에 작은 부분들을 그리는 것이 허용되었습니다. 레오나르도 다빈치는 안드레아 델 베로키오의 도제 생활을 했고, 미켈란젤로는 기를란다이오 아래에서 일했습니다. 이와 같은 집단 창작이 회화계에만 국한된 것도 아니었습니다. 잘 알려져 있듯이 엘리자베스 시기의 극장도 집단적으로 만든 작품인 경우가 흔했습니다. 심지어 셰익스피어도 『헨리 8세』와 『베로나의 두 신사』를 존 플레처와 공동 창작했을 것이라고 보며, 조지 윌킨스라는 사람이 『페리클레스』 1막과 2막의 저자로 여겨집니다.

그럼에도 한 가지 본질적인 차이가 하나 남습니다. 16세기 유럽 예술은 확립된 스타 시스템이라고 할 만한 제도가 있었습니다. 조르조 바사리의 『르네상스 미술가 평전』은 명성이라는 주제를 꾸준히 다루는데, 명성에 대한 집착은 우리가 생각하듯이 그렇게 현대적이 아니었습니다. 바사리는 말합니다. "미켈란젤로의 명성은 너무도 커져서 그가 스물아홉 살이 되던 1503년에는 [교황] 율리우스 2세가 사람을 보내 그에게 자신의 무덤을 지어달라고 했다." 바사리는 〈모나리자〉를 그린 직후의 레오나르도 다빈치에 대해 이렇게 말했다고도 합니다. "예술가들 중에서 가장 독실한 이 화가의 작품은 더욱더 탁월해져서 예술을 즐기는 사람은 모두, 사실은 도시 전체가 그의 기념물을 갖고 싶어했다." 실제로, 바사리의 저서에는 화가들의 명성이 그들의 귀족 후원자, 그들이 사는 도시, 그들이 사는 나라의 명성을 고양시킬 수 있었다는 사실에 대한 주제가 근저에 깔려 있습니다.

아크바르 대제에 의해 〈함자나마〉에 동원된 백 명이 넘는 화가들이 이룬 성취는 이와 같은 개인적 유명세와는 거리가 먼 것이었습니다. 아크바르의 부친 후마윤이 망명을 떠났다가 귀환하면서 인도로 데려오고, 아크바르가 화실을 감독하도록 지명한 페르시아 거장 두 사람은 분명 철학적, 음악적, 정치적 권위자들이 모인 아크바르 왕궁에서 유명인으로 간주되었습니다. 하지만 두 사람 모두 아크바르 왕궁의 나브라트나스 또는 '아홉 보석'으로 명명되지는 못했습니다. 아홉 보석에는 귀족이면서 전설적으로 재기 넘쳤던 비르발, 아크바르의 재정장관 라자 토다르 말, 그의 장군 라자 만 싱, 역사가 아불파즐, 시인 파이지, 음악가 미안 탄센, 그리고 물라 아불 하산 '도피아자'('양파 두 개'), 성직자, 미식가, 요리사이자 유명한 메뉴인 머튼 도피아자의 창시자인 도피아자가 있었지만 . . . 화가는 없었습니다. 자화상이었을 초기 초상화를 보면 화실의 첫 총감독 미르 사이드 알리는 인도 무굴 회화가 형식주의적이고 장식적이며 '더 평면적인' 페르시아 미술에서 벗어나 무굴 고유의 독특한 특징들을 어떻게 발전시키게 될지 보여줍니다.

그의 작품에서 우리는 삼차원과 공간적 깊이의 탄생을 볼 수 있으며, 인물의 (페르시아가 아니 인도의) 의복과 신체에서도 입체감이 출현하는 것을 볼 수 있습니다. 이것은 〈함자나마〉의 화풍의 선구적 특징이며, 미르 사이드 알리를 그 화풍의 창시자로 확립해줍니다.

그의 동료 페르시아인 압두스 사마드는 원래 미르 사이드 알리 다음가는 사람이었지만, 긴 프로젝트의 마지막 시기에 미르 사이드 알리가 메카로 성지순례를 떠나겠다고 요청해 허락을 받고 떠나자 화실의 총감독이 됩니다. 황소 마차에 앉아 있는 소년 왕 아크바르를 묘사한 그의 초기 작품이 보여주듯이, 그는 직책에 걸맞은 재능이 있었습니다. 정확하지만 이차원적인 동물 묘사, 왕좌 주위 목재 칸막이의 섬세한 문양, 얼굴 그림의 화풍 등에서 우리는 아주 이른 시기의 압두스 사마드는 페르시아 화풍을 여전히 사용하고 있다는 걸 알 수 있습니다. 그의 인생 끝자락에 제작된 걸작 두 점은 그가 〈함자나마〉 프로젝트의 결과로서 얼마나 멀리 왔는지 보여줍니다. 아크바르 사후 그의 아들 살림 왕자가 자한기르라는 칭호를 얻어 왕으로 통치했던 시기에 압두스 사마드는 페르세폴리스의 건설자로 세간에 알려진 페르시아의 왕 잠시드 또는 잠세드의 초상화를 그렸습니다. 이 그림에는 입체감이 있는 인물들, 깊이와 개성이 충만한 얼굴들, 진정한 삼차원의 깊이를 보여주는 배경, 그리고 작품의 생명력을 크게 더해주는 자유로운 자연 묘사가 있습니다. 싸우는 낙타 두 마리를 그린 압두스 사마드의 유쾌한 초상화에서는 싸움의 사실적 에너지로부터 그가 틀에 박힌 페르시아 양식의 화풍에서 얼마나 발전했는지를 알 수 있습니다.

나머지 화가들 중 몇 명은 〈함자나마〉의 이러저러한 주요 작품을 그린 것으로 인정되어 실제로 '이름이 기록된' 화가가 되었다는 것을 알 수 있습니다. 그러나 십사오 년이 걸린 이 프로젝트의 미학적, 심지어는 윤리적 측면에서 개인적 기여의 가치는 작품 전체의 가치보다 낮게 두었습니다. 〈함자나마〉의 화가들은 서양에서 비슷한 화가들이 가졌던 사회적 지위는 전혀 갖지 못했습니다. 그들의 지위는 장인 계급, 그러니까 같은 이 시기에 걸출한 건축물들을 건설하기 시작한 대석공과 동격이었습니다. 무굴제국이 건설한 유일한 최초의 항구적 수도 겸 왕도 파테푸르 시크리의 거대한 사암 기념물을 지은 대석공들 말입니다. 파테푸르 시크리는 오늘날 아그라에서 차로 약 한 시간 거리에 있습니다. 화가들은 대체로 그들보다 훨씬 낮은 계급이었습니다. 아크바르의 화실과 기록실에서 열심히 일하며 높은 재능을 가졌던 수십 명의 구성원들은 영원히 이름을 남기지 못했습니다. 그 이절판 그림에 아미르 함자의 무용담 이야기를 기록해넣은 서예가들, 이미지마다 가장자리에 찬란한 그림을 그린 뛰어난 장식 미술가들, 그리고 분명 이 일곱 권의 도첩을 제작한 모든 장인들 말입니다. 특히 도첩을 제작한 장인들은 (무명천에) 그려진 이미지를 가장자리 그림이 그려진 종이 안에 붙여넣고, 결속 부분을 강화하기 위해 페이지마다 양쪽에 긴 종이 조각을 덧대고, 그다음에는 더욱더 견고하게 하기 위해 각 이절지의 오른쪽 면과 왼쪽 면 사이에 종이, 천, 종이를 세 겹 배치했습니다. 그림 전체에 그렇게 하지 않았더라면 천사백 개의 이미지 중에서 남아 있는 이백 개마저도 남아 있지 못했을 겁니다. 이 모든 사람들이 합당한 곳에서, 〈함자나마〉의 살아 있는 이미지들 속에서 영원한 명성을 누려야 하지만, 그들의 이야기는 사라져버렸습니다.

이와 같이 개인보다 집단을 강조한 결과로, 우리는—르네상스 미술의 후원자들에 대해서는 이렇게 말할 수 없겠지만—〈함자나마〉 프로젝트의 진정한 초대형 화가는 아마 다름 아닌 아크바르 대제라고 말할 수 있습니다. 왕위에 갓 등극한 이 어린 왕이 왜 그토록 이른 통치 시기에 그렇게 많은 화가들을 모아 그토록 방대한 기획을 맡겼을까 하는 질문에 대한 대답은 역사에 기록되지 않았습니다. 그러나 어쩌면 아크바르의 성격과 사상, 즉 그가 되고 싶어한 통치자의 유형뿐 아니라 그가 다스리고 싶어한 나라의 모습에 대한 그의 사상 속에 그 답이 있을 수 있습니다.

'위대한'을 뜻하는 '아크바르'는 그의 이름이 아니라는 사실을 기억해주십시오. 그러나 젊은 시절부터 그는 그렇게 불렸으며, 일찍이 어린아이 시절부터 그에게는 전설적인 신체적 기량이 있었다고 합니다. 아크바르 기획의 핵심에는 항상 '위대함'이 있었습니다. 그는 위대한 인간이 되고 싶어했고, 위대한 왕이 되고 싶어했으며, 그렇게 되기 위해서는 위대한 백성을 다스려야 한다는 사실을 알고 있었습니다. 다시 말해 아크바르는 다스릴 만한 가치가 있는 왕국, 관용과 화해와 통일을 그 근간으로 하는 왕국을 창조하길 원했습니다. 화실과 기록실은 아마 그런 정신 속에서 만들어졌을 것입니다. 말하자면, 그 안에서 창조성과 천재성이 통일과 화합에 봉사하는 이상 국가의 축소 모델이었던 셈입니다. 〈함자나마〉의 '위대함'은 정확히 그것의 복수성과 그 재능의 다양성에, 그리고 다양한 요소들을 한데 묶어서 조화로운 전체를 형성해내는 능력에 있었습니다. 아크바르는 한평생 스스로에게 임무를 부과한 방식과 동일하게 미르 사이드 알리와 압두스 사마드에게 임무를 부여했습니다. 〈함자나마〉는 그의 철학의 반영이자 찬미였습니다.

함자의 모험이 왜 그런 위대한 과업으로 선택되었을까요? 함자가 사람들 입에 회자되는 영웅이기 때문이었을 것입니다. 그의 페르소나가 부분적으로는 역사적이고, 부분적으로는 전설이었기 때문일 수도 있지요—즉 아크바르 스스로가 창조하길 원했던 '아크바르'와 결코 다르지 않았기 때문이었을 겁니다. 거대한 장애물을 극복하고, 강력한 적들을 무찌르며, 아름다운 여인의 손길을 얻어내고, 불가능한 난국을 헤쳐나가서 승리를 쟁취하는 방랑 영웅의 무용담이라는 전통은 필연적으로 생성의 이야기입니다. 업적을 통해 지위와 가치를 성취해내고, 용을 퇴치하는 자와 요정과 입맞추는 자만이 진실로 소유할 수 있는 것들에 관한 이야기지요. 함자의 이야기는 전통적인 형식의 모험 이야기가 아닙니다. 이런 점에서는 아서왕의 성배 이야기나 헤라클레스의 열두 가지 과업 이야기, 심지어 탐험에 관한 페르시아의 신화인 아타르의 『새들의 회의』와도 다릅니다(서른 마리의 새가 자신들의 신 시무르그를 찾아나섭니다. 많은 시도 끝에 신들이 살고 있다고 알려진 카프산 정상에 도착합니다. 그러고선 '시무르그'가 '서른 마리의 새'를 의미한다는 말을 듣게 됩니다―이제 위대한 여정을 마쳤으므로, 새들은 자기들이 생각했던 신들이 된 것입니다). 그럼에도 함자 이야기는 자신의 업적을 통해 영광을 얻는 이야기입니다. 함자의 위대함은 단순히 그의 행동에만 있는 것이 아닙니다. 그의 위대함은 실제로 행한 것들의 산물입니다. 그리고 또하나, 날개가 달리고 눈이 세 개인 상상의 말을 타고 있는 허구적 영웅 아쉬카르는 실제 소년 왕과 아주 닮아 보입니다. 예를 들어, 그는 적의 요새 아래에서 마법의 준마 위에 앉아 예로부터 유서 깊은 방식에 따라, 그러니까 욕설을 교환하면서 적에게 덤비라고 도발합니다. (이 관습은 영화 〈몬티 파이튼의 성배〉나 그 영화의 브로드웨이판 〈스팸얼랏〉에서 프랑스인들이 영국 기사들에게 퍼붓는 욕설을 떠오르게 합니다. "가서 네 엉덩이나 삶아먹어라! . . . 네게 코나 풀어주마! . . . 네놈하고 더이상 말을 섞기 싫다, 이 머리가 텅빈 가축의 여물통이나 닦는 행주 같은 놈아! 네놈 있는 곳으로 방귀나 뀌어주마! 네놈 어미는 햄스터이고, 아비는 딱총나무 열매 냄새가 나더군!" 페르시아판에서는 훨씬 더 우아한 욕을 했으리라 확신합니다.)

〈함자나마〉 임무를 부여한 아크바르는 왕이었지만, 자기 영토의 완전한 주인은 아니었습니다. 통치 기간의 초기 육 년 동안, 그의 영토는 섭정을 통해 통치되었습니다. 처음에는 원로 장군 바이람 칸, 나중에는 숙모이자 유모인 마함 아나가와 그녀의 아들이자 아크바르의 양형제인 아드함이 섭정했습니다. 무시무시한 마함 아나가가 영예로운 바이람 칸을 상대로 계략을 꾸몄습니다. 메카로 순례 여행을 가는 도중에 바이람은 몇 년 전 바이람과의 전투에서 아버지를 잃고 복수심에 불타던 아프가니스탄 사람의 손에 죽습니다. 그리고 비열한 강간범 아드함 칸의 잔혹함이 그녀의 뒤를 잇습니다. 이 같은 이야기들은 〈함자나마〉의 이절판에서 곧바로 가져올 수 있는 이야기들입니다. 1562년 위기가 찾아옵니다. 아드함 칸이 아크바르가 지명한 총리대신을 공격한 다음에 열아홉 살의 황제에게까지 '손을 댑니다'. 아크바르는 몸집이 크고 젊은 친구였으며, 왕으로서 필요한 결단력이 부족하지 않았습니다. 그는 아드함 칸을 때려눕힌 뒤 건물 밖으로 던져버리라고 명령합니다. 그런데도 아드함 칸을 죽이는 데 실패하자, 이번에는 머리부터 다시 던져버리라고 명령했습니다. 그후로 아크바르는 왕좌를 완전히 통제하게 되지요.

이 이야기에서 우리는 (a)16세기의 현실은 화가들의 환상의 세계와 크게 다르지 않았다는 사실과 (b)이 어린 왕은 아드함 칸이 두번째로 던져지고 난 후보다 초기 육 년 동안 활용할 수 있는 시간이 더 많았다는 사실을 알 수 있습니다. 이 섭정의 시기에 〈함자나마〉 이절판의 절반이 완성되었습니다. 아크바르는 언제나 세부적인 것에 신경쓰는 사람이었고 실천하는 통치자였기 때문에 〈함자나마〉가 진행되는 동안 그 프로젝트의 감독과 평가에도 그가 자주 관여했을 것이라고 상당한 확신을 가지고 추론할 수 있습니다. 확실히 그는 초현실적인 차원의 악행을 더 잘 알아가고 있었습니다. 〈함자나마〉의 환상적 성격은 용에 대한 페르시아의 애정과 더불어 환상적인 것과 마법적인 것을 사랑하는 십대 소년의 반응, 마법 이야기에 대한 어린 친구의 관심에 대한 반응에서 탄생했다고 생각하기 쉽습니다. 당시 페르시아의 문학에는 전부 용이 있었고, 인도의 최고 예술가들은 의도적으로 거기에 몰입했습니다. 아크바르 학파의 위대한 발견 중 한 명인 화가 다사반타―원래 벽에 낙서하는 것을 좋아하는 1인용 가마꾼의 아들이었는데, 그의 낙서를 본 아크바르가 그를 함자 화실에 영입했습니다―가 디자인하고 주로 그린 그림 하나에는 매우 웅장한 용 한 마리가 함자의 위대한 친구이자 첩자, 즉 아야르였던 우마르에 의해 살해당하는 장면이 있는데, 우마르는 나프타 한 병을 용에 던져서 불태워버립니다.

아크바르 황제의 삶에 대해 전해지는 이야기가 하나 있는데, 그에 따르면 어린 아크바르는 환상의 세계에 푹 빠졌을 수있지만, 나이가 들면서 그런 유치한 것은 옆으로 제쳐두고 용의 세계에서도 벗어나 철학과 지혜의 세계로 옮겨갔다고 합니다. 다시 말해 '현실'세계가 꿈의 세계를 대체했다는 겁니다. 나는 개인적으로 유년기의 상상력에서 성년기의 사실주의로 이행한다는, 이런 다소 단순한 방식의 인생 묘사를 어떤 인생에서건 받아들이지 않습니다. 첫째로, 내가 시사했듯이 용한두 마리가 있든 없든, 점박이 도깨비가 여기저기 있든 없든 관계없이, 〈함자나마〉가 그려진 천 위에 나타난 두드러진 특징들이 포함된 '실제' 세계는 아크바르 인생의 '실제' 사실들이 만들어낸 그림입니다. 둘째, 내가 말했듯이 우리 모두는 꿈꾸는 존재이며, 우리는 어느 정도 꿈속에서 살아갑니다—우리 자신과 자녀들을 위해 무언가가 될 수 있다는 꿈, 심지어 사실로 드러나는 꿈들, 남편이 점점 더 매력적으로 보이거나, 우리집이 더 좋아지거나, 미래에는 지금보다 부자가 되거나 하는 그런 꿈 말입니다—꿈이 없는 일상은 견딜 수 없습니다. 그리고 꿈을 꾸는 것은 창조하는 것이기도 하며, 아크바르처럼 충분히 창의적인 군주라면 분명 자신의 상상력과 단절된 어른으로 성장했다고 말할 수는 없을 것입니다. 〈함자나마〉를 소년의 환상을 묘사한 것으로 치부해서는 안 됩니다. 그것은 위대한 한 인간이 자기가 살던 세계에 대해 보여준 장엄하고, 더러는 마키아벨리적인 비전으로 보아야 됩니다.

미르 사이드 알리, 압두스 사마드, 그리고 앞서 언급한 1인용 가마꾼의 아들이자 낙서 예술가인 다사반타 외에 〈함자나마〉에 참여한 주요 화가들로는 바사바나, 슈라바나, 마드하바

쿠르드, 마헤사, 케사바 다스가 있었고, 중요도에 따라 나열하면 그 뒤로 마흐 무하마드, 타라, 자가나, 랄루, 미트라, 그리고 무클리스가 있었습니다.

(보조 화가 중 한 명인 마흐 무하마드는 건물 그림에 대한 흥미로운 재능을 가지고 있었습니다. 그가 그린 환상적인 궁궐에서 훗날 파테푸르 시크리에서 현실이 되는 양식이 시작된 것을 볼 수 있습니다.)

한 이미지를 위한 협업은 정말 긴밀했습니다. 스리랑카에서 온 거인 란드하우어가 잠을 자다가 나쁜 요정 데브에게 납치되는 그림은 다사반타와 슈라바나의 협업입니다. 이 경우에는 다사반타가 잠자는 란드하우어의 복장 밑그림을 그렸는데, 밝은 색채를 활용하고 무늬 있는 파자마를 삼차원적으로 그려냈습니다. 그리고 모리스 샌닥이 자랑스러워했을 만한 〈함자나마〉의 여러 짐승이나 야성적인 것들 중 하나인 데브의 모습도 다사반타가 그렸습니다. 슈라바나는 란드하우어가 자는 침대를 그렸으며, 그림 모서리의 부드러운 바위들도 그렸을 것으로 보입니다. 납작한 페르시아 식물들은 또다른 사람의 손으로 그려졌을 겁니다. 우리는 어떻게 이질적인 재능들이 이렇게 하나로 모이는지 보기 시작합니다.

〈함자나마〉에서 가장 유명한 이미지 중 하나인 바다 괴물이 함자와 그의 부하들을 공격하는 장면은 바사바나와 슈라바나의 협업입니다. (함자는 그 괴물에게 화살을 쏘고, 화살이 눈에 꽂혀서 괴물은 격분합니다.) 인물들은 슈라바나가, 복장과 바다 괴물은 바사바나가 그렸습니다.

〈함자나마〉에서 함자의 가장 큰 적들 중에는 '동방의 왕' 거인 주무르드 샤가 있습니다. 그는 함자와 함자의 동맹들에 의해 끔찍한 곤경에 처합니다. 잘 알려진 이미지 중에 그가 미스터리하게도 거대한 구멍 속으로 떨어져서 '의심스러운 정원사들'에게 얻어맞는 장면이 있습니다. 재치 있는 디자인에 따라 주무르드 샤는 그림의 전체 큰 프레임 안의 원형 프레임(구멍) 안에 그려져 있는데, 케사바 다스가 인물을 그렸습니다. 그림의 나머지 부분은 이름이 알려지지 않은 다른 화가들의 그림입니다. 다시 한번 우리는 예상과 달리, 이렇게 여러 사람의 손을 거쳐도 작품이 지저분해지지 않는다는 걸 알 수 있습니다. 서로 다른 재능―풍경화, 인물화, 건물 그림, 의복 그리기―이 모두 녹아들어 깔끔하게 전체를 이룹니다. 화가들이 서로에게 배우다보니 때로는 그들의 재능이 섞여서 누가 작업했는지 알아내기 힘든 경우도 있습니다. 나는 〈함자나마〉가 이룬 위대한 성취 중 하나가 물이나 구름처럼 딱딱하지 않고 변화하는 사물을 재현한 것이라고 생각합니다. 흐르는 것을 재현하는 기교는 아크바르 화실의 진정한 혁신이고, 모든 화가가 이 새로운 방법을 시도해보고 싶었던 것 같습니다. 적이 홍수를 터뜨려 함자의 요새로 흘려보내는 이미지에서 자가나는 범람하는 물을 생동감 있게 그렸습니다. 가까이 이어지는 그림에서 타이후르 샤라고 하는 적이 살해되는데, 이번에 그려진 홍수물은 슈라바나의 작품입니다. 또 버려진 아기를 구출하는 장면에서는 (배경 건물은 아니지만) 물과 그림의 대부분을 제3의 화가 케사바 다스가 그렸습니다. 흐르는 형상에 통달한 재능을 과시하면서 케사바 다스는 정체가 알려지지 않은, 약간 과체중인 인물이 귀가 큰 암컷 마귀를 죽이는 이미지 위쪽에 구름 낀 하늘을 범상치 않게 그려냈습니다. 하늘의 광채 속의 구불구불하고 추상적인 구름과 대기의 형상은 눈길을 사로잡으며, 사실상 그 아래의 장면을 압도합니다.

마지막으로, 건물 그림에 치중하던 마흐 무하마드마저도 흐르는 형상의 재현에 뛰어듭니다. 함자의 며느리이자 유명한 궁수인 미히르두크트가 배를 타고 도망가는 이미지에서 그녀는 (누구건 자기가 쏜 화살을 가장 먼저 주워 오는 사람을 택하겠다고 말한 뒤에) 원치 않는 구혼자들로부터 도망치는 중인데, 물과 풍경을 마흐 무하마드가 그렸습니다. 인물들은 〈함자나마〉의 또다른 화가 바나바리가 그렸습니다.

〈함자나마〉의 '복합 예술가'의 작품 연구에서 대담하고 때로는 잔혹한 많은 아야르들, 즉 첩자들의 행동을 누락해서는 안 됩니다. 우리는 이미 그런 첩자에 의해 함자의 아들 쿠바드가 살해당하는 이야기를 했습니다. 다시 한번, 다사반타의 바닷물 그림으로 유명한 비범하게 아름다운 이미지 속에서—이번에는 다사반타의 시간입니다—함자의 가장 가까운 동료인 아야르 우마르는 주인공 함자를 찾으러 나섭니다. 이야기의 이 부분에서 주인공은 포로가 되어 있었습니다. 대체로 우아한 젊은이로 묘사되는 우마르는 거친 일도 해낼 수 있습니다. 케사바 다스(인물)와 마흐 무하마드(당연히 건축물)가 그린 폴라드성 바깥의 한 장면에서 그는 정보를 얻기 위해 병사 하나를 발로 걷어차는 모습으로 그려집니다. 그리고 함자의 다른 첩자들인 우마르의 동료들은 죽여버릴 태세를 완벽히 갖추고 적의 궁궐로 잠입해 경비들의 목을 땁니다.

심지어 마히야 같은 여성 아야르들도 열정적인 살인자들입니다. 마히야는 함자의 다른 아들인 이브라힘 왕자의 첩자입니다. 자가나와 케사바 다스의 생생한 이미지에는 두 명은 이미 머리가 잘려나가 있고, 다섯 명 넘게 살해되어 널브러져 있는 한가운데서 마히야가 어떤 사내의 목을 따는 모습이 그려져 있습니다. 함자의 작품 전체에서 모자이크와 다른 장식적인 무늬들로 가장 화려하게 꾸며진 그림들 중 하나에 바로 이 모든 장면이 들어 있다는 말입니다.

또다른 여성 아야르 코시 키람은 다른 첩자인 카지다스트의 잘린 머리를 아무렇게나 들고 숲속을 배회합니다. 바사바나와 무클리스가 그린, 한편으로는 숲이 우거지고 다른 한편으로는 궁궐같이 아름다운 이 구도 속에서 말입니다.

이제 그림의 윤곽이 들어오지요.

〈함자나마〉의 우주 속에는 상반되는 것들이 공존합니다. 폭력과 아름다움, 사실주의와 환등, 영웅적 행위와 악행. 이것 또한 복합 예술을 창조해내기 위한 시도입니다. 복합 예술가

만이 아니라 복합 세계를요. 이 프로젝트는 더없이 정교한 이 절판에 삶이 포함하는 모든 것들과 살아 있는 사람이 악몽이나 꿈속에서만 상상할 수 있는 것들을 묘사하려는 시도입니다. 그리고 많은 도깨비의 삶, 동물의 삶, 신들의 삶도 함께요.

주인공 함자 또한 복합적 인물입니다—그는 여러 가지 다른 '원본들'의 결합으로 창조되었을 뿐 아니라, 크테시폰의 공주 미르니가르를 향한 그의 진정한 사랑의 길에 가로놓인 장애물을 극복하려고 애쓰는 세계의 인간이자, 요정 세계의 방랑자이며, 페리들의 연인이자 데브들의 적입니다. 그의 지상의 사랑이 현실세계에 대한 그의 사랑을 대변하듯이, 그의 요정 연인 아스마 또는 아스만 페리(아스만 페리는 '천상의 요정'이라는 뜻입니다)는 환상의 세계에 대한 그의 사랑을 대변합니다. 이 지점 또한 아크바르를 재현한 것입니다. 자신의 통치 기간의 위대한 기념물이자 징표가 될 작품을 만들라고 지시하고, 정확히 자신의 계획대로 만들어질 작품을 지시한 황제 아크바르를 말입니다.

이 모든 일은 아주 먼 과거에 발생했습니다. 그러나 역사는 경쟁의 공간이며, 인도보다 역사 경쟁이 심한 나라도 없습니다(물론 인도만 그런 것은 결코 아닙니다). 과거를 두고 벌이는 전투는 필연적으로 현재를 위한 전투입니다. 무굴제국의 마지막이자 제국이 가장 화려했던 시기인 이슬람의 인도 정복 역사는 최근 매우 격렬한 논쟁의 주제가 되었습니다. 지난 삼십여 년간 공격적인 힌두교 수정주의가 성장한 결과, 이슬람 인도는 어쨌든지 간에 진정성이 없으며, 이슬람 왕조가 '진정한' 힌두 인도를 짓뭉개고 질식시켜 결국 그것을 손상하고 왜곡하는 효과를 초래했다는 주장들로 이어졌습니다. 이 시기에 대한 극도로 부정적인 관점은 심지어 교과서에까지 발을 들여놓게 되었습니다. 힌두교 지상주의 기획의 일환으로 인도 인민당 정부는 심각하게, 의도적으로 역사 다시 쓰기와 역사 왜곡 사업에 개입하고 있습니다. 현대 이슬람의 호전성으로 인해 사람들이 힌두 수정주의자들의 주장이 그렇게 틀린 것도 아니라고 설득되는 이 시대에 〈함자나마〉 이미지들은 논쟁의 중요한 증거가 됩니다.

아크바르 황제의 통치기에 인도 문명은 과거 인도가 한 번도 도달하지 못한 전성기를 맞이했으며, 이렇게 말하는 것이 무굴제국의 번창과 더불어 쇠락하기 시작한 남부의 위대한 힌두 왕국 비자야나가르의 성취를 평가절하하는 것은 아닙니다. 그리고 아크바르 황제라는 비범한 인물 덕분에 인도 문명은 진정한 철학적 탐구의 정신, 관용의 분위기, 그리고 모든 지역, 모든 종교의 인도인을 통합하는 과정으로 기록되었고, 지금까지 그렇게 기억되고 있습니다. 무굴제국의 과거가 없었다면 인도는 오늘날만큼 발전하지 못했을 것입니다. 아크바르의 통치기가 찬란한 막간극이었는지 중요한 이정표였는지 하는 문제는 훗날 논의할 주제입니다. 그날까지 머리와 붓 여럿이 모인 〈함자나마〉의 복합 예술가는 공통의 대의를 위해 여

러 사람의 창의성을 한데 모음으로써 인간이 성취할 수 있는
것이 무엇인지 보여주는 상징으로 우리 앞에 서 있습니다.

암리타 셔길의 편지들

　　1990년대 초반 내가 소설 『무어의 마지막 한숨』에 관한 구
상을 시작했을 때, 나는 곧 전적으로 상상 속의 인물인 20세
기 인도 여성 화가 한 명(그리고 그의 작품)을 포함하게 되리
라는 사실을 깨달았다. 나는 내 친구나 지인들 중 훌륭한 현대
화가 몇 명—크리센 카나, 부펜 카카르, 굴람 모하마드 셰이
크, 닐리마 셰이크, 날리니 말라니, 비반 순다람, 애니시 커푸
어—과 개인적으로 친분은 없지만 작품이 훌륭하다고 생각
하는 화가들—푸시파말라 N., 나브조트, 수디르 파트와르드
한, 기에브 파텔, 드루바 미스트리, 아르파나 카우르, 락슈마
구드, 가네시 파인—을 생각해봤다. 이 화가들의 작품이 내
가상의 화가 '아우로라 조고이비'가 그렸을 그림들을 생각하
는 데 도움을 주었다. 그러나 그녀의 인격을 내가 상상하게

'허락해주고' 현대 인도 예술의 한가운데서 여성 화가 인물을 창조하게 해주고, 또 그런 여성이 가능하다는 것을 믿게 해준 인물은 내가 만난 적이 전혀 없는, 젊은 나이에 비극적으로 세상을 떠난 한 화가였다. 나는 그녀의 조카 비반 순다람의 찬란한 그림 속에서 그녀를 처음 접했다. 그 예술가는 암리타 셔길이었다.

집안에 있는 한 가족을 그린 그림이다. 한 남자가 수심에 잠긴 채 뒤쪽에 서 있고, 서양 여인 한 명이 뻣뻣하게 의자에 앉아 있다(그녀 옆의 테이블에는 피스톨이 한 자루 놓여 있다). 방안은 가구와 그림으로 가득차 있고, 전체적으로 반짝이는 오렌지색과 황금색으로 채색되어 있다. 그러나 그 모든 풍요와 신비에도 불구하고, 우리의 눈길은 은은하게 미소 짓고 있는 놀랍도록 아름다운 젊은 여인에게로 끌린다. 지적이고 유쾌해 보이는 얼굴. 암리타다.

그 당시에 나는 그녀에 대해 잘 몰랐다. 나는 그녀가 절반은 헝가리인이라는 사실을 알고 있었고, 시골의 삶을 포착한 몇몇 장면들—이야기꾼, 어린 소녀—을 그린 그녀의 그림을 델리의 국립미술관과 비반의 집에서 몇 점 본 적이 있었다. 나는 책을 쓰면서 그녀에 대해 더 알아보기를 거부했다. 나는 내 스스로 상상 속의 암리타를 불러냈다—간디의 사상에 영향을 받았으며, 인도의 '진정한' 삶인 시골의 삶을 묘사하는 데 헌신한 여인—그리고 나는 나의 아우로라가 많은 면에서 암리타와 상반되도록 도도한 도시의 세련된 인물로 만들기로 결정했다. 내가 실제 암리타를 스스로 조금 더 알아보기로 한 것은 책을 다 쓰고 난 후였다. 그리고 내가 생각했던 것보다 암리타와 아우로라 사이에 공통점이 훨씬 더 많다는 사실을 바로 알게 되었다. 어떤 점에서—그녀의 성적 성향 같은 부분—암리타 셔길은 내가 구상한 화려한 여인보다 더 보헤미안 같고, 제약에서 좀더 자유로운 인물이었다.

그녀가 쓴 편지들 속에서 실제 암리타는 글에서 뛰쳐나올 만큼 생생했다. 겨우 스물한 살이었던 암리타는 1934년에 이렇게 말한다. "내가 고집이 세다고 생각할지도 모르지만, 나는 나의 확고한 생각과 확신을 고수할 거예요." 아우로라 조고이비의 대척점이 아니라 자매처럼 보이는 그녀의 거리낌없는 성격은 이 편지의 가장 유쾌한 부분이다. 그녀는 라빈드라나트 타고르를 칭송하지만, 이렇게도 말한다. "그의 명성은 이 나라 주변이 평평한 덕분이다." 하이데라바드왕국의 군주 니잠의 속물근성에 분노한 그녀는 그의 면전에서 노골적으로 퉁명스럽게 쏘아붙인다.

궁궐에 가보니 아름다운 보석과 무굴인과 라지푸트인들의 훌륭한 그림만 가지고 있는 게 아니라, 수백만 루피짜리 **쓰레기**도 있더라고 . . . 그리고 거기에 쌓여 있는 레이턴과 와츠와 부그로의 작품들을 보고 파티에 모인 사람들이 전부 존경과 칭송의 말을 지껄이더라. 내게 어떻게 생각하느냐고 물었을 때는 너무 역겨워서 미적 감각이 있는 사람이라면 시장에 세

잔과 반 고흐와 고갱이 나와 있는데 어떻게 레이턴과 부그로와 와츠의 작품을 살 수가 있겠느냐고 되물었어.

이 일이 있고 난 후 하이데라바드 니잠은 놀라울 것도 없이 암리타의 '큐비즘' 그림 두 점을 사지 않겠다고 거부하고, 그녀는 '당연히 분노한다'.

그녀의 가까운 친구이자 동지인 칼 칸달라발라에게 편지를 쓸 때도 그녀는 그의 미술평론에 대해 언급하는데, 우정이 좀 덜했더라면 금이 갔을 정도였다.

객관적인 사람, 차분하고 침착한 지성을 가진 교수가 쓴 명징하고도 개인 감정이 배제된 설명이라는 인상이에요. 그래서 읽을 때는 '아주 지당한' 말씀이라고 크게 소리치고 싶지만, 옆으로 내려놓는 순간에는 금방 잊어버리게 되지요. 다시 말하면, 선생 '우리 마음에 강력하거나 오래 남을 인상을 전혀 주지 못한다'는 거예요. (아마 잘못은 단어 선택에 있는 듯한데) 표현 **양식**이 너무 밋밋해요.

자신의 가장 노골적인 경멸은 벵골 학파를 위해 남겨뒀는데, 암리타는 그들을 경멸적으로 아잔타석굴의 벽화와 비교한다.

아잔타 벽화는 **핵심**이 있는 그림인 데 반해, 벵골 학파의 그림은 껍데기뿐입니다. 아무것도 아닌 것 주위에 온갖 것들을 쌓아올린 꼴이며, 비본질적인 것들만 잔뜩 있어서 그런 비본질적인 것들을 제거하고 나면 존재하지도 않게 될 겁니다.

그녀는 자미니 로이가 '어느 정도 재능'을 가지고 있다는 건 인정하지만, 그의 선이 아잔타의 대가들에 비교되는 것을 거부한다.

암리타의 격렬한 지성과 날카로운 혀는 자신의 행동에 대해 부끄러움을 모르는 솔직함과 자신이 택한 대로 행동할 권리에 대한 고집과 결합해 가족과 친구들에 대한 그녀의 생각에도 드러난다. 그녀가 유럽에서 인도로 돌아가겠다고 했을 때 그녀의 아버지(두치)가 주저하면서 인도에 관한 관심이 부족하다고 비판하자, 그녀는 예술적 선언이자 동시에 사회적, 성적 행위에 대한 아버지의 협소한 도덕에 대한 공격으로서 비범한 텍스트를 내놓는다.

저는 일차적으로 제 예술의 발전이라는 관심을 위해 인도로 돌아가기를 원하는 거예요 . . . 제가 인도, 인도의 문화, 인도 **사람들**, 인도의 문학, 그 모든 것에 깊은 관심을 가지고 있는데도 인도에 관심이 없다고 말씀하시니 아버지는 완전히 잘못된 판단을 하고 계시네요 . . . 우리가 유럽에 오래 머문 것이 어떤 면에서는 제가 인도를 **발견**하는 데 도움이 되었어요. 현대 예술이 제게 인도의 회화와 조각을 이해하고 감상하게 해준 거죠. 역설적인 것 같지만, 우리가 유럽으로 떠나오지 않았더라면 아잔타석굴의 프레스코 벽화나 기메미술관의 작은 조각품 하나가 르네상스 전체보다 더 소중하다는 걸 결코 인식하지 못했을 거라고 확신해요! 간단히 말하자면, 저는 이제 돌아가서 인도와 그 가치를 누리고 싶어요 . . . 아버지에게는 아버지의 명예가 우리에 대한 애정보다 소중하다는 걸 알게 되니 좀 슬펐어요. 또 사람들이 구시렁거리는 말들을 아버지가 얼마나 중요하게 생각하시는지 알게 되어 실망했고요 . . . 저는 제가 비도덕적인 인간이라는 생각이 추호도 없어요. 저는 비도덕적이지 않아요 . . . 게다가 (가끔씩 잘 그러시듯) 우리의 인도 귀국이 아버지의 명예 손상이나 마찬가지라고 말씀하실 때는 상황을 다소 극적으로 표현하시는 것 같다는 생각이 들어요. 바보들과 이간질을 좋아하는 사람들은 먹잇감이 되어주지 않아도 항상 구시렁거려요. 그리고 세상은 속 좁고, 편견에 차 있고, 광신적인 사람들로 득실거리고, (아버지도 값을 톡톡히 치르고 배우셨듯이) 인도도 마찬가지고요. 하지만 그 사람들을 신경쓸 필요가 있나요?

암리타는 자기 어머니에게도 쓴소리를 하는데, 처음에는 하인들을 학대했다는 이유였고 나중에는 고통스러운 이 부인이 정신적 불안정 상태에 빠졌을 때는 거짓말을 한다는 것 때문이었다.

어머니는 불결하다는 둥, 나태하다는 둥, 비정상적으로 성적인 것에 빠져 있다는 둥 온갖 악행을 핑계대며 우리를 무차별적으로 비난하세요. 그중에서는 한심할 정도로 배은망덕하다는 말이 가장 약하고요.

냉담하고 전통적인 아버지와 점점 더 정신이 혼미해지는 어머니 사이에 갇힌 암리타는 자신의 진솔함뿐 아니라 아름다운 것에 대한 열정적인 사랑으로 탁월한 예술적 비전 속에서 피난처를 찾는다. 여동생 인두에게 보낸 편지에서 그녀는 코친에서 발견된 프레스코 벽화에 관해 이야기한다.

난 아침부터 저녁까지—말하자면 빛이 사라질 때까지—폐허가 된 이 궁전에서 시간을 보내. 여기에는 아직 '발견되지' 않은 완벽하게 불가사의한 오래된 그림들이 있어. 아무도 이 그림들에 대해 모르는데, 이 지역 사람들—심지어 디완같이 책임이 있다고 하는 사람들—은 힘만 있으면 이 그림들을 파괴하려 들 거야. 성애적인 장면을 묘사하는 패널이 몇 점 있거든. 짐승들과 새들은 너무도 솔직하게 교미를 하지만, 신기하게도 인간의 성적 행위는 결코 묘사되지 않아 . . . 그림을 모사하기 시작하고 나서야 이 사람들이 얼마나 놀라운 기교를 갖추었고, 형체에 관해 얼마나 굉장한 지식과 관찰력을 갖추고 있었는지 이해하게 돼. 아잔타석굴 벽화의 날씬한 형상들과 달리, 여기 그림은 아주 우람하고 육중해. 아마 내가 본 그림들 중에서 가장 강력한 그림일 거야.

코친 프레스코 벽화는 칼 칸달라발라에게 보낸 열정적인
편지에서 다시 언급되며, 브뤼헐과 르누아르가 그랬던 것처럼
이 그림들도 암리타에게 심대한 영향을 미친 것이 분명하다.
그녀는 "모든 예술, 심지어 종교적인 예술까지도 관능 때문에 탄
생했다. 너무도 강렬한 관능이 육체적인 경계를 넘쳐흘러서
탄생하게 되었다"고 확신을 갖게 되었다.

암리타의 예술적 취향은 유럽문학(루소, 베를렌, 프루스트)
이건 장엄한 엘로라 조각이건, 아잔타석굴 벽화(「친애하는 칼
에게, **엘로라, 아잔타**, 계시」)에서건 나무랄 데가 없다. 인간에
대한 그녀의 취향도 훌륭하다. "나는 마침내 굉장한 여인 사로
지니 나이두를 만났다. 흥미로운 그녀의 두 딸도 만났다. 한
명은 . . . 지적이고 재치 있으며, 둘 중 나이가 더 들어 보이는
그녀의 동생─낯설고 야성적인 사람, 매우 호감 가는 사람이
었다." (사로지니 나이두는 정치 활동가이자 시인으로 독립운
동의 중요한 인물이었다. 그녀는 시를 통해 '인도의 나이팅게
일'이라는 별명을 얻었다.)

암리타 같은 여성이 그런 시절에 행복했을 리 없었다. 그녀
는 1941년 인두에게 이렇게 쓴다.

나는 . . . 신경성 분리를 앓았는데, 아직도 완전히 낫진 않
았어. 무기력하고 불만족스럽고 짜증스럽고 심지어 너와 달리

울 수도 없어. 균형을 깨트리고, 사물을 뒤흔드는 어떤 힘—원초적 힘—이 작동하고 있는 것 같아. 개인의 삶의 혼란과 어둠이—마치 전쟁과 지진과 홍수처럼—정의할 수 없는 방식으로 전부 연결되어 있는 것 같아. 우리는 혼자가 아니야. 모든 곳에서 그래 보여.

(그러나 몇 줄 내려가서는 자매의 글씨체를 비판할 짬이 생긴다—"알아볼 수 있게 글씨를 쓰려는 노력을 해야 해"—그리고 새로 산 긴 의자가 "사랑스러워 보인다"고 기뻐하기도 한다.) 여섯 달 뒤, 스물여덟 살밖에 되지 않은 나이에 그녀는 명확하지 않은 원인으로 세상을 떠났다.

너무 짧은 기간이지만, 암리타의 편지 속에서 이렇게 열정적이고 고집스러우며 명석한 목소리를 또렷하게 만나는 것은 매우 감동적인 일이다. 이 편지들을 읽은 뒤에 그녀의 그림을 본다는 건 모든 게 대지의 톤과 그림자뿐인 그녀의 어둠침침한 색채에서 새로운 깊이를 발견하는 일이다. 그녀는 자신이 묘사할 대상을 선택한 이유를 꽤 아이로니컬하게 이렇게 쓴다.

주로 인도의 삶의 슬픈 측면들 . . . 그것은 바로 슬픔일 것이다. 내가 묘사 대상으로 삼는 기묘하게 추한 유형들은(내게는 이것들이 세상의 기준에 따르면 '아름다운'이라는 단어의 범주 아래에 들어가는 모든 것들을 무미건조하게 만들어버리는 아름다움이다) 내 안의 무언가, 생기발랄하게 행복하거나 차분하게 만족하는 삶의 표현보다 슬픈 사물들에 더 반응하는 내 본성 안의 흔적들과 일치한다.

암리타 셔길의 예술은 아름다움의 높은 이상에 두 눈을 확고히 고정한 채로 멜랑콜리와 비극을 향해 자연스럽게 나아가는 예술이다. 그녀의 예술과 그녀 자신이 그토록 자주 오해받았다는 사실은 가슴 아프지만, 놀라운 일은 아닐 것이다. 그녀의 부모가 낡은 연애편지를 포함한 그녀의 편지들을 '한 방 가득' 태워버린 후인 1938년 8월, 해외에서 부모님께 쓴 편지에서 그녀는

음울한 노년 속으로, 낡은 연애편지를 음미하는 즐거움의 구원도 받지 못한 채 체념 속으로 빠져든다 . . .

그리고 마지막에는 애처롭게 힌디어로 적는다. "이제는 두 분께 고통을 야기할 만한 건 말하지도 행동하지도 않을게요."

그녀에게는 음울하건 그렇지 않건 노년이 허용되지 않았다. 그러나 원기왕성하고 웅장한 그녀의 자아도, 그 자아가 창조한 작품에도 그녀가 사과해야 할 것은 없다. 세월은 흘러갔지만 그녀의 예술은 살아남았다. 모라이시 '무어' 조고이비가 자기 어머니 아우로라에 관해 썼듯이 "지금도 기억 속에서 그녀는 찬란하게 빛나서, 주위에 원을 그리며 떨어질 수밖에 없다.

우리는 그녀를 간접적으로, 그녀의 영향을 받은 다른 사람들 속에서 인식할 수 있다. . . 아, 죽은 사람들, 끝나지 않은, 끝없이 끝나가는 죽은 사람들. 그들의 이야기는 얼마나 길고 얼마나 풍요로운가. 우리, 살아 있는 사람들은 그들 곁에 있을 공간을 찾아야 한다. 그들의 머리카락을 움켜쥐어도, 잠든 사이에 밧줄로 묶어도, 결코 얽맬 수 없는 죽은 거인들 옆에서.”

부펜 카카르(1934~2003)

    나는 부펜 카카르를 1980년대 초반에 처음 만났다. 런던 해머스미스의 리버사이드 스튜디오에서였다. 런던을 방문한 인도 작가들과 예술가들에게 런던의 인도 출신 작가들과 예술가들을 만나는 모임이 있었다. 부펜과 나는 금세 죽이 맞아서 친구가 되었다. 그는 내가 쓴 책들을 읽었으며, 내 책과 자기 그림에서 연관성을 발견했기 때문에도 재미있었다고 했다. 나도 그와 똑같은 느낌을 받았다. 우리 둘 사이에는 서로 상대가 무엇을 하려고 하는지 알 것 같고, 서로 다른 형식을 통해 같은 목표를 이루려고 한다는 느낌, 말하자면 예술적 라포르가 형성되었다.

    초기 작품에서 나는 봄베이의 구어체 길거리 언어에 기초한 글을 쓰려고 노력했다. 그와 유사하게 부펜도 자신의 많은 작품을 위해 인도 길거리의 시각 언어—가게 정면의 그림들, 트럭과 인력거들, 수작업으로 그린 영화 포스터—에 많은 관심을 두었다.

인도의 구자라트주 바로다에 있는 그의 집에 방문했는데, 그의 그림 속으로 들어가는 것 같았다. 그는 우리를 뒷골목으로 데리고 가서 시계 수리점으로 들어갔는데, 그러자 우리는 갑자기 대담한 색채로 가득찬 그의 캔버스 속에 서 있게 되었다.

마치 내가 인도의 구술 이야기 전통을 활용하려고 노력하듯이, 부펜도 그림 이야기의 옛 전통을 활용하는 이야기꾼이었다. 그의 이미지를 보면 볼수록 더 많은 이야기를 보게 된다. 때로는 하나의 이야기가 전부 한 캔버스 안에서 펼쳐지는데, 그의 2016년 테이트 모던 회고전의 타이틀 작품인 〈만인을 즐겁게 할 수는 없다〉가 그런 경우다. 이 그림에는 나귀를 끌고 장에 가는 아버지와 아들의 모습이 여러 차례 나타난다.

우리가 만난 지 일 년쯤 지나고, 나는 그가 전시회를 열고 있는 런던 코르크 스트리트의 크노들러 캐스민 갤러리로 그를 찾아갔다. 그때 나는 미국의 잡지사에 단편소설 하나를 판 직후라 마침 주머니에 수표가 있었다. 전시회에는 내가 곧장 좋아하게 된 그림 〈열차 이등칸〉이 있었다. 그 그림값에는 못 미칠 거라 생각하면서도 어쨌거나 값을 물어봤다가 내 주머니에 들어 있는 수표의 액수와 정확하게 일치한다는 것을 알게 되었다. (약 1500파운드 정도였다. 당시에는 인도 예술품이 여전히 터무니없이 값이 쌌다.) 나는 내 이야기를 부펜의 그림으로 전환한다는 생각이 마음에 들었다. 그래서 나는 그렇게 했다. 나는 그 그림을 샀고, 지금도 이 그림은 내가 가장 아끼는 애장품 중 하나다.

〈열차 이등칸〉은 테이트 모던 전시 작품은 아니지만, 내가 소장한 다른 두 점은 전시되어 있다. 하나는 유화 〈창문닦이〉이고, 다른 하나는 우리 둘이서 함께 만든 한정판 그림책 『두 이야기』다. 『두 이야기』는 내 이야기 두 편 「공짜 라디오」와 「예언자의 머리카락」에 부펜이 목판화와 리놀륨 판화로 삽화를 그린 작품이다.

나는 부펜을 인도 미술의 새로운 언어를 찾아내고 주조하려고 노력한 매혹적인 미술가 세대 중에서 최고의 작가라고 생각한다. 이 세대는 (높은 가격에 작품이 팔리며, 영향을 받은 작가로 부펜을 정기적으로 언급하는 수보드 굽타 같은) 현대 스타들보다는 앞서고, 서양 미술의 강력한 영향을 받은 그 이전의 대가들보다는 나중인 '중간 세대'다. M. F. 후사인이 그린 말들은 피카소의 〈게르니카〉에서 곧바로 뛰어나오는가 하면, (S. H. 라자와 같은) 다른 많은 대가들은 서양 추상화의 발전에 큰 빚을 졌다. 아르피타 싱, 닐리마 셰이크, 날리니 말라니 등등 중간 세대 화가들도 비범했으며, 부펜이 그 세대의 권위자일 것이다.

나는 1995년에 부펜의 모델을 한 적이 있다. 부펜을 포함한 인도 미술가들과의 교류에 영향을 받아서 쓴 소설 『무어의 마지막 한숨』에 관한 다큐멘터리를 BBC가 만들고 있었다. (이 소설 속에는 '회계사'라고 알려진 화가 인물이 하나 있는데, 의도적으로 부펜을 참조한 것이었다. 부펜은 한동안 회계사로 일했다.) BBC는 그 프로그램의 일부로 누군가 내 초상화를 그려주면 좋을 것 같다고 생각했고, 그래서 나는 즉시 부펜을 추천했다. 부펜은 내 초상화를 그리려고 런던에 왔다. 그는 켄싱턴 하이스트리트 바깥의 에드워즈 스퀘어에 있는 친구의 화실을 빌렸다. 우리가 자리에 앉자마자 부펜은 목탄 연필을 꺼내더니 선 하나로 상상할 수 있는 나를 가장 빼닮은 옆얼굴을 그렸다. 그러더니 그 위에 채색을 하고, 책에 나오는 인물들을 내 주위에 그려넣었다. 그러나 나는 그 초상화의 엑스레이를 찍어서 바탕에 있는 스케치를 다시 한번 봤으면 좋겠다.

(『무어의 마지막 한숨』은 하나의 그림 아래에 숨겨진 또하나의 그림에 관한 소설이다. 그러니 이 그림 아래에도 그림이 하나 숨겨져 있는 게 타당할 것이다.)

완성된 이미지 속에서 부펜은 고전 인도 초상화 기법에서 힌트를 얻어 거기에 현대적 터치를 더했다. 16세기와 17세기 인도 군주들의 초상화는 상체는 관람객을 향하지만 머리는 반면화로 그렸다. 부펜은 나를 그와 똑같은 방식으로 그렸다—그러나 재미있는 사실은 과거의 군주들은 최고급 원단으로 정교하게 짠 모슬린 셔츠를 입고 있는 반면에, 나는 값싼 나일론 셔츠를 입고 있다는 사실이다. 요즘 이 그림은 런던 국립초상화미술관에 걸려 있다. 부펜은 그곳에 작품이 걸린 유일한 인도 화가이고, 나는 그게 내 초상화라서 매우 자랑스럽다.

부펜 카카르는 최고의 화가이자 용감한 화가였다. 그는 캔버스에 자신의 동성애를 드러내며 게이 주제를 공개적으로 다루었는데, 당시 인도에서는 동성애가 불법이었기 때문에 결코 사소한 문제가 아니었다. 초기 그림에서 부펜은 간접적이고 암시적이었지만, 나이가 들고 확신이 생기면서 그의 작품은 훨씬 더 성적으로 뚜렷해졌다. 인도의 맥락에서 이런 작품들은 충격적이었고, 아마 지금도 충격적일 것이다.

부펜은 2003년 암으로 세상을 떠났다. 그는 인도 미술사의 거대한 인물이었다. 테이트 회고전을 계기로 그는 세계적 차원에서 완전히 새로운 평가를 받게 되었는데, 부펜은 그것을 충분히 받을 자격이 있다.

프란체스코 클레멘테* 되기: 자화상들

런던 거고지언갤러리, 2005년

우리 모두가 절대적인 개인의 자아를 가지고 있듯이, 또는 르네상스가 우리에게 그렇다고 가르쳐줬듯이 우리의 얼굴도 절대적인 개성을 가지고 있다. 우리는 모두 각자 안에 자화상을 지니고 있는데, 대부분은 얼굴에 대한 자화상이다. 물론 우리 중 일부는 우리 신체의 다른 부분에서 자신을 발견하는 경우가 분명히 있을 것이고, 또 그런 경우가 실제로 있긴 하다. 근육질인 사람의 자기 이미지는 이두박근 모습일 수 있고, 무용수는 두 발에 자신이 온전하게 존재한다고 볼 수도 있으며, 기둥서방은 자신의 성기에서, 피아니스트는 자신의 두 손에서

---

* 이탈리아 화가(1952~). 주로 다양한 문화의 종교와 철학에서 가져온 상징들을 사용해 작업한다.

자신을 발견할 수 있을 것이다. 그러나 우리가 우리 자신을 대면하는 것은 대부분 우리 얼굴 속이고, 이런 점에서 거울의 발명은 상당히 중요한 사건이다. 이전에는 불가능했던 자아에 대한 일상적 탐구를 더 오래도록 할 수 있게 해주기 때문이다. 이를 통해 얼굴로서의 자아, 거울에 반영된 자아, 그리고 거기서 더 진전된 자아의 반영인 자화상이 탄생한다. 그러나 우리는 이 순간의 중요성을 과장해서는 안 된다. 거울 이전에 초기의 원초 거울이 있었기 때문이다. 잉카인들은 바퀴의 비밀은 알아내지 못했지만 일종의 거울을 가지고 있었으며, 그것 없이는 아무 일도 할 수 없었다. 그리스와 로마에서도 광택이 나는 방패가 있어서 안전하게 고르곤을 비춰볼 수 있었고*, 유리 같은 웅덩이가 있어서 아마도 최초의 자화상 화가일 나르키소스가 자신의 아름다움에 대한 영원한 사색에 빠질 수 있었다.

반영의 본질이 유용성은 아니다. 우리는 자신의 거울 이미지에 관계없이 우리 자신을 안다. "인간은 이미지 없이는 이해할 수 없다." 아퀴나스가 이렇게 말했으며, 우리의 정신은 심지어 두 눈의 도움 없이도 그런 이미지들을 구성하도록 프로그램되어 있다. 자의식이라는 재능의 결과, 즉 우리를 인간으로 만들어주는 재능의 결과물은 자기 이미지의 발명이다. 맹

---

* 그리스 로마 신화에서 페르세우스가 청동 방패를 거울 삼아 고르곤 세 자매 중 막내인 메두사의 목을 벤 일을 말한다.

인도 자화상을 그렸고, 자기의 얼굴을 본 적이 없는 조각가들도 자신의 얼굴을 돌에 새겼다. 거의 삼천오백 년 전, 아케나톤이라는 파라오의 수석 조각가 바크는 자신과 타헤레트 또는 타헤리라는 이름의 자기 아내를 돌에 조각했다. 그 당시 초상화는 의뢰를 받아 작업하는 예술이었지만, 바크는 재정적 보상의 희망이 없는 상태에서 자신과 자신이 사랑하는 사람의 초상에 대한 필요성을 느꼈다. 페이디아스는 파르테논신전에 있는 아테나의 방패에 자기 자신의 얼굴을 새겨넣어 신성 모독을 저질렀다는 이유로 감옥에 갇혔다고 전해진다. 그는 자신이 깨고 있는 금기를 알고 있었을 테지만, 그럼에도 그는 그것을 깼고, 자신이 스스로를 바라보는 대로 다른 사람들에게 보이고 싶은 강력한 오랜 욕구에 굴복했다.

피렌체의 유명한 바사리 회랑을 따라 산책하면 이에 견줄 만한 자기 노출의 용기를 보여주는 행동을 많이 목격할 수 있다. 바사리 회랑은 1565년 코시모 데 메디치가 우피치미술관과 피티궁전 사이를 다른 사람 눈에 띄지 않고 다닐 수 있도록 조르조 바사리가 건설한 포장 산책길인데, 아마 오늘날 세계에서 가장 큰 자화상 컬렉션을 보유하고 있는 곳일 것이다. 여기에는 루카스 크라나흐 1세의 위협적인 가부장적 오만이 고뇌에 시달리는 젊고 불안정한 필리핀인 리피를 공포에 떨게 하는 듯한 모습을 볼 수 있으며, 벨라스케스의 거들먹거리는 자세와 두 눈에 서린 의심의 눈초리가 고요하고 무방비하게 세월의 변천을 수용하는 렘브란트의 시선을 마주하고 있다. 샤갈은 자신의 눈썹에 하늘의 여인 한 명이 내려앉는 푸른 마법사로 자신을 드러내고 있으며, 스웨덴 화가 칼 라르손은 광대가 되어 광대 모자를 쓴 채 광대 인형을 들고 있다. 예술 작품을 창작하기 위해서는 이중 비전을 사용해야 한다. 안쪽과 바깥쪽을 동시에 보고, 옷 입은 사람을 발가벗길 수 있으며, 비밀이 무엇인지 말할 수 있어야 한다. 또한, 감수성과 기억과 두려움의 내면세계가 우리를 둘러싼 세계에서 두 눈앞에서 크게 소리지르며 행진해나가는 것과 어떻게 연결되어 있는지도 폭로할 수 있어야 한다. 그런 것들은 너무도 밝게 빛나지만, 예술가가 그것들을 벌거벗겨 신비를 드러낼 열쇠를 제공하기 전까지는 불투명한 상태로 남아 있다. 예술은 용기의 행동이라고 말할 때 우리가 의미하는 바가 바로 이것이다. 위대한 자화상의 성공이 영웅적으로까지 느껴지는 것은 내면세계와 외부가 만나는 핵심이 되기 때문일 것이다. 우리는 초상화를 그리는 데 실패하는 것, 즉 치장하느라 우물쭈물대는 태도를 많이 접하게 되는데, 이는 겁을 먹었다는 증거라고 할 수 있다.

자화상은 화가가 가장 잘 아는 것에 대한 심문이면서도, 연속성 또는 변화, 표면 또는 깊이, 얼굴 또는 골격 중 어느 것을 강조하는가에 따라 가장 다양한 모양을 띠는 형식이기도 하다. 때로는 화가 스스로 '그냥' 모델이 되기도 한다—물론 스스로 모델이 될 때마저도 '그냥' 모델이 될 리야 없겠지만. 자신을 골리앗의 잘려나간 머리로 그린 카라바조는 인생 말년에 접어들자 그 자신이 추락하는 거인이 되었다. 제임스 몽고메리 플래그가 '엉클 샘'의 극단적 애국주의 이미지를 창조하기 위해 자신의 용모를 활용한 것에 의심의 여지가 없듯이, 아르테미시아 젠틸레스키도 사적인 의도를 가지고 자신의 육중하고 강한 용모를 격노한 자신의 여자 주인공들에게 빌려주었다.

긴 세월에 걸친 렘브란트의 자기 탐구가 자화상 그리기 스펙트럼의 한쪽 끝에 있다면, 앤디 워홀의 제품으로서의 예술가 재현이 다른 쪽 끝에 있다. 그 사이에는 프리다 칼로의 음울하고 과잉 노출적인 내면 성찰과 길버트 앤드 조지*의 수수께끼 같고 불투명한 태도가 있다. 또한 롤 플레이어로서의 예술가인 신디 셔먼**의 퍼포먼스가 있고, 다큐멘터리 속성을 지닌 낸 골딘***이 있으며, 자신과 전혀 닮지 않은 자화상을 그린 샘 프랜시스****가 있다. 샘 프랜시스의 자화상에서 그의 얼굴은 여성이 될 수도 있고 일본인이 될 수도 있는데, 그의 말에 따르면 그의 자화상의 주제는 변신이었다. 그는 자기 자신에게 돌아가기 위해 타자가 필요했다. 자화상을 보면 볼수록 우

---

* 길버트 프로에시와 조지 패스모어. 듀오로 활동하는 영국의 개념미술가 그룹이다.
** 미국의 사진작가. 작가 스스로 작품의 모델이 되는 셀프 포트레이트 기법을 사용했다.
*** 미국의 사진작가. 작가 자신이 남자친구에게 입은 폭력의 피해를 기록한 사진 〈얻어터진 한 달 후의 낸〉(1984) 등이 유명하다.
**** 미국의 추상표현주의 화가.

리는 재현보다는 변신, 즉 프로테우스처럼 변화무쌍한 예술이 형식에 관한 진실에 더 가까울 수 있다는 느낌을 갖기 시작한다. 그리고 마지막으로 이것이 프란체스코 클레멘테가 자신을 새로 그린 그림들이 그토록 흥미로운 이유다. 클레멘테는 탁월한 변신가다—배우, 광대, 얼굴, 아바타이며, 전설적인 바다의 노인장만큼이나 포착하기가 힘들다. 우리가 잡으려고 하면 그는 몸을 세차게 뒤흔들며 도망간다. 그러니 그가 우리의 손길을 피하려고 끝없이 변신하는 동안 우리는 오랫동안 꽉 붙들고 있어야 하며, 아주 마지막에 이르러 둘 다 기진맥진해졌을 때에야 그가 포기하고 자신의 비밀을 보여주며 우리가 알아야 할 것을 말해준다.

"모든 것은 흐르고, 어떤 것도 머물지 않는다." 헤라클레이토스는 이렇게 말했다. 그리고 유일한 고정함수로서의 변화라는 사상은 훗날 로마제국의 지배적 개념이 되었다. 오비디우스는 『변신 이야기』에서 이 주제에 관한 명석한 주석을 제시했다. 그렇다, 변화는 도처에 있다—그것은 장난스러울 수도 있고, 탁월할 수도 있고, 그로테스크할 수도 있다—그러나 무작위적이지는 않았다. 위험에 처한 여인들이나 공격을 받는 황제들은 그들의 환상에 따라서가 아니라 그들 인생에 처한 위기에 대한 반응으로서 변신했으며, 그들의 변신은 게임이나 변장이 아니라 폭로였다. 오비디우스의 등장인물들은 자기 자신으로 변화한 것이라고 말할 수도 있다. 카멜레온은 변덕 때문이 아니라 스스로를 보호하고 살아남기 위해 색깔을 바꾸는 것이다. 그 변화는 느리고 조심성 있는 그것의 본성을 나타내기도 한다.

클레멘테와 카멜레온은 같은 부류다. 여기 그들이 있다. 신비롭고 심지어 신비주의적인 이미지 속에서, 미학적인 이유 때문에 자신이 자세를 취하고 있는 들판의 색깔로 변하기를 거부하며 두번째 자아인 양 예술가의 머리 위를 꼼지락거리며 기어오르는 초록의 존재와 결합되어 있다. 여기서 우리는 질문할 수 있다. 이 자화상 속에서 어느 것이 자화상인가, 파충류의 이미지인가 인간의 이미지인가?

인도의 신화와 철학에서도 신과 인간 모두의 변화하는 자아라는 생각이 핵심적이다. 나 자신은 항상 변신가들에게 강하게 매료되었다. 그리고 나는 변화하는 존재들에 대한 인도의 관심이 클레멘테가 인도에 가진 오랜 열성적인 반응을 설명해준다고 생각한다. 그의 새로운 자화상들, 예컨대 거무칙칙한 톤의 인간 형상을 배경으로 한 〈담배 연기와 자화상〉의 밝은 핏빛 무명천 핑크색 속에, 〈탄트라 자화상〉 속에, 그리고 또 샘 프랜시스의 자기 변신을 연상시키는 변형된 〈벵골 여인으로서의 자화상〉 속에 이를 뒷받침할 수많은 증거가 있다. 그러나 이런 명백한 인도의 흔적 아래에는 현재 클레멘테 내면의 더욱 심오하게 아대륙적인 무엇, 단순한 지시성 이상의 그 무엇이 있다―인도적 삶의 리듬에 대해 습득하거나 발달시키거나 발견한 그 무엇인가가 있다. 이 자화상들을 타계한 부펜 카카르와 같은 현대 주요 인도 미술가들의 작품 옆에 배치해보면, 모두가 알아챌 수 있는 반향이 울려퍼진다. 서양의 모방도 아니고 인도의 전통적 세밀화 양식 그림도 아닌 인도의 '목소리'를 추구하던 부펜 카카르는 현대 인도에서, 인도 길거리의 시각적 가구나 가게 정면 또는 간판의 색채에서 영감을 얻고, 이런 재료들에서 점점 더 열정적이고, 점점 더 뚜렷하며, 점점 더 성애적인 자기 자신의 세계를 구축해나갔다. 성애적인 것에서 뒤처지지 않았던 클레멘테는 부펜 카카르와 마찬가지로 현대 인도에서 영감을 얻고, 그 속에서 영원성을 추구한다. 클레멘테의 생선을 먹는 고양이, 나선형으로 담배 연기를 내뿜는 자아, 아름답고 선정적인 새장 속 새의 풍요로운 문양과 색채, 그가 그린 탄트라 명상과 음양 만다라 등은 인도에서 흔히 볼 수 있는 밝은 노랑색 요리용 버터 깡통, 암푸른 치즈 캔, 그리고 야외 공동 빨래터 도비가트의 어두운 바위 위에 널려서 마르고 있는 자줏빛과 주황색의 사리만이 아니라, 역시 인도 어디서나 볼 수 있는 신들을 인쇄한 달력이나 성냥곽, 그리고 똑같이 흔히 볼 수 있는 주인공을 신격화한 정치 포스터들에서 볼 수 있는 것들과 유사하다.

　이탈리아인과 인도인의 관계는 어떤가? 최고 수준의 코미디란 인지에 대한 코미디이고, 우리가 그렇지, 비슷해, 세상은 그렇고 우리는 저렇지 하는 식으로 생각할 때 나오는 그런 웃음이라면, 인도에는 이탈리아인과 인도인의 관계에 관해서 이와 비슷한 코미디가 자주 발생하기 때문이다. 이탈리아에서 온 방문객들을 바라보면 인도인들은 마치 번역된 우리 자신을 보는 듯한 느낌, 거울 속을 들여다보는 느낌을 갖는다. 아마 몸동작이나 수다, 어머니에 대한 사랑, 또는 시, 또는 음식에 대한 기호와 높은 톤의 목소리, 카스트제도나 열정 또는 성급한 기질 속에서 그런 뭔가를 인지하는 것 같다. 그리고 우리, 어떤 인도인들은 우리가 와인을 마시면 이탈리아인이 될 거라고 생각한다. 이탈리아인들은 와인을 마시는 인도인들일 테니까. 그 결과, 인도에서는 이탈리아인들에게 그들은 유럽의 인도인들이라고 더러 말해준다. 그러면 보통 방문객들이 편안함을 느끼게 되고, 그것이 인도식 예절이라고들 한다—인도식 예절에는 너무도 많은 형태가 있고, 거기에는 사실상 모욕적인 것도 포함되어 있다—하지만 이런 경우에는 반복해도 좋을 만큼의 진실이 들어 있다. 만약 이탈리아인이 유럽의 인도인이라면, 인도인은 아시아의 이탈리아인이다. 우리 인도인과 이탈리아인이 모두 남쪽 사람들이기 때문만도 아니고, 이탈리아는 거대한 다리처럼, 인도는 콧물을 흘리는 거대한 코처럼 우리가 속한 대륙의 아래쪽에 달려 있기 때문만도 아니다. 환상의 변경인 이탈리아와 인도의 경계선에 다리를 벌리고 서 있는, 더 좋게 표현하자면 이 상상의 국경선을 앞뒤로 뛰어넘으며 이탈리아 즉흥 가면극의 사악한 미소를 짓는, 사티로스적이면서도 아이코닉한—사티리코닉한—사람이 바로 프란체스코 클레멘테다. 꿈의 풍경 위로 달처럼 거대하게 얼굴을 드리운 그는 두 세계의 교류자이며, 정신적 냉소주의와 성애적 순결성, 아니 어쩌면 냉소적 정신주의와 순결한 에

로티시즘의 예술가다.

달이 지금보다 지구에 더 가까웠던 시기에 관해 이탈로 칼비노가 쓴 이야기가 하나 있다.* 그때는 연인들이 지구에서 위성으로 뛰어 건너가 거기서 산책하고, 머리 위에 거꾸로 걸려 있는 고향 행성을 올려다볼 수 있었다. 분리, 전도, 뛰어넘는 것에 대한 매혹. 이런 것들이 클레멘테 그림의 특징이다. 그의 예술은 여행자의 예술이다. 그는 이렇게 말한다. "내가 살던 곳은 모두 기억의 연속성과 장소의 전통이 어디선가, 어느 시점엔가 단절된 곳이었지요. 왜 그런지는 모르겠어요. 정말이에요. 세상 어느 곳이든, 한 장소 그 자체에서는 그곳을 볼 수가 없어요. 거기 무엇이 있는지 보기 위해서는 다른 곳에서 봐야 하지요." 문화의 파편화와 이산이 주는 창조적 장점에 대한 이런 생각은 내 생각과도 비슷하다. 『그녀가 밟은 땅』의 등장인물 한 명은 이렇게 말한다. "전체 그림을 볼 수 있는 사람은 그 프레임에서 벗어난 사람들뿐이에요." 우리에게 남겨진 것들은 파편뿐이기 때문에 예술가는 그것들을 의미 있는 형식으로 조합해내야 한다. 마치 헤라클레이토스의 잃어버린 책의 파편들이 이천 년이 지난 지금도 여전히 중요한 말의 힘을 가지고 있듯이, 부서진 파편들이 가진 신비의 일부라도 드러낼 수 있게 만들어야 한다. 〈담배 연기와 자화상〉은 파편화된 자아를 이런 식으로 재조합해서 예술가의 분리되고 구겨진 물

---

* 이탈로 칼비노의 단편소설 「달과의 거리」를 가리킨다.

리적 요소들을 가장 덧없고 찰나적인 유대의 끈으로 묶어내고 있다.

이 자화상들은 몇 년 전의 위대한 '그리자유'* 시리즈보다 더 명랑하고, 덜 우울하다. 이전의 그림들에 드러난 엄숙하고 통렬한 자기 점검 대신, 예술가 속에 모든 것이 들어 있듯이 모든 것 속에 들어 있는 예술가의 준신비주의적인 비전을 제시한다. 클레멘테는 입에 생선을 물고 있는 고양이이며(물론 그가 생선일 수도 있다), 돼지 얼굴을 한 예술가이자 클레멘테의 얼굴을 한 돼지다. 그는 한 줄기 담배 연기 속에 있으며, 프리아포스**의 남근을 타고 다니는 신과 같은 존재이며, 공중에서 내려오는 계시를 꿈에서 보는 자 또는 어쩌면 계시를 불러오는 마법사다. 영화의 유사한 장면들이 저절로 떠오른다. 차지하려는 아무 육체를 택해서 들어간 뒤에 그것을 자신의 이미지로 변형시키는 〈매트릭스〉의 위협적인 에이전트 스미스, 배우의 내적 우주 속에서 모든 실체가 말코비치화되어 모든 얼굴이 말코비치의 얼굴이고 알려진 유일한 언어 속의 유일한 단어도 '말코비치'인 〈존 말코비치 되기〉의 그 장면들이 떠오른다. 클레멘테에게는 유쾌한 나르시시즘이 작동하고 있지만, 우주 속의 통일의 근본 원리라고 할 수 있는 그의 힌두교적 태도에 의해 구원받는다. 탓 트밤 아시Tat Tvam Asi, 곧 '그

---

* 회색 단색화법 또는 그런 화법으로 그린 그림을 말한다.
** 그리스 로마 신화에 등장하는 다산과 풍요의 신. 거대한 남근을 가진 모습으로 묘사된다.

대가 그것이다'라는 원리인데, 이 말은 『찬도기야 우파니샤드』에서 현자인 아버지 우달라카가 아들 스베타케투에게 설명하듯이 대체로 자아는 만물의 기원인 궁극적 실체의 일부 또는 그것과 하나라는 뜻이다.

이 그림들의 '변형생성문법'은(촘스키의 용어를 빌렸다) 아퀴나스가 이해한 것처럼 우리의 본질적이고 무의식적인 본성 안에 내재된 이미지의 심층구조를 우리의 시각적 인식이라는 표층구조와 연결하려고 한다. 바사리 회랑 자화상 컬렉션의 한가운데에는 다른 그림들보다 덜 오래되었지만, 더 어둡고 더 애수에 젖은 독특한 〈가족 사진에서 그린 자화상〉이 있다. 이 자화상은 우리에게 가족들의 눈을 숨기고 있어서 그의 영혼의 창문을 들여다볼 수 없는데도, 사랑과 친밀성과 고통과 상실과 여타 이름 없는 여러 감정들을 잘 전달한다. 우리에게 보이는 얼굴과 몸동작과 질감을 통해 눈 뒤에 숨겨진 세계가 완벽히 드러나는 그림이다. 걸작이다.

태린 사이먼:
미국의 숨겨진 것들과 낯선 것들의 목록

뉴욕 휘트니미술관, 2007년

"우리의 관심은 사물의 위험한 가장자리에 있다." 시인 로버트 브라우닝은 「블로그램 주교의 변명」(1855)에서 이렇게 썼다. 이 구절은 작가 그레이엄 그린에게 영감을 주었는데, 그린은 1971년 회고록 『일종의 인생』에서 이 구절을 자기가 쓴 모든 소설의 제사로 쓸 수 있다고 말했다. 이것은 또 어떤 여성의 사진에 대한 서론으로도 똑같이 잘 쓰일 수 있다. 그녀의 미학은 우리가 보거나 알도록 허용된 것의 한계선을 확장하는 것, 위험—육체적, 지적, 심지어 도덕적인—이 기다릴 수도 있는 모호한 경계선까지 나아가는 것이다. 그녀는 흑곰과 그 새끼들이 겨울잠을 자고 있는 산속의 동굴이나 방사선 때문에 방호복을 입지 않으면 몇 초 만에 죽을 수도 있는 푸른빛의 핵폐기물 캡슐이 가득찬 방에 들어갈 때도 두 번 생각하는 법이 없다. 태린 사이먼은 '죽음의 별'을 보았고, 그 이야기를 하기 위해 살아남았다.

나는 나 대신 불가능한 일을 하며 사진을 가져와주는 사람들에게 언제나 매우 감사하게 생각한다. 이 말은 내가 그 일을 할 필요는 없지만, 최소한 그 사진이 어떻게 보이는지는 안다는 뜻이다. 따라서 이런 비범한 이미지들을 볼 때 드는 첫 느낌은 감사하는 마음이다(그다음에는 곧바로 순간적인 질투의 격통이 뒤따른다. 이것은 앉아서 글쓰는 작가가 행동하는 여성에게 보내는 존경이다). 나는 영국 리버풀에 있는 에인트리 경마장의 관리인에게 뇌물까지 쥐여주며 약 7킬로미터에 달하는 그랜드 내셔널 스티플체이스 경기에서 가장 위험한 장애물인 거대한 비처스 브룩 펜스의 발치에 비집고 들어가 앉아 자신의 머리 위를 뛰어넘는 힘찬 경주마들의 '불가능한' 사진들을 가지고 나오는 스포츠 사진기자를 한 명 알고 지낸 적이 있다. 경주마가 머리 위로 넘어지기라도 했다면 그는 죽었을 테지만, 태린 사이먼이 그렇듯 그 역시 스스로 현장—방사능이 있는 방, 동물 질병 센터, 경주마 펜스—에 뛰어들어 사진이 발생하려는 바로 그 순간을 포착해내는 것이 위대한 사진의 기술 한 가지라는 사실을 알았다.

거의 텅 비어 있는 뉴저지의 어떤 공간에 바닥을 뚫고 올라오는 깔끔한 오렌지색과 노란색 케이블들을 보라. 가장 단순한 금속 케이지로만 감싸진 이 케이블들은 영국의 손턴 샌즈에서부터 바다 밑바닥을 가로질러 4000마일(실제로는 4029,6

마일이다. 사이먼은 정확한 것을 좋아한다)을 건너왔는데, 다른 곳으로부터 미국으로 소식을 가져오기 위함이었다—사이먼에 따르면 그건 6021만 1200개의 동시 육성 대화였다. 그러나 대서양 해저 케이블과 관련해 중요한 사실은, 우리가 짐작하긴 했겠지만 이 사진을 보기 전까지는 그게 어디에 있고, 얼마나 많고, 얼마나 굵으며, 어떤 색깔인지는 분명 전혀 몰랐을 것이라는 점이다. 우리는 우리의 목소리가 평범해 보이지만 마법과도 같은 이 공간 속으로 들어온다는 걸 상상도 못했지만, 그것은 미세한 디지털 에너지 소포들로 변환되어 여기로 들어온다. 매일같이 우리는 우리에게 무슨 일이 일어나는지 의심하지 않은 채 이 케이블 속 세계들과 유사한 비밀의 세계들을 통과한다. 그렇다면 어느 것이 유령의 세계이고 어느 것이 '진짜'일까. 우리의 세계인가, 케이블들의 세계인가? 우리는 이 기계들 속의 유령에 불과한 것일까?

우리 시대는 비밀의 시대다. 페르낭 브로델이 '일상생활의 구조'라고 부른 것의 위에도, 아래에도, 옆에도 결코 일상적이지 않은 다른 구조들이 있다. 그것은 우리가 결코 들어본 적 없는 다른 사람들의 생활이나 심지어 우리에게 사진 증거를 보여줘도 존재를 믿기 어려운 또다른 사람들의 생활뿐 아니라, 우리가 들어봤을 수도 있지만 사실은 거의 확실히 본 적이 없는 사람들의 생활로 이루어져 있다. 예를 들어, 브레일 점자로 된 〈플레이보이〉 잡지의 존재를 믿을 수 있었겠는가? 그런데, 실제로 그런 게 있다, 토끼 귀 머리띠나 다른 모든 걸 포함하고 있으며, 자그마치 미국 의회도서관에서 발행했다. 그리고 여기 또 모든 세계에 약간 꾸며낸 듯한 히치콕식 범죄 현장처럼 보이는 사진이 한 장 있다. 숲속에서 부패하고 있는 어린 소년의 시체인데, 서로 다른 조건에서 시체가 어떻게 부패하는지 구체적으로 연구하기 위해 설치된 테네시주의 어떤 연구시설에서 촬영한 것이다. 그곳에는 항상 최대 일흔다섯 구의 사체가 6에이커 넓이의 현장에 배치되어 부패중이라고 사이먼은 말한다. 퍼트리샤 콘웰*이나 〈CSI〉 사람들이라면 이런 유의 첨단 법의학 연구를 알았겠지만, 나는 알지 못했다. 그리고 잎이 없이 반짝이는 가지들과 떨어진 낙엽으로 풍요로운 가을의 색조를 보여주는 태린 사이먼의 초자연적으로 아름다운 사진을 보면서도, 명분을 위해서는 자신의 죽은 몸뚱이마저 숲속의 빈터에서 부패하는 데 쓰이게끔 만들어버리는 인간의 끝없는 창의성과 앎에 대한 인간의 욕구에 경탄하게 된다.

어떻게 세상의 가장 은밀한 장소들 속으로 들어가서 사진을 찍고 돌아오는가? 위대한 언론인 리샤르드 카푸시친스키는 스스로를 군벌들이 실탄을 쏠 가치도 없는 작고도 중요하지 않은 존재로 만들어 세상에서 가장 위험한 전쟁터에서 살아남았노라고 말한다. 그러나 태린 사이먼은 훔친 이미지는 취급하지 않는다. 그녀의 사진들은 공식적이고, 고도로 실감

---

* 미국의 인기 소설가이자 추리소설의 대가.

이 나며, 더러는 피사체의 전적인 협조가 필요한 신중하게 자세를 잡은 사진들도 있다. 그녀가 사이언톨로지 교회, 시가전을 훈련하는 목적의 가상도시로 접근이 불가능한 켄터키주의 MOUT, 코언 형제의 영화 속 등장인물들을 빼닮은 마법사들과 야간 경비원들과 조직 임원들이 있는 KKK의 세계 기사단 제국 사무실, 심지어 처녀성을 복원하기 위한 처녀막 재생술이 시행되는 팔레스타인의 수술실 같은 곳에 그토록 자유로운 접근을 할 수 있었던 것은 그녀의 설득력이 그녀의 카메라 스킬에 버금간다는 증거다. 그토록 많은 사람이 대중으로부터 진실을 감추기 위해 그토록 엄청난 노력을 기울이는 이런 역사적 시기에 태린 사이먼과 같은 예술가는 매우 귀중한 대항 세력이다. 민주주의에는 가시성과 책임성과 빛이 필요하다. 불미스러운 일이 모여서 자라는 곳은 보이지 않는 어둠 속이다. 사이먼은 어떻게든 상당히 많은 숨겨진 세계의 거주민들을 설득해서 등불의 스위치가 켜질 때 바퀴벌레나 뱀파이어가 그러듯이 은신처를 향해 재빠르게 숨어드는 것이 아니라, 그녀의 침범하는 카메라 렌즈에 문신과 남부연합의 깃발을 뒤흔들며 자랑스럽게 포즈를 취하도록 만들었다.

사이먼의 미학은 관습적 르포르타주, 흔들리는 핸드헬드 카메라나 회색의 단색으로 된 '진짜' 필름 자료 같은 것들이 아니다. 그녀의 피사체—격리된 새장 속의 회색 앵무새, 윌리엄 포크너의 고향 미시시피주 옥스퍼드에서 실험 목적으로 재배되는 대마초, 용광로의 열기 속에서 갓 만들어진 붉고 뜨거운 형태의 더티 해리의 44구경 매그넘 실탄, 그리고 시온주의에 반대하는 정통 유대인 연합의 인물 두 명—는 빛으로 감싸여 있으며, 밝고 생생한 고화질의 선명성으로 포착되어 있어서 오히려 스타의 정반대로 여겨졌던 숨겨진 세계에 스타와 같은 지위를 부여한다. 그녀의 비전 속에서 그들은 빛 속으로 들어온 어두운 별들이다. 알려지지 않은 것, 드물게 보이는 것들이 신비주의적 매력을 띠게 되며, 그녀가 그토록 밝고 찬란하게 드러내는 것이 그런 검은 아름다움이다. 여기 우주비행사들이 우주로 떠나가기 전에 마지막으로 개인적인 시간을 보내기 위해 배우자들과 함께 들어가는 케이프커내버럴 해변가의 집이 있다. 론스타 선댄스 기간에 심장을 관통한 꼬챙이에 꿰어진 채 공중에 매달려 있는 한 사내가 있다. 투광조명이 켜진 콜로라도의 샤이엔 마운틴 이사회 농구 코트, 즉 수소폭탄에 견디도록 설계된 감시초소*가 있다. 여기서 우리는 나머지 사람들에게 모든 게 단단히 잘못되었을 때 여기서는 얼마나 이상한 종말 이후의 일대일 승부나 최후의 전환을 위한 시도가 이뤄질지는 상상만 할 수 있을 뿐이다. 세상이 끝나는 방식은 이런 것이다. 폭발로 끝나는 것이 아니라, 스카이훅**으로 끝나는 것이다. (아니다, 다시 생각해보니 폭발도 있겠다.)

사이먼은 사진작가들이 거의 사용하지 않는 텍스트도 사용

---

* 콜로라도주 엘패소 카운티에 위치한 북미항공우주방위사령부 벙커. 핵전쟁을 대비해 만들어졌으며, 미국의 항공우주방어시스템의 핵심을 이룬다.
** '하늘에서 갑자기 떨어지는 무언가'를 비유적으로 말한 것이다.

하는데, 제목이나 캡션에만 쓰는 것이 아니라 작품의 필수 요소로 사용한다. 그녀의 캘리포니아주 과달루페의 니포모 샌드 듄스 사진처럼 텍스트를 읽기 전까지는 의미를 드러내지 않는 이미지도 있다. 그녀의 말에 따르면 그 모래언덕 아래에는 지금까지 설치된 것 중에서 가장 놀랄 만한 영화 세트장이 하나 있다고 한다. 세실 B. 데밀의 1923년 무성영화 〈십계〉를 위해 건설된 '파라오의 도시'인데, 다른 제작사들이 "그의 아이디어를 도용하고 세트장을 사용하는 것을" 방지하기 위해 여기에 교묘히 묻혀 있다.

이미지보다 텍스트가 더 기괴하게 흥미로운 (드문) 경우도 있다. 존 F. 케네디 공항의 미국 세관 및 국경 보호 밀수품 사무실에 몰수되어 있는 물건을 목록별로 촬영하면서 사이먼은 초현실주의 푸가를 작곡해 올리는데, 반입 금지된 과일(과 육류)에 바치는 이 송시는 심지어 사이먼 자신의 풍요로운 사진 이미지들을 능가한다. 그녀는 이렇게 노래한다. "구더기가 만연한 아프리카 사탕수수쥐, 아프리카 얌(디오스코리아), 안데스 감자, 방글라데시 조롱박 모종, 야생동물 고기, 체리모야 열매, 카레 잎(무라야), 말린 오렌지 껍질, 싱싱한 계란, 대형 아프리카 달팽이, 영양 두개골 모자, 잭프루트 씨앗, 준 플럼, 콜라나무 열매, 망고, 오크라, 패션프루트, 돼지코, 돼지주둥이, 돼지고기, 생닭(가금), 남아메리카 돼지 머리, 남아메리카 타마릴로, 감귤 궤양병에 걸린 남아시아 라임, 사탕수수, 생고기, 흙에 묻힌 정체불명의 적도 아래의 식물."

그러나 그녀의 이미지는 가장 놀라운 정보가 수반될 때마저도 대체로 독립성을 유지한다. 흰 바탕에 흰색으로 흐릿하게 그려진 극저온 보존 용기 사진 속에는 냉동 보존술의 원조 로버트 에틴거의 어머니와 부인의 시체가 냉동 상태로 누워 있다. 이 사진은 으스스함을 넘어서 말이 거의 필요 없는 우리의 죽음에 대한 두려움과 불멸에 대한 꿈을 웅변적으로 말해준다. 전염성 의료 폐기물 덩어리를 위에서 찍은 사진은 잭슨 폴록의 드립 페인팅이나 슈나벨의 깨진 도자기 접시 미술의 추상미를 성취해내고 있다.

말기암 환자 돈 제임스의 초상화처럼 깊이 있는 인간성을 보여주는 이미지도 있다. 이 사진은 제임스가 오리건주 존엄사법 아래에서 성공적으로 싸워서 얻어낸 치사량의 펜토바르비탈 처방을 받은 직후에 촬영한 것이다. 테네시주 뉴포트의 뱀 조련사인 지미 모로 목사의 사진처럼 정신을 멍하게 만드는 그로테스크한 이미지도 있다. 모로는 '그의 이름은 주 예수이시니'를 가르치는 성격책 위로 치명적인 독을 가진 남부의 미국 살모사를 들고 있다. 그리고 구만 오천 광년 떨어진 별이 형성되는 지역 '팩맨 성운'의 장밋빛 초상화처럼 정신을 팽창시켜주는 웅장한 이미지도 있다. (팩맨 성운까지의 거리는 내 계산에 따르면 57,000,000,000,000,000마일보다 약간 짧은 거리로, 좋은 사진을 찍으러 가기에는 먼 거리다.)

그리고 최소한 한 번은 주목할 만한 '발견' 예술 작품이 있다. 물웅덩이 아래에 가라앉아서 푸른 방사선을 내뿜는 방사성 세슘과 스트론튬이 담긴 아흔 개의 스테인리스스틸 캡슐들을 위에서 찍으면 미국 지도와 아주 흡사하다는 사실을 누가 예상이나 했겠는가? 사진작가가 이토록 강렬한 표현이 담긴 이미지를 생산해내면, 나처럼 헌신적인 글쟁이마저 그런 사진은 적어도 천 마디 글의 가치가 있다는 사실을 인정할 수밖에 없다.

카라 워커,
로스앤젤레스 해머미술관에서, 2009년

플리니우스의 『자연사』에 따르면, 회화는 "사람의 그림자 주위로 윤곽을 따라 그리는 것부터 시작했"다. 이것은 바사리, 뮤리요, 그리고 많은 다른 사람들에 의해 다루어진 주제이기도 하다. 그림자가 신체의 재현이라면 실루엣은 바로 그 재현의 재현이며, 그 속에는 가장 심오한 예술의 주제들, 빛과 어둠, 선과 악, 자아와 자아의 그림자, 육체와 영혼이 담겨 있다. 우리는 항상 우리 자신을 그림자로 보아왔으며, 우리 안의 그림자를 잊어버린 적도 없고, 그 그림자를 거듭해서 반복적으로 묘사해왔다. 그것은 키츠의 그리스 항아리*에 얼어붙어 있

---

* 영국의 시인 존 키츠(1795~1821)가 쓴 「그리스 항아리에 부치는 노래」 참조.

는 인물들, 아름다움이 시들지 않는 사랑하는 이에게 키스를 할 수 없는 그의 '대담한 연인'에서부터 마티스의 컷아웃 기법의 추상적 색채에 이르기까지, 제임스 본드 영화에서 타이틀 시퀀스 장면을 활보하는 여성 인물들부터 화장실 문에 그려진 작은 남녀 형상들에 이르기까지, 영화 〈스윙 타임〉에서 자신의 그림자와 함께 춤추는 프레드 아스테어부터 로테 라이니거 감독의 애니메이션 걸작 〈아흐메드 왕자의 모험〉에 나오는 으스스한 그림자 놀이 컷아웃에 이르기까지 이어진다.

독일의 이상한 페터 슐레밀 이야기에서는 악마가 가난한 사내에게 마르지 않는 금화 지갑을 주고 그 대신에 그림자를 빼앗아가버린다. 그래서 이 불쌍한 사내는 부유함을 얻었음에도 불구하고 사람들에게 혐오스럽게 여겨진다. 그림자에 관한 한스 크리스티안 안데르센의 더욱 이상한 이야기에서는 그림자가 자기가 속한 주인에게서 도망치고, 과거의 주인보다 더 큰 힘을 가지며, 결국은 주인의 자리마저 빼앗아버린다. 엘리엇이 「텅 빈 사람들」에서 썼듯이, "관념과/ 현실 사이에/ 움직임과/ 행동 사이에/ 그림자가 내려앉는다."

카라 워커는 바로 이 오래된 주제를 선택해서 뛰어난 능력과 재주로 이것을 재창조하고 다시 활력을 불어넣는다. 그녀의 마법 지팡이는 붓이 아니라 칼이다. 그 칼을 들고 그녀는 자신의 새로운 그림자 뒤에 있는 오래된 그림자들을 심오하게 인식하면서 지나가버렸지만 결코 그 힘을 잃지 않은 세계, 한때는 실재했으며 자주 신화화되었던 그런 세계 속으로 들어간다. 그녀의 놀라운 실루엣 속에서 충격적인 현실과 신화적 힘을 간직하는 이 세계에 그녀는 선과 위트의 독특한 차원을 추가한다. 남북전쟁 이전의 미국 남부가 전적으로 현대적인 환상적 능력과 가중된 아이러니와 더불어 다시 태어난다. 카라 워커의 머릿수건을 쓴 풍만한 여인들과 깡마르고 각이 진 소녀들은 자비와 공포와 순수와 해악을 간직한 채 풍경 속에서 움직인다. 그녀들은 춤꾼과 연인을 만나고, 강간범인 노예 소유주를 만나며, 때로는 잔혹하게 우거진 나뭇가지들 위에 올가미들이 걸려 있다. 여기에는 블랙 유머와 자기 점검의 지성이 작동하고 있다. "모든 게 부재에 관한 거지요." 카라 워커는 자기 작품에 대해 이렇게 말했다. 그리고 그녀의 천재성이 노예제의 그림자 세계에 너무도 강력히 살고 있어서 그 세계가 노예 소유주들의 기둥들이 떠받치고 있는 밝은 대저택들보다 더 빛난다. 그녀의 이미지는 충격적인 경우가 많다. 긴 칼이 질을 관통하고, 노예가 울부짖고, 아이 하나가 린치당하는 다른 아이를 바라본다. 그러나 그들은 거의 음악적인 섬세함으로 구원받는다. 안데르센의 반란자 그림자처럼 카라 워커의 그림자들도 의기양양하게 중앙 무대를 차지한다. 그 그림자들은 그녀의 형식과 선의 감각적이고 서정적인 자유에 의해 해방되며, 그들의 기쁨과 고통, 비밀과 거짓은 종이와 벽과 천의 흰 공백을 가로질러 어둡고 위험한 춤을 춘다.

간단하게 요약하면, 카라 워커는 눈부신 경력을 가지고 있다. 갓 스물일곱 살이 되었을 때 카라 워커는 소위 '천재 지원

금'이라 불리는 맥아더 펠로십의 역대 최연소 수혜자가 되었
다. 그녀는 해머미술관 최초의 해머 프로젝트 예술가가 되었
고, 전 세계에 걸쳐 개인 전시회를 마흔 번 이상 개최했다.
2007년에는 그녀의 회고전 '나의 보완자, 나의 적, 나의 억압
자, 나의 사랑'이 평론가들의 호평을 받았으며, 대중으로부터
도 격찬을 받았다. 그녀는 컷아웃뿐 아니라 비디오와 수채화
작업도 해왔다. 〈타임〉은 그녀를 세계에서 가장 영향력 있는
인물 백 명 중 하나로 꼽았다.

　카라 워커는 역사 예술가다. 그녀는 과거를 진실하게 그리
고 철저하게 응시함으로써만 미래로 가는 길을 볼 수 있다
는 것을 항상 우리에게 상기시켜줬다. 노예 노동요, 민스트럴
쇼*, 남부의 잃어버린 서사, 인종주의의 복합적이고 사악한 서
사, 주인과 노예 사이에서 매일 밤낮으로 발생하는 은밀한 억
압들─이 모든 것들이 그녀의 작품을 구성한다. 그녀는 야만
과 위트를 가지고 미국을 철저하게 재해석한다. 그녀는 공포
에 유쾌하게 접근할 수 있으며, 성애와 잔혹성에 움츠러들지
않고 그것들을 바라볼 수 있으며, 그녀의 당당하고 서정적 예
술을 통해 노예제라는 미국의 원죄를 바라보게 해왔고, 지금
도 그렇게 바라보도록 한다. 카라 워커는 현재 활동하고 있는
가장 중요한 예술가 중 한 명이다.

---

* 19세기 초에 미국에서 생겨난 코미디 쇼. 백인들이 흑인 분장을 하고 흑인
들을 희화화하며 춤과 음악, 촌극을 섞어 공연했다.

세바스치앙 살가두

예술 작품을 대할 때 우리는 예술가의 목소리에 귀를 기울인다. 예술가가 위대할수록 우리가 듣는 목소리는 더 강하고 뚜렷하다. 모차르트만이 모차르트처럼 들리며, 헤밍웨이만이 헤밍웨이처럼 들린다. 예술적 경험이 주는 주된 만족감 중 한 가지는 이런 것이다. 그 목소리만이 말할 수 있는 방식으로 그 목소리가 말하는 걸 듣는 것. 특히 강력한 목소리라면, 목소리는 그 재료를 고양시켜서 우리에게 가장 귀한 기쁨을 경험하게 해준다. 초월의 경험을 선사한다.

시각예술도 목소리를 가지고 있다. 브랑쿠시의 목소리는 위로 치솟으며, 피카소의 목소리는 다성악적이다. 사진도 이에 못지않게 말하는 능력을 가지고 있다. 카르티에 브레송의 인도 독립기념일 군무 사진, 다이앤 아버스의 조용하지 않은 미국인들, 리처드 애버던의 가차없는 초상들, 1826년의 니세포르 니엡스의 작업실 창문에서 바라본 전망(이 모든 것을 처음 시작한 '최초의 사진')—이런 이미지들은 결코 조용하지 않으며, 그들의 침묵은 말로 표현된 어떤 단어보다도 웅변적이다.

세바스치앙 살가두의 목소리는 현대 사진 예술에서 가장 강력한 목소리 중 하나다. 그는 노동하는 남녀를 단호하게 점검할 때는 거친 소리를 낼 수 있으며, 지구 전체에 걸친 인간의 대중운동에 관해 진술할 때는 웅장한 서사시의 소리를 낼 수 있고, 자연의 이미지를 표현할 때는 서정적인 아름다움을 표현할 수 있다. 그는 열린 대기의 시인이자 풍경 속 인물들의 시인이며, 가장 최근에는 인간 형상의 부재로 인해 원초적인 문제들을 드러내는 풍경을 그리는 시인이다. 예컨대 빛나는 하늘을 향해 솟아오르는 고래 지느러미의 펄떡임, 다섯 손가락이 달린 파충류의 손이 주는 신비로운 친밀감, 켜켜이 줄무늬가 새겨진 오래된 돌의 원초적인 이미지 같은 것 말이다.

그는 그저 그런 사진작가가 아니다. 그는 슈퍼스타이자 저명인사이며, 그래서 비판도 받는다. 잉그리드 시시는 비판적으로 그를 워커 에번스에 비유하며 살가두가 "서정적인 것과 교훈적인 것을 자기의 피사체에 가차없이 적용하기" 때문이라고 말한다. 그렇다. 살가두의 작품은 교훈적이다. 워커 에번스의 교훈과는 다르다. 그러나 내가 보기에는 교훈성이 그의 사진의 가치를 떨어뜨리지는 않는다. 프랑스 평론가 장프랑수아 슈브리에는 더 가혹하게 살가두의 작품을 "감상적 관음증 . . . 연민의 착취"라고 평가했다. 왜일까? 너무 아름답기 때문이다. 그러나 아름다움은 감상이 아니며, 성적 매력도 아니다. 살가두의 작품이 엄청난 형식적 아름다움을 갖는 건 사실이다. 십자가에 못박히는 예수의 르네상스 그림도 그렇다. 빈곤과 노동에 대한 살가두의 초상 중에 감상적인 것은 어떤 것도 없으며, 어떤 것도 성적 매력을 갖지 않는다. 거듭 반복해서 말하자면, 그의 시각적 구성력은 그가 기록하는 것에 의미를 더해준다. 인도의 공동 빨래터 가트의 퀭한 도비의 입에서 터져나오는 울부짖음은 바위에다 도리깨질하는 빨랫감에서 튀어오르는 물이 그리는 원호로 인해 극적으로 증폭된다. 부딪히는 물길은 그 울부짖음이 가시화된 것이다. 벌거벗은 흰 묘지에서 뽐내며 자세를 취하는 아이들은 우리로 하여금 그 아이들이 아닌 성자들과 그 아이들이 나중에 될 유령들을 떠올리게 한다. 구름 가득한 심연 가장자리에 서 있는 인물들은 하늘을 날겠다고 장난처럼, 환상적으로, 가망 없이 두 팔을 펼친다. 먼지와 땀과 진창의 사진을, 진창 속의 사람들, 땀 흘리는 사람들, 목이 마른 사람들의 얼굴에서 보이는 기진맥진과 결기와 좌절의 사진을 이보다 더 잘 찍은 사람은 지금까지 없었다. 유출된 기름이 인간을 죽어가는 새처럼 적신다.

여행에 관한 사진에서 살가두는 우리 시대의 위대한 주제 중 하나를 포착해낸다. 그것은 바로 우리 시대가 가능하게 하고 필요하게 만든 이주, 우리 시대를 형성하고 정의하는 이주라는 주제다. 모든 가진 것과 아는 것들을 뒤에 남겨둔 채 전쟁에 나서는 고대의 군대처럼, 또는 찾아갈 희망의 성지가 없는 순례자들처럼 언덕 위로 모여드는 남자와 여자들. 인류는 모여들고, 넘쳐나고, 애쓰며, 가라앉고, 다시 떠오른다. 살가두의 이런 이미지들 속에는 많은 군중이 있지만, 그들은 이름 없는 군중이 아니다. 남자와 여자들의 개성은 상실되지 않는다. 거기에는 그들의 얼굴이, 그들의 근육이, 그들의 욕구가 있다. 그리고 때에 따라 서로 뒤섞여서 더럽고 다투는 무리가 될 때마저도 그 무리는 형상과 움직임을 가지고 있다. 개성이 있는 것이다.

이와 같은 요새 도시와 금광의 이미지, 고기잡이 그물과 유정油井의 이미지, 뜨거운 열기가 솟아오르는 화산과 물을 뿜는 바다사자의 이미지 속에서 세바스치앙 살가두는 그 어느 것보다 가장 귀한 목소리로 말을 하는 우리 세계의 초상을 보여준다. 그 목소리는 우리가 알고자 하지 않았던 것들을 말해주며, 어떻게 알아야 할지조차 알지 못했지만 이야기를 듣고 나면 즉시 그 진실을 인지할 수 있는 것들을 우리에게 말해준다.

비신앙인의 크리스마스

내가 봄베이(그때는 뭄바이가 아니었고, 지금도 내 어휘집에서는 여전히 뭄바이가 아니다)에서 자랄 때 크리스마스는 그렇게 중요한 날이 아니었다. 우리는 기독교인도 아니었고 종교적인 가정도 아니었기 때문에 12월 25일은 그저 12월의 스물다섯번째 날일 뿐이었다. 새해 첫날이 훨씬 중요했다.

위의 문단은 완전한 진실은 아니다. 우선 나는 가톨릭 학교, 공식적으로는 '가톨릭 그리고 존 코넌 남자중학교'라는 곳을 다녔다. 그게 무엇인지는 몰라도, 앵글로스코티시 교육협회라는 어떤 단체의 무슨 '후원'인지는 몰라도 어떤 '후원 아래' 운영된 곳이었다. 그 결과 일 년 내내 매일같이 모여서 찬송가를 불렀고, 앵글리칸 세인트 토머스 성당에 정기적으로 수학여행도 갔다. 그리고 12월에는 우리 모두—힌두교도, 이슬람교도,

시크교도, 파시교도도 할 것 없이―함께 「참 반가운 성도여」와 「천사 찬송하기를」 같은 찬송가를 불러야 했다. 그리고 어쨌거나 우리는 학생들이었기 때문에 「천사 찬송하기를」의 코믹한 버전도 배웠다.

천사 찬송하기를!
비첨 소화제가 바로 그것이로세.
천국에 그대 가시려거든
여섯 알이나 일곱 알을 드시고.
지옥에 그대 가시려거든
한 병을 통째로 몽땅 다 드시라.

게다가 우리 남매에게는 망갈로르 출신의 훌륭한 기독교인 유모 메리 메네제스가 있었다. 우리의 양육을 도와준 그녀는 독실한 로마가톨릭신자였는데, 어머니는 크리스마스 아침에 그녀를 위해 (아주 조그만) 나무 하나를 세우고, 그녀를 위해 캐럴을 부르게 했다. 그러나 잠깐 등장한 아주 조그만 그 나무와 억지로 부른 노래 말고는 아무것도 없었다. 칠면조? 민스 파이? 미니 양배추? 그런 건 당연히 없었다. 우리는 훨씬 맛있게 먹을 수 있는 음식이 있었다. 그리고 선물은 생일과 이드*에

---

* 일 년에 두 번 있는 이슬람 최대 명절. 금식 기간인 라마단이 끝나는 날 신에게 감사를 표하고 친구, 가족과 함께 기쁨을 나눈다.

만 받는 것이었다.

봄베이에서의 세인트 토머스 성당 다음에는 영국의 기숙학교인 럭비스쿨이 있었다. 거기서는 윌리엄 버터필드가 지은 럭비 채플에서 예배를 의무적으로 드려야 했고, 크리스마스 특별 '행사'로 럭비스쿨 전체가 헨델의 〈메시아〉를 불러야 했다. 할렐루야. 이제 어떤 크리스마스 캐럴은 라틴어로 되어 있었다.

> Adeste fideles,
> laeti triumphantes,
> venite, venite, in Bethlehem.*

'venite'는 '웨니테'라고 발음해야 했는데, 그게 우아한 영국식 발음법이었기 때문이다. '베들레헴'의 라틴어가 좀더 로마 느낌이 풍기는 발음이 아니라 그대로 베들레헴이라는 사실은 약간 실망스러웠다.

인도 이슬람 전통의 상당한 무신론자 소년이었던 나는 다른 학생들과 함께 천사들의 왕으로 태어나신 이 중동의 소년을 칭송하는 노래를 불렀다. 노래를 부르는 동안 나는 그 채플에서 나를 가장 즐겁게 해주는 대리석 기념물을 바라보았다.

---

*「참 반가운 성도여」의 라틴어 버전이다. '천사 찬송하기를 거룩하신 구주께 영광 돌려보내세 구주 오늘 나셨네'라는 뜻이다.

그 기념물은 루이스 캐럴로도 알려진 럭비스쿨의 위대한 옛 졸업생 찰스 럿위지 도지슨 목사를 위한 것이었다. 존 테니얼이 삽화로 그린 그의 불멸의 등장인물들이 실루엣으로 묘사되어 있었는데, 흰 대리석에는 검은 실루엣으로, 검은 대리석에는 흰 실루엣으로 새겨져 있었다. 나는 럭비 채플을 좋아하지 않았다. 버터필드의 신고딕 양식 건물을 좋아하기 시작한 것은 훨씬 나중의 일이었다. 그러나 나는 앨리스의 창작자가 나 이전에 거기에 있었다는 사실은 좋았다. 그게 크리스마스보다 더 좋았다.

그다음에 나는 킹스 채플이 있는 케임브리지의 킹스 칼리지에 있었다. 킹스 채플은 영국에서 가장 아름다운 건물일 것이다. 어느 날 나는 운좋은 다른 킹스 칼리지 학생 몇 명과 함께 킹스 채플 한쪽 구석에 있는 좁은 나선 계단을 올라갔다. 턱 아래 풍성한 구레나룻을 한 존 솔트마시 역사 교수가 우리를 인도했는데, 그는 굉장한 킹스 채플 전문가였다. 우리는 마침내 지붕 아래 부채꼴 천장의 위에 있는 그늘진 공간에 도착했는데, 부채꼴 천장이 우리 앞에 거대한 짐승의 해골처럼 펼쳐져 있었다. 솔트마시 교수가 말했다. "조심들 하시게. 돌 두께가 겨우 1센티미터도 안 되는 곳도 있어서, 거길 디디면 밑으로 떨어져 보기 싫은 구멍이 생기게 되니까. 아래까지 높이가 거의 25미터인데다, 사람들도 크게 화를 낼 걸세."

킹스 채플에는 유명한 합창단이 있었고, 크리스마스가 되면 '아홉 가지 말씀과 캐럴의 예배'라는 유명한 행사가 열려서 심지어 신을 믿지 않는 학부생마저 캐럴의 아름다움을 인정하지 않을 수 없었다―내 방이 이 대학의 피스 힐 호스텔에 있고, 마침 다른 기숙 학생들이 모두 합창단 멤버인지라 끊임없이 합창 연습을 해대던 그 학기는 빼고 말이다. 하루에 몇 시간씩 옆방에서 아름다운 노래를 불러대면 아름다움에 대한 믿음을 크게 잃기 마련이다. 특히 우리의 목소리가 음조가 맞지 않는 처량한 한탄의 소리를 낼 때는 더욱 그렇다.

런던에 정착한 후 몇 년 동안 나는 12월 25일이면 다른 크리스마스 거부자들과 함께 밖으로 나가 모티머 스트리트의 게일로드 식당에 인도 음식을 먹으러 갔다. 선물이나 속을 채운 칠면조는 없었고, 불경스러운 농담을 잔뜩 늘어놓으며 탄두리 치킨만 실컷 먹었다. 그러고는 결혼을 하고 자녀를 가지게 되었다.

자녀들은 크리스마스를 바꿔놓는다. 내 아들 자파와 밀란은 제대로 된 크리스마스를 원했다. 내 누이 사민의 딸인 조카 마야와 미슈카도 그랬다. 지금은 내 며느리이자 목소리 톤이 높은 자파의 아내 내털리도 그렇다. 그들은 모두―아, 아니지, 모두는 아니지만―크리스마스 근본주의자들이다. 사민과 나는 그들의 요구에 굴복했고, 그때부터 여러 해 동안 장식물이 달린 높은 나무가 있었고, 호랑가시나무, 겨우살이, 칠면조와 그 안을 채운 속, 브레드 소스, 크랜베리 소스, 브랜디 생강쿠키, 크래커와 모든 것, 심지어 미니 양배추까지 있게 되었다. (최근 한두 번 우리는 이 전통을 깨고, 그 대신 사민의 맛있는 인도 요리를 먹기는 했다.) TV에는 여왕께서 나오신다. 매년 포장지의 바다가 생긴다. 양말도 있다. 크리스마스 스웨터도 있다. 내 누이와 나는 상다리가 휘어지는 식탁 양 끝에 앉아서 서로를 쳐다보며 소리 없이 묻는다. 이런 일이 어떻게 우리에게 일어났지? 우리는 작은 반란을 두 가지만 일으키기로 한다. 하나, 우리는 크리스마스 푸딩을 싫어하니까 그건 먹지 않는다. 그리고 둘, 나는 누이 사민에게 크리스마스 선물을 주지 않고, 누이도 내게 선물을 주지 않는다. 이건 과거의 우리라는 사람들에 대한 소소한 인정이다.

우리는 멋진 시간을 보낸다. 내 생각에 우리는 유쾌한 사람들, 곧 루슈디 가족이라서 크리스마스에 웃음이 넘쳐난다. 우리는 모이기만 하면 작은 전쟁을 벌이는 영화에 나오는 그런 가족이(그런 가족이기만 한 것이) 아니다. 우리는 모두 서로 잘 지내고, 멋진 하루를 보내며, 어떤 식이건 그게 아기 예수 때문이라면 개의치 않기로 합의했다. 신을 믿지 않는 우리 가족이 아기 예수님께 감사를 표합니다. 우리는 당신을 믿지 않지만, 어쨌거나 우리가 여기 모여서 가족과 연대와 사랑을 경축합니다. 이건 어두워져가는 세상에서 매년 일어나는 밝은 행동이지요.

캐리 피셔

먼 과거인 1977년, 시카고에서 뉴욕까지 차를 몰고 가면서 해리 번스(빌리 크리스털)가 샐리 올브라이트(멕 라이언)에게 이렇게 말했다. "남자와 여자는 친구가 될 수 없어요. 섹스 부분이 항상 방해가 되니까요." (명확히 하자면, 그건 영화 속 1977년이었다. 로브 라이너의 로맨틱 코미디 〈해리가 샐리를 만났을 때〉가 실제 개봉된 것은 1989년이다.)

그 영화를 봤을 때 나는 해리의 주장이 틀렸다고 강하게 느꼈다. 나는 남자 형제 없이 누이 세 명과 함께 자랐고, 그 결과 내게는 항상 남자 친구들만큼 많은 여자 친구들이 있었다. 내가 '그 결과'라고 말하는 이유는 바로 이런 가족 환경이 내가 여성들과 많은 우정을 갖게 된 이유라고 항상 생각해왔기 때문이다. 그러다가 1997년에 나는 〈해리가 샐리를 만났을 때〉

의 출연 배우 한 명을 만났고, 우리 두 사람 사이에 발전한 친밀도는 아마도 해리의 명제에 대한 최선의 대답이 되었을 것이다. 그 배우—그 비범한 사람—는 캐리 피셔였다.

우리는 런던에서 1997년 루비 왁스의 심야 토크쇼 〈루비〉의 게스트로 만났다. 저녁식사 테이블에 둘러앉아 먹는 시늉을 하며 대화를 나누었는데, 너무 죽이 잘 맞아서 루비가 곧 우리 둘을 리버 카페의 저녁식사에 초대했다. 루비는 우리의 중매를 선다고 생각했을 수도 있지만(나는 지금도 모른다, 물어본 적이 없으니까), 나는 당시 행복한 결혼생활을 하고 있었고, 아들 밀란이 곧 태어날 예정이었으므로 그건 선택지가 아니었다. 식당에서 나는 테이블 위에 '바나나 폰'을 내려놓으며 말했다. "이 전화기가 울리면 저는 가야 됩니다, 아기가 나오고 있다는 뜻일 테니까요." 그게 로맨스 부분을 해결해줬다. 그 대신 캐리 피셔와 나는 가장 친밀하고 깊은 우정을 나눈 친구가 되었고, 지금까지도 우정을 유지해오고 있다.

나는 우리 우정의 행복한 기억들을 너무도 많이 가지고 있다. 패럴리 형제의 형인(그리고 최근에는 〈그린 북〉을 감독한) 피터 패럴리와 함께 뉴욕에서 다 같이 저녁을 먹은 기억이 난다. 거기서 나는 캐리 피셔와 피터 패럴리에게 최근 뉴저지주에서 죽은 어떤 치과의사 이야기를 했다. 그 치과의사는 소름 끼치는 은밀한 물건들의 컬렉션을 남겼는데, 링컨 대통령이 포드극장에서 입었던 피 묻은 셔츠와 훨씬 더 불가사의하게는 진짜라는 것을 증명하는 문서가 있는 나폴레옹 보나

파르트의 음경이 들어 있었다. 캐리는 즉시 다큐멘터리를 하나 상상해냈다. 우리는 분리된 그 음경을 구입한 뒤, 예법에 따라 파리로 가지고 가서 최대한 엄숙한 절차에 따라 오텔 데 쟁발리드에 있는 나폴레옹의 무덤 위에 놓아주고, 나폴레옹 황제를 다시 온전한 전체가 되도록 할 요량이었다. 그것은 프랑스 국민에게 자유의 여신상에 대한 보답으로 주는 우리의 선물이 될 것이었다. 피터의 친구인 제작자 찰리 웨슬러가 음경을 구입하려고 시도했다. 그는 실패했다.

추이텔 에지오포와 이완 맥그리거가 돈마 웨어하우스에서 오셀로와 이아고를 연기할 때 캐리는 〈스타워즈〉의 인연을 활용해 이완에게 전화를 걸어 구하기 힘든 표 두 장을 구해 왔다. 그후에 이완과 캐리와 나는 아이비에서 저녁을 먹었는데, 그때 이완이 갑자기 〈스타워즈〉 오리지널 영화의 R2-D2 안에 숨어 있는 유명한 대사에 대해 캐리에게 물었다. "그거 기억나?" 그가 말했다. "제기랄, 당연히 기억나지." 그녀가 이렇게 말했다. "그럼 할 수 있어?" 이완이 그녀에게 이렇게 물었고, 캐리는 한 박자도 쉬지 않고 곧바로 리아 공주 모드로 바뀌어 극적인 강도로 전체 대사를 재연했다. "우리를 도와주세요, 오비완 케노비, 당신은 우리의 유일한 희!" 그녀는 이렇게 대사를 마치고 나서 설명했다. "있잖아, 내가 '희망'이라는 말을 마치기도 전에 녹음이 잘려버렸어."

또 한번은 런던에서 우리가 식당에서 나오는 길에 사진이 찍혀서, 다음날 어떤 신문이 **살만 루슈디와 신비의 금발 여인**

이라는 제목과 함께 그 사진을 실어버렸다. 나는 캐리의 머리가 그때 왜 금발이었는지 기억은 못하지만 어쨌건 그녀는 금발이었고, 놀랍게도 그것 때문에 신문사에서는 그녀를 알아보지 못했다. 그녀는 너무 즐거워하면서 그 신문 한 부를 집어들고 와서는 기사를 액자에 넣어 자기 집의 자랑스러운 곳에 비치해뒀다. 그때 이후 한동안 캐리는 내게 보내는 자기 메시지에다 '신비의 금발 여인'이라고 서명했다.

그리고 . . . 우리는 어느 핼러윈에 뉴욕에서 저녁을 같이 먹었다. 둘 다 핼러윈 복장을 차려입기가 싫었고, 우리는 사람들에게 각자 상대방으로 변장한 거라고 말했다. 그리고 . . . 우리는 내셔널 북 페스티벌 기간에 조지 W. 부시의 백악관에 함께 갔으며, 캐리는 마치 리아 공주가 허트족의 자바를 멸시하듯 우아하고 당당하게 경멸적이었다. 그리고 . . . 그녀는 나를 상대로 자기의 역할 연습을 했고, 그 덕에 나는 그녀의 성공적인 여성 1인극 〈위시풀 드링킹〉을 보기 오래전에 이미 이런 것을 알았다. 그녀가 처음 〈스타워즈〉 코스튬 피팅 시간에 왜 그녀가 입어볼 브래지어와 팬티가 없냐고 조지 루카스 감독에게 물어보자 루카스가 마치 알고 있었다는 듯이 "캐리, 우주에는 속옷이 없어"라고 대답했다는 사실 같은 것.

코미디의 이면에 있는 그녀의 연약함은 가까운 친구들로 하여금 모두 그녀에게 아주 큰 보호 심리를 느끼게 했다. 그녀는 자신의 어려움—급성 조울증만이 아니라 약물중독의 긴 역사—에 대해 솔직했고, 역경을 극복하기 위해 코미디를 활용한다고 말했다. 그녀는 정기적으로 충격요법 치료를 받았고, 그게 나와 다른 사람들의 마음을 어지럽혔다. 그녀는 그요법이 도움이 된다고 굳게 믿었고 우리에게도 그렇게 말했다. 비록 그 통화 메시지에서 알 수 있었듯 그녀는 우리가 누구인지 기억을 못했지만 말이다. 그러니, 그렇다, 그것은 나약함이었지만, 동시에 엄청난 용기였다.

캐리 공주의 신하들 무리인 우리—『브리짓 존스의 일기』의 원작자 헬렌 필딩, 영화감독 겸 배우 그리핀 던, 배우 크레이그 비어코와 트레이시 울먼, 소설가이자 대본 작가인 브루스와 그녀, 코미디언이자 코미디 작가인 케빈 닐런, 그리고 몇몇—는 다양한 그룹이었지만, 우리는 모두 캐리를 사랑했고, 그녀를 맹렬하게 보호했다. 그게 언제나 쉽지는 않았다. 때로 그녀는 좌절했고 과격해지기도 했다. 때로 그녀는 어두운 우물 바닥에 있었다. 그녀는 자주 고함을 질렀고, 우리는 끝까지 들어줘야만 했다. 대단히 멋지고 기이한 콜드워터 캐니언에 있는 그녀의 집을 방문했을 때, 조증의 나쁜 캐리 쪽이 그녀를 사로잡고 있는 걸 발견하는 그런 날도 있었다. (우리는 그녀를 만나기 위해서는 대체로 그녀의 집으로 갔다. 그녀는 대문이 달린 그 요새를 벗어나는 걸 꺼리는 경우가 잦아 보였다.) 다른 친구들처럼 내가 그녀의 침대에 앉아 있고, 그녀는 아주길고도 긴 두 시간(아주 긴 시간이다) 내내 자기를 괴롭히는 그 무언가에 대해 혼자서 중얼거리던 어느 날 오후를 나는 기억한다. 그러고는 갑자기 중얼거리기를 멈추더니 나를 향해 심술궂게 미소를 씩 지으며 말했다. "그렇지! 그래 너는 어떻게 지내?"

캐리는 나만이 아니라 내 아들들과도 친구로 지냈다. 그녀는 밀란이 어리지만 이미 〈스타워즈〉의 진지한 열성 팬이던 때에 그 아이를 만나게 되어 츄바카 배낭이나 뚜껑을 위로 여는 R2-D2 쓰레기통 같은 가장 즐거운 선물을 보내주기 시작했다. 그녀는 자파의 약혼식 파티에도 왔다. 그녀는 우리 모두를 위해서 마치 우리가 가족인 것처럼 와줬는데, 우리는 실제로 그녀를 가족으로 생각했다. 캐리는 가족이었다.

2016년 10월에 나는 〈브라이트 라이트〉의 개봉 시사회를 보기 위해 그녀와 함께 뉴욕 필름 페스티벌에 앉아 있었다. 〈브라이트 라이트〉는 그녀와 그녀의 어머니 데비 레이놀즈의 관계에 관한 것이었는데, 데비는 인생 말년에 매일 아침 캐리의 정원 끝에 있는 집에서 딸에게 전화를 걸어 "캐리야, 좋은 아침. 네 엄마 데비란다"라고 말하곤 했다. 마치 자신을 소개할 필요가 있는 듯이 말이다. 이 다큐멘터리에는 또 십대의 캐리가 데비에 의해 무대로 불려 올라가 노래를 부르는 장면도 있다―캐리는 〈험한 세상 다리가 되어〉를 부르는데, 목소리가 멋지고 강력했다. "당신이 저렇게 노래를 잘 부르는지 몰랐네." 나는 그녀에게 말했다. "왜 노래를 더 안 했어?" 그녀는 이렇게 대답했다. "아, 난 언제나 노래는 엄마의 영역이라고 생각했거든." 영화가 끝난 뒤 캐리는 자기가 예쁘게 나오지 않았다고 불평했지만, 결국은 그 영화가 엄마와 딸의 특별한 유대에 관한 감동적인 기록이라는 걸 인정했다. 이제 두 사람이 다 가고 없으니, 이 영화가 훨씬 더 귀하게 느껴진다.

캐리는 로스앤젤레스와 애증의 관계를 맺고 있었다. 어떤 면에서 그녀는 궁극적인 할리우드 내부 인사여서 모든 사람의 모든 걸 다 알았지만, 그 모든 허튼소리 또한 싫어했다. 그녀는 런던을 사랑해서 런던에서 더 많은 시간을 보내며 포토 벨로 로드를 샅샅이 돌아다니고 싶어했다. 뉴욕에서 그 시사회를 한 지 딱 두 달 뒤 우리는 둘 다 런던에 있었다. 그녀는 L.A.로 돌아가는 길에 발길을 돌린 것이었고, 나는 크리스마스에 가족을 보러 갔다. 그녀가 자기 호텔인 칠턴 파이어하우스로 나를 불렀다. 12월 22일 목요일이었다. 투숙객 전용 바에 갔더니 그녀는 과거에 함께 TV 시리즈 〈카타스트로피〉를 만들던 샤론 호건과 함께 있었다. 나는 그때 캐리의 상태가 정말 좋아서 멋지고, 생동감 있고, 착한 캐리 모드였다고 생각했던 기억이 난다. 그때 그녀는 런던의 올드 처치 스트리트에 거처를 마련하게 되어 매우 흥분해 있었고 런던에서의 계획들로 한껏 부풀어 있었다. 그후 그녀는 다음날 비행기를 타야 했기에 잠자리에 들었다. 다음날 그녀는 미지의 곳으로 떠나는 비행을 했다.

나는 캐리를 사랑했고, 그녀도 나를 사랑했다고 믿는다. 나는 우리의 우정에 대한 이 설명을 빌리 크리스털(해리 번스)에게 하는 대답으로 제시한다. 그건 우정이었다. 다른 어떤 것도 아니었다. 그리고 그건 아주 깊은 우정이었다.

팬데믹

코로나 바이러스와의
개인적 싸움

2020년 3월 9일 월요일, 나의 편집자 로빈 데서가 이 에세이집의 원고에 대한 편집 문제를 논의하기 위해 내 집으로 왔다. 그 당시 세상은 아직은 '정상'이었지만, 내 본능은 그 상황이 그리 오래가지는 못할 거라고 직감했다. 나는 뉴욕대학교의 봄방학 기간에 런던에 있는 가족을 만나기 위해 삼 일 후인 3월 12일에 출발하는 런던행 비행기를 예약해놓은 상태였다. (지난 육 년간 봄학기에 뉴욕대학교에서 논픽션 서사에 관한 대학원 세미나 수업을 하고 있었다.) 로빈이 떠난 후에 나는 런던 비행기표를 취소했다. 나는 크리스마스 이후로 두 아들을 보지 못했지만, 아이들도 그게 현명한 결정이었다고 동의했다. 일주일 후에 나는 열이 나기 시작했고, 코로나 바이러스가 찾아왔음이 금세 명백해졌다. 일흔두 살인데다 천

식까지 있었으니 주요 타깃이 되었던 것이다. 3월 16일은 3월 보름날 하루 뒤이긴 했지만, 나는 율리우스 카이사르가 아니었다.*

그날까지 나는 심각한 질병을 앓은 적이 두 번밖에 없었다. 내가 그 두 가지 병에 관해 생각하게 된 건 놀라운 일이 아니었다.

첫번째 질병은 내가 두 살도 되기 전인 1949년에 걸린 장티푸스다. 처방된 약은 전부 아무 효과가 없었고, 우리 가족 주치의는 내 부모님께 내가 금방 죽을 것이라고 말했다. 번민에 찬 아버지는 이렇게 다그쳤다. "뭔가 다른 처방이 있겠지요." 의사는 아버지에게 말했다. "클로로마이세틴이라는 새로운 항생제가 있습니다. 효과에 대해서는 알려진 정보가 거의 전무하지만, 어차피 애가 죽어가니 써보실 수는 있습니다." 저녁 무렵이었고, 아버지는 열려 있는 약국을 찾아서 차를 몰고 봄베이를 돌아다녔다. 아버지는 약을 구해서 집으로 돌아왔고, 그 약을 먹고 나는 빨리 나았다. 그때 이후로 클로로마이세틴은 그 지역에서는 지금까지 몇십 년 동안 장티푸스의 표준 치료약이 되었다. 나는 그 약에 목숨을 빚졌다.

(이 이야기는 이런 형태로 내 기억 속에 자리잡았다. 나는

---

* 고대 로마력에서 지금의 3월 보름에 해당하는 날은 율리우스 카이사르가 암살된 날로, 불길한 날의 표본이 되었다. 셰익스피어의 〈율리우스 카이사르〉에도 인용되듯이 "3월 보름을 경계하라"는 표현은 흉사에 대한 경고다.

이 이야기가 극적으로 표현되었고, 미화되었다고 확신한다―냉혹하게 나의 즉각적인 죽음을 통보하던 그 의사, 그날 밤 열려 있는 약국을 찾아 전속력으로 차를 몰아 미친듯이 시내를 뒤졌던 아버지 둘 다. 그 의사가 덜 잔인했을 수도 있고, 그 약은 좀더 쉽게 구했을지도 모른다. 지금까지 동네 이름을 켐프스 코너라 불리게 만든 토머스 켐프라는 약국에서 구할 수 있었을지도. 어쩌면 그게 전부 오후에 일어난 일일 수도 있다. 하지만 내가 장티푸스에 걸렸던 건 진실이고, 1949년에 클로로마이세틴은 분명 신약이었고, 그 약이 나를 살린 것도 사실이다.)

두번째 질병은 1984년 런던에서 어쩌다가 내가 걸리게 된 양측 폐렴이었다. 그 누구도 내가 어쩌다가 폐렴에 걸렸는지 이해하지 못했지만, 나는 심장에 문제가 있는 환자들을 수용하는 유니버시티 칼리지 대학병원의 공공 병동에 이 주일 입원해 있었다. 내 주위에는 온통 나보다 훨씬 더 아픈 사람들 천지였고, 그중에는 암환자가 많았다. 거의 매일같이 누군가 죽었기 때문에 가까운 병상 주위에 가림막이 쳐졌다. 그런 뒤에는 잠시 동안 빈 병상이 하나 생기고, 곧이어 다시 환자가 들어왔다.

(그 시절에 나는 골초였는데, 나는 은유를 통해서 그 습관을 고쳤다고 믿고 있다. 나를 담당한 의사가 영화를 좋아하는지 물어서 내가 그렇다고 했더니, 그는 이렇게 말했다. "폐암을 한 편의 영화라고 생각해보세요. 그게 영화 본편이라고 상

상하는 겁니다. 선생께 지금 벌어지고 있는 일은 영화 예고편을 보고 있는 셈입니다. 그러니까, 십오 분 동안 경련성 기침 발작을 보이고 푸르스름한 점액이 올라오고 있다면, 그 영화 본편을 보고 싶겠는지 생각해보셔야 합니다.")

나는 아무런 지속적인 손상 없이 장티푸스 경험에서 벗어났다. 하지만 천식은 폐렴에서 회복되고 담배를 포기한 데 대한 우주의 선물이었다. 그리고 삼십오 년이 지난 지금, 나는 여기에 COVID-19의 위험 구역에 던져졌다. 기저 질환을 가진 '노인'으로 말이다.

그다음 이 주 이상을 나는 기진맥진한 상태로 기침을 했으며, 열이 롤러코스터처럼 심하게 오르내렸다. 체온이 40도까지 올라갔다가 정상으로 급강하하더니, 이제 좀 낫겠거니 생각하는 순간 다시 위로 치솟았다. 나는 낙담했지만, 운이 좋았다. 바이러스가 내 폐에까지는 도달하지 않았다. 나의 탁월한 1차 진료 의사는 거의 매일 나를 진찰했다―그런 의사를 만나고, 좋은 건강보험도 가지고 있었던 게 특별한 행운이었다는 사실을 안다. 만날 때마다 그 의사는 조금이라도 가슴 전반에 조이는 느낌이 있는지, 숨이 차는지 물었다. 내가 둘 다 아니라고 대답하자, 그는 생명이 위태로운 것은 아니니 병원에서 떨어진 집으로 가서 침대에 누워 타이레놀과 시럽으로 된 기침약을 먹으며 "견뎌내라고" 말했다.

독자 여러분께: 나는 노력했다. 나는 얼마나 잘 견뎠는지는

모르겠다. 나는 착한 환자였던 적이 없다. 심한 감기라도 걸리면 나는 심술궂고 까탈스러운 병약자로 쪼그라든다. 운이 좋게도 내게는 정성스럽게 나를 돌봐주는 파트너가 있었다. 그녀도 병에 걸렸는데, 어떤 연유인지 며칠 만에 툴툴 털고 일어났다. 내가 코로나에서 벗어나는 데는 십칠 일이 걸렸다.

그때 이후 나는 내가 정확히 얼마나 운이 좋은지 깨닫게 되었다. 커져가는 공포와 슬픔 속에 사망자의 숫자가 늘어나고, 가족을 잃은 사람들, 고아가 된 아이들, 사망자의 친척들이 점점 많아졌으며 그들이 죽음을 힘들게 이겨내는 것을 지켜봐야만 했다. 사랑하는 이들이 이미 죽어버려서 죽어가는 사람들이 위안을 받을 수도 없었고, 살아 있는 사람들은 고통스러운 마지막 장례식마저 거부당했다. 나는 또 내가 병에 걸려서 내 가족이 얼마나 크게 겁에 질렸는지도 알게 되었다. 매일같이 하는 화상 통화에서 내게 말을 할 때는 모두가 용감한 표정을 지었지만, 확신에 차서 내게 용기를 주는 그 표정들 이면에는 공포가 깔려 있었다. 그걸 알았더라면 나도 공포에 질렸을 것이다.

존 프린이 세상을 떠났다. 그는 나보다 한 살 위였는데, 나는 그의 1971년 데뷔 앨범이 나왔을 때부터 그를 좋아했다. 운좋게도 나는 그를 한번 만날 수 있었는데, 2016년 PEN이 문학 특별상으로 노래 가사 부문의 상을 수여할 때 내가 심사위원으로 참여하면서였다. 전설적인 음악 프로듀서인 내 친구 할 윌너도 세상을 떠났다. 다른 한 친구의 어머니도 세상을 떠나셨다. 또다른 친구는 아버지가 돌아가셨다. 그러나 싸워서 이겨낸 친구들도 있었다. 내가 아는 작가들과 출판인들, 사진 작가와 식당 주인들도 살아남았다. 내 오랜 친구 메리앤 페이 스풀은 너덜너덜한 의료 기록에도 불구하고 런던의 한 병원 에서 코로나 바이러스와 싸워서 이겨냈다. 매일같이 나쁜 소식이, 그리고 몇 가지 좋은 소식이 들려왔다. 끔찍한 숫자는 계속해서 치솟았고, 이미 붕괴하고 있던 의료 체계에 가해지는 압박은 날로 커져갔다.

칭송받는 책 『은유로서의 질병』에서 수전 손택―암 생존자였던 그는 몇 해 후에 다른 암에 굴복해버렸다―은 나쁜 건강을 다른 어떤 사회적 질병의 비유로 간주하는 것에 대해 반대하며 경고한다.

내 요지는 질병은 은유가 아니라는 것이다. 질병을 가장 진실되게 고려하는 방식은 . . . 은유적 사유를 깨끗이 정화하고, 그것에 가장 저항적인 방식으로 대하는 것이다.

지구적 팬데믹이 창궐하자 많은 사람이 손택의 충고를 받아들이는 데 실패했다. 이슬람국가ISIS의 대변인, 헐크 호건, 그리고 플로리다주의 보수적인 목사 릭 와일즈를 포함한 많은 목소리들이 코로나 바이러스가 신의 응징이라고 선언했다. 생태주의의 목소리들은 코로나 바이러스가 인류에 대한

자연의 복수라고 주장했다―솔직히 말하면 '어머니' 자연을
의인화하는 것에 대해 경고하는 목소리가 훨씬 더 컸다. 인류
야말로 지구가 벗어나고자 하는 바이러스라고 보는 해묵은
SF적 사상도 방송 시간을 좀 차지했다. 정치인들은 코로나
팬데믹을 전쟁으로 묘사했다. 아룬다티 로이는 그것을 "하나의
세계에서 다음 세계로 넘어가는 포털 또는 게이트웨이"라고
불렀다.

그리고 알베르 카뮈의 1947년 소설 『페스트』 판매는 천정
부지로 치솟았다.

나는 신성한 보복이건 세속적 보복이건, 또는 더 나은 미래
를 향한 꿈이건, 어느 것에도 동의하지 않았다. 많은 사람들이
이 공포로부터 어떤 선이 탄생하리라는 느낌을 갖고 싶어했
다. 한 종으로서 우리가 어떻게든 고결한 교훈을 배워서 봉쇄
의 고치를 찢고 나와 눈부신 뉴에이지의 나비가 되어 더 친절
하고, 더 점잖고, 덜 탐욕스럽고, 생태적으로 더 현명하고, 덜
인종주의적이고, 덜 자본주의적이고, 더 포용적인 사회를 창
조해내리라 믿고 싶어했다. 내게는 이것이 유토피아 사상 같
아 보였고, 지금도 그렇게 보인다. 코로나 바이러스가 내게는
사회주의의 전조로 여겨지지 않았다. 세계의 권력 구조와 그
권력의 수혜자들은 새로운 이상주의에 쉽게 굴복하지 않을
것이다. 내게는 나쁜 것에서 좋은 것이 나오기를 상상하려는
우리의 욕구가 이상하게 느껴졌다. 대흑사병 시대의 유럽과
훗날 대역병 시기의 런던은 긍정적인 면을 보려는 사람들로

넘쳐나지 않았다. 사람들은 죽지 않으려고 기를 쓰느라 바빴다. 에릭 아이들의 '몬티 파이선' 시리즈의 스핀오프인 〈스팸얼랏〉 속 등장인물들처럼 죽지 않는 것만이 칭송할 만한 모든 것이었다.

> 난 아직 죽지 않았으니
> 춤출 수 있고 노래할 수 있어
> 난 아직 죽지 않았으니
> 하이랜드 플링 춤을 출 수 있어
> 난 아직 죽지 않았으니
> 침대에 누울 필요도 없고
> 의사를 찾아갈 필요도 없다네
> 왜냐하면 난 아직 죽지 않았으니까.

우리가 우연히 지구의 지배적 종이 된 것이 아니다. 우리는 위대한 생존 기술을 보유하고 있다. 그리고 우리는 살아남을 것이다. 그러나 팬데믹의 교훈 덕에 사회혁명이 뒤따라올 거라고는 믿지 않는다. 그러나 분명, 그렇다, 우리는 더 나은 세상을 희망할 수 있고, 더 나은 세상을 위해 싸울 수도 있으며, 우리 자녀들은 더 나은 그 세상을 보게 될 것이고, 그 세상을 만들어낼 것이다.

이 위기의 시대에, 내 인생에서 가장 많은 관심을 뒀던 세 나라를 포함한 많은 나라에서 놀라운 냉소주의와 나쁜 신념을 가진 지도자를 가지게 되는 저주를 받았다는 사실이 우리의 비극이다. 인도에서는 나렌드라 모디 정부가 코로나 팬데믹을 이용해 이슬람을 비난했다. 영국에서는 보리스 존슨이 (자기 자신이 코로나에 걸렸다가 나았으면서도) 코로나 위기에 아연실색할 만큼 무능하게 대처했다. 처음에는 (트럼프처럼) 위험을 과소평가해서, 그리고 (역시 트럼프처럼) 너무 소극적으로, 너무 늦게 대응함으로써, 그리고 병원에서 자신을 돌봐준 1차 의료진 두 명이 모두 이민자였고, 영국 국가보건의료서비스 전체가 이민자들의 의술과 용기에 의존하고 있다는 사실에도 불구하고 존슨은 (다시 한번 더 트럼프처럼) 계속해서 브렉시트 옹호자들의 반이민 카드를 가지고 장난을 쳤다. 그리고 어떤 것도 상상 안에 있는 트럼프의 미국에서는, 도덕의 최저선이 무너져 그와 그의 지지자들이 아무리 낮게 가라앉더라도 더 가라앉을 곳이 항상 있는 나라―이 트럼피스탄에서는 코로나 바이러스가 (다른 모든 것처럼) 정치화되고, 축소되고, 민주당의 계략이라 불렸다. 과학은 조롱당하고, 코로나 팬데믹에 대한 행정부의 형편없는 대응은 거짓말의 눈보라에 파묻혀버렸으며, 마스크를 착용한 사람들은 붉은 모자를 쓴 사람들에 의해 학대당했다. 죽은 사람들의 숫자가 산더미처럼 계속 불어나도, 그 모든 반대 증거 앞에서도 자기가 미국을 다시 위대하게 만들고 있다고 주장하는 자기 집착이 강한 이 협잡꾼은 애도마저 하지 않았다.

이 시대에 이런 사람들에 의해 가해진 손상을 고쳐나가기는 쉽지 않을 것이다. 나는 내가 살아 있는 동안에 이 상처가 호전되는 것을 보지 못할 수도 있다. 한 세대 이상이 걸릴 수도 있을 것이다. 코로나 팬데믹 자체가 초래한 사회적 손상, 술집과 식당과 댄스홀과 스포츠 스타디움에서 우리가 옛날에 보냈던 사회적 삶에 대한 두려움은(비록 우리가 해변과 공원과 항의 시위에서 보고 있듯이 소수의 사람들은 이미 두려움을 모르는 것 같기는 하지만) 치유하는 데 시간이 걸릴 것이다. 우리는 다시 포옹하고 키스할 것이다. 그러나 영화관은 여전히 남아 있을까? 서점은? 붐비는 지하철 안에서 우리는 안전하다고 느낄 수 있을까?

이 시대의 사회적, 문화적, 정치적 손상과 미국, 영국, 인도를 포함한 세계 많은 곳에서 이미 깊이 벌어져 있던 사회적 균열의 악화는 회복하는 데 많은 시간이 걸릴 것이다. 갈라진 틈새를 바라보면서 우리가 이미 건너편 사람들을 증오하기 시작했다고 말해도 과장은 아닐 것이다. 이런 증오는 우리를 통치하는 냉소주의자들에 의해 강화되었으며, 매일같이 여러 다른 방향으로 끓어오르고 있다. 이 틈새를 어떻게 메울 수 있을 것인지 잘 보이지 않는다―사랑이 어떻게 길을 찾아낼 수 있을지.

봉쇄가 시작되었을 때 너무도 많은 사람이 내게 이렇게 말하는 것에 놀랐다. "『악마의 시』에 대한 이란의 파트와 이후로 봉쇄에 대해 잘 아실 테니까, 이런 게 익숙하시겠군요." 나는 그 점에 대해 논쟁하지 않기로 결심했다. 종교적인 이유로 외국 정부가 한 개인을 향해 암살 위협을 하는 것이 세계적인 팬데믹과 똑같지 않다는 것을 사람들이 알 수 없다면—동네 광장에서 한 사람의 머리에 던져지는 돌멩이와 한 동네를 파괴해버리는 치명적인 바위 산사태가 일어나는 것이 다르다는 사실을 알지 못한다면—그 사람들을 도와줄 수가 없었기 때문이다.

다른 사람들은 또 이렇게 말했다. "지금이 당신에게는 좋은 시간이겠군요. 집에서 그냥 소설을 쓰면 될 테니까요." 그리고 나는 이번에도 대답하기를 삼갔는데, 빈정거리는 대답밖에 할 수 없었을 것이기 때문이다. "옳으신 말만 골라서 하시는군요—미국에서만 이미 십일만 명 이상이 죽었지만, 저런, 그래도 소설가가 되기에는 얼마나 좋은 시간인가요." 실제로는 글을 쓰기가 힘들었다. 뭔가를 쓰기 시작했지만, 백여 페이지를 쓰고 나서 바보 같은 짓 같아 포기해버렸다. 잠정적으로 다른 뭔가를 다시 시작하는 데는 여러 달이 걸렸다. 이야기를 나눠본 많은 다른 작가들도 일하기가 힘들었다고 말했다. 귀가 멀 정도로 현실세계의 굉음이 시끄러워서 상상의 세계가 자라날 조용한 장소가 남아 있질 않았다.

많은 독자들이 카뮈만이 아니라 대니얼 디포의 『전염병 일지』로 눈을 돌렸다. 뉴욕대학교 세미나에서는 진실한 이야기를 하기 위해 소설가의 기법을 사용하는 언론 저작들(트루먼 커포티의『인 콜드 블러드』, 스베틀라나 알렉시예비치의『체르노빌의 목소리』, 존 에드거 와이드먼의『생명을 구하는 글쓰기』, 이저벨 윌커슨의『다른 태양들의 온기』)에 대해 토론한다. 지난 오십 년간 가장 흥미로운 글쓰기 중 일부는 사실과 허구 사이의 불분명한 경계선에 있어서, 그 결과가 때로는 눈부시고(캐서린 부의 뭄바이 슬럼가 묘사인『안나와디의 아이들』의 경우처럼), 때로는 문제적이다(리샤르드 카푸시친스키의『황제』는 에티오피아의 하일레 셀라시에의 왕궁과 그의 몰락을 묘사하는 책인데, 글이 너무나도 아름답고 그 세계가 풍요롭게 창작되어서 이 텍스트가 만족스러운 답은 내놓지 못한 채로 문제를 제기하고 그치는 진지한 진실성의 문제를 간과해버리고 싶게 만든다).

대니얼 디포의 책은 위에 말한 텍스트들과 반대로 작용한다. 이 책도 저널리즘 기법을 사용하지만—또 그 자체를 저널리즘적인 텍스트로 제시한다—실제로는 상상력의 산물이다. 디포는 1722년에 이 책을 익명으로 출판하면서 저자를 '계속해서 런던에 살았던 한 시민'으로 돌렸다. 디포는 그때 예순두 살이었으니 1665년 '런던 대역병' 당시에는 다섯 살이었을 것이다. 어린아이이고 십대일 때 그는 삼촌 헨리 포에게 전염병에 관한 이야기를 들었을 수도 있지만, 이것은 본질적으로 소설이지 르포르타주가 아니다.

『페스트』와『전염병 일지』모두 좋은 책이며, 읽을 만한 가치가 충분히 있다. 그러나 나는 윌리엄 골딩의 어두운 우화인

『파리대왕』으로 여러 차례 눈길을 돌려 문명의 취약성과 표면
이 파괴되어 그 밑에 있는 야만이라는 끔찍하고 합당한 진실
이 드러나기가 얼마나 쉬운지 골딩이 설명한 것을 발견했다.
2020년 5월에 나는 〈가디언〉에서 골딩식 무용담의 현실 버전
에 관한 뤼트허르 브레흐만의 글을 한 편 읽었다. 1965년에
한 무리의 호주 학생들이 태평양의 통가 남쪽 어떤 섬에 고립
되었다. 그리고 골딩의 어린 야만인들과 달리 이 난파당한 아
이들은

"작은 코뮌을 하나 건설했다. 거기에는 식량을 위한 정원이
있었고, 속을 비워낸 빗물 보관용 나무통이 있었고, 신기한 모
양의 웨이트가 있는 체육관이 있었고, 배드민턴 코트가 있었
고, 닭장들이 있었고, 꺼지지 않는 불이 있었는데, 모든 게 낡
은 칼날 하나와 많은 결단력만 가지고 손으로 만든 것들이었
다."『파리대왕』에서는 소년들이 불을 놓고 싸움을 벌이지만,
이 실제 삶 속의 버전에서는 소년들이 불꽃을 잘 보살펴서 불
꽃이 일 년 이상 결코 꺼지지 않았다.

아이들은 두 명씩 팀을 짜서 일하기로 합의했고, 정원 일과
부엌일과 보초 임무를 위한 엄격한 명단을 작성했다. 때로 그
들도 언쟁을 벌였지만 그럴 때마다 타임아웃을 부과해 그것을
해결했다. 그들의 하루는 노래와 기도로 시작하고 끝났다...

[소년 하나가] 어느 날 미끄러져서 절벽 아래로 떨어져 다
리가 부러졌다. 다른 소년들이 길을 찾아 내려가서 그를 도와

다시 위로 데리고 올라왔다. 그들은 막대기와 나뭇잎을 이용해서 그 소년의 다리를 고정했다. [다른 소년이] 농담을 했다. "걱정하지 마, 네가 거기 타우파하우 투포우 왕처럼 누워 있는 동안 우리가 네 일을 할 테니까!"

즉, 여기에는 야만으로의 타락이 없었다. 그들은 문명화된 아이들처럼 행동했고, 함께 일했으며, 서로를 보살폈고, 그 때문에 살아남았다. 그들은 일 년 반 만에 구조되었는데, 상당히 양호한 상태로 발견되었다. 부러진 다리는 완전히 나아 있었다.

골딩의 소설과 이 호주의 뉴스는 인간이 위기에 어떻게 반응하는가에 대한 본질적 진실을 재현해준다. 위기는 인간의 행위에 아주 밝은 빛을 비춰 우리가 숨을 수 있는 그림자를 남겨두지 않으며, 그와 동시에 우리의 선한 본성만이 아니라 우리가 저지를 수 있는 최악의 것도 드러낸다. 우리는 방역 최전선의 전사들인 의사와 간호사와 병원 직원들이 해낸 일에서, 그리고 전 세계에서 백신을 찾기 위해 24시간 쉬지 않고 쏟은 노력 속에서 최고의 인간성을 많이 보았다. 우리는 일부 사회가 무지하고 편협한 오합지졸로 퇴화하는 최악의 인간성도 보았다. 골딩의 걸작은 인간 본성에 관해 진실되지 못하면서도 동시에 진실되다는 것이 드러났다.

사십 년간 아버지 노릇을 하면서 나는 반년 이상 아이들을 만나지 않고 지낸 기간이 없었다. 나는 줌에 관한 모든 걸 배웠는데, 그게 도움이 되긴 했지만 충분하지는 않았다. 이제 완쾌하고 나니 아이들로부터의 물리적 거리가 가장 큰 고통이다.

영화 본편을 보고 싶겠는지 생각해보셔야 합니다.

나는 젊을 때 처음 봤던 위대한 영화들, 예술 형식으로서 영화를 사랑하게 만들어준 그런 영화들을 다시 보면서 공허한 저녁 시간을 채웠다. 정말 그럴지도 모르겠다고 믿고 있는데, 나의 다음 소설이 프랑스 누벨바그의 영향을 받는다면, 그것은 코로나 봉쇄에 책임이 있다. 나는 눈부신 아나 카리나가 출연한 장뤼크 고다르의 작품 두 편 〈국외자들〉과 〈비브르 사비〉를 보고 롱 테이크, 프레임 브레이크의 순간들, 장면들 사이의 크래시 컷, 액션을 보여주기 전에 설명하는 타이틀 카드를 등장시키는 소외 기법 같은 누벨바그 기법에 다시 한번 완전히 심취했기 때문이다. 에릭 로메르는 여섯 개의 '도덕 이야기'를 만들었는데, 본질적으로는 모두 동일한 플롯이었다—한 인물이 다른 인물과 엮이고 제3의 인물에게 유혹당하지만, 결국은 다시 이전의 삶으로 돌아온다—나는 그중 가장 훌륭한 두 작품 〈클레르의 무릎〉과 〈모드 집에서의 하룻밤〉을 보았다.

나는 월드시네마의 위대한 시대를 탐구하기 위해 프랑스 너머로까지 용기를 냈다. 나는 미켈란젤로 안토니오니 감독의

〈정사〉의 나태하고 빈둥거리는, 관능적인 서사구조를 연구했는데 이 영화는 모니카 비티를 스타로 만들었다. 구로사와 아키라의 사무라이 영화 〈요짐보〉, 펠리니의 〈8과 1/2〉, 세네갈 감독 우스만 셈벤의 발기부전에 관한 코미디 영화 〈할라〉를 꼼꼼히 보았다.

영어권 오락의 밤도 있었다─히치콕의 맛깔스러운 〈사라진 여인〉, 전성기의 매릴린 먼로(〈뜨거운 것이 좋아〉와 〈신사는 금발을 좋아해〉), 〈상류사회〉〈화니 페이스〉〈아이 양육〉 같은 코미디 현실도피 영화들을 보았다. 이 개인 영화제는 창작의 활력이 다시 흘러넘치게 해줬다. 젊은 시절에는 영화가 최소한 책만큼 영감을 주었다. 인생의 후기에 영화가 다시 영감을 주다니 상당히 멋진 일이다.

건강과 힘을 되찾고 난 후, 나는 1970년대 초에 처음 방문한 이래 언제나 사랑한 도시인 뉴욕과의 관계를 새롭게 하려고 마스크를 착용하고 장갑도 낀 채 거리를 걸었다. 나는 그랜드 센트럴 터미널의 거대한 중앙홀 안에 완전히 홀로 섰는데, 기이한 느낌이었다. 나는 방역 최전선의 일꾼들에게 바치는 경의의 표시로 브라이언트 파크의 잔디를 하트 모양으로 깎은 것을 보았고, 텅 비어 있는 5번가를 보았으며, 매디슨 스퀘어 파크의 벤치에 앉아 조용히 기타를 치는 은발의 노신사를 보았다. 나는 사람이 하나도 없는 타임스퀘어를 보았다. 그리고 나는 과거 전설의 맥스 캔자스시티*였던 식료품가게에 경의를 표하기 위해 방문했다. 맥스가 오래전에 문을 닫았듯이, 그 가게도 문을 닫았다. 다시 문을 열게 될까? 알 수 없다. 어쩌면 마법처럼 과거가 돌아와서 루 리드와 벨벳 언더그라운드**의 유령이 맥스 캔자스시티 위층에서 다시 연주하고, 보위와 워홀이 뒷방에 앉아 있고, 데비 해리***가 테이블 시중을 들게 될지도 모를 일이다.

그러고선 도시가 다시 변하고, 두번째 위기가 찾아오고, 잠시 동안은 최소한 팬데믹이 존재하지 않는 것 같았다.

데릭 쇼빈이 지휘하는 미니애폴리스 경찰관들이 2020년 5월 25일에 조지 플로이드를 살해한 후에는 완전히 다른 종류의 사회혁명이 시작되었다. 팬데믹보다 그 범죄가 더 중요한 전환의 계기가 될 공산이 크다. 팬데믹이 악몽으로 끝난 것처럼 거리에 갑자기 사람들이 가득차서 함께 모였다. 조지 플로이드의 죽음으로 촉발된 거대한 항의 시위가 도시마다 밤이면 밤마다 펼쳐지자, 나는 1976년 영화 〈네트워크〉에서 이렇게 소리지르는 피터 핀치를 떠올렸다. "나는 정말 화가 나 있다고. 더이상 이걸 참지 않을 거야." 그리고 토니 모리슨이 이렇게 말했던 것도 기억했다. "백인들은 아주 아주 심각한 문

---

* 1960~1970년대 예술가들이 모여들던 뉴욕의 나이트클럽.
** 루 리드가 이끌던 벨벳 언더그라운드는 1970년 이곳에서 공연을 하고 〈맥스 캔자스시티〉라는 앨범을 발표했다.
*** 미국의 펑크 록밴드 블론디의 보컬리스트(1945~).

제를 가지고 있는데, 그들은 그것을 어떻게 해결할 수 있을지 생각하기 시작해야 합니다." 그리고 "만약 누군가가 무릎을 꿇고 있기 때문에 당신의 키가 커 보일 뿐이라면—당신의 문제는 심각한 겁니다." 시위 참가자들의 눈과 얼굴에서—마스크를 착용한 사람도 있었고, 착용하지 않은 사람도 있었다—나는 "이번에는 다르다"라고 말하는 결연한 의지를 보았다.

항의 시위가 팬데믹에 새로운 에너지를 불어넣을지는 시간이 말해줄 것이다. 미국이 정말로 달라질 수 있을지, 그래서 경찰관이나 무장한 백인 우월주의자들에 의한 무자비한 흑인 살해가 끝날 수 있을지도 역시 시간이 말해줄 것이다. 독자 여러분이 이 글을 읽을 때쯤에는 미국에 새로운 대통령이 나와서 더 좋은 날의 새벽이 올지 알 수 있을 것이다. 나는 그렇게 되기를 간절히 바란다. 그렇게 되지 않는다면 내가 믿지 않는 신께서 우리 모두를 도와주셔야 할 것이다.

6월 3일 수요일, 나는 1차 진료 의사의 진료실에 가서 항체 테스트를 위한 채혈을 했다. 6월 5일 금요일에 결과를 받았다. 항체가 발견되었다! 그 통보를 받았을 때 나는 일종의 희열을 경험했다. 거리를 걸어 내려가고, 가게나 다른 방에 들어갈 때 조금은 덜 두려운 마음을 가질 수 있게 되었다. 다른 사람들과의 삶을 천천히 다시 시작할 수 있게 되었다, 비행기를 탄다는 생각도 덜 걱정스러웠다. 코로나 바이러스 너머의 삶이 다시 시작되는 것 같았다.

미국의 의료 당국은 항체가 면역력을 주는지 확정적으로 말하기를 꺼리는 것 같다. 그러나 저명한 일부 독일 당국자들은 적어도 일 년 동안은 면역력이 있으며, 항체의 존재는 우리가 보균자 또는 전파자가 될 수가 없다는 의미라고 말한다. 지금 나는 미국 사람들보다 유럽 사람들을 더 신뢰하는데, 유럽에서는 사물의 의학적인 측면에 정치적인 간섭이 덜 작용하는 것 같아서 그렇다.

나는 면역이 생긴 것 같다. 친구 몇 명에게 그렇게 말했더니 친구들이 이렇게 말했다. "그럼 넌 이제 슈퍼맨이네." 나는 그다지 슈퍼맨 같다는 느낌은 들지 않는다. 그리고 나는 슈퍼맨 한 명당 초록색의 크립토나이트*가 하나씩 있다는 사실도 안다.

지켜보자.

---

* 슈퍼맨의 약점으로, 다양한 색의 크립토나이트가 있지만 초록색이 대표적이다. 크립토나이트에서 뿜어져나오는 방사선에 노출되면 슈퍼맨의 힘이 약해진다.

프루스트 설문*:
〈배너티 페어〉

언제 어디에 있을 때 당신은 가장 행복한가?

지금, 그리고 여기.

어떤 경우에 당신은 거짓말을 하는가?

이럴 때.

현재 심리 상태는 어떠한가?

노래하고 있음.

어떤 능력을 가장 갖고 싶은가?

노래하는 능력.

당신의 가장 훌륭한 성취는 무엇이라고 생각하는가?

---

* 19세기 응접실 문화에서 유행한 여흥의 일종으로, 일정한 질문에 답하는 형태로 진행된다. 마르셀 프루스트가 이 놀이를 즐겨했던 까닭에 그의 이름을 딴 명칭이 생겼다.

계속해왔다는 것.

가장 과장된 미덕은 무엇이라고 생각하는가?

신앙.

당신의 가장 유감스러운 기질은 무엇인가?

말이 많은 것.

다른 사람들에게서 가장 유감스러운 기질은 무엇인가?

침묵.

당신의 가장 무절제한 부분은 무엇인가?

언어적인 것.

당신의 가장 두드러진 특징은 무엇인가?

처진 눈꺼풀.

당신의 가장 고귀한 소유물은 무엇인가?

대체로 좋은 건강 상태.

가장 깊은 불행은 무엇이라고 보는가?

아무리 사소하더라도 병에 걸리는 것.

남자의 자질 중 당신이 가장 좋아하는 것은 무엇인가?

따뜻함.

여자의 자질 중 당신이 가장 좋아하는 것은 무엇인가?

유머.

가장 좋아하는 작가들은 누구인가?

내 친구 작가들.

당신이 가장 좋아하는 소설 주인공은 누구인가?

리어폴드 블룸, 그레고르 잠자, 필경사 바틀비.

실제 인생에서 당신의 영웅은 누구인가?

테니스 선수, 야구 선수, 기타 연주자들.

어디에서 살고 싶은가?

서가에서, 영원히.

만약 당신이 죽어서 다른 사람이나 물건으로 되살아나게 된다면, 그게 무엇이 될 것 같은가?

도시의 거리.

다시 살아올 것을 선택할 수 있다면 무엇을 선택할 것인가?

도시.

어떻게 죽기를 선호하는가?

죽지 않는 편을 택하겠습니다.

이 책에 실린 텍스트에 관해

「마법 이야기」「프로테우스」「헤라클레이토스」「자서전과 소설」「각색」「자유 본능」 그리고 「복합 예술가」는 모두 에머리대학교에서 처음 한 강연에서 각색되었다. 「마르케스와 나」는 텍사스대학교 오스틴 캠퍼스의 랜섬 센터에서 한 강연의 새 버전이다. 「한스 크리스티안 안데르센」은 덴마크 오덴세에서 한스 크리스티안 안데르센 문학상 수상 당시 했던 강연에 바탕을 두고 있다.

「또다른 작가의 시작」은 워싱턴 D.C.의 국립 대성당에서 한 '유도라 웰티 렉처'의 개막 강연을 다소 확장한 버전이다. 「필립 로스」는 '필립 로스 강연' 시리즈의 일부로 진행된 것이다. 「커트 보니것과 『제5도살장』」은 인디애나폴리스의 보니것도서관에서 한 강연이었다.

「사뮈엘 베케트의 소설들」은 원래 베케트의 전집 서론으로 처음 출간되었던 글이다. 「세르반테스와 셰익스피어」는 이 두 작가에 의해 영감을 받은 이야기 선집의 서론을 개정한 것이다. 「해럴드 핀터」는 두 글을 묶어서 하나로 만든 것이다. 「『파리 리뷰 인터뷰』 제4권 서문」은 그 책의 서론이었다. 「나태에 관한 소고」는 〈그랜타〉에 실렸다. 「데이비드 렘닉의 『세계의 왕 무하마드 알리』」는 그 책의 서문이었다. 「그렇다면 나 스스로 모순되게 하리라」는 영국의 〈더 타임스〉에 게재되었다.

「진실」은 〈스벤스카 다그블라데트〉에 처음 실렸다. 「용기」와 「펜과 칼」은 〈뉴욕 타임스〉에 처음 실렸다. 「크리스토퍼 히친스」는 〈배너티 페어〉에 처음 실렸으며 「아서 밀러 렉처」는 '검열에 관해'라는 제목으로 〈뉴요커〉에 게재되었다. 「오사마 빈라덴」은 〈데일리 비스트〉에 게재되었으며 「아이웨이웨이와 다른 작가들」은 〈뉴욕 타임스〉에 처음 실렸다. 「절반의 여성 신」은 인도의 에이즈 위기를 다루는 선집 『에이즈 수트라』에 처음 실렸다.

「태린 사이먼: 미국의 숨겨진 것들과 낯선 것들의 목록」과 「프란체스코 클레멘테 되기: 자화상들」은 각 전시회의 도록 서문으로 쓰였다. 「부펜 카카르」는 〈데일리 텔레그래프〉에 실렸다. 「암리타 셔길의 편지들」은 그 책에 대한 서문으로 쓰였다. 「세바스치앙 살가두」는 그의 작품집 서문이었다. 「카라 워커」는 로스앤젤레스의 해머미술관에서 그녀에게 수여된 상을 기념하는 헌사였다. 「비신앙인의 크리스마스」와 「캐리 피셔」

는 영국의 〈보그〉에 실렸다. 「프루스트 설문: 〈배너티 페어〉」
는 〈배너티 페어〉에 실렸다.

「펜과 칼」「PEN 월드 보이스의 탄생」「PEN 월드 보이스 페
스티벌 2014 오프닝 나이트」「PEN 월드 보이스 페스티벌
2017 오프닝 나이트」「2006년 노바 사우스이스턴 대학교 졸
업식 축사」「2015년 에머리대학교 졸업식 축사」그리고「팬
데믹」은 이 책에 처음으로 실린 글이다.

이 책의 모든 글은 철저히 개정되었다. 원래 형태로 실은 것
은 아무것도 없다.

옮긴이 **유정완**

경희대학교 영어영문학과와 동 대학원에서 학사학위 및 석사학위를 마쳤다. 뉴욕시립
대학교에서 「포스트임피리얼 서사: 폴 오스터, 돈 드릴로, 팀 오브라이언」으로 박사학위
를 받았다. 현재 경희대학교 영어영문학과에서 현대 미국문학 및 미국문화를 강의하
고 있다. 경희대학교 후마니타스칼리지 학장과 한국 미국소설학회 회장을 역임했다.
옮긴 책으로 『마오 II』『포스트모던의 조건』『타임퀘이크』『안티-재팬』 등이 있다.

문학동네 세계문학
진실의 언어

초판 인쇄 2025년 9월 22일 | 초판 발행 2025년 10월 1일

지은이 살만 루슈디 | 옮긴이 유정완
책임편집 백지선 | 편집 김지은 고선향 오동규
디자인 김유진 이주영 | 저작권 박지영 형소진 주은수 오서영 조경은
마케팅 정민호 서지화 한민아 이민경 왕지경 정유진 정경주 김예진 이서진
브랜딩 함유지 박민재 이송이 박다솔 조다현 김하연 이준희
제작 강신은 김동욱 이순호 | 제작처 천광인쇄사

펴낸곳 (주)문학동네 | 펴낸이 김소영
출판등록 1993년 10월 22일 제2003-000045호
주소 10881 경기도 파주시 회동길 210
전자우편 editor@munhak.com | 대표전화 031) 955-8888 | 팩스 031) 955-8855
문학동네카페 http://cafe.naver.com/mhdn
인스타그램 @munhakdongne | 트위터 @munhakdongne
북클럽문학동네 http://bookclubmunhak.com

ISBN 979-11-416-1315-0 03840

www.munhak.com